Frauen und Krieg

Martin van Creveld

# Frauen und Krieg

Aus dem Englischen von
Anna Schäfer und Karin Laue

Gerling Akademie Verlag

Titel der Originalausgabe:
»Men, Women and War«, Cassell, 2001

Die Deutsche Bibliothek – CIP Einheitsaufnahme

van Creveld, Martin:
Frauen und Krieg / Martin van Creveld.
Aus dem Engl. von Anna Schäfer
und Karin Laue. –
München: Gerling-Akad.-Verl., 2001
Einheitssacht.: Men, women and war <dt.>
ISBN 3-932425-33-2


Umschlaggestaltung: Claus Seitz, München
Titelabbildung: Manassé: »Heimkehr aus dem Felde«, um 1924
Satz: Fotosatz Reinhard Amann, Aichstetten
Druck und Bindung: Friedrich Pustet GmbH, Regensburg
ISBN 3-932425-33-2

www.gerling-academy-press.com

Für Dvora

Eine liebenswerte Frau kommt zu Ehren
*Sprichwörter* 11,16

# Inhalt

Vorwort 9
Einführung: Die große Illusion 13

Teil I
Frauen im Rachen von Mars 19

1. Frauen als Anstifterinnen 19
2. Ursachen, Ziele und Opfer 32
3. Frauen beschützen 39
4. Eine Welt ohne Krieg? 44

Teil II
Von den Amazonen zu G. I. Jane 47

1. »Krieg« im Tierreich 51
2. Kriegsgöttinnen 54
3. Alte und neue Amazonen 61
4. Herrscherinnen und Feldherrinnen 76
5. Kriegsspiele 92
6. Der Troß 99
7. Frauen in Männerkleidern 111
8. Die Kriegerinnen von Dahome 120
9. Revolten, Revolutionen und Aufstände 131
10. Das Zeitalter des totalen Krieges 141
11. Die Schwäche der Frauen 169
12. Der Ruhm der Männer 182

Teil III
1945 und danach 191

1. Der militärische Hintergrund 192

2. Getrennt und ungleich 203

3. Die Frauen betreten die Bühne 213

4. Frauen in den Kampf 227

5. Der hohle Triumph 238

6. Die neue Weltunordnung 252

Schlußfolgerungen: Wandel und Kontinuität 259

Anmerkungen 273
Namenregister 315
Sachregister 321

# Vorwort

Zum ersten Mal stehen in einem meiner Bücher die Frauen im Mittelpunkt – beim vierzehnten Buch war es vielleicht an der Zeit. Bis ich dieses Buch in Angriff nahm, habe ich mich nie darum gekümmert, ob ich mich auf männliche oder weibliche Autoritäten berief. In meinen Forschungsgebieten, der Militärgeschichte und Strategie, sind sowieso mehr Männer als Frauen tätig. Doch ich setzte immer voraus, daß die Autoren beiderlei Geschlechts gleichermaßen fähig und gleichermaßen aufrichtig waren.

Beim Literaturstudium für das vorliegende Buch wurde ich eines Besseren belehrt. Sofern das Forschungsfeld repräsentativ ist, muß man sagen, daß die Beziehungen zwischen den Geschlechtern nie zuvor so vergiftet waren wie heute. Weil Autoren nun einmal entweder männlich oder weiblich sind, bestreiten Feministinnen rundweg, daß es überhaupt möglich sei, sich auf ein gemeinsames wissenschaftliches Unterfangen einzulassen und gemeinsam nach der Wahrheit zu suchen. Sie beharren darauf, daß es eine spezifisch weibliche, womöglich überlegene Art des Denkens und Wissens gibt. Männer gelten automatisch als Vertreter des »Patriarchats« (um nur einen der milderen Begriffe zu zitieren, den die Feministinnen erfunden haben und mit dem sie nun um sich werfen). Überdies gelten für sie die Regeln der Kasuistik: Wenn sie den Vorwurf bestreiten, ist das der Beweis dafür, daß der Vorwurf stimmt.

Ich bestreite indes den Vorwurf nicht. Nach meiner Überzeugung nehmen Frauen (wie Männer) ihren jeweiligen Platz ein. Wo immer der Platz des Mannes sein mag – die Geschichte zeigt, daß er sich in mancher Hinsicht sehr verändert hat –, auf jeden Fall gehört es zu seinen Aufgaben, die Frau zu beschützen, weil sie schwächer ist, und nötigenfalls für sie zu kämpfen. Auch der Platz der Frau hat sich sehr verändert. Doch von den extremsten Umständen einmal abgesehen, gehören Krieg und Kampf nicht zur Rolle der Frau und sollten meines Erachtens auch nicht dazugehören. Es ist auch meine Meinung, oder vielleicht sollte ich eher von Hoffnung sprechen, daß es trotz der vielen Dinge, die Männer und Frauen heute trennen, möglich bleiben sollte, gemeinsam nach Wahrheit zu streben. Oder es sollte zumindest unbestritten sein, daß manche Aussagen besser belegt und stringenter hergeleitet sind als andere und darum der Wahrheit näher kommen.

Mir ist jedoch klar geworden, daß viele Leser und Leserinnen meine Ansichten möglicherweise nicht teilen. Damit jeder seine eigenen Schlußfolgerungen aus dem Material ziehen kann, was zu einem großen Teil ausgefallen oder umstritten ist, habe ich mich entschieden, diesem Buch mehr Fußnoten pro Seite mitzugeben als allen vorherigen. Damit die Aussagen auch eindeutig Männern und Frauen zugeordnet werden können, habe ich bei allen zitierten Autoren die Vornamen nachgeschlagen und sie mit aufgenommen. Das war nicht immer einfach, denn einige Autoren – vorwiegend männliche, die wohl einer etwas antiquierten britischen Tradition folgten – gaben sich allergrößte Mühe, ihr Geschlecht zu verschleiern. Ich hoffe, die Leser sehen mir die Lücken nach, die gelegentlich geblieben sind.

Dieses Buch wäre ohne das Interesse und die Unterstützung von Menschen beiderlei Geschlechts nicht zustande gekommen. An allererster Stelle möchte ich Benjamin Kedar danken. Professor Kedar ist nun seit fast drei Jahrzehnten mein Freund, sein enzyklopädisches historisches Wissen, seine profunde Kenntnis philosophischer Zusammenhänge und sein scharfer Blick für Details haben mir bei der Arbeit an diesem Buch genauso geholfen wie beim Schreiben der meisten früheren. Weiter danke ich Rivka Shaked, die im israelischen Staatsdienst für Frauenfragen zuständig ist. Sie hat mehr als das übliche Maß an Entgegenkommen gezeigt, meine Ansichten mit mir diskutiert und mich ermutigt, mit Fragen an ihre Mitarbeiter heranzutreten. Dank schulde ich auch Katherine Aspy und ihrem Vater Prof. William O'Neill, die alles Erdenkliche getan haben, um mir in schwierigen Phasen Mut zu machen. Dann danke ich der Alexander-von-Humboldt-Stiftung und Prof. Hans-Erich Volkmann vom Militärgeschichtlichen Forschungsamt in Potsdam, die mir bei der Finanzierung meiner Forschungen geholfen haben und ein sehr angenehmes Jahr lang meine Gastgeber in dieser wunderbaren Stadt waren. Schließlich danke ich noch meinen Agenten Gabriele und Leslie Pantucci, die das Projekt wie üblich mit Geduld und Verständnis begleitet haben.

## Einführung

# Die große Illusion

Im guten und im schlechten Sinne ist unser Zeitalter wohl das der größten Umwälzungen in der Geschichte. Mindestens seit Römerinnen in die Arena hinabstiegen und als Gladiatorinnen kämpften, haben Frauen immer wieder versucht, in Bereiche einzudringen, die bis dahin den Männern vorbehalten waren, doch nie zuvor waren ihre Versuche so entschlossen und so zahlreich, wie wir das heute erleben. In dem Bemühen, diese Entwicklung zu fördern und zu rechtfertigen, haben feministische Autorinnen Tausende von Büchern verfaßt, in denen sie nachzuweisen versuchen, daß Frauen genauso wie Männer in der Lage sind, jeden Preis zu zahlen, jede Last auf sich zu nehmen, jede Strapaze zu ertragen. Unermüdlich behaupten sie, daß nicht die Anatomie schuld daran ist, wenn auf diesem oder jenem Feld Frauen nicht ausreichend präsent sind, sondern Ideologie und Kultur die Ursache sind – »das Konstrukt des Geschlechts«, wie die modische Wendung lautet: Damit meinen sie die Diskriminierung und Unterdrückung, die Frauen angeblich zu allen Zeiten und an allen Orten durch Männer widerfahren ist.

Im Bemühen der modernen Frauenbewegung, die Unterdrückung und Diskriminierung von Frauen zu beenden, hat die Diskussion, welche Rolle Frauen im Militär und im Krieg spielen können oder nicht, spielen sollen oder nicht, besondere Bedeutung erlangt. Wie zahllose Fotos, Fernsehshows, Filme, Computerspiele und Catcher-Wettbewerbe, bei denen sich Frauen im Schlamm wälzen, zeigen, hängt dies zum Teil damit zusammen, daß kämpfende Frauen für viele Zuschauer einen besonderen Kitzel haben: Zumal wenn sie gleichzeitig ihre Waffen schwingen und ihre Brüste entblößen, verbinden sie Wildheit mit Sexappeal. Doch vor allem gilt Gewalt im allgemeinen und speziell Gewalt im Krieg oft als die »letzte Bastion«

männlicher Überlegenheit und Machtausübung gegenüber den Frauen.[1] Dahinter steht die Vorstellung, man brauche nur das männliche Gewaltausübungsmonopol zu beseitigen, und schon werde der Rest der »patriarchalischen« Ordnung wie ein Kartenhaus zusammenfallen. Einige sind sogar noch weiter gegangen und haben behauptet, das männliche Geschlecht sei generell im Niedergang begriffen, die Zukunft gehöre den Frauen.

Dies hatte zur Folge, daß das Militärwesen der bevorzugte Schauplatz des sogenannten »Geschlechterkampfes« geworden ist, dem auch die Medien ihre besondere Aufmerksamkeit widmen. Auf beiden Seiten des Atlantiks vergeht kaum eine Woche, ohne daß verkündet wird, die Frauen im Militär hätten einen neuen »nicht traditionellen« Bereich erobert: Sei es als vorgeschobene Artilleriebeobachter, als Bedienpersonal von Raketen, als Pilotinnen von Jagdflugzeugen, als U-Boot-Kommandantinnen oder was auch immer. Beidseits des Atlantiks vergeht auch kaum eine Woche, ohne daß irgendein unglücklicher männlicher Offizier oder einfacher Soldat sich wegen »sexueller Belästigung« verantworten muß und mit Schimpf und Schande aus den Streitkräften entlassen wird. Das ist aller Wahrscheinlichkeit nach selbst dann sein Schicksal, wenn der fragliche Vorgang viele Jahre zurückliegt, wenn die Initiative von der Frau ausging und sie ihn verführt hat, wenn seine Akte ansonsten tadellos ist und nicht selten auch dann, wenn er für unschuldig befunden wird.

Vor diesem Hintergrund ist es nicht das Anliegen dieses Buches, zu beweisen, daß der Zustrom von Frauen eine Katastrophe für das Militär war. Diese Aufgabe haben bereits andere erfolgreich erfüllt.[2] In der Tat kann man kaum die Zeitung aufschlagen oder den Fernsehapparat einschalten, ohne sogleich auf einen Bericht zu stoßen, welchen Schaden die Aufnahme von Frauen in das Militär in finanzieller Hinsicht und im Hinblick auf die Kampfkraft bedeutet. Ich beabsichtige auch nicht darzulegen, daß Frauen im Durchschnitt körperlich nicht annähernd so leistungsfähig sind wie Männer. Angesichts der enormen Anforderungen eines Krieges einerseits und der relativen Schwäche und Verwundbarkeit von Frauen andererseits ist dies offensichtlich oder dürfte es zumindest sein. Es ist heute genauso wahr wie zu Homers Zeiten, als Hektor zu seiner Frau sagte, sie solle bei ihrem Spinnrad bleiben, während er, der Mann, sein Leben für sie aufs Spiel setzen werde; es stimmte genauso zu einer Zeit, als die Menschen mit Schwertern in der Hand fochten, wie zu der Zeit, als australische Infanteristen so schwer beladen, daß sie kaum laufen konnten, in Osttimor landeten, um in dem unglücklichen Land die Ordnung wiederherzustellen.

Anstatt all diese Aspekte ein weiteres Mal durchzudiskutieren, wird in diesem Buch argumentiert, daß wir es mit einer großen Illusion zu tun haben – daß der Zustrom von Frauen ins Militär keineswegs ein welthistorischer Schritt auf dem unaufhaltsamen Vormarsch der Frauen zur endgültigen Befreiung ist, sondern vielmehr gleichermaßen Symptom und Ursache für den Niedergang des Militärs. Dieser Prozeß nahm seinen Anfang mit der Verbreitung von Atomwaffen vor mehr als einem halben Jahrhundert. Seit damals haben die Streitkräfte *keines einzigen* entwickelten Landes einen größeren Krieg gegen einen größeren Gegner mehr gefochten, der auch nur annähernd in der Lage gewesen wäre, ihre nationale Existenz zu bedrohen; von wenigen Ausnahmen abgesehen, waren sie allenfalls in Scharmützel verwickelt. Und selbst diese fanden an Hunderte oder Tausende von Kilometern entfernten Orten statt, gegen Feinde, die oft so klein und so schwach waren, daß man sie kaum auf der Landkarte finden konnte.

Da die Streitkräfte keine größeren Kriege mehr kämpften, schwand ihre Bedeutung im nationalen Leben immer weiter, bis sie beinahe überflüssig geworden sind. Und je weniger sie gebraucht wurden – ja gerade weil sie nicht mehr gebraucht wurden –, desto eher fühlten sich die Gesellschaften und ihre verantwortlichen Politiker berufen, sie nicht mehr als Kampfmaschinen zu betrachten, sondern als soziale Laboratorien für die schöne neue Welt, die einige Feministinnen sich ausgedacht hatten. Dies erreichten die Feministinnen, indem sie die Politiker zwangen, entgegen aller offensichtlichen Wahrnehmung von Soldaten und Ärzten zu behaupten, daß Frauen genauso in der Lage seien, im Krieg zu kämpfen, wie Männer: Man braucht nur den Anteil der Frauen von nahezu Null auf 10 bis 13 Prozent der Streitkräfte anzuheben, die militärische Ausbildung in eine Farce und Demütigung für die Männer zu verwandeln, die mit den Frauen zusammen ausgebildet werden, die Kosten zu tragen, die durch den Bau getrennter Sanitärräume, Mutterschaftsvorsorge, die Anfertigung spezieller Uniformen und Erziehungsurlaub anfallen, die durch die Einbeziehung von Frauen verursachten Schäden und Verluste zu decken oder zu verschleiern und alle, die andere Meinungen äußern, zu ignorieren, zum Schweigen zu bringen oder zu entlassen. Da in dem fraglichen Zeitraum die Streitkräfte in praktisch allen entwickelten Ländern stark verkleinert wurden, ist die Zahl der verbliebenen Männer nun um so geringer und sind die Streitkräfte um so weniger in der Lage, Krieg zu führen, je mehr Frauen sie gezwungenermaßen aufnehmen mußten. Der Teufelskreis dreht sich nun seit rund dreißig Jahren. Wenn die Entwicklung so weitergeht wie bisher, wird sie damit enden, daß die Streitkräfte überhaupt nicht mehr kämpfen können.

Auch aus der Sicht der Frauen ist ihr Vormarsch ins Militär kein großer Erfolg gewesen. Je schneller sie rennen, desto langsamer kommen sie vorwärts. Oft genug geht es nicht darum, daß Frauen sich selbst befreien, indem sie den Widerstand der Männer überwinden, sondern sie bekommen die Jobs, die Männer nicht mehr haben wollen. Das Ausmaß des Wandels ist mittlerweile nicht mehr zu unterschätzen. In allen Streitkräften ohne Ausnahme besetzen die Männer weiterhin die Führungspositionen. Auf allen Militärakademien und in allen Offiziersschulen, an denen ich oft Vorträge halte, drängen sie die wenigen Frauen vollständig an die Wand. Es kommt so gut wie nie vor, daß einmal eine Frau sich zu Wort meldet oder eine Frage zu Kriegführung oder Militärgeschichte stellt. Man hat eher den Eindruck, daß den wenigen anwesenden Frauen die Materie denkbar gleichgültig ist. Mittlerweile werden die Bereiche, in denen die meisten Frauen im Einsatz sind, das heißt Versorgung und Verwaltung, beschleunigt privatisiert.

Die Frauen sind in den letzten dreißig Jahren nicht nur ihrem Ziel, die Instrumente der Gewalt zu kontrollieren, nicht näher gekommen. In dieser Zeit ist zudem ein ganz neuer Typus bewaffneter Kräfte entstanden, die sogenannten Privatarmeen oder Söldnertrupps. An ihrer Spitze steht oft ein ehemaliger hochrangiger Offizier im Ruhestand, ehemalige Soldaten gehören ihnen als Kanonenfutter an. Diese Truppen übernehmen nach und nach viele der traditionellen Aufgaben des Militärs. Es muß nicht eigens gesagt werden, daß Frauen dabei so gut wie keine Rolle spielen, soweit ihnen doch Frauen angehören, wurden sie entweder genommen, weil sie billiger sind als Männer, oder weil sie gegen andere Frauen eingesetzt werden sollen.

Die Geschichte geht unterdessen weiter. Zwar haben die Industrieländer inzwischen seit Jahrzehnten keine größeren Kriege mehr geführt, aber in den fünf Sechsteln der Welt (gemessen an der Bevölkerungszahl), die als »Entwicklungsländer« bezeichnet werden, sind Kriege nach wie vor häufig, blutig und verheerend. Im Laufe der letzten fünfzig Jahre haben diese Kriege das Antlitz der Erde verändert. Sie befreiten Hunderte von Millionen Menschen aus Kolonialherrschaft und hatten zur Folge, daß die Zahl der souveränen Staaten sich verdreifachte. Während diese Zeilen geschrieben werden, im Herbst des Jahres 2000, toben rund dreißig Kriege in so weit voneinander entfernten Gebieten wie den Philippinen und Sierra Leone, Tschetschenien und Kolumbien. An keinem dieser Kriege sind Frauen stärker beteiligt, als sie je beteiligt waren, das heißt so gut wie gar nicht. Deshalb könnte man beinahe sagen, daß die Streitkräfte, die gezwungen wurden, Frauen aufzunehmen, nicht mehr kämpfen, während jene, die noch kämpfen, sehr wenig oder gar keine Frauen in ihren Reihen haben.

Um hinter die Behauptungen und Gegenbehauptungen zu blicken und dem Leser zu zeigen, was tatsächlich mit Männern, Frauen und dem Krieg passiert ist, ist das vorliegende Buch folgendermaßen aufgebaut: Teil I gibt einen kurzen Überblick, in welcher Weise Frauen zu allen Zeiten mit dem Krieg zu tun hatten – als Anstifterinnen, Ursachen und Ziele, als Opfer oder Schutzbefohlene der Männer. Meine These lautet, daß Frauen in diesen Funktionen absolut unverzichtbar für den Krieg sind, ja daß man so weit gehen kann zu sagen, ohne die Frauen gäbe es keinen Krieg. In Teil II wird in einem gleichermaßen kurzen Überblick geschildert, was Frauen im Laufe der Jahrhunderte im Krieg getan haben. Anders als manche Autoren und Autorinnen heute behaupten, zeigt sich, daß Frauen so gut wie nie an dem beteiligt waren, was Clausewitz als »die bare Zahlung« im Krieg bezeichnet und Tolstoj als »sehen, wie Menschen getötet werden«.[3] Umgekehrt bezahlten die wenigen Frauen, die sich an Kriegen beteiligten, dafür mit ihrer Weiblichkeit. In Teil III geht es schließlich um die Zeit nach 1945. Es wird detailliert für ein Land nach dem anderen dargelegt, wie dem Niedergang des Militärs der Zustrom der Frauen folgte und der Zustrom der Frauen den Niedergang des Militärs weiter beschleunigte.

All dies legt drei Schlußfolgerungen nahe. Erstens: Selbst wenn man der Auffassung ist, daß die Einbeziehung der Frauen in das, was Lord Byron einmal die »Gehirn zerschmetternde, Kehlen zerschneidende Kunst« genannt hat, einen »Fortschritt«[4] darstellt, dann ist dieser Fortschritt weniger das Ergebnis der Frauenbefreiung, sondern ein Symptom der Tatsache, daß alle halbwegs bedeutenden Staaten seit langem keine größeren Kriege mehr führen und die für die Kriegführung bestimmten Kräfte sich deshalb im Niedergang befinden. Zweitens: Das männliche Gewaltmonopol ist heute noch genauso intakt wie zu allen Zeiten, in denen Krieg geführt wurde. Und drittens: Heute wie zu allen Zeiten können nur geradezu heilige und vollkommen abgeschiedene Gesellschaften auf die Drohung mit und die Anwendung von Gewalt zu ihrer inneren und äußeren Verteidigung verzichten. Macht geht immer noch aus Gewehrläufen hervor, in Anbetracht dieser Tatsache klingen alle Berichte über den unmittelbar bevorstehenden Niedergang des männlichen Geschlechts maßlos übertrieben.

# Teil I

# Frauen im Rachen von Mars

Bevor wir uns konkreten Taten von Frauen im Krieg zuwenden, muß zunächst etwas über Ursprung und Gründe ihrer Rolle gesagt werden. Im folgenden wird dieses Thema unter drei Überschriften erörtert, und dies sind: 1. Frauen als Anstifterinnen eines Krieges; 2. Frauen als Ursachen, Ziele und Opfer des Krieges; und 3. Krieg zum Schutz von Frauen. Die Schlußfolgerung aus allen drei Punkten ist einfach. In der einen oder anderen Weise gehören Frauen als ein wichtiger Teil zum Krieg. Ohne Frauen wäre jeder Krieg unmöglich und sinnlos gewesen.

## 1. Frauen als Anstifterinnen

Manchmal ist heute zu lesen, in Umfragen würden Frauen etwas weniger als Männer den Einsatz von Streitkräften befürworten und etwas mehr für Frieden plädieren.[1] Dies mag stimmen oder auch nicht – in den ersten Tagen des Golfkriegs 1991 tanzten auf Amerikas Straßen genauso viele Frauen wie Männer. In der Geschichte gibt es unzählige Beispiele, daß Frauen ihre Männer aktiv und bewußt zum Krieg angestiftet haben. In Anlehnung an Karl Marx könnte man sagen, »die geschichtliche Rolle der Frauen ist gar nicht zu überschätzen. Wenn [der Krieg] kommt, werden sie einfach mitgerissen.«

Schon im 1. Jahrhundert nach Christus schilderte der römische Historiker Tacitus, wie die Frauen der Germanen (und Briten) Seite an Seite mit ihren Männern kämpften und sie lauthals anfeuerten. Wenn nötig, entblößten sie ihre Brüste, um zu zeigen, was geschehen würde, sollten die Männer geschlagen und sie selbst gefangengenommen werden; »diese [die Gefangenschaft] fürchten sie mehr und halten sie für unerträglicher, wenn es um ihre Frauen geht«[2] (betrachtet man die Darstellung auf der Trajanssäule, die zeigt, wie gefesselte Gefangene aus Dakien enthauptet werden, kann man indes vermuten, daß sie die Gefangennahme auch noch aus anderen Gründen fürchteten). Bei den Thompson-Indianern in Britisch-Kolumbien tanzten die Frauen immer wieder, solange ihre Männer auf dem Kriegspfad waren. Man glaubte, die Tänze sicherten den Erfolg des Kriegszugs. Die Tänzerinnen schwenkten ihre Messer, schleuderten lange, spitze Stöcke oder zogen Stöcke mit hakenförmig gekrümmtem Ende rhythmisch vor und zurück und töteten so symbolisch den Feind. Die Frauen des Yuki-Stammes in Kalifornien tanzten ununterbrochen, während die Männer im Krieg waren; dahinter stand die Vorstellung, solange sie tanzten, würden ihre Männer nicht müde werden.[3] In Nordamerika sollen ähnliche Zeremonien bei den Flathead-Indianern, den Arikara, Sahsta, Kiowa, Tinglit und bei den Sioux üblich gewesen sein.[4]

Aber die Rolle der Frauen war nicht unbedingt auf Tänze und sonstige magische Zeremonien beschränkt. In vielen dieser Gesellschaften begleiteten die Frauen ihre Männer auf Feldzüge, sie trugen Lasten, sprachen den Männern Mut zu und sorgten für sie. Wenn alles vorüber war, feierten sie die Heimkehr der Krieger. Die Frauen der Plains Ojibway, um nur ein Beispiel zu zitieren, bemalten ihre Gesichter und liefen den Männern entgegen, überreichten ihnen Geschenke und erhielten Skalps. Kriege endeten oft mit einem gemeinsamen Siegestanz von Männern und Frauen.[5] Später trugen die Frauen stolz Gegenstände, die vom Sieg ihrer Männer kündeten, darunter auch Körperteile wie abgetrennte Ohren.

Genauso wichtig wie Siegestrophäen waren Kriegsgefangene. Bei manchen Stämmen, etwa den Cherokee, den Irokesen, Omaha und Dakota in Nordamerika, durften Frauen gefangene Krieger zu Tode quälen. Die Gefangenen sollten damit zusätzlich gedemütigt, ihre Todesqualen sollten noch gesteigert werden.[6] Besonders gegenüber weiblichen Gefangenen waren die Frauen oft grausamer als die Männer. Königin Klytämnestra tötete Kassandra, die Gefangene ihres Mannes. Die *Groenlendinga Saga* erzählt, wie während der Wikinger-Expeditionen nach Vinland (Nordamerika) eine Frau namens Freydis eine Axt ergriff und heimtückisch fünf gefangene eingeborene Frauen erschlug, die kein männlicher Wikinger zu töten bereit war.[7] Manchmal blieb es den Frauen überlassen, die Verwundeten auf dem Schlachtfeld zu töten, so etwa nach der Schlacht von Little Bighorn (1876), als die Indianerfrauen die Gesichter der getöteten und verletzten amerikanischen Soldaten zerschmetterten.[8] In den Worten von Rudyard Kipling:

Bleibst du verwundet in Afghanistans Ebenen zurück
Und die Frauen kommen und räumen auf
Dann roll dich zu deinem Gewehr und jag dir eine Kugel in den Kopf
Damit du stirbst wie ein Soldat.

Bei den Kämpfen um die im Norden Israels gelegene Stadt Safed im April 1948 beseitigte mindestens eine Frau die Spuren der Greueltaten, die ihre männlichen Kameraden an arabischen Gefangenen begangen hatten.

Frauen feuerten die Männer auch mit Worten an, Plutarch widmet den Äußerungen der Frauen von Sparta ein ganzes Kapitel. Gorgo, die Gemahlin von Leonidas, erwiderte auf die Frage einer Athenerin, warum die Spartanerinnen die einzigen Frauen seien, die über ihre Männer herrschten, »weil wir die einzigen Frauen sind, die Männer geboren haben«. Eine andere Frau namens Gyrtias, deren Enkel Akrotatos in Kämpfe verwickelt und tödlich verwundet nach Hause gebracht wurde, verbat ihrer Familie zu wehklagen, denn der Junge habe »gezeigt, von welchem Blut er stammt«. Dieselbe Gyrtias sagte später, als sie hörte, daß Akrotatos tot war, »es ist besser zu hören, daß er in einer Weise gestorben ist, die meiner, seines Landes und seiner Ahnen würdig ist, als daß er für alle Zeit als Feigling gelebt hätte«. Eine Frau namens Damatria tötete ihren Sohn, weil er »ein Feigling und ihrer unwürdig« war; auf ihrem Grabmal stand zu lesen, »sie war auch aus Sparta«. Eine andere Spartanerin, die ihren Sohn aus ähnlichen Gründen tötete, ließ auf ihren Grabstein meißeln, »nie gebar ich Spartas unwürdigen

Sohn«. Und eine weitere Spartanerin fragte ihren Sohn, der sich durch Flucht gerettet hatte, ob er dahin zurückkehren wolle, woher er gekommen sei, und hob ihr Gewand hoch. Ebenfalls bei Plutarch lesen wir, daß einmal, als Kyros' Männer vom Schlachtfeld rannten, die persischen Frauen sie mit hochgezogenen Röcken empfingen, sie als »Feiglinge« beschimpften und an ihre Pflicht erinnerten.[9] In der Neuzeit war es bei den Zulus üblich, daß die Frauen sich entkleideten, um ihre Männer so zu beschämen, daß sie kämpften.[10] Man könnte fast sagen, daß die Spartanerinnen nicht die einzigen waren, die bis zum letzten Mann kämpften.

Es gibt unzählige Beispiele dafür, daß Frauen Krieger mit sexuellen Gunstbeweisen vor dem Kampf anstachelten oder nach dem Kampf belohnten. Es wurde sogar gesagt, daß in Stammesgesellschaften (und nicht nur dort) der Wunsch der Männer, die Anerkennung der Frauen zu gewinnen, ein Hauptantrieb gewesen sei, warum Männer begierig in den Krieg zogen.[11] Selbst wenn man dieser Argumentation nicht zustimmt, bleibt das Faktum, daß alle Gesellschaften zu allen Zeiten und an allen Orten zu ungefähr gleichen Teilen aus Männern und Frauen bestehen. In allen Gesellschaften muß das »Feuer im heimischen Herd« erhalten werden. Hätten die Frauen den Krieg nicht gebilligt oder ihn zumindest geduldet, wäre Krieg unmöglich gewesen. Das soll freilich nicht bedeuten, daß sich nicht manche Frauen, auch in primitiven Gesellschaften,[12] dem Krieg widersetzt haben. Es heißt nur, daß die Frauen in den meisten Fällen »einfach mitgerissen« wurden.

Wenn wir einmal die biblische Prophetin Debora beiseite lassen,[13] ist Jeanne d'Arc die Frau, deren Kriegsruf am lautesten auf dem Schlachtfeld erschallte. Es gibt nicht viele zuverlässige Informationen über sie, was wir wissen, stammt hauptsächlich aus den beiden Prozessen gegen sie. Im ersten Prozeß, den die Engländer angestrengt hatten, waren die Richter (übrigens Franzosen) entschlossen, sie als Hexe zu verurteilen. Im zweiten Prozeß, der nach ihrem Tod vom französischen König Karl VII. veranlaßt wurde, waren die Richter gleichermaßen entschlossen, um nicht zu sagen verpflichtet, sie als von Gott geleitete Retterin zu rehabilitieren. Jeanne d'Arc wurde 1412 als

Tochter wohlhabender Bauern im lothringischen Domrémy geboren, und bis zum Herbst 1428 führte sie ein ganz normales Leben. In jenem Herbst wandte sie sich an den Kastellan des Nachbarortes Vaucouleurs und sagte ihm, sie höre himmlische Stimmen. Die Stimmen würden ihr seit ihrer Kindheit vom Wind und von den Kirchenglocken im Ort zugetragen. Sie sagten ihr, sie solle hinausziehen, den Dauphin aufsuchen und ihn um eine Armee bitten, die Frankreich von den Engländern befreien könnte. Zur selben Zeit weigerte sie sich anscheinend, einen Mann zu heiraten, dem ihre Eltern sie versprochen hatten.[14]

Sie zog Männerkleider an – später sagte sie, »für eine Jungfrau schicken sich Männerkleider und Frauenkleider gleichermaßen; Gott hat mir befohlen, Männerkleider zu tragen, weil ich Waffen tragen muß wie ein Mann«[15] –, bekam eine Eskorte und wurde an den Hof gesandt. Dort wurde sie Karl vorgestellt, den sie, obwohl sie ihn nicht kannte, trotz seiner Bemühungen, sich unkenntlich zu kleiden, inmitten seines Gefolges ausmachen konnte. Er ließ sie als erstes von der Königin und anderen Damen des Hofes auf ihre Jungfräulichkeit untersuchen. Das war wichtig, denn nur als Jungfrau konnte sie sich auf übernatürliche Macht berufen. Nachdem dies geklärt war, prüften ein Bischof und ein Erzbischof ihre göttliche Mission. Schließlich war Karl überzeugt, oder vielleicht befand er einfach, daß sie sich als nützlich erweisen könnte. Er ließ eine Rüstung für sie schmieden, samt Lanze und Schwert.

Jeanne d'Arc soll eine hervorragende Reiterin gewesen sein, und sie lernte rasch, mit den Waffen umzugehen. Sie schloß sich der Armee an, die die englische Belagerung von Orléans zu durchbrechen versuchte. An ihrer Seite ritten einige der wichtigsten Soldaten Frankreichs, darunter auch zwei Marschälle. Nach neun Tagen Kampf wurde die Stadt im Mai 1429 befreit. Jeanne d'Arcs Aufgabe dabei bestand darin, Drohbriefe an die Engländer zu schicken, die indes nicht beachtet wurden. Sie nahm an Kriegsräten teil, bei denen Pläne geschmiedet wurden, und auch an Kämpfen. Dabei wurde sie zweimal leicht verwundet, einmal trat sie in eine Fußangel, das zweite Mal verletzte sie ein Pfeil aus einer Armbrust an der Schulter.

Im Juli 1429 wurde Karl VII. in Reims gekrönt. Jeanne d'Arc zog im August und September mit der Armee, die vergeblich Paris einzunehmen versuchte, und wurde ein drittes Mal leicht verwundet. Die nächsten Monate blieb sie in Karls Gefolge. Im Mai 1430 kämpfte sie mit um die Entsetzung von Compiègne, das von den Burgundern belagert wurde. Inzwischen war sie kein hergelaufenes Bauernmädchen mehr, sondern eine Berühmtheit. In ihrem auffallenden rot-goldenen Umhang kämpfte sie in einer Schlacht und wurde zusammen mit ein paar Männern gefangengenommen. Für viel Geld verkaufte man sie an die Engländer. Die Engländer entschieden, sie vor ein kirchliches Gericht zu stellen; sie hofften, so würde offenbar, daß sie nicht in göttlichem Auftrag handelte, sondern vom Teufel gesandt war.

Zunächst behandelte man sie gut, aber nach und nach wurden die Bedingungen ihrer Gefangenschaft härter, und irgendwann wurde sie krank. Im Gefängnis und während des Prozesses zeigte sie Gleichmut und Tapferkeit. Sie unternahm einen kühnen Fluchtversuch – dabei sprang sie sechzig Fuß in die Tiefe und verbrachte drei Tage ohne Essen und Wasser in einem Versteck –, wurde gefaßt, und man bot ihr an, sie freizulassen gegen das Versprechen, es nicht wieder zu versuchen, was sie ablehnte. Sie weigerte sich auch, das Versprechen zu geben, nicht wieder zu den Waffen zu greifen, und so blieb den Richtern keine andere Wahl mehr. Eine erneute Untersuchung erbrachte, daß sie immer noch Jungfrau war. Sie wurde zum Tode verurteilt, weil sie »zahlreichen Irrtümern und Verbrechen der Häresie, Götzenanbetung, [und] Anrufung von Dämonen anheimgefallen« sein sollte. Kurz darauf wurde sie auf dem Scheiterhaufen verbrannt. Danach begannen sich Wunder zu ereignen, und nach und nach wurde sie zu einer Heiligen.

Körperlich scheint Jeanne d'Arc so groß und kräftig gewesen zu sein, daß sie in entsprechender Kleidung wie ein Junge wirkte. Sie war bei bester Gesundheit und hatte angeblich eine so laute Stimme, daß sie den Schlachtenlärm übertönen konnte. Ohne einen offiziellen Rang in der Armee innezuhaben, war sie offensichtlich eine geborene Führernatur. Sie war von ihrem göttlichen Auftrag fest überzeugt, kühl, überlegt, konnte Wichtiges von Unwichtigem unterscheiden, und für ein Bauernmädchen ohne jegliche Bildung über das hinaus, was die Kirche in ihrem Dorf gelehrt hatte, konnte sie sich erstaunlich gut ausdrücken. In ihrem zweiten Prozeß priesen mehrere Zeugen ihr Verständnis für Kriegführung, sie wisse so viel wie ein Hauptmann mit zwanzig oder dreißig Jahren Erfahrung und beweise besondere Klugheit bei der Aufstellung der Artillerie.[16] Andere, die vielleicht selbst den Ruhm beanspruchen wollten, setzten sie herab. Manche Chronisten hielten sie für göttlich erleuchtet, andere sahen sie von Dämonen getrieben, wieder andere (vor allem moderne Historiker) hielten sie für hysterisch. In Anbetracht ihrer Gefaßtheit während der Verhöre, bei denen auch mit Folter gedroht wurde, ist Letzteres schwer zu vertreten.

Was immer die Quelle ihrer Stärke war, die Bedeutung Jeanne d'Arcs lag weder in ihrer Rolle als Strategin noch als Kämpferin. Von der Stunde an, als sie ihr Elternhaus verließ, bis zum Zeitpunkt ihrer Gefangennahme vergingen nur achtzehn Monate, und bei ihrem Prozeß gab sie an, keinen einzigen Menschen getötet zu haben. Die »Jungfrau«, wie sie genannt wurde, beschäftigte die Phantasie der Franzosen und rief sie zu den Waffen. Diese Aufgabe erfüllte sie einzigartig erfolgreich, und dafür erlangte sie zu Recht unsterblichen Ruhm. Das wiederum unterschied sie von den zahllosen Frauen vor und nach ihr, die ihre Männer zum Krieg anstachelten. Solche Frauen gab es etwa in England 1642, als sie in London ihre Männer »durch Umarmung« in den Widerstand gegen König Karl I. drängten, wie ein Chronist schrieb.[17] Solche Frauen gab es im amerikanischen Unabhängigkeitskrieg und in den Französischen Revolutionskriegen. Solche Frauen gab es 1806, als die preußische Königin Luise eine Dragoneruniform anlegte und eine maßgebliche Rolle dabei spielte, ihren Gatten Friedrich Wilhelm III. zum Krieg zu bewegen – in dem er schließlich unterlag.[18] Auch sieben Jahre später, als Preußen sich gegen Napoleon erhob, spielten Frauen eine wichtige Rolle. Sie gaben mit Freude ihren Goldschmuck her und erhielten Ersatz aus Eisen: Damals entstand der berühmte preußisch-deutsche Militärorden, das Eiserne Kreuz.

Überspringen wir das 19. Jahrhundert und gehen gleich ins

20. Jahrhundert über. An der Kriegshysterie, die Europa im August 1914 erfaßte, hatten Frauen einen großen Anteil. In Frankreich begleiteten jubelnde, vorwiegend weibliche Massen die Soldaten zu den Bahnhöfen, gaben ihnen Essenspakete mit und bedeckten sie mit Blumen und Küssen. Nicht anders war es in Deutschland, wo die Menschen von »Kriegsnymphomanie« sprachen und eine »mächtige Steigerung der weiblichen Libido« beobachteten.[19] Selbst die Bildhauerin Käthe Kollwitz, die später für ihre eindrucksvollen Anti-Kriegs-Darstellungen berühmt wurde, gab ihrem Sohn Blumen und den *Faust* mit auf den Weg in den Krieg.[20] Auf den Plätzen von Sankt Petersburg rissen sich Frauen Teile der Kleidung ab und drückten sie den Soldaten in die Hand.[21] In England war das Phänomen als »Khaki-Fieber« bekannt.[22] Die Menschen sprachen davon, daß »Hunderte ehrbarer Frauen und Mädchen die Kasernen belagern, [die] plötzlich von einer bacchantischen Ekstase befallen scheinen«.[23] Eine Engländerin fand den Krieg »schrecklich aufregend, aber ich kann damit nicht leben ... es ist, als wäre man den ganzen Tag betrunken«.[24] Eine andere, die spätere Pazifistin Vera Brittain, äußerte ihre Sorge, »unsere stümperhafte Regierung« könnte neutral bleiben, und »wünschte sich verzweifelt«, ein Mann zu sein, damit sie auch »dieses Große Spiel mit dem Tod« spielen könnte.[25] In den ersten Tagen nach der Mobilisierung registrierten die Behörden erstaunt, welche Kräfte sie da entfesselt hatten, später nutzten sie die Situation und riefen die Frauen auf, sie sollten ihre Männer drängen, sich freiwillig zu melden.[26] Es war nur menschlich, daß die Soldaten ihrerseits ihre plötzliche Popularität genossen und nach Kräften auskosten wollten. Ein Soldat schrieb: »Es waren viele Mädchen da, ja Hunderte, es war sinnlos, sich mit einem Mädchen zu verabreden, denn im allgemeinen packte dich ein anderes Mädchen, bevor du zum Ort der Verabredung gelangen konntest.«[27]

Sogar selbsternannte Feministinnen ließ die Kriegsbegeisterung nicht kalt.[28] In den Jahren vor 1914 hatten viele Suffragetten argumentiert, Frauen seien von Natur aus weniger kriegswütig als Männer und die Einführung des Frauenwahlrechts werde eine friedlichere Welt zur Folge haben. Diese Hoffnungen wurden jedenfalls enttäuscht, und kaum hatten die Feindseligkeiten begonnen, da zerfiel die feministische Internationale genauso wie die sozialistische. Die berühmteste Frauenrechtlerin in Großbritannien war Emmeline Pankhurst. Sie stand an der Spitze der Womens's Social and Political Union und war für ihre Ansichten sogar ins Gefängnis gegangen, nun erklärte sie, »der Krieg unseres Landes wird auch unser Krieg sein«. Zusammen mit ihrer Tochter Sylvia änderte sie den Namen ihrer Zeitschrift von *The Suffragette* in *Britannia,* widmete sie »König und Vaterland« und machte es sich zur Aufgabe, die Männer zu überzeugen – nicht, daß es dazu viel bedurft hätte –, daß sie den Frauen nur in die Augen schauen konnten, wenn sie sich zum Kriegseinsatz meldeten. Die meisten der übrigen einunddreißig Frauenorganisationen im Land trommelten schließlich auch für den Krieg. Sie schlossen sogar pazifistische Mitglieder aus ihren Reihen aus und schwächten die Sache des Friedens damit noch weiter.

Im großen und ganzen sah die Situation in den anderen europäischen Ländern ähnlich aus. In Frankreich verabschiedeten sich die Zeitschriften *La Fronde* und *La Française* von ihren feministischen Programmen und stellten sich in den Dienst der Kriegsanstrengungen. Die größte feministische Organisation in Deutschland, der *Bund Deutscher Frauenvereine (BDF),* verhielt sich genauso. In diesen beiden Ländern und ebenso in Italien und England sollte einmal der Tag kommen, an dem die Soldaten den Frauen vorwarfen, sie würden den Krieg unterstützen, den die Männer mit dem Leben bezahlten.[29] In den Vereinigten Staaten strömten die Frauen schon vor April 1917 zu »Kriegsvorbereitungsbewegungen«. Im Krieg entstanden dann Dutzende patriotischer Frauenvereine wie die American Defense Society, die National Women's Patriotic Relief Society, die National Security League und etliche andere War Relief Commissions. Eine prominente Frau unter den vielen Tausenden kriegsbegeisterten Frauen war Ms. Anna Howard Shaw, die Präsidentin der NAWSA (National American Woman Suffrage Association, Nationale Frauenwahlrechtsvereinigung). Sie gab ihr Amt auf und übernahm statt dessen die Leitung des Women's Committee of the Council of National Defense

(Frauenausschuß des Nationalen Verteidigungsrates). Eine weitere prominente Kriegsbegeisterte war Eleanor Roosevelt. Sie schrieb später einmal, der Krieg »war meine Emanzipation und meine Erziehung«.[30] Der Krieg und die Entdeckung, daß ihr Mann sie betrog, gaben den Anstoß, daß sie aus dem Privatleben heraustrat und eine öffentliche Rolle bekleidete.

Vor dem Hintergrund der nationalistischen Hysterie ließen sich einige wenige Frauen sogar dazu hinreißen, den Krieg als Sühnekampf für die Frauen zu beschreiben. So erklärte die Countess of Warwick, die Deutschen müßten geschlagen werden, weil »in ihrem Land die Frauen mehr im Hintergrund gehalten werden als im Land... jeder anderen Großmacht«. In Frankreich hingegen (dem ihr Herz gehörte) »regiert die Frau ... der Feminismus ist eine der stärksten Kräfte in Frankreich«. Emmeline Pankhursts zweite Tochter Christabel schrieb in *The Suffragette,* die Brutalität der Deutschen rühre von ihrer Einstellung gegenüber Frauen her. Deshalb sei »dieser große Krieg ... Gottes Rache an dem Volk, das die Frauen in Unterdrückung hielt und dadurch das vollkommene menschliche Gleichgewicht störte«.[31] Hätte Großbritannien gegen Frankreich gekämpft anstatt gegen Deutschland, hätte sie vermutlich genau das gleiche gesagt, nur mit umgekehrten Bezeichnungen. Wie für viele Männer zählte auch für diese Frauen nur der Kampf, der Gegner war unwichtig.

Ob Feministinnen oder nicht, in allen Ländern riefen weibliche Hobbydichter genauso wie männliche zu den Waffen, so etwa Jessie Pople mit »The Call«. Andere schrieben von der »Exstase« des Kampfes gegen die Hunnen (May Sinclair in *The Tree of Heaven),* wieder andere drückten ihren Neid aus, daß der Krieg die Soldaten aus der alltäglichen Langeweile herausreiße (Rose Macauly in »Many Sisters to Many Brothers«). Mit Zitaten aus derartigen in Vergessenheit geratenen Werken wären viele Seiten zu füllen. Das bei weitem bekannteste Beispiel war ein Essay mit der Überschrift »A Mother's ... Message to the Pacifists. A Message to the Bereaved. A Message to the Trenches« (»Botschaft einer Mutter ... an die Pazifisten. Eine Botschaft an die Hinterbliebenen. Eine Botschaft an die Schützengräben«). Der Essay erschien erstmals 1916 in der britischen

Zeitung *The Morning Post.*[32] Später wurde er als Broschüre nachgedruckt, und in nicht einmal einer Woche wurden 75 000 Exemplare davon verkauft.

[Die Stimme der] Mütter der britischen Rasse ... verlangt Gehör, denn sie sieht, daß wir die wichtigste Rolle in der Geschichte der Welt spielen, denn wir »gebären die Männer«, welche die Ehre und die Traditionen nicht nur unseres Empires, sondern der gesamten zivilisierten Welt verteidigen müssen.

Wir Frauen ... werden den Ruf »Frieden! Frieden!« nicht dulden, wo es keinen Frieden gibt ... Für Frauen der britischen Rasse gibt es nur eine Temperatur, und das ist die Weißglut. Mit denen, die ihren heiligen Auftrag der Mutterschaft entehren, haben wir nichts gemein ... Wir Frauen liefern die menschliche Munition, die Söhne, die die Lücken füllen ... Wir verzärteltes, ängstliches Geschlecht wollten den Krieg nicht ... Aber der Ruf zu den Waffen erschallte ... Wir haben unseren Jungen von der Schule abgeholt, wir haben seine Mütze weggelegt ... Wir sind zu unserer Verantwortung emporgewachsen ... Wir werden kein Jota zurückweichen ... [Sollten wir unsere Männer und Söhne verlieren], werden wir gestärkt daraus hervorgehen und das glorreiche Werk fortführen, welches unsere Männer uns mit ihrem Andenken für jetzt und alle Ewigkeit hinterlassen haben.
Eure ... EINE KLEINE MUTTER

Bis heute weiß man nicht, wer dieses seltsame Propagandapamphlet geschrieben hat, es könnte sogar ein Mann der Verfasser sein!

Eine Erklärung für die fanatische Kriegsbegeisterung der Frauen lieferte die bekannte Psychoanalytikerin Helene Deutsch, die sie in ihrem Heimatland Deutschland selbst beobachten konnte.[33] Ihr erschien es natürlich, daß die Männer den Krieg mit einer sexuellen Orgie feiern: Sie haben Angst vor dem Tod und wollen etwas von sich hinterlassen. Die Erregung der Frauen erklärt sie so: »In Zeiten einer gesteigerten Spannung besteht im Menschen eine größere Neigung, die Realität in einer mehr primitiven Weise, also nicht nur gegenständlich, sondern auch symbolisch zu erleben. Aus dem symbolischen Mittel zur Überwindung des Todes entstand im Kriege häufig eine bewußt ungewollte, aber sehr reale Schwangerschaft. Denn in der Nachfühlung des unbewußten Wunsches des Mannes gingen viele Mädchen auf diesen unausgesprochenen Vorschlag ein und ließen sich vom ›unbekannten Soldaten‹ schwängern. Es ist nicht die eigene sexuelle Erregung, es ist die Dienstleistung an die Lebensbegierde des anderen, die die Verführungskünste ausübte. Dieses Motiv spielte eine gewaltige Rolle auch bei vielen jungen Gattinnen und ledigen Mädchen, die sich von dem einrückenden Gatten oder Geliebten schwängern ließen ... die Todesdrohung, die das Begehren nach weiterem Leben erhöht, ist ein viel stärkeres, wenn auch unbewußtes Motiv.«

Eine andere Augenzeugin, Helene Swanwick, drückte es knapper aus mit der Formulierung, der dringende Wunsch der Frauen, sich mit einem Mann zu vereinen, sei »das natürliche weibliche Gegenstück zur männlichen Begierde zu töten. Wenn zu erwarten ist, daß Millionen von Männern in jungen Jahren oder sogar noch als Knaben getötet werden, ist es die Pflicht jeder jungen Frau, einen Gatten zu finden und die Bevölkerung aufzufüllen, solange es noch möglich ist.«[34] Helene Swanwicks Ansicht bestätigt das Offensichtliche, nämlich daß Mars und Venus normalerweise gut miteinander auskamen und daß die meisten Frauen zu den meisten Zeiten und an den meisten Orten ihre Sympathie für die Krieger so ausgedrückt haben, wie sie es am besten konnten: indem sie mit ihnen schliefen.

Mit dem Ersten Weltkrieg endete dies keineswegs. Das faschistische Italien war in der Zeit zwischen den Weltkriegen nach eigenem Bekunden »männlicher« und entschiedener »anti-feministisch« als jedes andere Land. Von Marinetti über d'Annunzio bis zu Mussolini selbst brüstete sich keine andere Gruppe von Führern so sehr mit ihrer Frauenverachtung. Doch selbst bei der Invasion Äthiopiens 1935 ließen sich Hunderttausende von Frauen weder durch die chauvinistischen Tendenzen des Regimes noch durch die skrupellose Ausbeutung der weiblichen Arbeitskraft daran hindern, sich den Demonstrationszügen anzuschließen und ihre goldenen Eheringe für die Kriegskasse herzugeben.[35] Die deutschen Frauen ertrugen im Dritten Reich die Herrschaft der Partei, die sie demütigte und sie aus dem öffentlichen Leben zu verbannen versuchte,[36] und es heißt, die deutschen Soldaten hätten ihre im Nahkampf errungenen Auszeichnungen den Frauen an die Strapse geheftet. Die israelischen Frauen sollen ihre Männer nach dem Oktoberkrieg 1973 mit den Worten empfangen haben »steige hinauf und ein«: eine obszöne Anspielung auf den traditionellen jüdischen Segen »steige hinauf und lies«, der sich auf das Vorrecht bezieht, auf dem Podium aus der Thora vorzulesen.

Gewiß waren manche Frauen (und manche Männer) gegen den Krieg. Nicht selten wurden Antikriegsbewegungen von Frauen initiiert. Doch sobald eine solche Bewegung eine Dynamik entwickelte, setzten sich Männer an die Spitze, was möglicherweise ein weiterer Beweis für die größere Aggressivität von Männern ist. In Israel war beispielsweise 1998/99 der einflußreichste Befürworter eines einseitigen Rückzugs aus dem Libanon M. K. Yossi Beylin. Er war auf einen fahrenden Zug aufgesprungen. Die maßgeblichen Frauen an der Spitze der Organisation »Vier Mütter«, die als erste die Forderung nach dem einseitigen Abzug erhoben hatten, blieben in der Öffentlichkeit nahezu unbekannt. Jedenfalls scheinen nur sehr wenige dieser Bewegungen Erfolg gehabt zu haben. Die eine große Ausnahme sind die Sabinerinnen in der römischen Sage. Sie verdankten ihren Erfolg gerade der Tatsache, daß sie männliche Verwandte – Väter und Ehemänner – in den beiden Lagern hatten. Wäre das nicht so gewesen, dann hätte sich die ganze Geschichte überhaupt nicht zutragen können.

Die große Mehrheit der Frauen hatte die meiste Zeit der Geschichte über an den meisten Orten nicht soviel Glück – oder, je nach Standpunkt, soviel Unglück – wie ihre sabinischen/römischen Schwestern und unterstützte die Männer. In der Regel erfolgte die Unterstützung durch Worte und Taten. Sie nahm vielfältige Formen an, angefangen von der Vorbereitung von Wundverbänden über das Stricken von Socken bis hin zum »Höhepunkt der wahren Liebe«,[37] wie viele glauben: sexuelle Hingabe entweder als Abschiedsgeschenk vor der Schlacht oder als Belohnung danach. Frauen, die eine politische Krise miterlebten, empfanden die gleichen Gefühle wie Männer – Rose Macaulays Gefühl der Befreiung vom täglichen Einerlei deckt sich mit den Gefühlen, die Adolf Hitler später in *Mein Kampf*[38] beschrieb. Dies ist um so bemerkenswerter, als in manchen Kriegen die Frauen die Hauptopfer waren. Diesem Punkt wenden wir uns nun zu.

## 2. Ursachen, Ziele und Opfer

Nach dem Stand des biosoziologischen Wissens[39] ist es das eine große Ziel eines jeden DNA-Stücks im Universum, sich zu reproduzieren. Nach derselben Auffassung erreichen männliche Lebewesen dies am besten dadurch, daß sie möglichst viele weibliche Lebewesen befruchten. (Die beste Strategie für die Weibchen soll hingegen sein, sich das beste Männchen zu suchen und bei ihm zu bleiben; dies ist freilich, wie wir noch sehen werden, implizit bedrohlich für Männchen, die aus irgendeinem Grund nicht oder nicht mehr »die besten« sind.) Damit kommen wir zu einigen anderen Rollen, die Frauen im Krieg gespielt haben: Kriegsursache, Kriegsziel und Kriegsopfer.

Es wurde viel über Frauen als Ursache von Stammeskämpfen geschrieben, der holländische Anthropologe Jan van der Dennen hat das verfügbare Material darüber zusammengetragen.[40] Anscheinend wurden viele Stammeskriege durch Streitigkeiten um Frauen ausgelöst, im einzelnen konnte es dabei um die Mitgift gehen, um Scheidung, Vergewaltigung, oder eine Frau brannte mit dem Angehörigen eines anderen Stammes durch (was für die eine Seite Durchbrennen war, mochte für die andere Seite wie Entführung aussehen, so daß es dabei nicht selten um dieselbe Sache ging). Das galt etwa für die Indianerstämme an der kalifornischen Küste, aber auch für die Yanomani-Indianer im Amazonas-Regenwald,[41] die Mundugumor in Neuguinea[42] und viele andere Völker einschließlich der Israeliten in der Bibel, die in den Krieg zogen gegen den Stamm Benjamins, nachdem einige Mitglieder dieses Stammes eine Frau eines anderen Stammes ermordet hatten.[43] Bei den neuseeländischen Maori gab es eine Redewendung, »Land und Frauen sind die Ursachen von Krieg«. Daraus können wir folgern, daß bei all diesen Völkern Frauen nur eine Kriegsursache neben vielen anderen waren und der Streit um Frauen auf einer Ebene lag wie

Auseinandersetzungen aufgrund von Totschlag, Verletzung, Beleidigung, Übergriff auf Besitz, Viehdiebstahl und dergleichen.

Einerseits löste Streit um Frauen Kriege aus, andererseits zogen Männer in den Krieg, um Frauen zu gewinnen. In der *Ilias* zum Beispiel wird an vielen Stellen davon berichtet, daß Städte dem Erdboden gleichgemacht, alle Männer getötet und die Frauen gefangengenommen wurden.[44] Bei den Griechen wie bei vielen anderen Völkern galt das Interesse an den Frauen allerdings weniger ihren reproduktiven Fähigkeiten als vielmehr ihrer Arbeitskraft, insbesondere Spinnen und Weben waren hoch geschätzt. In Kalifornien nahmen die Pomo und die Nisenan regelmäßig gefangene Frauen durch Heirat in ihre Stämme auf. Bei den Zügen der Wikinger ergaben sich oft Gelegenheiten, gewaltsam Frauen zu gewinnen, dies hieß *herfang*.[45] Es wird berichtet, als König Helgi von Norwegen über Schweden herfiel, »machte er reichlich Beute und ergriff die Königin Yrsa und nahm sie mit«.[46]

Freilich gilt auch, daß viele Stämme Frauen keinen besonderen Wert zumaßen und sie entweder zusammen mit ihren männlichen Verwandten umbrachten oder einfach laufen ließen. Die Yurok beispielsweise nahmen gelegentlich Frauen als Gefangene mit, schickten sie aber nach der Beilegung des Konflikts wieder zu ihren Verwandten zurück. Die Mattole, Nongatl, Sinkyone, Lassik und Wailaki machten keine Gefangenen und töteten manchmal auch Frauen und Kinder. Die Quenchan und die Mojave nahmen hin und wieder Frauen als Gefangene, aber sie erachteten es als gefährlich, Geschlechtsverkehr mit ihnen zu haben. Bei den Asmat-Kopfjägern in Neuguinea hatte ein Krieger, der eine Frau oder ein Kind durch Gefangennahme retten wollte (was selten vorkam) in der Regel große Schwierigkeiten, seine überreizten Kameraden daran zu hindern, daß sie die Gefangenen töteten.[47]

Alles in allem können wir die Frage, ob Stammesgesellschaften in den Krieg zogen, um Frauen zu ihrem Vergnügen und als Gebärerinnen gefangenzunehmen, anhand des vorliegenden Materials nicht eindeutig beantworten. Die angewendeten Taktiken erleichterten es den Kriegern auch nicht, ein solches Ziel zu erreichen. Sehr häufig erfolgte der Angriff in den frühen Morgenstunden auf eine abgelegene Siedlung, dabei wurden in der Regel ohne Rücksicht auf das Geschlecht alle Gegner getötet. Herumziehende Trupps konnten auch keine Gefangenen machen, denn das hätte ihre Beweglichkeit eingeschränkt. Frauen eines feindlichen Stammes, die das Pech hatten, einem solchen Trupp in die Hände zu fallen, wurden in der Regel vergewaltigt und dann getötet, aber nicht als Gefangene mitgeführt. Schließlich gab es noch eine Form der Kriegführung, die als offene Feldschlacht bekannt wurde – eine Art von zeremonieller Auseinandersetzung, die viele Stammesgesellschaften auf der Welt kennen –, und dabei wurden Frauen verschont. Sie waren allenfalls als Zuschauerinnen beteiligt und feuerten die Kämpfer an.

In all diesen Fällen hing viel von der politischen Struktur der kriegführenden Gesellschaft ab. In einer vergleichsweise ausgeglichenen Stammesgesellschaft kann es sinnvoll sein, wenn die Männer durch einen Feldzug zusätzliche Frauen erorbern wollen, und es gibt in der Tat Beispiele von Stämmen, bei denen gefangene Frauen einen beträchtlichen Teil der Population ausmachten.[48] Für einen König oder sonstigen Herrscher mochte dies vielleicht keine sinnvolle Strategie sein, weil er sich dank seiner Stellung alle Frauen seines Volkes oder seiner Völker nehmen konnte, die er haben wollte. Je komplexer und je stärker hierarchisch strukturiert eine politische Einheit ist, desto weniger Anhaltspunkte gibt es dafür, daß die Herrscher in den Krieg zogen, um neben Sklaven beiderlei Geschlechts Frauen zu erobern, zumal weibliche Gefangene oft als minderwertig im Vergleich zu männlichen angesehen wurden.[49] Tatsächlich kann ich keine Gesellschaftsform oberhalb der Ebene des Stammes mit einem Häuptling an der Spitze anführen, bei der es üblich gewesen wäre, Krieg zu führen, um Frauen *qua* Frauen zu gewinnen. Bei Vergil führt Aeneas Krieg gegen König Turnus wegen der römischen Prinzessin Lavinia, aber ihm geht es nicht um die sexuelle Eroberung, sondern er verfolgt ein höchst politisches Ziel.[50] Das gleiche galt für den Perserkönig Darios. Als er 490 vor Christus die Stadt Milet belagerte, drohte er den Bürgern, sollten sie sich nicht ergeben, würde er sie alle töten, ihre Söhne kastrieren und ihre Töchter nach Baktrien verschleppen.[51]

Aus der Sicht der Frauen war es kein großer Unterschied, ob der Krieg ihretwegen geführt wurde oder ob sie lediglich zufällig Opfer des Krieges wurden (»Kollateralschaden« ist die moderne Bezeichnung dafür). In beiden Fällen litten sie durch stärkere, aggressivere und besser organisierte Männer, gegen die sie sich nicht verteidigen konnten. Viele Autoren, von Euripides in den *Troerinnen* bis zu Susan Brownmiller in *Against Our Will (Gegen unseren Willen)*[52], haben beschrieben, welche Leiden der Krieg den Frauen zu allen Zeiten zugefügt hat und noch zufügt, dies bedarf keiner weiteren Erläuterung. Nach dem Zweiten Weltkrieg ist die Lage für die Frauen mit dem Übergang von zwischenstaatlichen Kriegen zu innerstaatlichen Kriegen und sogenannten »ethnischen Säuberungen« im Vergleich zum Zeitraum von 1700 bis 1945 eher noch schlimmer geworden. Die Serben sollen in Bosnien-Herzegowina 1992–1995 Vergewaltigungen systematisch als Mittel zur Demütigung und Bestrafung ihrer moslemischen Feinde eingesetzt haben,[53] genauso war es in Osttimor. Es bleibt allerdings das Faktum, daß wie bei Konflikten unter Schimpansen die weiblichen Opfer in der Regel eine sehr viel bessere Behandlung erfahren und besser davonkommen als die männlichen. Soweit für Stammesgesellschaften Daten zu erhalten sind, ergeben sie folgendes Bild:[54]

Männliche und weibliche Opfer

| Gesellschaft | 1<br>männl. Tote in Prozent aller Toten | 2<br>weibl. Tote in Prozent aller Toten | 3<br>Gesamtzahl der Toten | 4<br>Verhältnis männl. Tote zu weibl. Toten |
|---|---|---|---|---|
| Jivaro | 59,0 | 27,0 | 32,7 | 1:2,8 |
| Yanomani-Shamatari | 37,4 | 4,4 | 20,9 | 1:8,5 |
| Mae Enga | 34,8 | 2,3 | 18,6 | 1:15,1 |
| Dugm Dani | 28,5 | 2,4 | 15,5 | 1:11,9 |
| Yanomani-Nanowei | 23,7 | 6,9 | 15,3 | 1:3,4 |
| Huli | 19,6 | 6,1 | 13,2 | 1:3,2 |
| Gebusi | 8,3 | 8,2 | 8,3 | 1:1,02 |

Der Mittelwert für alle sieben Gesellschaften liegt bei 1:6,1. Das heißt, für jede Frau, die infolge von Kriegseinwirkungen starb, starben etwas mehr als sechs Männer. Zudem besteht keine Korrelation zwischen der Gesamtzahl der Toten – Spalte drei – und dem Verhältnis von männlichen zu weiblichen Opfern. Mit anderen Worten: Kriegerische Gesellschaften verlieren nicht proportional mehr Frauen als friedliche. Vielmehr ist die eine Gesellschaft, in der ebenso viele Frauen wie Männer getötet wurden (die Gebusi), die mit Abstand friedlichste von allen genannten, als müßte sie besonders friedlich sein, weil sonst die Ausrottung drohen würde.

Was für Stammeskriege zutrifft, gilt genauso für »zivilisierte« Kriege. Julius Cäsar beispielsweise berichtet,[55] Frauen seien selten umstandslos getötet worden; gewiß aber wurden sie oft vergewaltigt und mißhandelt. In der Tat war es in den alten Mittelmeerreichen üblich, daß man die männlichen Bewohner einer erstürmten Stadt tötete und Frauen und Kinder in die Sklaverei verkaufte. Die Darstellungen, die der Assyrerkönig Sancherib zur Erinnerung an die Einnahme der Stadt Lachisch in Judäa im Jahr 705 vor Christus in Auftrag gab und die in den Ruinen seines Palastes in Ninive gefunden wurden, illustrieren dies eindrucksvoll. Sie zeigen, wie nach dem Fall der Stadt die Frauen und Kinder, offensichtlich unverletzt, zusammen mit der übrigen Beute weggebracht werden. Die Männer hingegen wurden gepfählt.

Eine der frühesten Regelungen, wie Frauen zu schützen sind vor den Schrecken des Krieges, enthält *Deuteronomium* 21, 10–15. Wenn die Israeliten »freiwillig« in den Krieg zogen (das heißt, wenn der Krieg nicht ausdrücklich durch den Herrn befohlen worden war), sollten sie alle männlichen Gefangenen töten. Das Gesetz verlangte aber auch, die weiblichen Gefangenen nicht als Sklavinnen zu behandeln. Den Frauen wurde vielmehr eine angemessene Zeit zugestanden, damit sie um ihre männlichen Verwandten trauern konnten, und dann wurden sie in aller Form mit ihren neuen Herrn vermählt; erst danach durfte es zu sexuellen Kontakten kommen. Seither hat es zahllose Versuche gegeben, Frauen vor den schlimmsten Kriegsfolgen zu schützen, meist auf der Grundlage religiöser Überzeugungen oder eines Ritterethos. Ein typisches Beispiel ist Honoré Bonnets *The Tree of Battles* (um 1400).[56] Die Schrift enthält unzählige Ermahnungen, Frauen zu schonen, Frauen galten wie Kleriker und Haustiere als »unschuldig« und verdienten darum christliche Milde. Noch im 16. Jahrhundert enthielt deutsches Kriegsrecht strenge Anweisungen, jungen Müttern, Schwangeren und »Mädchen« (was jung und jungfräulich bedeuten konnte) nichts zu tun.[57]

Die Neuzeit hat andere Lösungen gefunden. Seit der zweiten Hälfte des 17. Jahrhunderts wurden Kriege im Abendland nicht von einzelnen oder von Völkern geführt, sondern von Staaten.[58] Ein Staat hatte definitionsgemäß das Recht, Krieg zu führen, dementsprechend ging es nicht mehr darum, »Unschuldige« und »Schuldige« auseinanderzuhalten, sondern darum, festzustellen, wer das Recht hatte, im Namen des Staates zu kämpfen, und wer nicht. Sobald dieses Problem durch die Einführung der Uniform gelöst war, zogen Juristen wie Emmerich Vattel[59] eine Trennungslinie zwischen Kombattanten und Nonkombattanten. Erstere durften töten und mußten im Gegenzug damit rechnen, getötet zu werden, Letztere waren zu schonen, soweit die »militärischen Erfordernisse« es zuließen und soweit sie keinen Widerstand leisteten. Damit wurde die Unterscheidung nach Alter und Geschlecht durch die Unterscheidung zwischen Soldaten und Zivilisten ersetzt. Zumindest theoretisch waren die Frauen nun besser geschützt als jemals zuvor.

Gegen diese Mahnungen, Frauen nicht zu töten (an vielen Orten und zu vielen Zeiten auch, Frauen nicht als Kriegsgefangene zu nehmen und sie nicht sexuell zu mißhandeln) wurde selbstredend sehr oft verstoßen. In der Antike wurden Alexander und Scipio Africanus besonders dafür gelobt, daß sie die hübschen Gefangenen, die man ihnen brachte, *nicht* mißbrauchten.[60] Alexanders Verhalten gab sogar Anlaß zu der Diskussion, ob er womöglich homosexuell gewesen sein könnte. Die Milde von Scipio Africanus hielt im 16. Jahrhunderts der Maler Domenico Beccafumi in einem Gemälde fest.[61] Ebenfalls im 16. Jahrhundert erlangte Pierre de Bayard, der »Ritter ohne Furcht und Tadel«, seinen Ruf zumindest teilweise wegen seiner außergewöhnlichen Keuschheit.[62] Um nur einige wenige

Gegenbeispiele zu nennen: Massenvergewaltigungen begleiteten den »Sacco di Roma« 1527 und die Zerstörung Magdeburgs 1631, als die kaiserlichen Truppen entfesselt in der Stadt wüteten. Massenvergewaltigungen verübte die japanische Armee 1938 in Nanking und die Rote Armee in Deutschland 1945.[63] Vor dem Hintergrund dieser Vorfälle wurde in die Zweite Genfer Konvention von 1949 der Passus aufgenommen, weibliche Kriegsgefangene müßten mit »dem ihrem Geschlecht geschuldeten Respekt« behandelt werden.[64]

Im Frieden und im Krieg ist die Mißhandlung von Frauen – wozu vor allem die Vergewaltigung zählt – ein scheußliches, wenngleich leider nur allzu häufiges Verbrechen, ob nun als individuelle Tat oder als systematische Politik. Dennoch kann man sagen, daß Frauen alles in allem im Krieg in der Regel besser davonkamen als Männer. Selbst die frühmittelalterlichen Kelten, die dafür berüchtigt waren, daß sie keine Gnade kannten, nahmen »sanfte, jugendliche, strahlende, einzigartige Mädchen« und »blühende, schön gekleidete junge Frauen« lieber gefangen, als daß sie sie töteten.[65] Der belgische Faschistenführer Léon Degrelle beschreibt, wie mitten in dem furchtbaren Gemetzel an der russischen Front 1942 beide Seiten den Ukrainerinnen gestatteten, weiter ihre Felder zwischen den feindlichen Linien zu bearbeiten.[66] Frauen, die in Gefangenschaft gerieten, wurden im allgemeinen besser behandelt als Männer. So starben die alliierten Soldaten, die im Zweiten Weltkrieg den Japanern in die Hände fielen, wie die Fliegen. Die amerikanischen Krankenschwestern hingegen, die in Bataan gefangengenommen wurden, litten zwar auch unter Hunger und Krankheiten, überlebten aber alle.[67] Nehmen wir die Worte des Londoner Bischofs Reverend A. E. Winnington, mit denen er 1914 seine Landsleute zum Kampf gegen die Deutschen aufrief:[68]

Tötet die Deutschen – tötet sie nicht um des Tötens willen, sondern um die Welt zu retten, um die Guten und die Bösen zu töten, um die jungen Männer und die alten zu töten, um die zu töten, die freundlich zu unseren Verwundeten waren, und genauso die, die den kanadischen Sergeanten kreuzigten [Anspielung auf einen verbreiteten Propagandamythos] ...«

Bemerkenswert ist, daß selbst in dieser zugespitzten Rhetorik nicht davon die Rede ist, deutsche Frauen zu töten.

## 3. Frauen beschützen

Frauen wurden nicht so oft und nicht im gleichen Maße Opfer des Krieges wie Männer, aber einer der Hauptgründe, Krieg zu führen, war und ist es, Frauen zu Opfern zu machen. Dies verdeutlicht folgende Äußerung, die Dschingis Khan zugeschrieben wird, dem Mongolenfürsten, der auf dem Höhepunkt seiner Macht über ein Viertel der Erde herrschte und, wiewohl das nicht eigens betont werden muß, bei den Frauen freie Auswahl hatte. Seine Ratgeber sahen, daß er wie kein anderer Mann vor ihm tun und lassen konnte, was er wollte, und fragten ihn einmal, was für ihn das Schönste im Leben sei. Dschingis-Khans Antwort, »zu beoachten, wie die Feinde Tränen vergießen, auch wenn man ihre Frauen umarmt«, spricht für sich.

Teilweise sind Vergewaltigungen natürlich Folge des Wunsches nach körperlicher Erleichterung – alle Soldaten wissen, wie es nach einer frauenlosen Zeit im Feld ist. Doch wie Aristophanes in *Lysistrate*[69] schreibt, hängt das Vergnügen des Mannes vom guten Willen der Frau ab. Eine Frau gegen ihren Willen zu besitzen, bereitet kein Vergnügen, ganz bestimmt dann nicht, wenn der Akt wiederholt werden soll. In dem Fall ist er keine Demonstration männlicher Macht, sondern eher eine Demonstration seiner Erniedrigung. Darum kann man mit gutem Grund vermuten, daß es bei der Vergewaltigung in Wahrheit nicht so sehr um die Sexualität geht als um die Symbolik. Mehr als jede andere Tat beweist sie, daß der Feind »niedergeworfen« (wie Clausewitz es ausdrückte) und sein Wille gebrochen wurde,[70] oder mit anderen Worten: daß das Ziel des Krieges erreicht wurde und der Feind nicht länger in der Lage ist, das zu schützen, was ihm das Nächste und vermutlich auch das Liebste ist.

Für den Unterlegenen wird alles noch schlimmer, weil die Frauen selbst nicht passiv sind. Wenn sie sich nicht mehr geschützt fühlen, laufen sie womöglich zur anderen Seite über: Sie flirten mit dem Gegner, leben mit ihm (formell oder informell), schlafen mit ihm und gebären ihm Kinder. Freiwillig unter einer Besatzung, unfreiwillig als Gefangene, können sie, wenn sie wollen, einen Handel mit dem Sieger abschließen. Vermutlich sind nicht alle Frauen, die jemals von Stammeskriegern gefangen genommen und verschleppt wurden, gegen ihren Willen in der Fremde geblieben. In der *Ilias* wehklagt die schöne Kriegsgefangene Briseis, deren männliche Verwandte getötet wurden, vor dem toten Patroklos, der Mitgefühl mit ihr gezeigt und ihr sogar versprochen hat, daß sie Achilles' Frau werden würde.[71] Simone de Beauvoir schildert, wie 1940 sofort nach der Besetzung von Paris die *boches* von Französinnen umgarnt wurden, von professionellen Damen und Amateurinnen gleichermaßen.[72] In den nächsten Jahren gebaren Frauen in Holland, Belgien, Frankreich, Dänemark und Norwegen 200 000 Kinder, die deutsche Soldaten gezeugt hatten (die wahre Zahl könnte noch höher gewesen sein, weil sich vermutlich nicht alle Frauen umgehend an Himmlers Organisation *Lebensborn* wandten, wo die Statistik geführt wurde). Ein kleiner Teil der Schwangerschaften – vielleicht 10 Prozent – dürfte aus Vergewaltigungen hervorgegangen sein.[73]

Bei der Befreiung Europas durch die Alliierten wenige Jahre später waren die Rollen vertauscht. In den Niederlanden vergnügten sich die kanadischen Soldaten und ihre einheimischen Liebschaften in sogenannten »Tanzzelten«. In Deutschland sang man obszöne Variationen des beliebten Liedes »Lili Marlen«.[74] Wie zuvor in den durch Deutschland, Japan und ihre Verbündeten besetzten Ländern boten auch jetzt die Frauen als Bezahlung für knappe Güter wie Essen, Alkohol und Tabak ihre sexuelle Gunst an. Doch von der Überredung bis zu den verschiedenen Formen von käuflichem Sex – von Konkubinat bis zu regelrechter Prostitution – ist die Bedrohung durch Gewalt immer gegenwärtig. Die Vergewaltigung ist Ausdruck von Macht über die Frauen des Feindes und stellt die endgültige Demütigung der männlichen Feinde dar. Darum geht es im Krieg immer um Vergewaltigung – auch wenn auf Seiten der Sieger die Schuldigen bestraft werden, auch wenn es gar keine Vergewaltigung war.[75]

Umgekehrt war der Wunsch, die Frauen vor Vergewaltigung

zu schützen, immer einer der wichtigsten Gründe, warum Männer in den Krieg zogen. In der *Ilias* kümmern Hektor »nicht der Schmerz um die Troer ... noch die Brüder, die da viele und edle in den Staub fallen werden unter feindlichen Männern«, sondern allein das Leid seiner Frau Andromache, »wenn einer von den erzgewandeten Achaiern dich Weinende wegführt und raubt dir den Tag der Freiheit«.[76] Einige Reliefs des Athener Parthenon zeigen Lapithen, die ihre Frauen gegen Angriffe der Zentauren verteidigen. Rund 500 Jahre nach der Entstehung dieser Reliefs bemühte sich Eleazar Ben Jair, der Befehlshaber der Zeloten in Masada, seine Männer zum Massenselbstmord angesichts der unabwendbaren Niederlage zu überreden. Sein erster Versuch scheiterte. Beim zweiten Mal hielt er den Männern unter anderem vor, welche »Schande« ihre Frauen und Töchter erwartete, wenn sie ohnmächtig den Römern in die Hände fallen sollten. Und nun hatten seine Worte die gewünschte Wirkung. Dabei war die Schande gewiß nicht schlimmer, als den Löwen vorgeworfen zu werfen – das Schicksal, das viele gefangene Juden erwartete.[77]

Gehen wir in die Neuzeit über. Die Chroniken der Eroberung des amerikanischen Westens sind voll von Berichten über lüsterne Rothäute, die weißen Frauen nachstellen. Einige Berichte von Frauen, die behaupten, sie seien Opfer gewesen, wurden zu Bestsellern.[78] Im Bürgerkrieg erfanden die Konföderierten den Mythos vom Yankee, der unbedingt eine »Südstaatenschönheit« haben wollte. Im Ersten Weltkrieg sahen alle Länder die dringende Notwendigkeit, ihre Frauen vor Vergewaltigung zu schützen.[79] Im arabisch-israelischen Konflikt entwickelten die Israelis immer wieder neuen Kampfesmut angesichts der drohenden Aussicht, daß sexuell ausgehungerte arabische Horden über ihre Frauen herfallen könnten. So wurden beispielsweise 1948 einige Frauen in Gush Etsion südlich von Jerusalem durch transjordanische Truppen vergewaltigt. Genauso war es in den verzweifelten ersten Tagen des Oktoberkrieges 1973, als die Ehemänner, bevor sie in den Krieg zogen, ihren Frauen einschärften, sie sollten in den Krankenhäusern Zuflucht suchen, falls es zum Schlimmsten käme, was damals nicht ausgeschlossen schien. Zu allen Zeiten und unter allen Umständen gab es einen brutalen Gegner, der nach den eigenen Frauen lechzte, und die Frauen werden je nach vorherrschendem Geschmack als außerordentlich dünn, außerordentlich dick, außerordentlich sittsam, außerordentlich entgegenkommend, immer aber als außerordentlich schön und außerordentlich begehrenswert beschrieben. Immer geht es darum, daß sie vor einem schrecklichen Schicksal bewahrt werden müssen, auch wenn es den Mann das Leben kostet und auch wenn sie, wie es manchmal der Fall sein mag, gar nicht davor bewahrt werden wollen.

Zu manchen Zeiten war die Drohung der Massenvergewaltigung und Versklavung der gesamten weiblichen Bevölkerung sehr real. In der bildenden Kunst wurden eroberte Länder oft allegorisch als gefangene Frauen dargestellt, insbesondere die römische Kunst stellte die Verbindung zwischen Niederlage und Vergewaltigung häufig her.[80] Oft war die Furcht vor Vergewaltigung spontan, aber ebenso oft war sie auch gezielt erzeugt und wurde systematisch eingesetzt, um die Männer zum Kampf anzustacheln. So wurden 1914 die deutschen Truppen in der französischen und britischen Propaganda dargestellt, wie sie zwischen zwei gekreuzigten kanadischen Sergeanten stehen blieben, bevor sie belgische Nonnen und französische Frauen vergewaltigten;[81] es wurde auch erzählt, daß deutsche Soldaten den Frauen die Brüste abschnitten.[82] Im Zweiten Weltkrieg ließen alle kriegführenden Nationen Plakate drucken, die oft sehr drastisch zeigten, welches Schicksal die Frauen in den Händen der Feinde erwartete.[83] Die Masche verfing, gegen Ende des Krieges erwiesen sich Meldungen über Greueltaten der Roten Armee gegen deutsche Frauen als »äußerst effektiv«, um den Kampfeswillen der Wehrmacht aufrechtzuerhalten.[84] Während der Golfkrise 1991 engagierte die Regierung von Kuwait eine amerikanische Public-Relation-Firma, ihre Sache zu vertreten. Als Teil der Kampagne zur Diskreditierung Saddam Husseins waren viele Gerüchte in Umlauf, unter anderem finstere Geschichten über Vergewaltigungen kuwaitischer Frauen durch irakische Truppen.

Manchmal wurden ganze Länder als betörende Frauen dargestellt, denen Gewalt angetan werden sollte. Die britische Britannia war wie ihr Vorbild Athene zu erhaben für diese Rolle, man kann sich weder bei der einen noch bei der anderen vorstellen, daß ein Mann ihr zu nahe kommt. Im Ersten Weltkrieg wurden jedoch Frankreich (»Marianne«), Italien und Österreich-Ungarn oft so abgebildet. 1917/18 zeigten amerikanische Propagandaplakate die Vereinigten Staaten in Gestalt der sogenannten »Gibson-Girls« (benannt nach ihrem Schöpfer Charles Dana Gibson) mit rosigen Apfelbäckchen und straffen Brüsten. Auf anderen Plakaten war ein armes belgisches Mädchen zu sehen, auf das sich ein deutscher Soldat stürzen wollte, der King Kong glich, mit Pickelhaube auf dem Kopf, Speichel aus dem Mund tropfend, in der Hand einen Knüppel mit dem Schriftzug *Kultur,* im Hintergrund Ruinen.[85] Einige dieser Plakate wirken sehr roh, aber ihre Rohheit macht deutlich, daß sie höchst reale Ängste ansprachen und daß die Künstler genau wußten, was sie taten. Als Propagandawerkzeuge sind sie unübertroffen. Eine ähnliche Bildersprache verwendete im Zweiten Weltkrieg beispielsweise die holländische Exilregierung. 1943/4 stellten deutschen Propagandaplakate oft ganz Europa als Frau dar, die von Kapitalisten, Kommunisten und Juden gekreuzigt werden sollte.[86]

Manchmal weckten die Frauen sogar noch nach ihrem Tod Beschützergefühle. Den folgenden Bericht über den Tod der Amazonenkönigin Penthesileia hat der griechische Dichter Quintus von Smyrna in der zweiten Hälfte des 4. Jahrhunderts nach Christus verfaßt:[87]

> Da lag sie in Schmutz und geronnenem Blut, und unter ihren lieblichen Brauen leuchtete selbst im Tod noch ihr schönes Antlitz. Die Argiver, die sie umstanden, bestaunten sie, sie schien wie eine heilige Unsterbliche. Sie lag am Boden in ihrer Rüstung wie die nimmermüde Artemis, die Tochter des Zeus, wenn sie von der Löwenjagd in den hohen Bergen ausruhte. Aphrodite, das wunderbar geschmückte Weib des mächtigen Ares, machte Penthesileia noch im Tode strahlend, damit der Sohn des untadeligen Peleus [das heißt Achilles, ihr Töter] trauerte. Viele Männer wünschten, sie könnten nach der Heimkehr das Bett mit einer solchen Frau teilen. Achilles empfand tiefen Schmerz, daß er sie erschlagen hatte, anstatt sie als seine strahlende Gemahlin nach Phthia zu bringen, denn an Statur und Schönheit war sie makellos wie die Unsterblichen.

Fassen wir zusammen: Im Mythos – und oft genug auch in der Realität – ist der Schutz der Frauen (und natürlich der Kinder) einer der Hauptgründe, warum Kriege geführt werden und warum von Männern erwartet wird, daß sie ihr Leben opfern. Wie die vielen Geschichten über Frauen zeigen, die ihre Männer zum Krieg anstacheln, kann die Initiative durchaus von den Frauen ausgehen; wenn nötig, heben sie dafür auch ihre Röcke hoch. Oft wird die Sorge um die Sicherheit der Frauen gezielt von den Herrschenden geschürt, was freilich nicht unbedingt bedeutet, daß sie unrealistisch und unbegründet sein muß. Daraus ergibt sich, daß Frauen, die gemeinsame Sache mit dem Feind machen (oder die einfach nur ihren abwesenden Ehemännern untreu sind[88]), bestraft werden müssen, weil sie damit das Ziel des Krieges untergraben. So wurden 1944/45 in Frankreich Tausende von Frauen, denen man »horizontale Kollaboration« und »unpatriotische Liebschaften« vorwarf, halbnackt und mit kahl geschorenen Köpfen durch die Straßen getrieben.[89] In Norwegen wurden Kollaborateurinnen mißhandelt und kamen nicht selten ins Gefängnis.[90] Damit die Propaganda wirksam ist, muß sie die relative körperliche Schwäche der Frauen betonen und ihr Unvermögen zu kämpfen. Umgekehrt bedeutet das: Wenn die Frauen kämpfen *können,* dann entfällt ein wesentliches Motiv des Krieges. Das ist ein weiterer Grund, warum Frauen selten gekämpft und noch seltener getötet haben.

## 4. Eine Welt ohne Krieg?

Nach Darstellung mancher Feministinnen gäbe es in einer Welt ohne Frauen keinen Krieg. Ob das nun stimmt oder nicht – solange die Menschheit aus Männern *und* Frauen besteht, werden die Frauen eine wichtige, ja lebenswichtige Rolle spielen. In den Worten von Horaz: »Lange vor Helena war das Weib (cunnus) der Gegenstand und Zunder wilder Fehden.«[91] Frauen waren zu allen Zeiten Anstifterinnen, Ursache, Ziele, Opfer und Schutzbefohlene im Krieg. Sehr oft haben dieselben Frauen zu unterschiedlichen Zeiten unterschiedliche Rollen gespielt. Bisweilen haben sie auch zur selben Zeit unterschiedliche Rollen gespielt und einerseits Männer angestachelt, während sie gleichzeitig zu Opfern wurden, und sie haben um Schutz gefleht, wenn sie sich als Kriegsziele bedroht fühlten.

Es wird oft gesagt, hinter jedem erfolgreichen Mann stehe eine ehrgeizige Frau. Die Worte der Spartanerinnen bestätigen, daß dies im Krieg mehr gilt als in jeder anderen Situation. Hätte es keine Frauen gegeben, die – in der Realität und in der Phantasie – Schutz von ihren Männern verlangen, sie bejubeln, wenn sie in den Krieg ziehen, für sie beten, solange sie im Feld sind, auf ihre Heimkehr warten, die Sieger umarmen, die Verlierer trösten, die Verwundeten pflegen, die Toten beklagen und (in der einen oder anderen Weise) Kriegsbeute sind, dann wäre der Krieg sowohl sinnlos als auch unmöglich gewesen. In dieser Hinsicht und in vielen anderen Hinsichten kann man mit Fug und Recht sagen, daß es beim Krieg immer um die Frauen geht. Oder, wie Virginia Woolf gesagt hat: »Frauen haben über Jahrhunderte hinweg als Spiegel gedient mit der magischen und köstlichen Kraft, das Bild des Mannes in doppelter Größe wiederzugeben. Ohne diese Kraft wäre die Erde vielleicht noch immer Sumpf und Dschungel. Der Glanz all unserer Kriege wäre unbekannt ... Spiegel sind für alle gewalttätigen und heroischen Handlungen unentbehrlich.«[92]

Umgekehrt können Frauen die Männer nur dadurch vom Kämpfen abbringen, daß sie aufhören, Krieger zu bewundern. Eine Frau aus der griechischen Antike erklärt, wie sie vorgehen würde:[93]

Lysistrate: Als Friedensfürstinnen werden uns die Hellenen mit Jubel begrüßen!
Ratsherr: Ei, für welches Verdienst?
Lysistrate: Für das einzige schon:
daß das rasende Schrei'n auf dem Markte
Wir euch legen und steuern dem Waffengeklirr.
Eine Frau: Ja, gewiß, bei der Göttin von Paphos!
Lysistrate: Jetzt laufen sie auf dem Gemüsemarkt, auf dem Fischmarkt und auf dem Geschirrmarkt
Mit dem Sarras herum, mit dem Helm auf dem Kopf, Korybanten vermeint man zu schauen!
Ratsherr: Bei Zeus, das ziemt doch dem tapferen Mann!

Lysistrate: Potz Tausend, das ist doch zum Lachen,
Wenn ein Mann da kommt mit dem Gorgoschild und um Heringe feilscht mit dem Marktweib!
Eine Frau: Ja, ich sah, wie ein Mann mit wallendem Haar, ein Reiteroberst zu Pferde,
Von 'ner alten Frau in den ehernen Helm ließ sich schütten gebackene Eier,
Und ein andrer, ein Thraker, schüttelte wild wie ein Tereus Tartsche und Wurfspieß,
Und der Hökerin macht' er entsetztlich Angst und verschlang dann die leckersten Feigen!

Wenn der Krieg der Ruhm des Mannes ist, dann ist ganz gewiß das beste Gegenmittel der Spott der Frau.

## Teil II

# Von den Amazonen bis zu G. I. Jane

Heutzutage ist die Teilnahme von Frauen am Kriegsgeschehen zum Gegenstand erbitterter Debatten geworden, während man bis Ende der sechziger Jahre im allgemeinen ganz selbstverständlich davon ausging, daß Männer und Frauen unterschiedliche Eigenschaften besaßen und daß die Eigenschaften, die Frauen hatten oder nicht hatten, diese von Natur aus für den Krieg ungeeignet sein ließen.[1] Wenn überhaupt, so war es der ausdrückliche Wunsch einiger Frauen, sich am Kampf zu beteiligen, der als anomal und erklärungsbedürftig betrachtet wurde.

In den vierziger und fünfziger Jahren etwa – eigentlich, bis der Einfluß der Psychoanalyse Ende der siebziger Jahre zu schwinden begann – war Helene Deutsch die weltweit größte Autorität, wenn es um die Psychologie der Frau ging. Deutsch war eine Schülerin von Freud, der in den dreißiger Jahren auf der Flucht vor den Nazis in die Vereinigten Staaten gekommen war. In den Anfangsjahren des Zweiten Weltkriegs, als gerade weibliche Hilfstruppen in den Vereinigten Staaten und anderswo aufgestellt wurden, widmete sie sich vor allem der Frage, warum einige Frauen den Männern nacheifern wollen. In ihren Augen war die grundlegende Eigenschaft der Frau ihre »Passivität«. »Passivität« war etwas, mit dem alle Frauen geboren wurden und das sie, wenn sie geistig gesund bleiben wollten, zu akzeptieren lernen mußten. Wenn sie das nicht schafften, entstanden daraus ein »Männlichkeitskomplex« und »seltsame« Versuche von Frauen, Männer zu werden.[2]

Für Deutsch war jede Frau, die am Kampf teilnehmen wollte, eindeutig anomal und sollte sich einer Psychoanalyse unterziehen. Sofern sie diese Frage überhaupt aufgriffen, stimmten andere Autorinnen ihr darin zu. Schon Christine de Pizan, eine Autorin vom Anfang des 15. Jahrhunderts, hatte sich bemüht, die Verleumdungen gegen ihre Geschlechtsgenossinnen zu widerlegen. Sie war zwar überzeugt, daß es Frauen ganz und gar nicht an Kraft oder Mut mangele, ging aber selbstverständlich davon aus, daß allein Männer die »starken Körper« hätten, die sie zum Kampfe befähigten.[3] In den ersten berauschenden Monaten des Ersten Weltkriegs erklärte die Suffragette Helene Swanwick, daß die meisten Frauen die »Begeisterung« der Männer für den Krieg nicht teilten (wie wir sehen haben, gab es nicht wenige, die es dennoch taten). Deshalb kam es gar nicht in Frage, daß sie zu den Waffen griffen, anders als die britischen Männer, die sich genau zur selben Zeit zu Hunderttausenden der kämpfenden Truppe anschlossen. Statt dessen zählte sie die zahllosen negativen Wirkungen des Kriegs auf die Frauen auf: Die wichtigste war, daß »Millionen junger Körper unfruchtbar gemacht werden durch den vorzeitigen Tod jener, die ihre Gefährten hätten sein sollen«.[4]

Dank ihres *Plädoyers für die Rechte der Frau* (1792)[5] hat Mary Wollstonecraft einen Anspruch darauf, als die Mutter aller Feministinnen betrachtet zu werden.[6] Durch und durch Engländerin, war Wollstonecraft Schülerin Rousseaus und trat wie er für eine auf Freiheit und Gleichheit gegründete Gesellschaft ein. Entsprechend begrüßte sie auch die Französische Revolution, durch die die Männer gerade die Bürgerrechte erlangt hatten. Nun hatte Rousseau in *Emile* (1762) eine Menge über die Ausbildung von Frauen zu sagen, die seiner Meinung nach eher von Gefühlen als von der Vernunft geleitet wurden. Daher wandte er sich gegen die Verleihung der Bürgerrechte an die Frauen und schlug vor, daß sie in der utopischen Gemeinschaft von Soldaten-Bauern, die ihm als politisches Ideal vorschwebte, unter der Vormundschaft ihrer Väter und Ehegatten bleiben sollten. Wollstonecraft war hier anderer Meinung. Sie forderte die gleichen Rechte für die Frauen unter der neuen politischen Ordnung; aber erst, nachdem sie sich dieser Ehre würdig gezeigt hätten, indem sie ihre Sucht nach »wilden Nächten« des Vergnügens abgelegt und eine bürgerliche Tugend ähnlich der der Männer entwickeln hätten.[7]

Zufällig erschien ihr Buch in genau dem Jahr, in dem die französische Nationalversammlung eine allgemeine Aushebung beschloß, die alle männlichen Bürger »auf Dauer« für den Militärdienst »requirierte«. Man hätte glauben können, daß eine bessere Möglichkeit für die Frauen, bürgerliche Tugend zu entwickeln, kaum vorstellbar war; zumal Wollstonecraft einen Teil des Jahres in Frankreich verbrachte – wo sie als die Frau eines amerikanischen Offiziers auftrat – und so die Ereignisse aus nächster Nähe verfolgen konnte. Dennoch folgte sie ihrer eigenen Logik nicht. Sie forderte nicht, daß Frauen wie Männer kämpfen sollten, vielleicht, weil sie die Vorstellung zu absurd fand. Statt dessen schlug sie vor, daß die Männer sich wie Frauen verhalten sollten; selbst im Verteidigungskrieg sollten sie ihre Musketen in Baumscheren verwandeln. Zu einer Zeit, in der Frankreich von einem Bündnis aller anderen europäischen Mächte bedroht wurde, die der ganzen Revolution, die Wollstonecraft so bewunderte, ein für alle Mal den Garaus machen wollten, war dieser Ratschlag nicht sehr hilfreich.

Da, wenn überhaupt, nur wenige Frauen entweder kämpfen wollten oder sich dazu in der Lage fühlten,[8] kann man es vielleicht entschuldigen, wenn auch die Männer sich keine Gedanken über dieses Thema machten. John Stuart Mill zum Beispiel war der glühendste Feminist, der je gelebt hat. In seinem Buch *Die Hörigkeit der Frau* (1861)[9] prangerte er die rechtlichen Behinderungen an, die das Leben der Frauen in seiner Zeit einschränkten, und forderte »völlige Gleichheit« für sie. Dennoch kam es ihm nie in den Sinn, daß sie, als Teil der Frauenbefreiung, auch den britischen Streitkräften beitreten sollten. Und dieses Versäumnis ist auch nicht überraschend, wenn man bedenkt, daß die englischen Streitkräfte damals vor allem als ein Auffangbecken für gescheiterte Existenzen galten, die nicht in der Lage oder willens waren, auf anständige Weise ihren Lebensunterhalt zu verdienen.

Wenden wir unseren Blick den Militärtheoretikern zu: Der Byzantiner Flavius Renatus Vegetius (um 380 nach Christus) schrieb: »Fischer, Vogelsteller, Zuckerbäcker, Leinenweber, kurz alle, die mit dem Frauengemach zu tun haben, müssen meiner Meinung nach weitab vom Lager vertrieben werden.«[10] Achthundert Jahre zuvor berichtete die chinesische *Kriegskunst,* wie Sun Tzu die Konkubinen des Herzogs von Wu zu einer Armee machte – nachdem er auf drastische Mittel (Exekution) zurückgegriffen hatte, damit sie nicht über ihn lachten.[11] Abgesehen von diesen beiden denkt kein anderer Kriegstheoretiker, den ich kenne, auch nur über die Möglichkeit nach, Frauen ins Militär aufzunehmen oder sie auszuschließen; während des weitaus überwiegenden Teils der Geschichte galten »weibisch« und »tapfer« als Gegensätze.[12]

Ausgehend von der Überlieferung werde ich in diesem Teil der Untersuchung kurz die Dinge darstellen, die Frauen zu verschiedenen Zeiten und an verschiedenen Orten dann doch im Krieg getan haben. Wie wir sehen werden, spielten sie manchmal in echten Schlachten eine Rolle, aber ziemlich oft auch in mythischen oder sagenhaften. Manchmal standen die Frauen im Mittelpunkt, aber meist war ihre Rolle nur marginal. Nicht selten mußten Frauen, die am Kampfgeschehen teilnehmen wollten, sich verkleiden oder aber in anderer Weise auf ihre Weiblichkeit verzichten. In anderen Fällen ging es nicht so sehr um ihre militärischen Heldentaten als vielmehr um die aufstachelnde Wirkung, die sie auf Männer ausübten. Bei einigen wenigen Gelegenheiten wurden Frauen formell in irgendwelche bewaffneten Verbände aufgenommen, aber meist blieben sie am Rande des Schlachtfeldes. Die überwältigende Mehrheit von Frauen nahm nicht am eigentlichen Krieg teil, sondern war in einer Vielzahl von unterstützenden Aufgaben im Versorgungswesen oder als Krankenschwestern und ähnlichem tätig. Schließlich zeigt ein Überblick über all die Rollen, die Frauen im Krieg spielten, daß sich im Laufe der Zeit bemerkenswert wenig geändert hat und daß die wenigen Veränderungen, die es wirklich gab, oft Augenwischerei waren. Dies ist vielleicht ein Hinweis darauf, daß die Psychologie von Männern wie von Frauen bei weitem nicht so flexibel ist, wie einige Historiker uns glauben machen wollen.[13]

## 1. »Krieg« im Tierreich

Krieg könnte als die Anwendung organisierter Gewalt mit dem Zweck des Erreichens kollektiver Ziele beschrieben werden. Deshalb müssen uns die häufigen Kämpfe zwischen einzelnen Angehörigen derselben Tierart – ganz zu schweigen von Angehörigen verschiedener Arten, etwa beim Beutefang oder seiner Umkehrung, dem Schutz gegen Raubtiere – hier nicht beschäftigen. Von den Fischen über die Vögel bis hin zu den Säugetieren ist der Gegenstand solcher Kämpfe oft die Verteidigung oder Ausdehnung des Reviers.[14] In anderen Fällen geht es um Machtkämpfe innerhalb der Gruppe, oder Männchen kämpfen um Weibchen wie etwa bei den Ratten, beim Rotwild, Bergschafen, Pavianen, Seehunden und zahllosen anderen Arten.[15] Die Tatsache, daß Männchen oft miteinander kämpfen, um Weibchen für sich zu gewinnen, bedeutet nicht notwendig, daß die letzteren immer passiv sind. Bei vielen Arten wählen sie den Gefährten.[16] Allerdings gibt es nur sehr wenige Arten – und keine Säugetiere –, bei denen die Rollen vertauscht sind und die Weibchen miteinander um die Gunst der Männchen kämpfen.[17]

Abgesehen von diesen Kämpfen zwischen Individuen kommt die Tierwelt dem Krieg beim Kampf zwischen Ameisen am nächsten.[18] Ameisen leben in hoch organisierten Staaten mit einer klaren Arbeitsteilung. Die Angehörigen eines Staates bekämpfen diejenigen anderer Staaten nach einem groß angelegten Plan, erobern sie und löschen sie aus. Wenn sie einen Feldzug siegreich beenden, nehmen einige Ameisenarten sogar Gefangene und machen Beute, was die Ähnlichkeit zu entsprechenden menschlichen Aktivitäten noch verstärkt. Das Problem ist aber, daß Ameisen im Stammbaum der Evolution von uns denkbar weit entfernt sind. Niemand weiß, was eine Ameise fühlt und denkt; wenn sie das nach unserem Verständnis überhaupt tut. Außerdem bestehen Ameisenstaaten nur aus Weibchen, die allerdings (mit der einzigen Ausnahme der Königin) sexuell neutral sind, sich im Laufe ihres Lebens nicht mit Männchen paaren wollen und keine Nachkommen haben. Aus diesen beiden Gründen ist die Relevanz dieses Beispiels für unsere Fragen praktisch Null und soll nicht weiter diskutiert werden.

Neben den Ameisen nehmen offenbar auch Angehörige einiger Säugetierarten an kollektiven »militärischen« Aktionen gegeneinander teil. Die meisten dieser Arten zählen zu den Primaten.[19] Einige, darunter Paviane, Vervet-Meerkatzen, Rotschwanzmeerkatzen, Hanumanlanguren und Rhesusmakaken hat man dabei beobachtet, wie sie lange parallele Reihen mit bis zu hundert Individuen bildeten. Sie stellen sich voreinander hin und bedrohen einander mit Schreien, Grimassen, Trommeln auf der Brust und Entblößen der Zähne. An einem gewissen Punkt gibt eine Gruppe auf und flieht, verfolgt von der anderen; echte Gewalttaten, geschweige denn Verletzte und Tote, kommen selten vor.[20] Andere Primatenarten, darunter die Schimpansen als unsere nächsten lebenden Verwandten, kennen eine andere Form kollektiven Handelns. Diese Tiere bilden Gruppen mit etwa zehn Tieren und patrouillieren angriffslustig an den »Grenzen« ihrer Reviere. Wenn sie auf Angehörige einer anderen Gruppe treffen, kann es zu Kämpfen und manchmal tödlichen Verletzungen kommen. Mit der Zeit kann dies zur Auslöschung einer der beiden Gruppen und zur Übernahme ihres Territoriums führen.[21]

Wenn wir davon ausgehen, daß solche Aktivitäten die Bezeichnung »Krieg« rechtfertigen, dann ist die weibliche Teilnahme daran offenbar abhängig von dem Ausmaß, in dem Männchen und Weibchen der Gruppe philopatrisch sind (d. h. sich in ihrer Gruppe einen Partner bzw. eine Partnerin suchen). Wenn die Weibchen das philopatrische Geschlecht sind, suchen sich Männchen ihre Gefährtin außerhalb der Gruppe. Daher sind die Verbindungen zwischen den einzelnen Männchen schwach, und die weibliche Beteiligung am »Kampf« ist hoch. Dies ist zum Beispiel bei Lemuren, Makaken und Vervet-Meerkatzen der Fall, bei denen der Unterschied in der Körpergröße zwischen den beiden Geschlechtern nur minimal ist. Andersherum ist die weibliche Beteiligung bei Konflikten gering, wenn die Männchen in einer Spezies das philopatrische Geschlecht und die Verbindungen zwischen ihnen infolgedessen eng sind. Nun sind gerade bei den Schimpansen die Männchen philopatrisch. Alle männlichen Angehörigen einer Gruppe sind miteinander verwandt, und dies befähigt sie zu engen Bindungen, darunter auch jener Art von Bündnissen, die im »Krieg« wichtig sind.[22]

Weil sie beträchtlich kleiner und schwächer sind als die Männchen und weil sie selten gerade nicht trächtig sind oder säugen,[23] sind erwachsene weibliche Schimpansen, die sich an Kämpfen beteiligen, auf eine »unterstützende Rolle« beschränkt;[24] man ist beinahe versucht zu sagen, daß sie als Troß fungieren. Ab und zu begleiten junge Weibchen, meist während der Brunst, die Männchen auf den Patrouillen. Allerdings beginnen sie nicht mit den Feindseligkeiten. Wenn sie überhaupt daran teilnehmen, wählen sie sich die Weibchen, die die andere Gruppe begleiten, als Gegnerinnen.[25] Da sie beträchtlich größer und schwerer sind, attackieren die männlichen Schimpansen ihrerseits selten ernsthaft ein Weibchen, egal ob es zu ihrer eigenen Gruppe gehört (was unserer Definition nach nicht zum Krieg zählen würde) oder zu einer anderen (was dazu zählen würde).[26] Sollte eine Gruppe männlicher Schimpansen sich im Kampf gegen die Nachbarn durchsetzen, dann werden die zu den Verlierern gehörenden Weibchen wahrscheinlich bei den Siegern aufgenommen.[27]

In Anbetracht der riesigen Kluft, die auch einen Schimpansen noch von einem Menschen trennt, sollte man aus diesen Beobachtungen nicht allzu viel ableiten. Weder Schimpansen noch irgendwelche anderen heute lebenden Primaten gehören zu unseren direkten Vorfahren. Deshalb können wir nicht wissen, ob die Kriegführung von Hominiden vor Hunderttausenden von Jahren, wenn es sie denn gab, den bei Schimpansen oder Pavianen beobachteten Kämpfen ähnelte.[28] Dennoch ist die Tatsache, daß weibliche Primaten nur dann an Auseinandersetzungen teilnehmen, wenn die Männchen der Spezies ihre Gefährtin nicht innerhalb der eigenen Gruppe suchen – und infolgedessen keine starken Verbindungen untereinander knüpfen – auffallend. Einige menschliche Gemeinschaften sind matrilokal – das heißt, daß der Bräutigam bei der Familie der Braut lebt –, die große Mehrheit jedoch ist patrilokal. Allerdings haben die Männer in keiner uns bekannten Gemeinschaft jemals systematisch ihre eigene Gemeinschaft verlassen, um völlig fremde Frauen in einer anderen Gemeinschaft zu heiraten, und sei es auch nur aus der Notwendigkeit heraus, sich den Lebensunterhalt zu verdienen.

## 2. Kriegsgöttinnen

Angesichts der Tatsache, daß nur sehr wenige Frauen jemals tatsächlich im Krieg gekämpft haben, erfordert die wichtige Rolle der Kriegerinnen in Religion und Mythos eine Erklärung – um so mehr, als in der überwältigenden Mehrheit der Fälle die Phantasie, die sie schuf, offenbar eine männliche war.

Von Indien bis nach Skandinavien und von Sumer bis Peru waren die wichtigsten Gottheiten, denen die verschiedenen Religionen die Erschaffung der Welt zuschrieben, gewöhnlich männlich. Ob sie nun Re oder Osiris oder El oder Zeus oder Odin hießen, es war der »Vater der Götter«, der im Mittelpunkt des Pantheon stand. Die Frauen solcher Götter, wie Isis oder Aschera oder Hera oder Freya, waren selten Kriegerköniginnen aus eigenem Recht. Wenn überhaupt, dann waren sie gütig und weise (allerdings manchmal eifersüchtig auf ihren untreuen Ehemann), gebaren Kinder und halfen ihren Männern beim Regieren der Welt. Aschera zum Beispiel war als »die Herrin« bekannt.[29] Bei der »weißarmigen« Hera wird ihr »anziehendes Fleisch« beschrieben, als sie sich darauf vorbereitet, mit Zeus zu schlafen.[30] Ihr skandinavisches Gegenstück Freya stand für vorbildliche Weiblichkeit in den Augen der Götter wie der Menschen.[31]

Nicht weit vom Königspaar entfernt allerdings gab es oft eine weibliche Gottheit, die sich den Krieg als besonderen Zuständigkeitsbereich erwählt hatte. Furchtbar anzuschauen, personifizierte sie die Zerstörung, etwa so, wie die ersten Kanonen oft Namen wie »Dicke Berta« trugen und Hurrikans in der Regel nach Frauen benannt wurden. Hier ein Lied zu Ehren einer der frühesten von ihnen, der sumerischen Inanna:[32]

Daß du aufständische Länder völlig zerstörst – sie sollen es wissen!
Daß du über das Land braust – sie sollen es wissen!
Daß du tötest – sie sollen es wissen!
Daß du wie ein Hund die Leichen ißt – sie sollen es wissen!
Daß dein Blick schrecklich ist – sie sollen es wissen!
Daß du diesen schrecklichen Blick hebst – sie sollen es wissen!
Daß du Blitze ausschickst mit dem Blick – sie sollen es wissen!
gegen jene, die nicht gehorchen – sie sollen es wissen!
Daß du Siege erringst – sie sollen es wissen!

Sie war die wahre Seele des Kampfes, der in der ganzen sumerischen Geschichte immer wieder als »Tanz der Inanna« bezeichnet wird. Ikonographische Belege zeigen sie mit einem Bogen bewaffnet, der von Anatolien bis China die klassische Kriegswaffe war und auch als das Standardsymbol der Männlichkeit galt. »Die Wahrheit zu sprechen und den Bogen zu schießen« war Zarathustras Rat an jene, die zu Männern heranwuchsen. Mehr Informationen über Inanna beziehen wir aus einem Klagelied aus dem ersten Jahrtausend vor Christus. Im Kampf hält sie die Spindel und den Wirtel und läßt Köpfe rollen. Wenn sie in ihrer »Männlichkeit« herumwirbelt, bringen ihre Wildheit und Wut den Himmel so durcheinander, daß eine andere Göttin geschaffen werden muß, nur um sie unter Kontrolle zu halten.[33]

Als eine Gestalt, die an der Grenze zwischen Göttern und Menschen stand, hatte Inanna keinen Ehemann. Genau das war die Eigenschaft, die es ihr ermöglichte, sich den König von Sumer (dessen Tochter Enheduanna das oben zitierte Lied dichtete) zum Geliebten zu nehmen, so daß er für sie »ihre Vulva pflügen« konnte. Allerdings hatten sie keine Kinder; statt dessen sorgte der König für die Fruchtbarkeit seines Landes, indem er mit ihr schlief.[34] Auch die meisten anderen Kriegsgöttinnen waren unverheiratet und kinderlos, so zum Beispiel Anat, die Schwester des kanaanitischen Gottes Baal, die »Jungfrau«, die sich am Gemetzel erfreute:[35]

Anat ... erschlägt mit Gewalt die Söhne zweier Städte;
sie haut das Volk der Meeresküste in Stücke;
sie zerstört das Volk der aufgehenden Sonne;

unter ihr [fliegen] Köpfe wie Geier;
über ihr [fliegen] Hände wie Heuschrecken ...
sie hängt sich Köpfe auf den Rücken,
sie hängt sich Hände an ihren Gürtel;
sie watet knietief im Blut ...
Anat frohlockt, ihre Leber ist mit Gelächter gefüllt,
ihr Herz mit Freude.

Inanna und Anat waren nicht allein. Ebenso grausam war die indische Göttin Kali, ein gräßliches, schwarzgesichtiges, blutbeschmiertes altes Weib mit heraushängender Zunge. In den Händen ihrer vier Arme hielt sie ein Schwert, einen Schild, den abgetrennten Kopf eines Riesen und eine Schlinge. Sie trug ein Tigerfell und eine Halskette aus Schädeln. In der Schlacht konnte sie ganze Armeen auffressen, Fußvolk und Reiterei und Elefanten und Wagen mit allem, was dazugehörte.[36]

Obwohl sie manchmal mit Anat identifiziert wurde,[37] macht die bekannteste aller Kriegsgöttinnen, die griechische Athene, verglichen mit ihren drachenähnlichen göttlichen Gefährtinnen einen beinahe sympathischen Eindruck. Sie ist nicht nur die Göttin des Krieges, sondern auch des Handwerks und der Weisheit. In hellenistischer Zeit hatten die beiden letzteren Eigenschaften die Oberhand gewonnen. Es gibt eine berühmte Darstellung, in der sie sich gedankenverloren an einen Speer lehnt. Doch ihre kultivierte Erscheinung sollte nicht täuschen. Für den Dichter Hesiod war sie um 700 vor Christus »die gewaltige, schlachtenerregende, heertreibende, unermüdliche Herrscherin, der Getöse und Kriege und Schlachten gefallen«.[38] Im Trojanischen Krieg wurde sie ihrem Ruf völlig gerecht, streifte über das Schlachtfeld, reizte zum Kampf, kommandierte, brüllte und wehrte Geschosse mit den bloßen Händen ab.

In ihrer Rolle als »erste in der Schlacht« *(promachos)* stand Athene aufrecht, trug Speer, Helm und Schild. Dieser Schild, die *aigis,* war sogar mit einer besonderen Verzierung in Form des Kopfes einer anderen Göttin, der Medusa, versehen. Der Held Perseus hatte ihn abgeschlagen und der Athene zum Geschenk gemacht. Er verwandelte jeden, der ihn ansah, in Stein; so wurde Athene zu einer gleichwertigen Gegnerin jedes männlichen Kriegers, mit Ausnahme des Zeus selbst.[39] Doch trotz des ganzen Krawalls tötete sie, soweit ich weiß, nie selbst jemanden, sondern überließ diese Aufgabe lieber anderen. So sprang sie zum Beispiel im Trojanischen Krieg einmal auf den Streitwagen eines Helden namens Diomedes. Sie zog seinen Lenker vom Wagen (griechische Streitwagen waren mit zwei Mann besetzt), ergriff persönlich die Zügel und trieb ihren menschlichen Gefährten vorwärts. Diomedes wiederum forderte den Kriegsgott Ares heraus, verwundete ihn »in den Weichen« und schickte ihn auf den Olymp zurück, wo jener zwar von seiner Wunde geheilt wurde, sich aber bei Zeus bitterlich über seine »abscheuliche« Gegnerin beklagte.[40] Getreu der ursprünglichen Bedeutung von *sophia* konnte Athene auch sehr verschlagen sein; Fairneß gehörte eindeutig nicht zu ihren Eigenschaften, und sie selbst gab das auch offen zu.[41] Als ihr Lieblingsheld Achill dem Trojaner Hektor in einem Zweikampf entgegentritt, verwandelt sie sich in den Bruder des letzteren. Nachdem Achill seinen Speer geschleudert und seinen Gegner verfehlt hat, holt Athene den Speer und gibt ihn dem Achill zurück. Damit entscheidet sie den Kampf und verurteilt Hektor zum Tode.[42]

Abgesehen von diesen Eigenschaften war das eigentlich Entscheidende an Athene – wie an den meisten anderen Kriegsgöttinnen –, daß sie kinderlos, unverheiratet und Jungfrau *(parthenos)* war. Weil er sie nackt gesehen hatte, wurde der Seher Teiresias mit Blindheit geschlagen. Ihr Schoß blieb unberührt von einem Mann, sie selbst entsprang ohne Zutun einer Frau dem Kopf ihres Vaters Zeus und stärkte dadurch seine patriarchale Herrschaft.[43] Später in ihrer Rolle als »Beschützerin junger Männer« half sie einer ganzen Reihe von Helden, darunter neben den beiden oben erwähnten auch Odysseus, Perseus, Bellerophon, Jason, Theseus und Herakles. Mehrere dieser Herren hatten ihre Ehefrauen verlassen oder getötet. Andere hatten vergewaltigt oder gegen die Amazonen gekämpft, sie besiegt, getötet und ihrer Rüstungen beraubt. Wie wir sehen werden, ist dieses Verhalten der Athene typisch für mythische Kriegerinnen wie für echte Kriegerköniginnen: Sie hat (mit Ausnahme ihrer Rolle als Patronin der Web- und Spinnkunst) keine Sympathie für schwächere Geschlechtsgenossinnen. Sie selbst verkündete stolz:[44]

Der Männer Art ist, abgesehn von Ehe, mir
Besonders wert; recht bin ich »meines Vaters Kind« ...

Woraufhin sie als Richterin im Prozeß gegen Orestes ihn vom Mord an seiner Mutter Klytämnestra freisprach.

Die andere griechische Kriegsgöttin war Artemis (die römische Diana). Sie trug keine Rüstung wie Athene, sondern eine leichte Jagdtunika, in der sie, begleitet von ihren Gefährtinnen, durch das Land streifte. Anders als Athene war sie mit dem Bogen bewaffnet, den die Griechen – im Gegensatz zu den Völkern Asiens – als die Waffe der Schwachen und Feigen betrachteten.[45] Körperlich hielt sie dem Vergleich mit ihrer Halbschwester nicht stand (sie war die Tochter des Zeus und der Leto, einer untergeordneten Gottheit). Tatsächlich heißt es von ihr, sie sei eher geeignet, »in den Bergen Raubtiere zu erlegen«, als ernsthaft mit ihren »schnellen Pfeilen« zu kämpfen. Wenn sie direkt angegriffen wurde, konnte es passieren, daß sie in Tränen ausbrach, ihren Bogen fallen ließ und »wie eine Taube« entfloh.[46]

Wie Athene war auch Artemis eine fanatische Jungfrau, die »Amors Geschoß« haßte.[47] Wie Athenes, so war auch ihre Haltung Männern gegenüber zwiespältig. Sie rächte sich furchtbar an dem einzigen Mann, der sie je nackt sah, indem sie ihn in einen Hirsch verwandelte und ihn von ihren Hunden zerfleischen ließ; andererseits betrachteten die Gladiatoren sie als ihre Patronin. Obwohl sie von Gefährtinnen umgeben war, hatte sie wie Athene wenig Sympathien für andere Frauen. Zu Beginn des Trojanischen Krieges war sie es, die Agamemnons Tochter Iphigenie als Opfer forderte und erhielt, um ihren verletzten Stolz zu befriedigen. Bei einer anderen Gelegenheit tötete sie mit ihren Pfeilen alle sechs Töchter einer Frau (Niobe), die sie beleidigt hatte, indem sie sich ihrer Fruchtbarkeit rühmte; wieder ein anderes Mal tötete sie eine Königin, die Achill gefangengenommen und dann freigelassen hatte.[48] Und schließlich spielte Artemis, wieder wie Athene, auch eine Rolle im Leben von Frauen und war besonders für die Menstruation, die Defloration und die Geburt verantwortlich. Eine moderne Wissenschaftlerin erklärt, daß sie wie die Männer die Frauen bluten machte. Deshalb blutete sie selbst nicht, ebenfalls wie die Männer.[49]

Diese fünf sind wahrscheinlich die berühmtesten, aber ganz und gar nicht die einzigen göttlichen oder halbgöttlichen Frauen, deren besonderes Aufgabengebiet der Krieg war. Die Kelten der Antike hatten Andraste, Baudihille (»Herrscherin der Schlacht«), Bede und Bebhionn.[50] Die Gälen hatten Bodb, die Schotten Cailleach – und so weiter bis zum Ende des Alphabets, wo wir die slawische Version einer bewaffneten, jungfräulichen Kriegerin finden, Zarya, die eine ähnliche Rolle wie Athene spielt, indem sie »das Schwert ihres Vaters trägt«.[51] Einige dieser Göttinnen wurden als schöne junge Frauen dargestellt, andere als furchteinflößende Ungeheuer. Oft trugen sie passende Namen wie »Die Rasende« (die irische Nehmen) oder »Die Schreckliche« (die ägyptische Net) und riefen angeblich gewaltige Zerstörung hervor, während sie buchstäblich im Blut wateten. Einige der jungen Frauen waren darauf spezialisiert, Kriegern zu dienen, ihre Seelen nach der Schlacht zu sammeln und sie dem Göttervater vorzustellen: Das war die Aufgabe der Walküren und vielleicht auch die Freyas, bevor sie ihre Jungfräulichkeit verlor.[52]

Ungeheuer oder Jungfrau, jede Göttin litt offenbar auf ihre Weise unter einem Problem mit der sexuellen Identität. Einige waren ausdrücklich »männlich«, die Lieblinge ihres Vaters. Andere hatten keine Periodenblutung, und wieder andere waren androgyn (die russische Wassillissa Wassili). Wenigstens eine – die ägyptische Sachmet, die zu den weniger sanften Charakteren gehörte – war wie Athene ohne Zutun einer Frau aus dem Körper ihres Vaters Re entsprungen und diente als sein »Auge«. In Anbetracht ihrer Eigenschaften ist es kaum eine Überraschung, daß offenbar keine von ihnen so handelte wie die überwältigende Mehrheit der realen Frauen, d. h. einen Mann liebte, einen Mann heiratete (wenn auch nicht notwendig in dieser Reihenfolge) und Kinder von einem Mann zur Welt brachte. Bestenfalls forderten einige von ihnen von einem Mann, mit ihnen zu schlafen, bevor sie ihm in der Schlacht halfen, und wurden furchtbar wütend, wenn er es wagte, sich zu verweigern.[53]

Gewisse Forscherinnen haben behauptet, daß Kriegsgöttinnen eine schon lange verlorene Wirklichkeit widerspiegelten, in der die Frauen herrschten und infolgedessen auch kämpften;[54] andere dagegen, daß sie ursprünglich nette, liebende Göttinnen waren, die ihr Bestes taten, den Krieg *abzuwenden,* und die ihre späteren unangenehmen Eigenschaften einem Kunstgriff der »patriarchalen« Phantasie verdankten.[55] Das erste Argument ist etwa so logisch wie die Aussage, daß beispielsweise einst Schlangen mit menschlichen Oberkörpern auf der Erde gelebt haben müssen, weil die Athener der Sage nach einen König namens Erechtheus hatten, der halb Mensch, halb Schlange war. Das zweite mag auf einige wenige Göttinnen zutreffen – wie die Menschen, die sie schaffen, verändern sich auch Gottheiten manchmal –, doch diese Beispiele stehen in keinem Verhältnis zu den vielen anderen, die von Anfang an furchtbar waren.[56]

Wie wir sehen werden, wurden einige dieser Mythen – besonders jene, in denen Walküren und ähnliches eine Rolle spielten – wahrscheinlich entworfen, um die Krieger zum Kampf anzustacheln, indem man ihnen einen angenehmen Aufenthalt in der Gesellschaft von Frauen im Jenseits versprach. Andere präsentieren Frauen als furchteinflößende Furien, die weder Mann noch Gott berühren konnte, ohne qualvoll zu sterben – wie im alten China, wo der Krieg mit dem weiblichen Element *wu* verbunden war.[57] Im übrigen ist die Vorstellung der Frau als der Fleisch gewordenen Zerstörung auch heute noch nicht passé. 1894 malte der französische Impressionist Henri Rousseau *»La guerre«* als eine Hexe, die auf ihrem Pferd über die ausgestreckten Leiber männlicher und weiblicher Toter ritt.[58] Zu Beginn des Ersten Weltkrieges veröffentlichte die englische Zeitschrift *Punch* eine Zeichnung, in der ein Schwert schwenkendes altes Weib mit dem Namen »Seele des Blutbads« als »die einzige Freundin des Kaisers« bezeichnet wurde.[59] Wieder andere Mythen schaffen eine verkehrte Welt, die helfen soll, die wirkliche zu erklären und zu rechtfertigen.[60] Worin ihr Zweck auch besteht, die Mythen von kriegerischen Göttinnen beweisen nicht, daß echte Frauen jemals an Kriegen und Kämpfen teilgenommen haben. Wenn überhaupt, dann lassen sie eher das Gegenteil vermuten.

## 3. Alte und neue Amazonen

Die Sage der Amazonen ist uralt. Zudem hält sie sich außerordentlich hartnäckig – in den Worten einer modernen amerikanischen Feministin waren die »Amazonenkulturen ... der körperlichen und emotionalen Entwicklung der Frauen *vermutlich* förderlicher als irgendeine von Männern beherrschte Gesellschaft«.[61]

Die Tatsache, daß die Amazonen eine reine Erfindung sind, war den Menschen der Antike bewußt. Keiner von ihnen hatte je eine Angehörige des Amazonen-Stammes gesehen, und ein Autor des 4. Jahrhunderts vor Christus erklärte sogar, daß die Amazonen, da sie ja Berichten zufolge kämpften, Männer sein müßten.[62] Ursprünglich siedelte man sie jenseits des Schwarzen Meeres an. Im Laufe der Zeit erweiterte sich allerdings der geographische Horizont der Griechen, und da sie die Amazonen in den ihnen zugeschriebenen Gebieten nicht fanden, verlegten sie die Wohnstätte dieser Frauen immer weiter und weiter an die »Grenzen des Universums«.[63] Die Sage präsentiert sie als ein besiegtes Volk, das wie auch viele moderne Stammesgesellschaften in immer unwirtlichere Teile der Welt abgedrängt wurde.[64] Bei Herakles und Theseus angefangen, wurden viele griechische Helden unter anderem dadurch berühmt, daß sie mit Amazonen kämpften und sie töteten; umgekehrt sind die meisten Amazonen nur deshalb mit Namen bekannt, weil sie von diesem oder jenem Helden getötet wurden. Bilder von Amazonen im Kampf zeigen sie fast immer bei den Haaren oder am Helm festgehalten oder aber auf den Knien, während ein Speer ihnen die Kehle durchbohrt.[65] Aus welchen Gründen auch immer der Mythos so beliebt war, es kann nicht an den Siegen gelegen haben, die die Amazonen errangen, oder an den Eroberungen, die sie machten.

Die früheste Erwähnung finden die *amazones* in der *Ilias*. Von Anfang an erweist sich die genaue Festlegung ihres Geschlechts als problematisch. Sie werden dort als *antianeirai*, als »Männern gleichwertig«, beschrieben;[66] in der gesamten griechischen Literatur wird dieses Beiwort nur auf die Amazonen angewendet. Die Form *amazones* an sich ist männlich. Ihr geht der bestimmte

Artikel in seine Maskulin-Form (im Plural), *hoi,* voran, und sie korrespondiert so mit der normalen Art, in der das Griechische Völker beschreibt, die aus Männern und Frauen bestehen. Die gleiche Form kann auch benutzt werden, um Armeen zu bezeichnen, in diesem Fall bezieht sie sich ausschließlich auf Männer. So unterscheidet sich der Begriff *amazones* von jenen für andere Gruppen mythischer Frauen, wie etwa die *nymphai,* die eindeutig feminin sind. Wenn man allein von Homer ausgehen und die ganze Überlieferung nach ihm außer acht lassen würde, hätte man abgesehen von dem Epithet *antianeirai* keinen Anhaltspunkt dafür, daß es sich um Frauen handelt.

Homer ist auch nicht die einzige Quelle, die betont, daß die Amazonen zwar keine Männer, ihnen aber doch gleichwertig sind. Pindar nennt sie *androleteirai,* »Männervernichter«, Aischylos erklärt in den *Eumeniden,* daß sie »Männerhasserinnen« *(styganōr)* seien und zudem »kriegerisch« *(thourios),* ein Epithet, das oft den Kriegsgott Ares, ihren Vater, beschreibt. Wie um ihr problematisches Geschlecht zu betonen, benutzt Aischylos immer die maskulinen Endungen der Beiworte, mit denen er die Amazonen beschreibt. Und das ist kein Wunder: Sie sind einerseits nicht mit Männern verheiratet *(anandroi),* benehmen sich aber andererseits wie Männer und kämpfen offen in der Schlacht wie diese. Darin unterscheiden sie sich von ihren Geschlechtsgenossinnen, besonders von der feigen Klytämnestra, die ihren Ehemann im Bad ermordete.

Für die Amazonen war es äußerst wichtig, »Männern gleichwertig« zu sein. In dem Epos *Aithiopis* des Arktinos wird der Schurke Theristes vom Helden Achill getötet, weil er andeutet, daß dieser sich von der Amazonenkönigin Penthesileia, die er schließlich tötete, angezogen gefühlt habe; der springende Punkt dabei war, daß, wenn die Anschuldigung zutraf und Penthesileia in erster Linie eine Frau war, ihr Tod sich natürlich von einer ruhmreichen Waffentat in einen schlichten Mord verwandelt hätte. Die gleiche Überlegung erklärt vielleicht, warum auf allen Darstellungen bis in die Mitte des 6. Jahrhunderts vor Christus hinein keine Amazone, lebend oder tot, je nackt zu sehen ist wie viele männliche Krieger. Statt dessen sind sie immer gekleidet und bewaffnet wie Hopliten. Sie schwingen Speere, tragen

Schilde und eine Rüstung, die ihre Brüste verbirgt. Wenn nicht ihre Namen und ihre weißen Gesichter und Körper wären und manchmal ein charakteristisches Attribut wie etwa ein Tierfell, könnte man unmöglich wissen, daß es sich bei ihnen eigentlich um Frauen handelte. Auf diese Art diente ihre »Gleichwertigkeit« einem doppelten Zweck. Einerseits erlaubte sie ihnen, am Krieg teilzunehmen und zu kämpfen. Andererseits erlaubte sie jenen, die gegen sie kämpften und sie oft genug auch töteten, stolz auf ihre Tat zu sein.

Irgendwann im 5. Jahrhundert vor Christus begannen sich die Vorstellungen der Griechen von den Amazonen zu wandeln.[67] Der erste Beleg für die Veränderung ist ikonographischer Natur: Immer häufiger wurden die Amazonen jetzt nicht mehr als Hopliten, sondern als Frauen dargestellt. Dazu mußten große Teile ihrer Rüstung verschwinden, und an ihre Stelle traten lockere Kleidungsstücke, die oft eine oder sogar beide Brüste frei ließen. Die Amazonen, deren Identität als Frauen jetzt völlig eindeutig war, kämpften weiterhin, das heißt, sie durchlitten eine Niederlage nach der anderen. Meist suchen sie auf bildlichen Darstellungen verzweifelt Schutz hinter ihren Schilden, während ihre männlichen Feinde sich anschicken, sie mit dem Speer zu durchbohren, z. B. auf einer Vase, die heute zur Mansell-Sammlung gehört.[68] Manchmal werden sie gerade von ihren Pferden heruntergezogen wie auf einem Fries am Apollon-Tempel in Bassai,[69] oder sie werden an den Haaren festgehalten, während sie zu fliehen suchen, wie auf dem von Pheidias geschaffenen Schild der Athene Parthenos, der nur als eine Kopie in Marmor erhalten geblieben ist.[70]

Noch später wurden die Amazonen in allen möglichen lebensnahen Szenen gezeigt. Sie legen die Rüstung an, ziehen in den Kampf, kehren mit ihren Toten aus der Schlacht zurück, führen, reiten oder steigen von Pferden, statten Streitwagen aus und fahren auf ihnen, oder sie waschen sich einfach, während ihre Waffen neben ihnen lehnen. Je vielfältiger die Tätigkeiten waren, bei denen sie dargestellt wurden, desto seltener kämpften sie. Sie begannen, skythische und persische Kleidung sowie die charakteristischen asiatischen Waffen zu tragen, darunter neben einem Bogen auch eine leichte Streitaxt.[71] Da die Perser wiederholt von den Griechen geschlagen wurden, galten ihre Waffen, besonders die kleinen Schilde, die sie trugen, als zweitklassig[72] und ihre Kleidung als verweichlicht. Andererseits erlaubte es diese Kleidung aus Stoff oder Leder, die Anatomie der Amazonen so deutlich zu zeigen wie nie zuvor. Kurz gesagt, hinsichtlich der Kleidung wie auch hinsichtlich ihrer Tätigkeiten verwandeln sich die Amazonen von »Männern Gleichwertigen« zu Frauen. Und während sie zu Frauen werden, hören sie allmählich auch auf zu kämpfen.

Von den bildlichen Darstellungen greift die »Abrüstung« der Amazonen auch auf die Literatur über. Nach den Worten des Lysias, eines attischen Redners des 4. Jahrhunderts vor Christus, »wurden sie [ursprünglich] eher für Männer gehalten, wegen ihres hohen Mutes, als für Frauen wegen ihres Geschlechts«. Später, nachdem sie »tapfere Männer« kennengelernt hatten (d. h. die Athener, die sie besiegten), »entsprach ihr Mut ihrem Geschlecht ... Sie allein lernten nichts aus ihren Fehlern, und so ... gingen sie sofort zugrunde«.[73] Sobald die Amazonen aufgehört hatten zu kämpfen, mußten andere Charakteristika gefunden werden, die sie auszeichneten. Entsprechend gab es Versuche, den Ursprung des Wortes entweder von *a* und *mazos* (ohne Brust) oder von *a* und *maza* (ohne Brot) abzuleiten. Die erste und bekannteste Interpretation ließ eine ganze neue Mythologie entstehen: Die Amazonen oder ihre Nachkommen (von den Skythen, die auf sexuelle Gewalt zurückgegriffen hatten, um sie zu »zähmen«)[74], die Sauromaten, benutzten ein besonderes Werkzeug aus Bronze, um jungen Mädchen die rechte Brust zu entfernen und die Kraft des Körpers in die Schulter und den Arm umzulenken, die man brauchte, um den Bogen zu spannen.[75] Die zweite führte zu der Vorstellung, daß sie halbwilde Geschöpfe der Steppe seien, die sich von Schlangen und Eidechsen *(sauroi)* ernährten. Noch später legte eine weitere Deutung die Betonung auf die Vorsilbe *hama* bzw. *ama*. Danach war *amazones* entweder von *hamazōsai* »zusammen lebend« abgeleitet oder von *amazōnais* »gegürtet«.[76]

Da das Wort *amazones* wahrscheinlich nicht griechischen Ursprungs ist, ergibt keine dieser Deutungen einen Sinn. Sie zeigen aber immerhin, daß die Vorstellungen von den Amazonen sich änderten. Ursprünglich waren sie Kriegerinnen, »Männern gleichwertig«. Später betrachtete man sie in einem etwas weniger heldenhaften Licht, und die Betonung lag auf dem exorbitanten Preis, den sie für ihre kriegerischen Eigenschaften zu zahlen hatten: entweder Verstümmelung oder ein nomadisches, kulturloses Leben ohne jene Annehmlichkeiten, die den Griechen so lieb geworden waren.[77] Die Aufmerksamkeit verlagerte sich auf die Art, in der sie sich, als Frauen unter sich, fortpflanzten;[78] daher die – von Strabon, der selbst nicht an die Existenz der Amazonen glaubte, aufgezeichnete – Geschichte, daß sie jedes Jahr zwei Monate mit den Männern eines Nachbarstammes verbrachten. In dieser Zeit hatten sie »öffentlich und ohne Unterschied« Geschlechtsverkehr. Sobald die Kinder auf der Welt waren, übergaben sie die Jungen ihren Vätern (nach einer anderen Version wurden sie verstümmelt und als Sklaven großgezogen)[79], während sie die Töchter behielten und ihnen das Reiten und Kämpfen in der erprobten Manier der Amazonen beibrachten.[80] Damals wurde das »mit goldenen Schilden und silbernen Äxten ausgestattete Heer« von Frauen entschieden »männerfreundlich«.[81] Sie begrüßten ihre Avancen und organisierten von sich aus Rendezvous, wie etwa die Amazonenkönigin Thalestris, die Alexander dem Großen anbot, sich mit ihm zusammenzutun, um den bestmöglichen Erben hervorzubringen.[82]

Kurz gesagt: Als Krieger waren die Amazonen nicht bemerkenswert, nur einer von Hunderten oder Tausenden Stämmen, deren Gebräuche von antiken Autoren überliefert werden, und dazu noch einer, der im ganzen gesehen eine Niederlage nach der anderen hinnehmen mußte. Als Krieger*innen* jedoch hinterließen sie einen bleibenden Eindruck. Ende des 3. Jahrhunderts nach Christus dekorierte der römische Kaiser Aurelian seinen Triumphzug mit einer Truppe gefangener gotischer Frauen, die als »Amazonen« deklariert waren.[83] Die spätere Literatur im Westen ist voller Hinweise auf sie, und bis heute steht ihr Name als Synonym für reale oder der Vorstellungskraft entsprungene Kriegerinnen.[84] Im Mittelalter wurde ihre Geschichte von Boccaccio nacherzählt.[85] Ihm folgte Christine de Pizan, deren *Buch von der Stadt der Frauen* sich oft auf sie bezieht, ohne allerdings – ebenso wie ihr Lehrmeister – zwischen mythischen Amazonenköniginnen und echten Herrscherinnen wie Zenobia von Palmyra zu unterscheiden.[86] Im Einklang mit den mittelalterlichen Idealen sind alle Frauen bei Christine de Pizan keusch, schön, weise und gut. Dies gilt auch für die Amazonen, deren kriegerische Leistungen deshalb von all diesen anderen Eigenschaften überschattet werden.

In der Renaissance waren unzählige alte wie neue Geschichten von Kriegerinnen im Umlauf. Viele gingen auf die Geschichte der Camilla zurück, wie sie Vergil in der *Aeneis* in der Zeit um Christi Geburt erzählt hatte.[87] Als Tochter des Volsker-Königs Metabus, der von seinem eigenen Volk vertrieben worden war, wuchs Camilla in den Wäldern auf. Sie war der Artemis geweiht und ernährte sich von Stutenmilch, was offenbar bewirken sollte, daß sie nicht zu einer echten Frau heranwuchs und ihre Periodenblutung bekam – woraus sich, ohne daß es ausgesprochen wurde, ergibt, daß sie Jungfrau war und blieb. An der Spitze ihrer Gefährtinnen »amazonenhaft kämpfend, entblößt die eine Brust«, wandte sie sich gegen den trojanischen Flüchtling Aeneas und seine heldenhaften Gefährten, die auf Eroberung aus waren. Sie starb, als ihre Brust von dem »Geschoß aus dem Hinterhalte« eines Mannes durchbohrt wurde.

Camillas trauriges Schicksal hielt die Heldinnen der italienischen Renaissance-Dichter Ludovico Ariosto (1474–1533) und Torquato Tasso (1544–1595) nicht davon ab, in ihre Fußstapfen zu treten. Ersterer schuf in *Orlando Furioso* die Figur der Marfisa, die mit der Milch einer Löwin aufgezogen wurde, letzterer in *Gerusalemme liberata* Clotilde, die sich von der Milch einer Löwin ernährte (in beiden Fällen scheint die Wahl des Tieres vom Metrum diktiert worden zu sein). Beide Damen wurden als Sarazenen-Prinzessinnen aufgezogen. Marfisa kämpfte gegen die Christen, bis sie ihre wahre Herkunft erkannte und die Seiten wechselte. Clotilde hielt an ihrem muslimischen Glauben fest und wurde zur Strafe von dem christlichen Helden Tankred getötet. In Begleitung ganzer Völker von kämpfenden Jungfrauen repräsentierten sie einen Frauentyp, der damals sehr beliebt war und die Menschen gleichzeitig faszinierte und abstieß.[88]

Die elisabethanische Vorliebe für Amazonen – einige schlecht, andere gut, aber alle Jungfrauen, bis der Tod oder die Ehe ihr bisheriges Leben beendete – könnte damit zusammenhängen, daß die wirkliche Existenz einer solchen Rasse um die Mitte des Jahrhunderts möglich schien.[89] Die Geschichte beginnt mit einem gewissen Francisco de Orellana (1511–?), einem entfernten Verwandten von Francisco Pizarro und *conquistador* eigenen Rechts. Im Jahr 1541 machte er sich mit fünfzig Gefährten von Quito aus auf den Weg nach Osten, überquerte die Anden, erreichte den Amazonas (den sie erst den Orellana, dann den Maranon nannten) und folgten ihm bis zur Mündung. Ein Mitglied der Expedition, Friar Gaspar de Carvajal, verfaßte einen Bericht über die Erlebnisse. Eine verkürzte Fassung davon liefert ein anderer Spanier, der Historiker Orviedo, der seiner Auskunft nach mit Orellana selbst gesprochen hatte.

Carvajal zufolge hatte Orellana auf seinem Weg durch die Amazonas-Urwälder von einem gefangengenommenen Indianer erzählt bekommen, daß »gewisse Frauen« erschienen seien, um den Indianern im Kampf gegen die Konquistadoren beizustehen. Sie wurden von einer Königin beherrscht, führten ein unabhängiges Leben, »verkehrten [aber] manchmal mit indianischen Männern; wenn das Verlangen über sie kam, versammelten sie eine große Schar von Kriegerinnen und zogen los zu einem Krieg gegen einen sehr großen Herrscher, dessen Residenz nicht weit vom Land dieser Frauen entfernt liegt, und mit Gewalt brachten sie sie in ihr eigenes Land und behielten sie bei sich, solange es ihnen gefiel, und nachdem sie schwanger geworden waren, sandten sie sie zurück in ihr Land, ohne ihnen etwas zuleide zu tun; und nachher, wenn die Zeit für sie kam, Kinder zu haben, töteten sie die männlichen Kinder nach der Geburt und sandten sie ihren Vätern, und die weiblichen Kinder zogen sie auf mit großem Ernst und unterrichteten sie in der Kunst des Krieges.« Sie ritten Kamele [!] und herrschten über zahlreiche Indianerstämme in der Umgebung.

Oviedos Bericht stimmt weitgehend mit dem Carvajals überein. Orellana, so sagt er, habe ihm erzählt, daß »wir unter uns ihnen den Namen Amazonen gaben, obwohl das nicht ganz paßt: denn ›Amazone‹ bedeutet in der griechischen Sprache ›ohne Brüste‹, damit sie durch nichts am Bogenschießen gehindert waren ... Diese Frauen jedoch, mit denen wir es hier zu tun haben, benutzen zwar den Bogen, aber sie schneiden ihre Brüste nicht ab und brennen sie nicht aus, während sie in anderer Hinsicht, etwa darin, daß sie Männer für eine gewisse Zeit bei sich aufnehmen, um ihre Art fortzupflanzen, und in anderen Dingen offenbar jene nachahmen, die die Alten Amazonen nannten.«

Wieviel Wahrheit in den Geschichten steckte, kann man nicht sagen. Obwohl ein deutscher Anthropologe 1971 Gegenteiliges behauptete,[90] hat ein aus Kriegerinnen bestehendes Königtum nie existiert; höchstens haben einige wenige Indianerinnen mit ihren Männern zusammen gekämpft und die Spanier mit Pfeilen überschüttet, als sie den Fluß hinab fuhren. Inca Garcilaso de la Vega, ein Autor vom Anfang des 17. Jahrhunderts, glaubte, daß Orellanas Geschichten etwas damit zu tun hatten, daß er eigentlich ein Deserteur war. Nachdem er auf seiner nicht bewilligten Expedition kein Gold gefunden hatte, brauchte er eine große Heldentat, um sich vor Kaiser Karl V. zu rechtfertigen; was war dazu besser geeignet als die Entdeckung eines Amazonenkönigreichs?

Die Tatsache, daß Orellanas Geschichte nie bestätigt wurde, änderte nichts daran, daß andere Geschichten von Kriegerinnen großen Zuspruch fanden. In England und den Niederlanden wurden ihre Taten in Geschichten, Theaterstücken und beliebten Balladen gefeiert, die meist in billigen Ausgaben herauskamen und für ein Publikum der Unterschicht gedacht waren.[91] Sie hatten Titel wie *Mary Ambree, Die tapfere Jungfrau* und *Die berühmte Trommlerin.* Üblicherweise erzählen sie von einer Tochter aus gutem Hause, die sich in einen Mann aus der Unterschicht verliebt. Sie darf ihn nicht heiraten, verläßt ihr Zuhause, um ihm in die Armee oder Marine zu folgen, und begleitet ihn auf seinen vielen Abenteuern. Die gegenseitige Loyalität steht mehrmals auf dem Prüfstand – ihre bewußt und überlegt, seine in aller Unwissenheit, als er sich, in Erinnerung an seine Liebste, den Avancen anderer hübscher Mädchen entzieht. Schließlich wird ihre wahre Identität unter Strömen von Tränen enthüllt. Darauf erhält das Paar seinen Abschied und reist zurück zum Vater des Mädchens; sie bekommen seinen Segen, heiraten und leben glücklich bis an ihr Lebensende.

Einige der Balladen machen sich über die verkleidete Heldin lustig, zum Beispiel über die Jane in *Die Schmugglerin:*

Im Matrosenanzug kam Jane daher,
gekleidet wie ein Schmuggler von Kopf bis Fuß.
Mit einem Paar Pistolen an den Hüften,
Wie ein Kriegsheld, wie ein Kriegsheld
in all seiner kampfeslustigen Pracht.

Meist aber wurden die Frauen feminin *und* heldenhaft dargestellt oder, in den Worten einer modernen Autorin, als »Mars spielende Venus«.[92] Sie erledigen die gleichen anstrengenden Arbeiten wie die Männer, die sie umgeben, leben auf Schiffen, ziehen Taue ein, steigen auf Masten, trotzen schwerem Wetter und kämpfen; wie im alten Griechenland wird ihnen manchmal die Eigenschaft der »Mannhaftigkeit« zugeschrieben. Dennoch sind ihre Hände immer zart, die Finger »milchweiß«, die Brüste »schneeweiß«; eine seltsame Kombination, die zumindest andeutet, daß die Lieder nicht allzu ernst genommen werden wollten.

Wie die griechischen Amazonen veränderte sich auch die typische Heldin im Laufe der Zeit. Frühere Balladen konzentrieren sich auf ihre Kriegskünste und schenken uns oft kämpfende Jungfrauen, die Heldentaten vollbringen. Spätere betonen eher ihre Rolle als leidende Gehilfinnen, mit anderen Worten, als Frauen. Einige Balladen gleiten ins Obzöne ab, wenn verwundete Männer ihre Verletzungen, ohne es zu wissen, von ihren Geliebten versorgen lassen, die die Gelegenheit zu einer kleinen sexuellen Erkundung nutzen. Nach 1850 verschwand das Genre beinahe ganz. Einige Autoren haben dies auf den Niedergang des Transvestismus zurückgeführt.[93] Ebenso wahrscheinlich ist allerdings, daß die wachsende Professionalisierung der Armeen und die Einrichtung von regelmäßigen medizinischen Untersuchungen durch qualifizierte (männliche) Ärzte bei der Musterung verkleideten Frauen in der Dichtung wie in der Wirklichkeit keine Chance mehr ließen.

Die klassisch-christliche Kultur war allerdings nicht die einzige, die Gefallen an Geschichten von Kriegerinnen fand. Keltische Sagen sind ebenfalls voller legendärer Kämpferinnen, und Bilder dieser Damen schmücken keltische Münzen. Die berühmteste von ihnen war Medb, die versuchte, den Helden Cuchulainn mit Hilfe eines Verrats zu überwältigen (und scheiterte);[94] andere Frauen führten angeblich »Akademien der Kriegskünste«, in denen Männer nicht nur Kämpfen lernten, sondern auch »die Freundschaft der Schenkel« angeboten bekamen.[95] In China war Luo Maodengs Geschichte von *Sanbaos Expedition zum westlichen Meer* (1597) besonders berühmt. Sanbao, der Held des Romans, reist in das Land Jinlin. Dort steht die natürliche Ordnung kopf, *yin,* das weibliche Prinzip, herrscht über *yang,* das männliche. Eine böse Kriegerkönigin namens Huang Jinding beherrscht ein rein weibliches Land und kommandiert lüsterne Kriegerinnen. Die sogenannten Shizhiyu sind furchtbare Geschöpfe, die weibliche Stärke und Sexualität symbolisieren – angsteinflößend und verlockend zugleich. Wie die griechischen Sagen will auch dieses Werk betonen, wie gräßlich eine Frauenherrschaft ist. Gleichzeitig lernt der Held, indem er gegen Frauen kämpft, von ihnen gefangengenommen und von einer von ihnen (Hang Fenxian) gerettet wird, eine Lektion in Demut.[96]

Die bekannteste japanische Kriegerin war eine Dame namens Tomoe, eine mittelalterliche Heldin, deren Name, übersetzt »kommaförmiges Wirbelmuster« noch heute für Frauen gebräuchlich ist. Heute geht man davon aus, daß es eine Dame dieses Namens wirklich gab;[97] ihre Geschichte in der uns bekannten Form ist jedoch wahrscheinlich ein romantisches Märchen. Zusammen mit ihren beiden Brüdern kämpfte sie für ihren Herrn (der vielleicht auch ihr Liebhaber war), den »General der aufgehenden Sonne« Kiso Yoshinaka in den Bürgerkriegen des 12. Jahrhunderts. Berichten zufolge hatte sie »sehr helle Haut, und ihr Haar war lang. Ihr Gesicht war sehr liebreizend. Sie war eine Bogenschützin von seltener Kraft und Begabung, eine mächtige Kriegerin, die allein gegen tausend stehen konnte und die mit Pfeil und Bogen oder dem Schwert jedem Gott oder Dämon ebenbürtig war.« In der Schlacht kam ihr diese Könnerschaft gut zustatten, teils, weil ihre Gegner Angst vor ihr hatten, und teils, weil sie davor zurückschreckten, mit ihr zu kämpfen: Wie einer von ihnen es ausdrückte: »Es ist ärgerlich, von einer Frau zurückgedrängt zu werden, aber wenn ich sie angreife und dann ein Mißgeschick passiert, werde ich auf ewig entehrt sein.« Yoshinaka verlor schließlich den Krieg. Kurz vor seinem Tode schickte er Tomoe fort mit den Worten: »Ich schäme mich, daß die Menschen von mir erzählen werden, wie ich zum Schluß einer Frau im Kampf den Vortritt ließ. Ich entlasse dich aus deiner Pflicht. Geh jetzt, schnell, geh weg.« Tief betrübt gehorchte Tomoe. Später wurde sie Nonne.

Obwohl die angeführte Liste alles andere als erschöpfend ist, zeigt sie doch schon hinreichend, daß Kriegerinnen immer einen guten Erzählstoff boten. Auch heute noch ist das Thema nicht passé. So schrieb zum Beispiel in den dreißiger Jahren des 20. Jahrhunderts der englische Schriftsteller Robert E. Howard zwei pseudo-historische Erzählungen, »Schwertfrau« und »Klingen für Frankreich«, die im Mittelalter angesiedelt sind. Darin schuf er den Charakter der Agnes de Chastillon, auch bekannt als die Dunkle Agnes, eine heldenhafte französische Kämpferin. In ihrem Stolz, ihren »Platz unter den Männern« einzunehmen, hatte sie wie so viele andere Mannweiber wenig Sympathien für ihre schwächeren Schwestern; sie nannte sie »Kühe, Sklaven, winselnde, kriecherische Leibeigene, die sich vor Schlägen ducken und sich rächen, indem sie – sich das Leben nehmen«. Etwa um dieselbe Zeit schufen amerikanische Comic-Autoren Sheena Queen als weibliches Gegenstück zu Tarzan. Ihre Bücher erschienen bis in die fünfziger Jahre hinein, als der Charakter auch vom Fernsehen übernommen und von einer »drallen Schönheit« namens Iris McCullough gespielt wurde.[98]

Sheenas Erfolg rief einige Nachahmer auf den Plan. Ende der vierziger Jahre schmückten sich die Comics mit mehreren Dschungel-Amazonen. Sie waren in Leoparden-, Tiger-, Panther- oder Zebrafelle gekleidet, trugen ihre Messer irgendwo in der Nähe des Schritts und schwangen sich durch die Wälder, um Wildtiere oder auch von Zeit zu Zeit ihre freundlichen, aber nur mäßig kompetenten Freunde wie zum Beispiel Sheenas »Duckmäuser« Bob zu retten. Sie hießen Prinzessin Pantha,

Zegra, Judy aus dem Dschungel, Rula, Tiger Girl und Camilla, Königin des Dschungels. Ende der siebziger Jahre erschien Rima, das Dschungelmädchen. Heute ist das Genre völlig ausgelaugt und lag einige Zeit brach – vielleicht weil es heute nur noch so wenige Urwälder gibt; ob Tarzans Auferstehung als Disney-Film daran etwas ändern wird, muß sich noch zeigen. Geschichten von halbnackten Kriegerinnen mit scharfen Waffen sind allerdings weiterhin beliebt, wie sich an den furchteinflößenden Gestalten ablesen läßt, die so oft auf den Umschlägen von Werken wie *Dungeons and Dragons* zu sehen sind.[99]

1968 breitete sich die Mode der weiblichen Kämpfer in den intergalaktischen Raum aus. Die Heldin von *Barbarella* spielte Jane Fonda, bevor sie Feministin wurde. Sie schwenkte eine Strahlenpistole und zeigte wie so viele ihrer Art sehr viel Bein und durchaus mehr von ihren Brüsten, als gewöhnlich üblich ist, wenn man gegen Legionen von tückischen Feinden kämpft. *Barbarella* wurde abgelöst von *Drei Engel für Charlie*, einer Gruppe von drei Polizistinnen, die, während sie sich den Weg durch die kindische Handlung freischossen, immer mehr Wert auf ihr Aussehen im Bikini als auf ihre Intelligenz legten.[100] Charlies Engel wiederum mußten der *Wonderwoman* weichen, einer Art weiblichem Gegenstück zu Superman, die die Zuschauer mit ihren übermütigen Streichen erfreute.

Die Heldin Mitte der neunziger Jahre war *Xena, die Krieger-Königin.* Wie Athene hatte auch Xena blaue Augen und einen herrischen Blick. Ebenfalls wie Athene (und Wonderwoman) sah sie gut aus, wenn man Frauen mit gestähltem Körper mag; immerhin gaben ihr die Macher des Films, vielleicht damit sie wenigstens einigermaßen attraktiv blieb, keine Rambo-Muskeln. Sie war mit keinem Mann in irgendeiner Weise verbunden, was so weit ging, daß sie nicht einmal einen Vater hatte und ein älterer Mann, der sich als solcher ausgab, als Schwindler entlarvt wurde; Männer, die versuchten, ihr den Hof zu machen, bekamen einen gelangweilten Blick geschenkt, wenn sie Glück hatten, oder eine schallende Ohrfeige, wenn nicht. Wie ihre männlichen Feinde kämpfte Xena mit allen Arten von scharfen Waffen. Anders als ihre Feinde konnte sie solche Waffen mit bloßen Händen abwehren. Ihre Spezialität war eine magische Scheibe, die nur sie besaß und die, einmal weggeschleudert, selbständig zu ihr zurückkehrte wie ein australischer Bumerang. Ihre Untertanen waren ebenfalls Frauen, alle viel kleiner und schwächer als sie und meist völlige Trottel. Sie liefen ständig Gefahr, von bösen Männern vergewaltigt zu werden, und mußten von ihrer Königin gerettet werden.

Dann folgte im Jahr 1996 der Film *G. I. Jane* mit Demi Moore in der Titelrolle. Anders als viele andere Filme hatte *G. I. Jane* den Anspruch, mehr zu sein als nur Unterhaltung für leicht zurückgebliebene Teenager; ob er dem gerecht wurde, ist eine andere Frage. Angestachelt von einer Unterstaatssekretärin im Verteidigungsministerium umgeht eine Navy-Offizierin das US-Gesetz, das Frauen die Teilnahme an Einsätzen verbietet, bei denen es zu Bodenkämpfen hinter den feindlichen Linien kommt. Sie beginnt mit dem SEAL-Training (Sea-Air-Land, eine Eliteeinheit), schafft es aber nicht, die Anerkennung der durchweg männlichen Ausbilder und Kameraden zu erringen. Indem sie sie abwechselnd herablassend behandeln und demütigen, machen sie ihr das Leben zur Hölle. Gegen Ende des Kurses machen die Soldaten das SERE-Training (Search, Evasion, Rescue, Evacuation), zu dessen Zielen es gehört, ihnen den Umgang mit Folter beizubringen. Ein stämmiger Ausbilder erklärt der heulenden, triefenden G. I. Jane (sie ist gerade mißhandelt und mit dem Kopf unter Wasser gehalten worden), daß sie nur eine Glocke läuten muß, um in Ruhe gelassen zu werden; darauf antwortet sie mit dem denkwürdigen Ausspruch: »Lutsch mir den Schwanz«. Nachdem sie sich somit als Mann ausgegeben hat, wird sie schließlich mehr oder weniger auch als einer akzeptiert. Von diesem Zeitpunkt an wird der Film völlig uninteressant, er degeneriert zu dem üblichen Einheitsbrei: Gute, heldenhafte Amerikaner kämpfen gegen böse, feige Araber.

Was man mit diesen und zahllosen anderen Geschichten anfangen soll, ist schwer zu sagen. Einige, besonders die jüngsten, erklären offenbar, es sei das Beste für eine Frau, sich Männern anzuschließen, alle möglichen schwierigen Situationen mit ihnen durchzustehen und sich als krönende Großtat einen Penis wachsen lassen. Andere sind darauf angelegt, Kampf und nackte

Tatsachen miteinander zu verbinden, ohne sich darum zu scheren, wie idiotisch die Handlungen sind. Zum Beispiel war *Barbed Wire* (1998) vor allem darauf ausgelegt, Pamela Andersons beträchtliche körperliche Vorzüge zur Geltung kommen zu lassen. Die »G. I. Joe«-Serie wendet sich an Jungen unter vierzehn; dennoch tragen auch hier weibliche Charaktere wie Lady Jericho und Scarlet speziell entworfene, sexy Uniformen.[101] Wie wir gesehen haben, fehlte auch in den Geschichten des 18. Jahrhundert, der Renaissance und der klassischen Antike ein Element des erotischen Reizes nicht.[102] Damals wie heute bedeutete die Darstellung von Frauen in Rüstung und ihre Verwandlung in glaubwürdige Kriegerinnen bei gleichzeitiger Zurschaustellung von genausoviel nacktem Fleisch, daß sie sexuell verlockend wirkten, eine Herausforderung für jene, die sie malten, in Stein meißelten oder auf Zelluloid bannten. Die jüngsten Manifestationen des Phänomens finden sich vielleicht in bestimmten Computerspielen. Ein Spiel namens »Sin« hat zum Beispiel eine langbeinige, vollbusige Heldin, die auf den Namen Alexis hört und eine Art Plastikbikini und hochhackige Stiefel trägt. In diesem unwahrscheinlichen Aufzug plant sie, die Straßen von »Freeport« mit DNA-verändernden Medikamenten zu überschwemmen. Dabei steht ihr der Chef der größten Sicherheitsfirma am Ort, Colonel John R. Blade, im Wege.[103]

Heute wie damals bieten viele dieser Geschichten eine Lektion für Männer wie für Frauen, mit dem Ziel, die vorhandene, männlich dominierte Welt zu bestätigen, indem sie ihr Gegenteil als »unerträglich« beschreiben.[104] Um dieses Ziel zu erreichen, gibt es oft eine Unterscheidung zwischen zwei Arten von Kriegerinnen. Gute Frauen, darunter auch die Heldinnen der verschiedenen Balladen, kämpfen mit oder für ihre Männer. Eine, Tomoe, geht ins Kloster, nachdem ihr Herr und Meister gefallen und sie nicht bis zum letzten Moment bei ihm geblieben ist. Andere beenden ihr Leben als Kriegerin, indem sie unter Strömen von Tränen erklären, daß sie nur durch die Umstände gezwungen waren, zu töten, und *in Wirklichkeit* gar nicht so hart sind;[105] Nach diesem Bekenntnis sind sie wahrscheinlich bereit, geheiratet zu werden und eine Familie zu gründen. Böse

Frauen repräsentieren Shakespeares »Amazonen-Trullen«, die »Tigerherzen gesteckt in eine Weiberhaut« tragen.[106] Sie handeln zu ihrem eigenen Vorteil, unterwerfen Männer (durch Sex ebenso wie durch Kampf), versuchen eine verkehrte Welt zu schaffen und sterben am Ende für ihre Sünden. Diese Kategorien haben vielleicht etwas damit zu tun, daß, obwohl viele Frauen versucht haben, ihre Kriegserfahrungen zu Papier zu bringen, von den Amazonen an die überwältigende Mehrheit aller erfundenen Heldinnen von Männern geschaffen wurde, um andere Männer zu unterhalten. Verständlicherweise ist eine genuin militärische Fiktion, geschrieben von Frauen für Frauen, überaus selten. In einem der wenigen Beispiele, die ich finden konnte, ist die Heldin vor allem dadurch charakterisiert, daß sie sechs Ehemänner hat, die sie gerne in Trommelfelle verwandeln würde; im übrigen ist ihr Hauptwerkzeug die Magie, nicht die Gewalt.[107]

Wenn wir jetzt zu den griechischen Amazonen als dem Prototyp aller dieser weiblichen Charaktere zurückkehren, können wir bei ihnen ebensowenig davon ausgehen, daß sie jemals existierten, wie bei Barbarella oder Wonderwoman. Wenn sie in einem der verschiedenen Gebiete gelebt hätten, die man ihnen zuschrieb, dann hätten sie auch anderen Völkern außer den Griechen bekannt sein müssen.[108] Die am engsten mit ihnen verknüpften historischen Belege sind die wenigen »echten« sauromatischen Gräber. Sie wurden in Südrußland ausgegraben und enthielten die Skelette von Frauen zusammen mit Pfeilspitzen, Dolchen und in einem Fall auch einem Schuppenpanzer neben der bei Frauengräbern üblichen Ausstattung.[109] Die Sauromaten galten, wie oben gesagt, als die Nachkommen der Amazonen, nachdem diese von den Skythen »gezähmt« worden waren; die Skythen selbst waren nach Herodot Abkömmlinge des Herakles und einer »Viper-Frau«, die einen menschlichen Leib und statt der Beine einen Schlangenkörper hatte. Genau wie die Tatsache, daß einige Israelitinnen während ihres Militärdienstes starben und ein militärisches Begräbnis erhielten, nicht bedeutet, daß Israel ein Matriarchat ist, so beweist auch die Entdeckung dieser Gräber nicht, daß ein Stamm unabhängiger, männerloser, söhnetötender Kriegerinnen je existierte.

Was sie *vielleicht* belegen kann, ist, daß bei den Sauromaten wie auch anderswo Frauen manchmal als Herrscherinnen und Feldherrinnen agierten; auf solche Frauen wollen wir unsere Aufmerksamkeit als nächstes richten.

## 4. Herrscherinnen und Feldherrinnen

Zu kämpfen ist eine Sache, das Kommando zu führen eine andere. Wie schon bemerkt, wurde in der Geschichte lange von den Befehlshabern erwartet, daß sie persönlich am Kampf teilnahmen. Die große Mehrheit tat dies auch, doch gab es selbst in den Hoplitenkriegen der demokratisch organisierten griechischen Stadtstaaten einige Ausnahmen;[110] im Mittelalter waren die Feldherren zwar dem ritterlichen Ethos verpflichtet, aber einige von ihnen zogen es dennoch vor, ihre Truppen aus der Ferne zu kontrollieren, wie zum Beispiel der englische König Edward III. in der Schlacht von Crecy im Jahr 1348. Gerade die Tatsache, daß Feldherren nicht notwendig am Kampf teilnahmen, ermöglichte es den Frauen, als ebensolche aufzutreten.

Wie man zum Feldherrn wurde, hing von der Art der militärischen Organisation ab.[111] Wie Plutarch es ausdrückt, ging es oft darum, zu lernen, wie man kommandierte, indem man von anderen kommandiert wurde.[112] Man ging in die Armee, sammelte Erfahrungen, stieg auf und erhielt eine Führungsposition entweder durch Wahl (wie in Griechenland oder Rom) oder durch eine Ernennung der Vorgesetzten. Da Frauen, selbst die sehr wenigen, die wirklich kämpften, nie als reguläre Mitglieder irgendeiner militärischen Einrichtung akzeptiert wurden, war ihnen dieser Weg verschlossen. Es war allerdings möglich, Feldherrin zu werden, wenn die Frau in einer Erbmonarchie lebte und zufällig eine enge Verwandte des regierenden Königs, Feudalherrn oder Häuptlings war; kurz gesagt, eine Verwandte eines nicht gewählten Herrschers, der gleichzeitig auch als oberster Feldherr auftrat. Manchmal starben Herrscher ohne männlichen Erben. In anderen Fällen schoben die Witwen, Töchter oder (seltener) Schwestern verstorbener Herrscher die männlichen Erben mit Intrigen oder in einem Bürgerkrieg beiseite. Um nicht mit Kindern belastet zu sein, verweigerten viele dieser Frauen den Sexualverkehr; eine von ihnen, die Markgräfin Mathilde von Tuszien aus dem 11. Jahrhundert, schaffte es offensichtlich, Jungfrau zu bleiben, obwohl sie nicht nur einmal, sondern sogar zweimal verheiratet war.[113] Andere müssen ihre Kinder in der Obhut von Dienerinnen zurückgelassen haben.

Wenn man sich mit Feldherrinnen befaßt, ist ein anonymer griechischer Traktat mit dem Titel *Kluge und mutige Frauen im Krieg* vielleicht der beste Ausgangspunkt.[114] Der Autor des Werkes und das Entstehungsdatum sind unbekannt. Allerdings können einige der dort genannten Frauen in das 4. Jahrhundert vor Christus datiert werden; also muß es nach 300 vor Christus und vielleicht auch erst um 100 vor Christus geschrieben worden sein. Auf sechs Seiten faßt es die Taten von vierzehn hervorragenden Frauen zusammen, Griechinnen wie Barbarinnen, die alle bemerkenswerte Heldentaten vollbracht haben. Einige, wie etwa Semiramis oder Artemisia, waren in der alten Welt sehr bekannt, andere dagegen sind ziemlich obskure Gestalten. Obwohl nicht alle mit Hilfe anderer Quellen identifiziert werden können, sind die meisten offensichtlich historisch. Zumindest handelt es sich nicht um Göttinnen oder eindeutig mythische Figuren.

Ungeachtet des Titels haben nur sieben der aufgeführten Damen tatsächlich in einem Krieg gekämpft oder das Kommando geführt; eine weitere, Königin Nitokris, soll die Stadt Babylon befestigt haben. Von den verbleibenden fünf haben einige sehr interessante Geschichten. Nehmen wir zum Beispiel die ägyptische Königin Nitokris (nicht mit ihrer babylonischen Namensvetterin zu verwechseln). Sie kommt in anderen Quellen nicht vor, ihren Platz in diesem Traktat verdankt sie der Tatsache, daß sie den Mord an ihrem Bruder rächte, indem sie die Attentäter heimtückisch zu einem Fest einlud und sie dann vom Fluß überfluten ließ. Eine andere, Königin Theiosso (die Dido der Aeneas-Sage) beging Selbstmord, nachdem ihr Geliebter Aeneas sie verlassen hatte. Diese Tat war unzweifelhaft tapfer und muß der Grund für ihre Aufnahme in die Liste gewesen sein. Allerdings qualifiziert sie sie kaum als Kriegerkönigin.

Von den sieben Frauen, die an einem Krieg in der einen oder

anderen Funktion teilgenommen haben, kämpften zwei zusammen mit ihrem Mann oder auf dessen Anordnung hin. Dies gilt für Semiramis, deren Darstellung in dieser und in anderen Quellen auf Smmuramat, eine assyrische Königin des 9. Jahrhunderts vor Christus zurückgeht; und für Zarinaia, eine parthische Königin. Letztere war die Frau des Königs Mermeros und half ihm, den Perserkönig Stryangaios zurückzuschlagen. Nachdem sie verwundet worden war, floh sie, wurde aber dennoch von Stryangaios gefangengenommen, der feststellte, daß sie eine Frau war, und ihr das Leben schenkte.[115] Wenig später fiel Stryangaios in die Gewalt des Mermeros, der ihn hinrichten lassen wollte. Zarinaia war dagegen, konnte ihren Ehemann jedoch nicht überzeugen, konspirierte gegen ihn und ließ ihn töten. Danach wurde sie Stryangaios' Ehefrau und Verbündete und lebte wahrscheinlich glücklich bis ans Ende der Zeiten.

Damit bleiben uns fünf Kriegerköniginnen, die eigenständig Heere führten und kämpften. Die erste, Atossa, deren Nationalität nicht bekannt ist, soll »das Königtum« von ihrem Vater Ariaspes »geerbt« haben. »Sie verbarg ihre weibliche Gesinnung, trug als erste eine Tiara und Hosen, erfand den Einsatz von Eunuchen und gab ihre Antworten schriftlich. Sie beherrschte viele Stämme und war überaus kriegerisch und tapfer bei jeder Tat«, wobei weder diese Quelle noch irgendwelche anderen weitere Einzelheiten vermelden. Sie kann nicht identifiziert werden, ist allerdings ganz offensichtlich eng mit den Amazonen verbunden. In vieler Hinsicht ist sie nur halb Frau, verkleidet sich und trägt Hosen, umgibt sich mit Eunuchen mit hohen Stimmen, um ihre eigene Erscheinung weniger auffällig zu machen, und gibt ihre Antworten schriftlich. Sie ist damit der Modellfall eines falschen Herrschers, der alle persönlichen Merkmale, selbst das Geschlecht, verheimlicht.

Als nächste folgt Rhodogyne, die angeblich Königin der Perser (allerdings nicht identifizierbar) und eine echte Kriegerkönigin war. Mutig und mit ihren nur halb gekämmtem Haar »Schrecken erregend« unter ihren Feinden, konnte sie eine Stammesrevolte niederschlagen. Andere Quellen stellen sie als Männerhasserin dar;[116] eine Eigenschaft, die, wie wir sehen werden, unter ihresgleichen ganz und gar nicht selten ist. Und schließlich sind da Tomyris, Artemisia und Onomaris. Die erste war Königin der Massageten (die im Westen des heutigen Iran lebten), und Herodot schreibt ihr einen Sieg über den großen Perserkönig Kyros zu.[117] Die zweite schloß sich, wie schon erwähnt, Xerxes auf seinem Feldzug nach Griechenland an, befehligte einen Flottenverband und errang seine Anerkennung.[118] Die dritte schließlich soll zu den Edlen bei den Galatern gehört haben, die die Nachbarstämme in der Schlacht besiegten.

Von den fünf Frauen, die als Kriegerköniginnen auftraten, war nur Artemisia ganz sicher eine historische Gestalt. Die übrigen mögen existiert haben, aber sicher ist das nicht. Wie Christine de Pizan könnte auch der Verfasser dieses Aufsatzes durchaus eine Frau gewesen sein – eine oft diskutierte Möglichkeit wäre Pamphila von Epidauros, ein Blaustrumpf des 1. Jahrhunderts vor Christus, die ein Geschichtswerk in dreiunddreißig Büchern geschaffen haben soll.[119] Mann oder Frau, er oder sie ging die Arbeit jedenfalls gerade wegen ihrer außergewöhnlichen Fragestellung an. Alle vierzehn Charaktere werden als paradoxe Geschöpfe dargestellt: Frauen, die, obwohl sie Frauen sind, dennoch »Männlichkeit« *(andreia)* zeigten und sogar »sehr männlich« *(andreiotatē)* waren. Zwei von ihnen, Atossa und Semiramis, verkleideten sich, um ihre Weiblichkeit zu verbergen. Letztere wird von einer anderen Autorin als eine »Grenzgestalt von unbestimmbarem Geschlecht, teilweise männlich und teilweise weiblich«, beschrieben.[120]

*Kluge und mutige Frauen im Krieg* ist das erste Werk dieser Art, das auf uns gekommen ist. Es ist nicht als Mythensammlung angelegt, trennt aber nicht zwischen Frauen der Sage, historischen Frauen, Frauen, die ihre Männer begleiteten, Frauen, die kämpften, Frauen, die das Kommando führten, Frauen, die intrigierten und die politische Macht mit oder ohne Blutvergießen errangen oder behielten, und Frauen, die alle möglichen Formen von Mut zeigten, auch den Mut, Selbstmord zu begehen. In dieser Hinsicht hat es ein schlechtes Beispiel vorgegeben, das bis heute Wirkung zeigt.[121] Uns geht es hier um Frauen, die in ihrer Eigenschaft als unabhängige Herrscherinnen das Kommando auf dieselbe Weise ausübten wie Männer in ihrer

Position. Bei den aufgeführten vierzehn Frauen paßt bei genauem Hinsehen diese Beschreibung nur auf sieben, vielleicht sogar nur auf fünf. Von den sieben sind nur zwei eindeutig historische Persönlichkeiten.

Das soll nicht heißen, daß es im echten Leben keine Feldherrinnen gab. In den anderthalb Jahrtausenden zwischen 1000 vor Christus und 500 nach Christus erbten oder eroberten viele Frauen die Macht. Es ist daher kaum verwunderlich, daß einige von ihnen auch Krieg führten. Wenn wir uns also auf die eindeutig historischen Gestalten beschränken, dann muß jede noch so kurze Liste den (weiblichen) illyrischen Stammeshäuptling Teuta einschließen, die sich 230 vor Christus leichtfertig mit der römischen Republik anlegte und problemlos geschlagen wurde.[122] Als nächste folgen einige hellenistische Königinnen, besonders die ägyptischen. Obwohl keine von ihnen ihren Titel aus eigenem Recht trug,[123] regierten mehrere im Namen von oder zusammen mit ihren unfähigen männlichen Verwandten. Einige begleiteten Armeen auf dem Feldzug und waren an den wichtigsten Entscheidungen beteiligt, obwohl sie nicht selbst das Kommando führten. Eine, die berühmte Kleopatra VII., organisierte den Widerstand gegen die römische Besetzung Ägyptens im Jahr 48 vor Christus, bis ihre Truppen genug von ihrem »Mädchen-Kommandeur« hatten.[124] Daraufhin änderte sie die Taktik und ging zunächst mit Caesar und dann mit seinem Nachfolger Marcus Antonius ins Bett, statt eine militärische Auseinandersetzung zu wagen. Später heiratete sie den letzteren, saß in seinem Kriegsrat, leistete Zahlungen an seine Schatzkammer und ging mit ihm unter.[125]

Die wohl berühmteste antike Feldherrin war die britische Königin Boudicca.[126] Warum sie einen Aufstand wagte, ist unbekannt. Was auch immer die Ursachen waren, sie schließen ihre eigene Demütigung (sie wurde ausgepeitscht) und die Vergewaltigung ihrer beiden Töchter durch die Römer mit ein. Im Jahr 60 nach Christus nahm sie drei unbefestigte Städte ein, Camelodunum, Londinium und Verulanium. Dann zeigte sie ganz und gar kein besonderes Mitleid mit ihren Geschlechtsgenossinnen, sondern befahl oder gestattete zumindest ihren Icener-Kriegern, eine Reihe von unglaublichen Grausamkeiten an ihnen zu begehen; in Londinium, so hören wir von dem antiken Historiker Cassius Dio, »wurden die vornehmsten und schönsten Frauen« aufgehängt und ihre Brüste abgeschnitten und an ihre Münder genäht, so daß sie aussahen, als würden sie sie essen.[127] Boudiccas Triumph währte allerdings nicht lange, da die römische Garnison, obwohl weit in der Unterzahl, sich sammelte und sie vernichtend schlug, wobei achtzigtausend Britannier starben.

Wie die Königin selbst ihren Männern vor der Entscheidungsschlacht gesagt hatte, war es »nichts Ungewöhnliches bei den Britanniern, unter weiblicher Führung zu kämpfen«.[128] Obwohl ihre Namen nicht bekannt sind, müssen die Kelten noch weitere wie sie gehabt haben – im Jahr 590 nach Christus untersagte ein irischer Kleriker namens Colmcille den Frauen den Dienst im Krieg und im Kriegsrat.[129] Zwischen diesen beiden Daten, und weit entfernt am anderen Ende des Römischen Reiches, lebte Königin Zenobia von Palmyra. Sie bestieg den Thron, nachdem sie ihren Ehemann Odaenathus und seinen ältesten Sohn, den Thronfolger, ermordet hatte. Wie Boudicca war sie mit ihrem Status als von Roms Gnaden abhängige Herrscherin nicht zufrieden und zettelte um 270 nach Christus einen Aufstand an. Ein oder zwei Jahre lang zogen sie und ihr General Zabdas kreuz und quer durch den Nahen Osten, bevor sie das übliche Schicksal derer erlitten, die sich gegen Rom auflehnten. Als Gefangene flehte sie um ihr Leben mit dem Hinweis, sie sei »nur eine Frau«, wobei ihr ihre schöne Stimme und ihre »unglaubliche erotische Anziehungskraft« geholfen haben müssen.[130] Ihre Bemühungen waren von Erfolg gekrönt. Dem Kaiser Aurelian wurde klar, daß eine zu harte Bestrafung einer Frau beim Volk nicht gut ankommen würde, und so machte er ihren wichtigsten Berater, den Philosophen Cassius Longinus, für die Revolte verantwortlich und ließ ihn hinrichten. Zenobia selbst wurde im Triumphzug des Siegers mitgeführt und dann begnadigt. Sie verbrachte den Rest ihrer Tage als große Dame in einer Villa, die ihr der Kaiser zur Verfügung gestellt hatte.[131]

Wie schon gesagt, ob es Feldherrinnen geben konnte oder nicht, hing in erster Linie von der politischen Struktur der Gesellschaft ab und besonders davon, ob die Regierung erblich war oder nicht. Das kaiserzeitliche China, Indien und die Maya-Kultur kannten weibliche Feldherrn;[132] am häufigsten aber findet man sie in Stammesgesellschaften wie jener der Boudicca. Um nur noch ein weiteres Beispiel dieser Art anzuführen: Die *Erik-Saga* der Wikinger aus dem 14. Jahrhundert erzählt von einer Aud, der Tiefdenkenden. Sie soll im 11. Jahrhundert gelebt haben und die Frau eines »Kriegerkönigs namens Olaf des Weißen« gewesen sein. Nach seinem Tod führte sie das Familiengeschäft des Raubens und Plünderns fort und schloß sich mit einem anderen Häuptling namens Thorstein zusammen, den sie allerdings nicht heiratete. Als auch er getötet wurde, hatte sie genug Selbstvertrauen, auf eigene Faust auf Beute auszuziehen. Mit zwanzig Männern ihres früheren Ehegatten segelte sie nach Island und eroberte einen Bezirk dieser Insel für sich. Obwohl der Bericht nicht sagt, daß sie selbst kämpfte, ist das in Anbetracht der kleinen Gruppe, mit der sie unterwegs war, durchaus möglich.[133]

Auch in feudalen Gesellschaften war die politische Macht erblich. Daher war das Mittelalter eine große Zeit für jene hochadligen Frauen, die, wenn sie die Gelegenheit bekamen, durchaus einmal versuchten, sich aus der Vormundschaft ihrer männlichen Verwandten zu befreien und als unabhängige Herrscherinnen zu handeln.[134] Die Liste der Damen, die genau dies taten, ist fast endlos. Hier können wir nur ein paar Namen aufführen, um dies deutlich zu machen. In den Jahren kurz nach 910 unterstützte Aethelflaed, die Tochter Alfreds des Großen und Witwe Aethelreds von Mercia, ihren Bruder Edward erfolgreich bei einem Feldzug gegen die Dänen, bevor sie den anschließenden Machtkampf gegen ihn verlor. In den Jahren nach 1020 führte Guidinild von Katalonien einen Feldzug, um ihren Familienbesitz Cervera wieder in ihre Gewalt zu bringen.[135] In den siebziger Jahren des 11. Jahrhunderts stellte Mabille von Belleme, die Ehefrau Rogers II. von Mont Gomeri, ihre eigene Armee auf und führte sie bei Belagerungen und in kleineren Scharmützeln. Gerade diese Dame machte sich durch ihre Grausamkeit und Habgier weithin verhaßt und wurde schließlich von einem ihrer eigenen Vasallen ermordet.

Viele mittelalterliche Herrscher waren monate-, manchmal

sogar jahrelang nicht in ihren Ländern. Daher fiel es oft ihren weiblichen Verwandten zu, an ihre Stelle zu treten und ihre Burgen zu schützen. So begannen zum Beispiel die Heldentaten der Mathilde von Tuszien, weithin bekannt als die »Magd des Papstes«, im Jahr 1061, als sie Alexander II. bei Kämpfen gegen Schismatiker in der Lombardei zur Seite stand; ein Jahr vor ihrem Tod 1115 drohte die Siebzigjährige noch damit, eine Armee gegen Mantua zu führen. 1129 hielt Sophia, die Schwester Heinrichs des Stolzen von Bayern, eine seiner Burgen gegen einen Angriff kaiserlicher Truppen. Im selben Jahr gelang Agnes von Saarbrücken ähnliches im Auftrag ihres Ehemanns, Herzog Friedrich II. von Schwaben. 1136 begann Königin Mathilde von England ihre eigene militärische Karriere, indem sie den Kampf eröffnete und später die Kapitulation von Derby annahm, während achtzig Jahre später eine gewisse Nichola de la Hay Lincoln im Namen König Heinrichs III. von England verteidigte.

Die Tradition der Kriegerköniginnen oder -fürstinnen, die ihre männlichen Verwandten vertraten, setzte sich im Spätmittelalter und in der Renaissance fort. An einem bekannten Zwischenfall war Katharina Sforza beteiligt. Als illegitime Enkelin des Herzogs Francesco Sforza von Mailand versuchte sie 1500 erfolglos, die Festung Forli gegen Cesare Borgia zu verteidigen, und wurde schließlich von ihm vergewaltigt.[136] Noch Mitte des 17. Jahrhunderts rühmten sich beide Seiten im englischen Bürgerkrieg heldenhafter Frauen, die die Ländereien ihrer abwesenden Ehemänner verteidigten.[137] Damals hatte sich England allerdings nach fünf Jahrhunderten ohne feindlichen Angriff auf die Insel und beinahe anderthalb Jahrhunderten inneren Friedens in ein im Grunde unbefestigtes Land verwandelt. Daher ging es bei den meisten dieser Belagerungen um Herrenhäuser. Die Angriffe waren sehr klein angelegt – es fielen nur ein paar Schüsse –, und nach ein paar Tagen, wenn nicht nur Stunden, war alles vorüber.

Obwohl Machiavelli erklärte, daß wahre Männer keine Festungen brauchen, um sich zu schützen,[138] kann kein Zweifel daran bestehen, daß die Verteidigung einer belagerten Burg, ganz zu schweigen vom Kommando über eine Armee im Felde,

Fähigkeiten, Führungseigenschaften und Mut erforderte. Sicherlich verdienen diese Tätigkeiten, als eine »aktive« Teilnahme am Krieg betrachtet zu werden;[139] andererseits ist nicht klar, wie viele jener Frauen, die Belagerungen trotzten oder Armeen führten, auch mit der Waffe in der Hand kämpften – wie es unter diesen Umständen von ihren männlichen Verwandten erwartet worden wäre. Von Alexanders älterer Schwester Kynane wird erzählt, sie habe ihren Vater Philipp II. in die Schlacht begleitet und bei einer Gelegenheit eine »illyrische Königin« getötet.[140] Die anderen hellenistischen Königinnen überließen dieses Geschäft Berufsgenerälen. In der entscheidenden Schlacht präsentierte sich Boudicca ihren Truppen in voller Rüstung auf einem Streitwagen, genau wie es ein männlicher Feldherr getan hätte. Sie mag ihnen vielleicht Anweisungen gegeben haben, aber es ist nicht überliefert, daß sie einen Angriff leitete oder selbst kämpfte. Sie endete wahrscheinlich durch Selbstmord.[141]

Dann waren da die Heldentaten der »Dame mit den goldenen Sporen«, Eleonore von Aquitanien. 1146 half sie ihrem Gatten Ludwig VII. von Frankreich, die Begeisterung für den (katastrophalen) Zweiten Kreuzzug zu schüren. Dann setzte sie sich über die Gepflogenheiten der Zeit hinweg, nahm selbst das Kreuz und begleitete ihn in den Nahen Osten. Niketas, ein byzantinischer Historiker des 13. Jahrhunderts, stellt sie als eine neue Penthesileia dar: Sie und ihr weibliches Gefolge sollen sich wie Amazonen gekleidet haben, auf Pferden geritten sein und Speere und Streitäxte geschwungen haben. Wie Niketas, der für seinen blumigen, rhetorischen Stil bekannt ist, an seine Informationen kam, ist unmöglich zu sagen. Als er sein Werk verfaßte, war Eleonore, die ganz abgesehen von ihren verschiedenen außerehelichen Affären mit zwei Königen verheiratet gewesen war und zwei weitere zur Welt gebracht hatte, schon zur Legende geworden. Niketas' Ziel könnte es gewesen sein, die Stärke der Franken zu übertreiben, indem er sagte, daß »sogar Frauen in ihren Reihen mitzogen«. Unabhängig vom Wahrheitsgehalt der Geschichte und selbst wenn die Beschreibung ihrer Kleidung richtig ist, gibt es keinen Beleg dafür, daß Eleonore das Kommando führte oder gar selbst kämpfte.[142]

Auch der französische Autor Jean Froissart (1333–1400) beschrieb gern außerordentliche Waffentaten. Die meisten Informationen hatte er wahrscheinlich von englischen und französischen Adeligen, zu denen er guten Kontakt pflegte, selbst als sie im Hundertjährigen Krieg gegeneinander kämpften; gelegentlich muß er auch Augenzeuge gewesen sein. Die *Chroniken* erzählen, wie während des Bretonischen Erbfolgekrieges Jeanne de Montfort »in voller Rüstung« ein »edles Pferd bestieg«, »ein scharf geschliffenes Schwert aufrecht hielt und gut mit großem Mut kämpfte«.[143] Als Karl VI. von Frankreich 1382 in Flandern einrückte, wurde die flämische Standarte von einer Frau getragen, die in der Niederlage ihres Volkes getötet wurde. Im Krieg zwischen Friesland und dem Hennegau tauchte eine in Blau gekleidete Friesin auf. Sie kämpfte »wie eine Verrückte« und starb von Pfeilen durchbohrt, nachdem sie »den Feinden auf ihre Art getrotzt hatte«.[144] Wie das aussah, wissen wir nicht; ausgehend von verschiedenen ähnlichen Begebenheiten, etwa einem Bericht des als Augenzeuge anwesenden Machiavelli über die oben erwähnte Katharina Sforza,[145] können wir aber vermuten, daß sie ihre Genitalien zeigte. Ganz abgesehen davon handelte sie offensichtlich nicht als Befehlshaberin.

Die berühmteste Feldherrin und Herrscherin des Westens war Königin Elizabeth von England (1533–1603). Die Tochter König Heinrichs VIII., eines dezidierten Macho, war so gut ausgebildet wie jeder Renaissance-Herrscher und hatte wie ihr Vater eine Vorliebe für die Jagd. Als sie 1558 an die Macht kam, verabscheute sie den Krieg, teilweise, weil die damit einhergehenden Ausgaben sie vom Parlament abhängig machen konnten, und teilweise, weil, wie eine moderne Historikerin bemerkt hat, im Krieg vielleicht die Kontrolle »von der Frau auf dem Thron an den Mann an der Front« übergehen konnte.[146] Um die Bedenken ihrer Untertanen wegen ihrer anomalen Position als Herrscherin und Oberkommandierende zu beschwichtigen (und auch in Hinblick auf ihre ewige Weigerung, zu heiraten und einen Erben zu gebären), präsentierte sie sich als Mann und Frau, Königin und König, Mutter und erstgeborener Sohn; kurz gesagt, als androgynes Geschöpf, das sowohl die männliche wie auch die weibliche Rolle ausfüllen konnte, um den Preis, keines von beiden zu sein. Als Prinzessin geboren, war sie nach ihrer Krönung eigentlich »Königin«; allerdings bevorzugte sie, je länger ihre Herrschaft dauerte und besonders in kritischen Momenten, immer häufiger den Titel »Fürst«. Mit der Zeit wurde »Fürstin« ein Begriff, den sie für andere Monarchinnen reservierte – mit dem kuriosen Ergebnis, daß »Fürst« Elizabeth über das Schicksal von »Fürstin« Maria Stuart entschied. In Reden und bei öffentlichen Auftritten sprach man sie auch als Belphoebe, Astraea oder Gloriane an. Ebensooft wurde sie in männlicher Gestalt als der Hl. Georg, als David, Moses, Salomon oder Alexander porträtiert.[147]

In den ersten dreißig Jahren ihrer Regierung intrigierte Elizabeth gegen König Philipp II. von Spanien, schickte Miltärexpeditionen zu Wasser und zu Lande gegen ihn aus und sicherte sich einen Anteil an der Beute, die es dort zu holen gab. Schließlich sandte Philipp, der unerträglich provoziert worden war (vorher hatte er versucht, sie zu heiraten, so daß sie den Platz ihrer Schwester Mary hätte einnehmen können), die Große Armada gegen sie aus. Es gibt eine berühmte Beschreibung ihres Besuchs in Tilbury im August jenes Jahres, bei dem sie ihre Truppen musterte: Sie erschien ohne ihr übliches Damengefolge und war »gekleidet wie eine Amazonenkönigin, mit geschnürten Stiefeln und Helmbusch, trug einen goldenen Marschallstab, Panzerhandschuhe und -kragen; Waffen ausreichend, um ihren hohen und großmütigen Geist deutlich zu machen«. Sie hielt eine flammende Rede vor den Truppen und versicherte ihnen, daß sie, obwohl sie sich bewußt sei, daß sie den »schwachen Körper einer Frau« habe, den »Geist eines Königs« besitze.[148] Zufällig und ohne daß es die Engländer schon wußten, war zu der Zeit, als sie diese Anfeuerungsrede hielt, die größte Gefahr, die von der Armada ausgegangen war, schon gebannt.

Auch andere Kriegerköniginnen, wie etwa Tamara von Georgien aus dem 12. Jahrhundert oder Isabella von Kastilien, nannten sich »Könige«.[149] Offenbar war es für Frauen schwierig, als Soldatinnen und Feldherrinnen akzeptiert zu werden – damals wie heute konnten sie diese Tätigkeit normalerweise nur ausüben, wenn sie ihr Geschlecht verleugneten. Doch dieses Problem sollte zumindest im Westen bald gelöst werden.

Mittelalterliche und frühneuzeitliche Herrscher führten bis in die erste Hälfte des 16. Jahrhundert hinein ein Wanderleben, begleiteten ihre Armeen auf dem Feldzug, befehligten sie und kämpften, wie erwähnt, auch oft selbst in vorderster Front. Die Konsolidierung der Staaten und das Aufkommen unpersönlicher Bürokratien änderten dies. Das Regieren wurde zu wichtig und zu kompliziert, um einfach sich selbst überlassen zu bleiben, während der Herrscher im Felde stand. Andersherum wurde der Krieg zu kompliziert (und zu gefährlich), um königliche Persönlichkeiten damit zu beauftragen, die vielleicht nicht die nötigen Qualifikationen besaßen. Für einen Monarchen, der gefangengenommen wurde – wie es tatsächlich dem französischen König Franz I. 1525 in Pavia passierte –, mußte man ein wahrhaft königliches Lösegeld aufbringen; es war zudem nicht ausgeschlossen, daß ein König auf dem Schlachtfeld starb wie Gustav Adolf von Schweden noch im Jahr 1631. Also zog sich – angefangen mit Elizabeths Feind Philipp II. – ein Herrscher nach dem anderen aus der direkten Kriegführung zurück, auch wenn sie ihre Titel als Oberkommandierende behielten.[150]

Im 18. Jahrhundert führten nur noch wenige Könige, etwa der Schwede Karl XII. und der Preuße Friedrich II., persönlich das Kommando. Die meisten betrachteten sich als Zivilisten und zogen es vor, in ihren Palästen zu bleiben. Von dort aus arbeiteten sie mit dem Kriegsminister und dem Befehlshaber des Heeres zusammen; wenn sie ausrückten, wie der preußische König im Jahr 1793, dann spielten sie normalerweise nur eine symbolische Rolle und bereiteten ihren Untergebenen Scherereien. Kurz gesagt, de facto war eine Trennung der Aufgabenbereiche des Herrschers und des Feldherrn eingetreten. Wie von ihren männlichen Gegenstücken erwartete man auch von den Frauen auf dem Thron – darunter Anna von Österreich (die 1643–1661 für den französischen König regierte), Christina von Schweden (1644–1654), die englische Königin Anne (1702–1714), die Zarinnen Katharina I. (1725–1727), Anna (1739–1740), Elisabeth (1741–1761) und Katharina II. (1762–1796) sowie die österreichische Herrscherin Maria Theresia (1740–1780) – keine militärischen Heldentaten mehr. Sie überwachten Operationen unter einem heute so genannten gesamtstrategischen Niveau nicht mehr, ganz zu schweigen davon, daß sie ihre Truppen in den Kampf führten.

Aufgrund der Thronfolgeregelungen blieben die weiblichen Herrscher eine kleine Minderheit. Von Maria Theresia sagte Friedrich II., daß sie »weinte, aber zugriff« (d. h., daß sie wie er an dem gemeinen Akt der polnischen Teilung beteiligt war). Die Zarinnen Elisabeth und Katharina die Große begannen mehrere Kriege gegen die Türkei und Persien, und die letztere dehnte die russische Herrschaft erstmals bis an die Küsten des Schwarzen Meeres aus. Anders als einige feministische Autorinnen behaupten, die glauben, daß eine von Frauen regierte Welt eine friedliche wäre,[151] erwiesen sich diese Königinnen als ebenso aggressiv und ebenso fähig, den Krieg auf einem höheren Niveau zu überwachen, wie ihre männlichen Kollegen. Dennoch muß man sich fragen, was geschehen wäre, wenn der preußische »Soldatenkönig« Friedrich Wilhelm I. (1713–1740) keinen männlichen Erben gehabt hätte und Friedrich der Große als Frau geboren worden wäre. In diesem Fall hätte die Thronerbin, egal wie genial sie gewesen wäre, nie militärische Erfahrungen gesammelt und ihre Truppen nie im Felde angeführt. Die Geschichte Preußens, Deutschlands und ganz Europas wäre vielleicht anders verlaufen.

Noch im 19. Jahrhundert führten einige Herrscher persönlich das Kommando. Der berühmteste war Napoleon; da er seine Laufbahn als Offizier in der französischen Armee begonnen und sich die Befehlskette hinaufgearbeitet hatte, hätte eine Frau seinen Platz nicht einnehmen können. Napoleons Neffe Napoleon III. befehligte sein Heer ebenfalls selbst – »Louis, tu deine Pflicht« war der Abschiedsgruß seiner Kaiserin Eugenie, als sie ihn auf das Schlachtfeld entließ. Bei Solferino errang er 1859 einen großen Sieg. Bei Sedan 1870 war er wegen einer Nierenerkrankung nicht einsatzfähig und erlitt eine noch größere Niederlage. Obwohl er (wie sein preußischer Gegenspieler König Wilhelm) physisch bei dieser Schlacht anwesend war, delegierte er (ebenfalls wie sein preußischer Gegner) das Kommando an einen professionellen Militär. Abgesehen von Herrschern, die den Ruf des Namens Bonaparte zu verteidigen hatten, war das persönliche Kommando zu dieser Zeit schon lange ein Anachronismus.

In den meisten modernen Staaten erhielten die Frauen nach dem Ersten Weltkrieg das Wahlrecht. Danach war es nur noch eine Frage der Zeit, bis die ersten in ein entsprechendes Amt gewählt wurden und für Kriegs- und Verteidigungsangelegenheiten verantwortlich waren.[152] Dennoch bilden selbst in den Vereinigten Staaten die Frauen im Verteidigungsministerium nur eine winzige Minderheit.[153] Im Vergleich zu früheren Zeiten hat sich nicht viel geändert – die obersten Entscheidungsträger sind noch immer fast ausschließlich von männlichen Beratern umgeben. Der Spanische Erbfolgekrieg zum Beispiel war bis dahin der größte in der Geschichte und der erste in einer Reihe von »globalen« Konflikten, die 1914–1945 ihren Höhepunkt erreichte. Auf englischer Seite war Königin Anne für die Kriegsanstrengungen verantwortlich; man sagt, daß ihre »intellektuellen Grenzen« sie zwangen, sich vor allem auf ihren Kriegsminister Sidney Godolphin zu verlassen.[154] Maria Theresia stützte sich im Österreichischen Erbfolgekrieg (1740–1748) und im Siebenjährigen Krieg (1756–1763) auf ihre Oberbefehlshaber, vor allem auf Feldmarschall Daun. Katharina die Große hatte Suworow.

Wie Maria Theresia im 18. Jahrhundert mußten auch Golda Meir in Israel, Indira Gandhi in Indien und Margaret Thatcher in Großbritannien ihr Land in Kriegszeiten regieren. Damit waren sie verantwortlich für überaus wichtige militärisch-politische Entscheidungen, die unter enormem Streß zu treffen waren. Andererseits hatte keine von ihnen ein nennenswertes militärisches Wissen oder entsprechende Erfahrung vorzuweisen. Dies trifft auch auf Golda Meir als Ministerpräsidentin des einzigen Landes in der Geschichte zu, in dem Frauen als Soldatinnen einberufen werden. Sie war zu früh geboren, um in der PALMACH, der Kampftruppe der jüdischen Gemeinschaft vor der Unabhängigkeit, gedient zu haben; ihr Weg an die Spitze führte über den Apparat der Arbeitspartei. Am Morgen des 6. Oktober 1973 mußte sie entscheiden, ob sie zwei oder vier Reservedivisionen mobilisieren wollte; woraufhin sich, wie sie später zugab, herausstellte, daß sie nicht genau wußte, was eine

Division war.[155] Während des ganzen Krieges war sie nur von männlichen Beratern umgeben, dem Verteidigungsminister, dem Stabschef, dem Chef des Geheimdienstes usw. Soweit es die Militäroperationen betraf, war es eine reine Formalität, wenn man sie überhaupt um Rat fragte – selbst wenn es um entscheidende Dinge wie den Schritt über den Suez-Kanal ging.[156] Das gleiche gilt auch für Indira Gandhi und Margaret Thatcher. Alle drei regierten mit fester Hand, überließen aber klugerweise die Durchführung militärischer Operationen den (männlichen) Profis. Diese und andere weibliche Regierende beweisen – wenn ein Beweis überhaupt nötig ist –, daß die Fähigkeit, die Regierung auszuüben, nicht vom Geschlecht abhängig ist. Allerdings geht es in unserem Buch nur insoweit um die Regierung, als die Regierenden auch Feldherren waren.

Zusammenfassend läßt sich sagen, daß viele – vielleicht sogar die meisten – Gesellschaften, deren politische Struktur eine solche Möglichkeit nicht von vornherein ausschloß, gelegentlich von Frauen regiert wurden. Einige von ihnen führten auch im Krieg das Kommando, entweder unabhängig oder, vielleicht häufiger, als Stellvertreterinnen ihrer männlichen Verwandten. Einige dieser Frauen waren Sagengestalten, andere gab es wirklich. Anders als Männer konnten sie sich normalerweise nicht durch eine militärische Ausbildung und Erfahrungen für das Kommando qualifizieren. Üblicherweise beschränkten sie sich auf den Kriegsrat einerseits und den Paradeplatz andererseits; vielleicht erklärt ihre Abwesenheit vom »schweißigen Schlachtfeld«[157], warum sich keine von ihnen zu einer wirklich großen Feldherrin entwickelte. Um eine bekannte Historikerin des Hellenismus zu zitieren: »Keine Frau kam der glänzenden Verwegenheit eines Philipp oder Alexander gleich, diesem Geist, ... der die Länder wie ein Waldbrand oder ein Hagelschauer [überrannte] und jeden Teil seines Körpers, sein Auge, seine Hand, sein Bein, dem Ehrgeiz und dem Ruhm opferte«.[158]

Im Westen wurden nach 1600 stehende Heere aufgebaut. Als die gesellschaftliche Position nicht mehr vom militärischen Rang abhing, konnten Frauen nicht länger für ihre männlichen Verwandten einspringen, und die Feldherrinnen verschwanden allmählich. Einige Frauen regierten weiterhin, auch zu Kriegszeiten. Im großen und ganzen machten sie das wahrscheinlich so gut wie die Männer; allerdings bewahrte sie die immer stärkere Trennung zwischen Regierung und militärischem Oberbefehl davor, in die Schlacht ziehen zu müssen. Schließlich konnten im 20. Jahrhundert mit dem Aufkommen der Demokratie und dem Wahlrecht für Frauen einige wenige Frauen als Ministerpräsidentinnen oder Premierministerinnen im Frieden wie im Krieg regieren. Wie zu erwarten, machten einige ihre Sache sehr gut, andere weniger, als sie aufgerufen waren, die Geschicke ihres Landes zu lenken.

Unabhängig von den unterschiedlichen Fähigkeiten von Königinnen und Premierministerinnen, deren Schicksal es war, in Kriegszeiten zu regieren, ist es vielleicht bemerkenswert, daß keine eine erklärte Feministin war oder aufgrund eines feministischen Programms die Macht errungen hatte. So erklärte die erste historische Kriegerkönigin, Artemisia von Karien, ihren Vorgesetzten in der persischen Armee, daß zur See die Griechen den Persern überlegen seien »wie Männern den Weibern«.[159] Königin Elizabeth machte sich gern über ihre Geschlechtsgenossinnen lustig und behauptete, daß es viel leichter sei, einer Frauen sechs Sprachen beizubringen (wie sie selbst sie sprach), als sie dazu zu bringen, ihre Zunge im Zaum zu halten.[160] Christina von Schweden war in ganz Europa wegen ihrer »männlichen« lesbischen Neigungen und ebensolchen Vorlieben bekannt. Sie dankte schließlich mit der Begründung ab, daß die Regierung eine zu schwere Bürde für eine Frau sei (der wahre Grund mag ihre Weigerung gewesen sein, zu heiraten und einen Thronfolger zur Welt zu bringen).[162] Eine dritte, Katharina die Große, bedauerte immer, daß sie nicht als Mann geboren war. Wenn man ihren Memoiren Glauben schenken kann, lehnte sie schon in der Jugend alles Mädchenhafte ab, später entwickelte sie ihren eigenen Worten nach »einen ausgeprägt männlichen Geist«.[162]

In unserem eigenen 20. Jahrhundert regierte Golda Meir ein Land, dessen Frauen nichts lieber wollten, als sich an den heimischen Herd zurückzuziehen.[163] In einem Interview mit der italienischen Journalistin Oriana Fallaci nannte sie Feministinnen einmal »verrückt« und »übergeschnappt«;[164] ihre eigene politische Karriere endete, bevor der Feminismus zu einer echten Kraft geworden war. Indira Gandhi sagte explizit, daß sie als Premierministerin sich nicht als eine Frau betrachtete,[165] während es Margaret Thatcher ein echtes Bedürfnis war, zu erklären, daß sie den Feministinnen nichts verdankt.[166] Wie eine feministische Kritikerin damals hervorhob, verschwendete sie während der Falkland-Krise keinen Gedanken an die Frauen und betonte statt dessen den Wert der »Männlichkeit«.[167] Wie die Kriegerköniginnen der *Klugen und mutigen Frauen* sind alle fünf am besten als Männer ehrenhalber zu verstehen. Da sich ihr Status von der Tatsache ableitete, daß sie mit Männern in Konkurrenz getreten waren und sie in ihrem eigenen Spiel geschlagen hatten, identifizierten sie sich mit ihnen. Keine hegte besondere Sympathien für ihre Geschlechtsgenossinnen. Wenn überhaupt, dann brachte sie ihre überragende Tüchtigkeit dazu, andere Frauen noch stärker zu verachten, als Männer es taten.

## 5. Kriegsspiele

Wie Clausewitz im ersten Buch von *Vom Kriege* darlegte,[168] gibt es große Gemeinsamkeiten zwischen dem Krieg und einem Spiel; tatsächlich kann man die Meinung vertreten, daß vom Fußball bis hin zum Schach viele, vielleicht die meisten Spiele entweder ein Ersatz für den Krieg oder ein Nachvollzug desselben sind. Schon die vestalischen Jungfrauen Roms hatten reservierte Sitze im Zirkus. Einige Gladiatoren genossen ähnliche weibliche Aufmerksamkeit wie die Popstars von heute; wenigstens einer war bekannt als »Herr und Heiland der Mädchen in der Nacht«.[169] Und auch die Damen des Mittelalters drängten sich bei Turnieren auf den Tribünen. Sie legten als Schiedsrichterinnen fest, was zulässig war und was nicht, sie belohnten am Ende des Tages die Ritter mit den Siegestrophäen. In späteren Jahrhunderten waren Frauen der häufigste Grund für Duelle wie auch die größten Bewunderer der sich Duellierenden; im wilhelminischen Deutschland trugen junge Männer der höheren Schichten manchmal einen Schmiß, nur um auf Frauen attraktiver zu wirken.[170] Auch die Cheerleader, die heute ein wichtiger Teil aller amerikanischen Mannschaftssportarten sind, beweisen, daß der Wettbewerb unter Männern ohne die aktive und bereitwillige Unterstützung durch die Frauen in allen Zeiten beinahe unvorstellbar ist. Anders ausgedrückt, sind Kriegsspiele wenigstens ebenso stark von Frauen abhängig wie ihr reales Äquivalent, der Krieg selbst.

Die weitaus überwiegende Mehrheit all jener, die an Kampfsportarten teilgenommen haben, ist zwar immer männlich gewesen, aber auch einige Frauen haben sich daran beteiligt. Attische Vasen zeigen Hunderte männliche Athleten, aber keine Athletinnen.[171] Die einzige Ausnahme ist die Sportskanone Atalante. Sie ist vor allem wegen ihrer Leistungen als Läuferin berühmt, wird aber auch manchmal im Ringkampf mit dem Helden Peleus dargestellt; anders als einige moderne Autoren meinen, war sie allerdings eher eine mythische Figur als eine real existierende Person. Auf einer Abbildung stützt sie sich auf eine Hacke, ein Werkzeug, das Ringer benutzen, um die Erde des Kampfbodens aufzubrechen. Sie trägt eine Kappe, BH und Shorts, ein Aufzug, der wahrscheinlich der Wirklichkeit entlehnt ist.[172] Für das alte Griechenland ist dies unser einziger Beleg für eine Teilnahme von Frauen an Kampfsportarten.

In Rom dagegen war die Situation ganz anders.[173] Schon gegen Ende der Republik betraten die ersten Frauen die Gladiatorenarena. Die Kaiserzeit sah viele kämpfende Frauen, bis Kaiser Septimius Severus Anfang des 3. Jahrhunderts nach Christus ihre Teilnahme verbot. Da es keine Berichte darüber gibt, daß Sklavinnen – wie ihren männlichen Leidensgenossen – der Kampf in der Arena befohlen wurde, hat man angenommen, daß viele dieser Frauen die Töchter von Gladiatoren waren;[174] allerdings gab es trotz verschiedener Gesetze mit dem Ziel, sie auszuschließen, auch immer wieder einzelne Frauen aus den höheren Gesellschaftsschichten unter ihnen. So bemerkt Tacitus tadelnd, daß unter Nero »eine größere Anzahl von erlauchten Frauen und von Senatoren ... sich durch ihr Auftreten in der Arena Schande« machte.[175] Ebenfalls mit Bezug auf die Zeit Neros enthält das *Satyricon* Petrons eine seichte Unterhaltung über einen baldigen Auftritt einer *mulier essedaria.* Nun ist *essedarius* die gängige Bezeichnung für einen Gladiator, der von einem Streitwagen herab kämpfte. Da nur eine *essedaria* erwähnt wird, sollte sie vielleicht gegen einen Mann kämpfen; eine andere Möglichkeit ist, daß sie nicht kämpfte, sondern als Lenkerin des normalerweise mit zwei Personen besetzten Gefährts fungierte.

In einem der Werke, die er zu Ehren des Kaisers Domitian schrieb, pries der Hofdichter Publius Papinius Statius (ca. 45–96) die Gladiatorenspiele von 88 nach Christus. Das Programm war ungewöhnlich, weil auch Schwarze, Frauen und Pygmäen auftraten; vielleicht sollten die letzteren gegen die Frauen antreten. Wie eine »Gladiatorin« ausgesehen haben könnte, erklärt der etwa zeitgenössische Dichter Juvenal:[176]

Mäntel von tyrischem Flausch und Salben für Frauenmassage –
wer kennt das nicht? Und wer sah nie an dem Pfahle die Kerben,
den sie mit häuf'gem Rapierstoße höhlt und reizt mit dem Schilde,
und wie das Weib alle Übungen macht: Weiß Gott, sie ist würdig,
reif fürs Fanfarenballett der Floralien[177] – es sei denn, es treibt sie
höherer Ehrgeiz vielleicht und sie übt für die echte Arena.
Wie kann züchtig ein Weib, mit dem Helme bedecket, sich zeigen,
welches entsagt dem Geschlecht? Liebt Kraft sie? Doch selber ein Mann sein
möchte sie nicht: Denn wie klein ist der Liebesgenuß für uns Männer!
Was für ein Schauspiel, wenn bei der Gemahlin begönne Versteigrung,
Degengehenk und den Handschuh und Haarbusch und halbe Bedeckung,
links für das Schienbein bestimmt; und wenn sie verschiedene Kämpfe
treibt, o Glücklicher du: Beinschienen verkauft die Geliebte!
Das sind die gleichen, die schwitzen in dünnen Gewändern und deren
heimliche Schönheiten selbst ein seidenes Bindchen schon wundreibt!
Schau nur, mit welchem Gekeuch sie vollführt die zu übenden Stöße,
welches Gewicht ihres Helmes sie krumm beugt, wie an der Kniekehl
fest ihr sitzet die Binde, aus welchem dichtem Baste verfertigt,
dann aber lach, wenn die Waffen sie ablegt und greifet zum – Töpfchen!

Einige Frauen jagten auch in der Arena. 80 nach Christus weihte der Kaiser Titus das Kolosseum mit gewaltigen Spielen ein. Nach Cassius Dio, dem selbsternannten Berichterstatter der »bemerkenswerten« Taten des Kaisers, wurden neuntausend Tiere getötet, »und Frauen – freilich nicht aus besseren Kreisen – beteiligten sich an deren Hinschlachtung«.[178]

Außerhalb des Zirkus galt die Jagd oft als eine Vorbereitung auf den Krieg.[179] Abgesehen von einigen wenigen mythischen Figuren haben wir keine Zeugnisse von antiken Frauen, die daran teilgenommen hätten. Im Mittelalter und der Renaissance gab es dagegen sicherlich Jägerinnen, die zudem im Herrensitz und nicht im damals üblichen Damensitz ritten. Zu den guten Jägerinnen gehörten Königin Tamara von Georgien (1184–1212) und Isabella Clara Eugenia, die Anfang des 17. Jahrhunderts zusammen mit ihrem Ehemann Erzherzog Albert über die spanischen Niederlande herrschte und als hervorragende Bogenschützin bekannt war. Und dann war da noch die englische Königin Anne, von der Jonathan Swift sagte, daß sie »wild wie Jebu, mächtig wie Nimrod« gewesen sei. Bei Staatsbesuchen umgab sie sich gern mit einer Garde von amazonenhaft gekleideten Bogenschützinnen.

Wie oben erwähnt, schauten im Mittelalter und noch zu Beginn des 17. Jahrhunderts Frauen oft bei Ritterturnieren zu und überreichten die Preise. Anfangs wurden diese Wettbewerbe auf offenem Feld abgehalten und unterschieden sich kaum von einem echten Krieg,[180] mit der Zeit jedoch wurden sie immer formeller. Gruppen von Kriegern wurden durch einzelne Kämpfer ersetzt, die durch eine Mauer voneinander getrennt wurden – dennoch waren diese Spiele, wie der Unfalltod des französischen Königs Heinrichs II. 1559 bei einem Turnier zeigt, nie wirklich sicher. Ab etwa 1350 kam immer mehr Drumherum hinzu. Ganze Drehbücher wurden geschrieben und Bühnenbilder aufgebaut für Geschichten von weinenden Jungfrauen in höchster Gefahr. Sie oder Puppen mit ihrem Gesicht mußten von tapferen Rittern aus der Gewalt böser Drachen befreit werden; und die »Erretteten« waren schließlich auch die Belohnung der Ritter. Bei anderen Gelegenheiten mußte der Verlierer ein goldenes Armband tragen, das nur die geheimnisvolle Dame mit dem Schlüssel öffnen konnte.[181] Bei wenigstens einem Turnier, das 1286 in Akkon abgehalten wurde, verkleideten sich die teilnehmenden Ritter als Damen und Nonnen.[182] Ähnlich trat bei einem von Königin Elizabeth von England veranstalteten Turnier eine Gruppe männlicher Ritter als »Amazonen« verkleidet in die Schranken.[183]

Im wahren Leben nahmen Frauen selten an Turnieren teil, aber es war doch auch nicht ganz unbekannt. Hier und da durften Frauen offenbar Pappmaché-Türme »verteidigen«, so etwa im Jahre 1214 in Treviso, wo ein Trupp Damen ein Liebesschloß gegen zwei rivalisierende Gruppen von Herren verteidigte, die sich und die Damen mit Kuchen, Früchten und Blumen bewarfen. Die Gefahren dieses Spiels traten zutage, als aus dem Spaß Ernst wurde und die Behörden die Streithähne trennen mußten. Bei wenigstens einer Gelegenheit in Ferrara im Jahre 1438 gehörte zum Programm des Turniers auch ein Rennen mit weiblichen Teilnehmern. Wie der Hinweis auf Kuchen und Früchte zeigt, sollten solche Einlagen etwas erholsame Komik zwischen den sonst durchaus ernsten Waffengängen bieten. Es gibt keine Berichte über Frauen, die gegeneinander oder gegen einen Mann mit den Waffen gekämpft hätten, die üblicherweise bei Turnieren eingesetzt wurden – und die sich wiederum immer stärker von den im Krieg benutzten unterschieden.

Abhängig von Zeit und Ort nahmen Frauen auch an anderen Kampfsportarten teil, zum Beispiel an Sumo-Ringkämpfen, einem beliebten Schauspiel im Japan der Tokugawa-Zeit. Dabei traten Frauen manchmal gegeneinander oder gegen blinde Männer an.[184] Im England des 18. Jahrhunderts gab es Faustkämpferinnen: So berichtet *The London Journal* im Juni 1722 von einem »öffentlichen Boxkampf im Bärengarten, … bei dem zwei Angehörige des weiblichen Geschlechts zum ersten Mal im Kriegstheater in Hockley in the Hole auftraten und den Kampf mit großer Kraft über lange Zeit hinweg führten, zur nicht geringen Befriedigung der Zuschauer«.[185] Andere Frauen, meist aus der Unterschicht, verdienten sich mit dem Schwertschwenken und Zweikämpfen gegeneinander ihren Lebensunterhalt. Gegen Ende des Jahrhundert begann man mit dem Aufkommen der sogenannten Ehrbarkeit in der Mittelschicht, solche Schauspiele für unanständig zu halten. Eine der ersten, die sie verurteilte, war Mary Wollstonecraft.[186]

Es ist schwer, aus solchen und anderen Demonstrationen weiblicher Kampflust etwas abzuleiten. In einigen Fällen beteiligten sich die Frauen an bekannten Sportarten, die um ihrer selbst willen wie auch als Vorbereitung auf den Krieg beliebt waren. Dennoch wurden die Frauen selbst hier oft auf weniger anstrengende Tätigkeiten wie das Bogenschießen oder die Jagd mit dem Falken verwiesen; nicht selten war ihre Teilnahme an sich schon der beste Beweis dafür, daß die betreffende Aktivität nicht länger als gefährlich galt. Die meisten Wettbewerbe, an denen Frauen teilnahmen, gewannen ihre Anziehungskraft weniger aus den Kriegskünsten der Damen als aus anderen Faktoren. Dies ist besonders auffällig bei Kämpfen in Nachtclubs, bei denen nackte oder halbnackte Frauen in einem Schlammbad vor einem Publikum ringen, das großteils aus lüsternen Männern besteht; einige Begleitagenturen haben gegen entsprechendes Honorar auch Ringerinnen im Angebot. Wenn Frauen direkt Männern gegenübergestellt wurden, so waren letztere meist behindert. Im frühen Mittelalter wurde ein Mann, der in einem Gottesurteil gegen eine Frau kämpfen mußte, bis zur Hüfte in die Erde eingegraben. Bei einem Boxkampf in den USA im Oktober 1999 wurde ein junger Boxer von einer Frau geschlagen, die drei Jahre älter und viel größer als er war.[187] Ich konnte keinen Fall finden, in dem Frauen Männern unter gleichen Bedingungen gegenüberstanden. Wegen der körperlichen Ungleichheit der beiden Geschlechter wäre ein solcher Kampf auch sinnlos.

In den letzten Jahren berichten die Medien oft von der wachsenden Teilnahme von Frauen an diesem oder jenem Kampfsport. So ist die Jagd in Finnland großteils zu einem Frauensport geworden, und es gibt dort heute 10 000 registrierte Jägerinnen.[188] In den Vereinigten Staaten haben Frauen mit dem Rodeo-Reiten begonnen. Es ist eine wenig bekannte Tatsache, daß die spektakulären Sprünge der Stiere und Mustangs nicht so sehr mit der Weigerung der Tiere zusammenhängen, geritten zu werden, sondern vor allem damit, daß ihnen die Hoden straff zusammengebunden werden; es sieht fast so aus, als sei die weibliche Beteiligung an diesem grausamen Sport darauf angelegt, das Sprichwort von den kastrierenden Frauen in die Wirklichkeit umzusetzen. In England kämpften 1997 zwei sechzehnjährige Mädchen, mit Helmen, Mundstücken und Brustschutz ausgestattet, vor einem zahlenden Publikum gegeneinander.[189] Ein Jahr später wurde eine ähnliche Veranstaltung in New South Wales geplant, mußte dann aber nach Tasmanien verlegt werden, wo es keine Gesetze gab, um sie zu verhindern.[190] Auch einige Frauen aus der israelischen Oberschicht haben sich auf den Boxsport verlegt. Weil sie aber Angst um ihr Aussehen hatten, schlugen sie lieber selbst zu, als sich schlagen zu lassen; entweder beschränkten sie sich auf den Sandsack, oder sie suchten sich männliche Sparringspartner, die nicht zurückschlagen durften.[191]

Wie um zu beweisen, daß Boxen eine Beschäftigung wie jede andere ist, haben männliche Athleten auf das Vordringen von Frauen in ihren Sport reagiert, indem sie noch gewalttätigere Wettbewerbe erfanden, die als »cage boxing« oder »ultimate combat« geführt werden. Wie die Namen schon sagen, werden die Kämpfe in hohen Drahtkäfigen ausgetragen, aus denen es kein Entrinnen gibt und in die die Männer wie gefährliche Tiere eingeschlossen werden. Alle Körperteile dürfen eingesetzt werden, um den Gegner zu schlagen, was zu einem verstärkten Einsatz von Füßen, Knien, Ellenbogen und Kopf führt. Anders als beim normalen Boxen gibt es keine Handschuhe. Auch Ohrenschützer oder ähnliches sind nicht zugelassen; die (beabsichtigte) Folge ist, daß die Zahl der blutigen Verletzungen sehr viel höher liegt. Obwohl ein Schiedsrichter dabei ist, gibt es keine Runden und damit keine Pausen, die es den Kontrahenten erlauben würden, ihre Wunden zu versorgen und neue Kraft zu schöpfen. Ein Mann, der am Boden liegt, wird so lange weiter verprügelt, bis er aufgibt.

Wenn man aus der Geschichte etwas ablesen kann, so werden die Frauen in den Kampfsportarten weiterhin vor allem als Zuschauerinnen eine wichtige Rolle spielen. (Frauen sind üblicherweise nur eine Minderheit auf den Rängen, aber eine lautstarke und eine, deren Mitglieder sich nicht selten in offen sexuellen Darbietungen exponieren.) Eine weitere weibliche Domäne ist die Preisverleihung. Manchmal waren die Frauen selbst die Preise wie etwa bei den Spielen, die Achill zu Ehren seines toten Freundes Patroklos abhielt;[192] nach Arrian gaben indische Väter zur Zeit Alexanders des Großen ihre Töchter den Siegern von Box- und Ringkämpfen zur Frau.[193] Wenn man aus der Geschichte etwas ablesen kann, dann werden Kämpferinnen in diesen Sportarten eine winzige Minderheit bleiben, die nicht so sehr wegen ihrer eigenen Leistung als vielmehr wegen des Kitzels, den ihre Kapriolen bei vielen Männern hervorrufen, geschätzt wird, sofern »schätzen« hier überhaupt das richtige Wort ist. Und schließlich beweisen, wenn man aus der Geschichte etwas ablesen kann, Frauen in Kampfsportarten nicht, daß Frauen als Teil ihres »Vordringens« in alle möglichen Bereiche auf dem Weg wären, an Kriegen teilzunehmen, oder aber dazu fähig wären. Was sie tatsächlich beweisen – diese Schlußfolgerung überlasse ich dem Leser.

## 6. Der Troß

Seit der Zeit, als einige weibliche Mitglieder eines Stammes ihre Männer das erste Mal auf einem Feldzug begleiteten, hatten die Armeen immer Frauen (und Männer, aber das ist eine andere Geschichte) im Gefolge, die den Soldaten verschiedene Dienstleistungen anboten. Hier wollen wir uns auf jene Frauen beschränken, die mit ins Feld zogen – Militärfamilien zu Friedenszeiten, ob offiziell anerkannt oder nicht, blieben damit außen vor.

Die Informationen über den Heerestroß in der Antike sind ziemlich begrenzt,[194] und das wenige, was wir wissen, ist oft von Vorurteilen verzerrt. Die Ehefrauen und Konkubinen der persischen Könige und Adligen begleiteten ihre Männer oft ins Feld,[195] und von Zeit zu Zeit hören wir auch davon, daß sie gefangengenommen wurden. Nach der Schlacht von Plataiai, so erzählt Herodot, teilten die Griechen die persischen »Frauen, Pferde und Kamele« unter sich auf. Eine Griechin namens Aspasia, die Geliebte Kyros' II., begleitete ihn während seines Aufstandes gegen Artaxerxes II. und wurde in der Schlacht von Kunaxa gefangengenommen;[196] ein ähnliches Schicksal ereilte die Ehefrau und die Töchter des Darios nach der Schlacht bei

Issos. Die griechischen Heere dagegen sollten eigentlich ohne weiblichen Troß auskommen – dahinter stand die Überlegung, daß der Krieg sehr hart war und die Anwesenheit von Frauen die Männer verweichlichen würde.[197] So schuf die Literatur einen Gegensatz zwischen den männlichen Griechen, die Frauen auf dem Feldzug ablehnten, und den weibischen Persern, die nicht ohne sie auskommen konnten – das alles mit dem Ziel, die Niederlage der letzteren durch die Hand der ersteren zu erklären.

In Wirklichkeit hatten auch griechische Heere ihr weibliches Gefolge, besonders auf längeren Feldzügen. Es stimmt, daß Achill in einem Stück des Euripides überrascht war, Klytämnestra, die Gattin König Agamemnons, als »eine Frau unter schildtragenden Männern« zu sehen;[198] es stimmt auch, daß Klytämnestra die Männer nicht auf der Seereise über das Mittelmeer begleitete. Dennoch wird in den homerischen Epen mehr als deutlich, daß sich während der zehnjährigen Belagerung Troias zahllose Sklavinnen im Lager aufhielten, die unterwegs gefangengenommen worden waren und ihre Herren nicht nur bedienten, sondern auch mit ihnen schliefen.[199] Viel später wurde eine Frau namens Antigone, die bei Issos gefangengenommen worden war, die Geliebte des makedonischen Heerführers Philotas und folgte ihm auf seinen Feldzügen;[200] eine andere makedonische Frau im Heerlager, Ptolemäus' Geliebte Thais, soll im Laufe einer weinseligen Orgie den persischen Königspalast in Persepolis in Brand gesteckt haben. Man kann auch vermuten, allerdings nicht beweisen, daß viele der zehntausend Perserinnen, mit denen Alexander seine Soldaten verheiratete,[201] ursprünglich zum Troß gehört hatten.

Im 2. Jahrhundert vor Christus war die Situation schon wieder ganz anders. Statt Barbaren zu schlagen, die als verweichlicht dargestellt werden konnten, wurden die hellenistischen Armeen jetzt selbst regelmäßig von den Römern geschlagen, die als Sieger die Geschichte schrieben. So war es jetzt der hellenistische König von Syrien, Antiochos III., dem man vorwarf, seine Zeit mit einer jungen Frau zu verschwenden und infolgedessen den Feldzug zu verlieren, der mit der Schlacht an den Thermopylen im Jahre 191–190 vor Christus endete.[202] 134 vor Christus werden die nächsten Frauen im Troß erwähnt. Scipio Aemilianus fand eine völlige Unordnung im Heer vor, als er sein neues Kommando im spanischen Numantia antrat. Um die Disziplin wiederherzustellen, ließ er »Huren, Wahrsager und Seher« aus dem Lager vertreiben[203] – woraus man folgern kann, daß solche Personen sich gern um jedes Heer versammelten, besonders während längerer Kampfpausen.

Die ersten römischen Kaiser verbaten den Soldaten bis hinauf zum Zenturionenrang die Heirat und befahlen ihnen sogar, bestehende Ehen zu lösen, weil sie fürchteten, das Heer könnte seine Mobilität verlieren. Augustus, der, wenn es nicht um ihn selbst ging, konservative Werte propagierte, versuchte auch höhere Offiziere davon abzuhalten, ihre Ehefrauen mitzunehmen;[204] seine Bemühungen waren jedoch nicht immer von Erfolg gekrönt. Dies wurde deutlich, als unter Tiberius eine Adlige namens Munatia Plancina ihren Gatten Gnaeus Calpurnius Piso besuchte, dabei »nicht die einer anständigen Frau gezogenen Grenzen einhielt« und auch an Manövern teilnahm.[205] Solche Auswüchse veranlaßten den Senat, die Vor- und Nachteile weiblicher Begleitung auf Heerzügen abzuwägen. Nachdem sie die üblichen Argumente über ihren »verweichlichenden« Einfluß angehört hatten, kamen sie zu dem Schluß, daß ihre Anwesenheit akzeptabel war, solange sie ihre Zurückhaltung nicht aufgaben und sich nicht so weit vergaßen, daß sie die Männer zur Vernachlässigung ihrer Pflichten verlockten.[206]

Unabhängig von den Erfordernissen der Politik war der Senat ganz offensichtlich nicht in der Lage, Soldaten von nicht offiziellen Verbindungen mit Frauen abzuhalten. Später hatten die Kaiser keine andere Wahl, als diese Verbindungen bis zu einem gewissen Grad anzuerkennen. So nahm zum Beispiel Claudius die Soldaten von den Gesetzen zur Bestrafung von Junggesellen aus, die Augustus in Kraft gesetzt hatte, um die Geburtenrate zu erhöhen. Noch später wurden die Soldatenehen durch Edikte der Kaiser Septimius Severus (197 nach Christus) und Caracalla (212 nach Christus) Schritt für Schritt legalisiert.[207] Wahrscheinlich war dieser Umschwung zugleich ein Spiegel und ein Grund für die sinkende Mobilität der römischen Heere, deren Truppen immer stärker davon ausgehen konnten, ihren gesamten Dienst in stadtähnlichen Garnisonen entlang der Grenze abzuleisten.

Die ehelichen Verbindungen der Soldaten und die damit einhergehende Unbeweglichkeit der römischen Armee müssen auch ein Grund dafür gewesen sein, daß sie im 4. Jahrhundert in *limitanei* (Grenztruppen) und *comitatenses* (mobile Streitkräfte) unterteilt wurde. Glücklicherweise hatte aber nicht nur das römische Heer mit diesem Problem zu kämpfen: Laktanz, der Kirchenvater des 3. Jahrhunderts, der uns viele Informationen über diese Zeit liefert, bemerkt dazu, daß die barbarischen Gegner der Römer ebenso durch ihr weibliches Gefolge behindert wurden,[208] und damit spielt er die Schwierigkeiten wahrscheinlich noch herunter. Kelten, Germanen und andere Stämme unterschieden nicht zwischen erwachsenen Männern und Kämpfern, so daß zum Beispiel der deutsche Begriff »Volk« auf beide Gruppen angewandt werden konnte. Daher waren auch ihre Feldzüge keine militärischen Unternehmungen im modernen Sinne. Statt dessen verließen ganze Stämme ihren Lebensraum und zogen mit Männern, Frauen und Kindern, Vieh, Wagen und allem Hab und Gut in fremde Länder, wobei die Krieger nur die Speerspitze des Zuges bildeten.

Und auch im Mittelalter brach die Tradition der Frauen im Troß nicht ab, wie man vielleicht hätte erwarten können. Sie galten als »schlechte Frauen«, und von Zeit zu Zeit unternahm man einen Versuch, sie loszuwerden oder ihre Zahl zu beschränken – wie die häufige Wiederholung der Dekrete nahelegt, offenbar nie mit nachhaltigem Erfolg.[209] Genau wie es immer einige Frauen gab, die entschlossen waren, den Heeren zu folgen, konnten nur wenige Heere ganz ohne Frauen auskommen. Besonders die arabischen Berichte über die Kreuzzüge beschäftigten sich oft mit den Huren, die die christlichen Krieger begleiteten; damals wie auch später noch waren die Moslems teils abgestoßen, teils begeistert von der größeren Freiheit, die die westlichen Frauen genossen. Hier ist ein Bericht des Literaten Imad a Din (1125–1201), der nach den Ereignissen schrieb:[210]

Mit einem Schiff kamen dreihundert schöne fränkische Frauen im Schmucke ihrer Jugend und Schönheit, die sich jenseits des Meeres gesammelt und der Sünde verschrieben hatten. Sie hatten ihr Vaterland verlassen, um den in der Fremde Weilenden zu helfen; sie hatten sich gerüstet, die Unglücklichen glücklich zu machen, und sich gegenseitig gestützt, um zu helfen und zu unterstützen. Sie brannten vor Lust auf das Zusammensein und die fleischliche Vereinigung. Alle waren zügellose Dirnen, hochfahrend und spöttisch, die nahmen und gaben, fest im Fleisch und sündig, Sängerinnen und kokett, öffentlich auftretend und anmaßend, feurig und entbrannt, gefärbt und bemalt, reizend und begehrenswert, erlesen und anmutig, die zerrissen und flickten, durchrissen und nähten, auf Abwege führten und Augen warfen, entkräfteten und raubten, trösteten und hurten; verführend und schmachtend, begehrt und begehrend, Freude gebend und nehmend, vielseitig und erfahren, trunkene junge Mädchen, die nach Liebe verlangten und sich verkauften, unternehmend und glühend, leidenschaftlich und voller Liebe; rot im Gesicht und schamlos, schwarz- und großäugig, mit vollen und schlanken Körpern, mit näselnder Stimme und festen Schenkeln, mit blauen und grauen Augen, außergewöhnlich und dümmlich. ... Sie sagten, sie wollten mit dieser Reise ihre Anmut opfern, sich den Junggesellen nicht verweigern, und glaubten, sie könnten Gottes Wohlgefallen mit keinem besseren Opfer erwerben als diesem. Sie verteilten sich auf die Zelte, die sie errichtet hatten, andere schöne junge Mädchen kamen dazu, und sie öffneten die Pforten der Genüsse, weihten als Opfer, was sie zwischen den Schenkeln hatten, ließen der Zügellosigkeit freien Lauf, wandten sich zur Ruhe, entfernten alles, was sie hinderte, sich zu verschenken: Sie trieben lebhaften Handel mit der Ausschweifung ... Sie waren Ziele der Pfeile ... ließen die Speere sich gegen die Schilde erheben ... liefen unter den Sporen derer, die sie ritten.

Ein anderer moslemischer Autor behauptete, daß christliche Soldaten nicht kämpften, bevor sie nicht von Frauen befriedigt worden waren.[211]

Genauere, wenn auch weniger romantisch verbrämte Informationen über den weiblichen Troß sind für die deutschen Heere seit dem 16. Jahrhundert verfügbar.[212] Zeitgenossen gingen davon aus, daß jedes Regiment von »wenigstens« 4000 Frauen und Kindern begleitet wurde.[213] Einige dieser Frauen waren mit Soldaten verheiratet, andere gingen nichtoffizielle

Verbindungen mit ihnen ein, und wieder andere waren ungebunden. Manche arbeiteten beim Bau von Befestigungen mit, manche zogen mit dem Troß und boten jede Form von logistischer Unterstützung, wieder andere kümmerten sich um die sexuellen Bedürfnisse der Männer. Wahrscheinlich gab es keine exakten Grenzen zwischen den einzelnen Kategorien. Dies zeigt sich in der Tatsache, daß *jede* Frau, die mit der Armee in Verbindung stand, gewöhnlich als »Hure« oder »Dirne« bezeichnet wurde; allerdings hat man vermutet, daß diese Begriffe damals etwas weniger ehrenrührig waren als heute. Die Frauen waren keine Soldaten und legten keinen Eid ab. Dennoch organisierten viele Feldherren ihre Betreuung, sei es, daß sie ihren Nutzen anerkannten oder daß sie sie einfach in einer gewissen Ordnung halten wollten. Sie ernannten einen Beamten, der für sie zuständig war (den Hurenwebel) und gaben ihnen Quartiere, Fortbewegungsmöglichkeiten, Verpflegung usw.

In Deutschland und anderswo vollzog sich in der zweiten Hälfte des 17. Jahrhundert der Übergang von Söldnertruppen (die zu Anfang jedes Krieges ausgehoben und bei Kriegsende wieder entlassen wurden) zu stehenden Heeren. In Deutschland und anderswo gab es Versuche, die Frauen im Heerlager unter Kontrolle zu bringen und ihre Zahl zu beschränken, indem man einigen Soldaten in jeder Kompanie die Heirat gestattete – einem von dreien in Preußen, einem von zwanzig in Bayern, Württemberg und Österreich.[214] In Friedenszeiten lebten »autorisierte« Ehefrauen mit ihren Männern in einem Teil der Kasernen. Im Krieg folgten sie ihren Männern auf dem Feldzug und leisteten der ganzen Kompanie Dienste wie Krankenversorgung oder das Flicken und Waschen der Uniformen. Im Gegenzug erhielten sie Lebensmittelrationen sowie einen geringen Lohn – die Ausgaben dafür kamen aus einer besonderen Kasse. Wenn ein Soldat fiel, heiratete seine Witwe oft einen Kameraden, so daß der Kompanie ihre Dienste und ihr der Lebensunterhalt gesichert waren. Davon abgesehen, gab es immer wieder Vorstöße mit dem Ziel, die Armee von sonstigem weiblichen Gefolge zu befreien, ohne großen Erfolg allerdings; ein Grund dafür war wohl, daß auch die staatlichen Werber selbst sich nicht zu schade waren, Männer mit »geilen Dirnen« zu »verführen«, damit sie sich anwerben ließen.

Das britische Heer des 18. Jahrhunderts arbeitete mit einem ähnlichen System.[215] Wenn es ausrückte, war es von Schwärmen von Frauen begleitet – einige besaßen als Ehefrauen von Soldaten einen halboffiziellen Status, andere nicht. Oft standen sie unter dem Kommando einer Frau aus den eigenen Reihen, die sie zusammenhalten sollte. Einige Beobachter waren der Ansicht, daß die Frauen »dem Regiment eine große Hilfe [waren], denn sie brachten und bereiteten das Essen für die Kompanie, trugen Brennstoff für das Feuer, wuschen das Leinen und versorgten die Männer mit allem. Besonders nützlich waren sie auf dem Marsch, denn dann hatten sie die Erlaubnis, sich ... auf der Suche nach Lebensmitteln und anderen Bedarfsgegenständen meilenweit vom Lager zu entfernen«.[216] Andere, darunter der Herzog von Marlborough, betrachteten sie als lästiges Übel und versuchten sie loszuwerden. 1758 wurde ein Kompromiß geschlossen und zehn Frauen pro Kompanie zugelassen. Nicht mitgezählt waren die Ehefrauen oder Geliebten der Kommandeure, die sich – wie etwa Martha Washington im amerikanischen Unabhängigkeitskrieg – oft ihren Ehegatten anschlossen und auf ihr Wohlergehen achteten. Sie unterschieden sich von den anderen dadurch, daß sie in Kutschen fuhren;[217] ein Handbuch für Adjutanten aus dem 18. Jahrhundert hat sogar ein eigenes Kapitel über den Umgang mit der Frau oder Mätresse des Befehlshabers. Dennoch tat die Armee immer noch ihr Bestes, die Soldaten von einer Heirat abzuhalten.

Theoretisch fiel der Troß der britischen Armee unter das Kriegsrecht und das Militärstrafgesetz. Allerdings zögerten die Männer, harte Strafen gegen die Frauen zu verhängen, die sie begleiteten und versorgten; das daraus entstehende Chaos war so groß, daß man schon Schwierigkeiten hatte, die genaue Zahl der Frauen im Heerlager zu ermitteln. Während es in den Armeen des 18. Jahrhunderts durchaus üblich war, einen Mann hinzurichten oder ihn halb zu Tode zu prügeln,[218] konnte einer Frau normalerweise nichts Schlimmeres passieren, als aus dem

Regiment ausgestoßen zu werden. Eine speziell bei Frauen angewandte Strafe war das »Karussell« – eine Art Käfig auf einem Zapfen, der so schnell gedreht wurde, bis der Insassin furchtbar schlecht wurde und sie sich sehr zum Vergnügen des Publikums aus allen Körperöffnungen erleichterte; anderswo wurden Frauen bei Vergehen das Haar geschoren oder sie wurden nackt umhergeführt.[219] Bei einer Gelegenheit wurde der Herzog von Wellington dafür kritisiert, daß er Marketenderinnen hatte ausprügeln lassen. Er reagierte seine Wut ab, indem er schrieb, daß es zwar keine Regeln für die Bestrafung von Frauen gebe, daß sie aber auch nicht straffrei ausgehen könnten. Es sei »hinreichend bekannt, daß in allen Armeen die Frauen wenigstens genauso schlimm, wenn nicht schlimmer als die Männer sind, wenn es ans Plündern geht; und die Verschonung der Damen vor Strafe hätte Plünderer ermutigt.«[220] Zeitgenossen stimmten ihm zu und behaupteten, daß der Hang der Damen zur Plünderei sie manchmal wie wilde Horden auf einem Raubzug aussehen ließ.[221]

Wie seine Feldherrenkollegen in anderen Ländern beklagte auch George Washington die »verderblichen Folgen« der Anwesenheit von Frauen im Heerlager. Wie seine Kollegen in anderen Ländern erkannte er an, daß sie einige nützliche Dienste als Köchinnen, Waschfrauen, Flickschneiderinnen, Krankenschwestern (von denen es nie genug geben konnte)[222] und Prostituierte (von denen es immer zu viele gab) leisteten. Vor allem wußte er wie seine Kollegen in anderen Ländern, daß er nichts anderes tun konnte, als ihre Zahl auf ein erträgliches Maß zu beschränken und eine gewisse Ordnung durchzusetzen, indem er jenen, die »autorisiert« waren, einen Anteil zukommen ließ (was Plünderungen verhinderte) und jemanden ernannte, der die Verantwortung für sie übernahm. Schließlich legte er fest, daß nicht mehr als eine Frau auf fünfzehn Männer kommen sollte, aber wie üblich stellte sich heraus, daß dieser Befehl nicht durchzusetzen war.[223]

Als der französische Nationalkonvent die *Levée en masse* beschloß, setzte er auch eine gewisse Zahl von *viviandières, cantinières* und *blanchisseuses* fest, die den Truppen folgen und sich um ihre Bedürfnisse kümmern sollten. Doch die Truppen der Revolution und Napoleons unterschieden sich von den Berufsarmeen des 18. Jahrhunderts darin, daß sie aus Rekruten im Alter zwischen achtzehn und sechsundzwanzig Jahren bestanden. Verheiratete waren nicht wehrpflichtig; daher kann man davon ausgehen, daß ein größerer Anteil des weiblichen Gefolges nicht aus Soldatenfrauen, sondern aus Ledigen bestand. Wie in anderen Heeren wurden die offiziell zugelassenen – sie bekamen eine besondere Marke und Verpflegungsrationen – und nicht zugelassenen Frauen aus der Unterschicht, die ihre Dienste anboten, außerdem noch von den Offiziersgattinnen ergänzt. Napoleon selbst nahm weder Joséphine noch Marie Louise jemals mit auf einen Feldzug. Er zog es vor, mit einheimischen Frauen zu schlafen, die ihm je nach Gelegenheit von seinem Haushofmeister General Duroc zugeführt wurden.[224] Wenn sie ihm nicht so gut gefielen, daß es zu einer kurzen Affäre kam, bezahlte er sie großzügig und schickte sie ihrer Wege. Viele seiner Feldherren waren treuer oder weniger lüstern und ließen sich von ihrer Gattin begleiten. Es galt damals als Binsenweisheit, daß eine Frau desto mehr Aufhebens um sich machte, je höher der militärische Rang war, den ihr Mann bekleidete.[225]

Auf dem Feldzug teilten die Frauen im Heerlager die Entbehrungen, Hitze, Kälte, Hunger, Durst, lange Märsche, schwere Lasten und einfache Quartiere; ein englischer Druck aus dem frühen 19. Jahrhundert zeigt eine Frau aus dem Troß von Wellingtons Armee, die ihren Soldaten durch einen Fluß trägt. Einige wurden krank, andere starben, besonders während der Rückzüge, wenn oft völliges Chaos herrschte und die eingespielte logistische Zusammenarbeit nicht mehr funktionierte. Doch verglichen mit ihren männlichen Gefährten genossen sie einige Privilegien. Mit oder ohne Erlaubnis lenkten Frauen oft die Wagen, die das Gepäck der Einheit trugen. Ihr Platz war üblicherweise hinter den Truppen, wo ihnen nichts passieren konnte und wo sie, was beinahe genauso wichtig war, die Bewegungsfreiheit nicht behinderten. So befahl der Herzog von Cumberland vor der Schlacht von Culloden im Jahr 1746 den Frauen, »bei den Pferden zu bleiben, zwischen dem Gepäck der Generäle und den Lastkarren der übrigen Armee«; jede Frau, die vor den Karren aufgegriffen wurde, ließ er bei Sonnenuntergang von den Trommlern auspeitschen.[226] Wenn sie sich von den Truppen entfernten, wurden einige Frauen in Scharmützeln und Hinterhalten getötet. Einige wenige haben vielleicht mitgekämpft, sofern sich die Gelegenheit bot, obwohl die »Molly Pitcher«-Geschichten aus dem amerikanischen Unabhängigkeitskrieg notorisch unzuverlässig sind und nicht an einer bestimmten real existierenden Frau festgemacht werden können.[227] Einige verkleideten sich, wie wir im nächsten Abschnitt sehen werden, als Männer. Oft arbeiteten beide Kriegsparteien zusammen, um ihren jeweiligen Frauen ein gewisses Maß an Sicherheit zu bieten. Sie behandelten sie als Nicht-Kombattanten, erlaubten ihnen, die Linien auf der Suche nach Nahrungsmitteln zu passieren, und lieferten sie unversehrt wieder aus, wenn sie in Gefangenschaft geraten waren.[228]

Auch bei der Kriegsmarine gab es ein weibliches Gefolge, und die meisten frühmodernen Kriegsschiffe hatten wahrscheinlich wenigstens ein paar Frauen an Bord, wenn sie ausliefen.[229] Wie beim Landheer auch bekamen einige Frauen die Erlaubnis, ihre Männer zu begleiten, andere hingegen nicht. Zu den ersteren gehörten die Ehefrauen der Offiziere, Maate (dieses besondere Privileg gehörte zu ihrem Unteroffiziersrang) und einige Seeleute; zu den letzteren Prostituierte und andere Frauen aus der Unterschicht, die ihren Weg an Bord mit der stillschweigenden Duldung der männlichen Mannschaft fanden. Wie an Land konnten die Frauen sich auch auf See manchmal ein bißchen Geld verdienen, indem sie verschiedene Dienste für die Seeleute verrichteten. In der Schlacht arbeiteten sie als Krankenschwestern, während andere die Leitern auf und ab hasteten und Taschen mit Schießpulver von den Lagerräumen auf die Kanonendecks trugen. Nicht selten brachten Frauen auf See Kinder zur Welt, besonders häufig – so wurde jedenfalls behauptet – in der Schlacht, wenn der Streß, der Lärm und die heftigen Schwingungen Wehen hervorriefen. Wenn das Schiff, auf dem sie segelten, versenkt wurde und sie das Glück hatten, nicht mit ihm unterzugehen, wurden sie vielleicht später aus dem Wasser gefischt. Seeleute, die unter solchen Umständen in Gefangenschaft gerieten, wurden im Rumpf eines außer Dienst gestellten Schiffes eingepfercht oder aber in den Kerker eines

Schlosses geworfen. Die Frauen dagegen konnten damit rechnen, im nächsten Hafen an Land gesetzt zu werden, wie es einigen Französinnen passierte, die von den Engländern in der Seeschlacht bei Abukir gefangengenommen wurden.

Die meisten Informationen über Frauen auf See stammen von der britischen Kriegsmarine. Im 19. Jahrhundert verschärfte die Marineleitung die Befehle gegen die Anwesenheit von Frauen an Bord und ließ die Aufgaben, die sie übernommen hatten, durch Chinesen erledigen. Auch an Land ging die Zeit des weiblichen – und männlichen – Gefolges im Heerlager nach 1815 ihrem Ende entgegen. Dies war einerseits auf die wachsende Militarisierung der Versorgungsdienste zurückzuführen. Schritt für Schritt expandierte die Bürokratie; im Ersten Weltkrieg waren Besucher des britischen Heeres überrascht zu sehen, daß beinahe jede Dienstleistung, die die Regierung zu Hause ihren Bürgern anbot, auch den Soldaten von uniformiertem Personal zur Verfügung gestellt wurde.[230] Dies schmälerte die Aufgaben von Köchinnen, Marketenderinnen, Näherinnen, Wäscherinnen usw., bis es in der zweiten Hälfte des 20. Jahrhunderts nur noch einige wenige von ihnen gab.

Ebenso wichtig war die Nutzung der Eisenbahn als Haupttransportmittel für die Mobilisierung, den Aufmarsch und strategische Truppenbewegungen. Obwohl die Bahnen Zivilisten gehörten, arbeiteten sie in Kriegszeiten unter der Kontrolle des Militärs. Diese Kontrolle war notwendigerweise zentral zusammengefaßt und sehr sorgfältig geplant; sowohl 1866 bis 1871 wie auch 1914 berechneten die Eisenbahn-Abteilungen jeder Armee, die etwas auf sich hielt, den Verkehr bis hin zur Zahl der Achsen, die jede Brücke zu jeder Stunde überquerten. So verloren die Einheiten, die von einem Quartier zum anderen oder an die Front transportiert wurden, ihre Autonomie. Sie konnten keine Frauen mehr auf ihren eigenen Transportmitteln mitnehmen – selbst die Versorgungsfahrzeuge wurden manchmal auf Züge verladen. Die Folge war, daß der Troß und damit auch die Frauen allmählich verschwanden. Die Soldatenfrauen konnten, wenn sie Glück hatten, einen Freifahrtschein nach Hause bekommen, wenn ihre Ehemänner aus dem Standquartier ausrückten und in den Kampf zogen.[231]

Im amerikanischen Bürgerkrieg gab es noch einige Frauen im Heerlager. Ein paar gerieten sogar unter Beschuß wie zum Beispiel eine gewisse Dr. Mary Walker (die für ihre Tapferkeit ausgezeichnet wurde) und eine Mary Bickerdyke.[232] Sehr viel mehr Frauen, vor allem aus der Mittelschicht, trugen zu den Kriegsanstrengungen bei, indem sie Vorräte sammelten, Binden nähten, für durchziehende Einheiten kochten, Waisenheime gründeten und ähnliche Aufgaben erfüllten.[233] Die Krankenpflege blieb eine Domäne der Frauen, und viele fanden darin ein Ventil für ihre Energien. Aus humanitärer wie aus militärischer Sicht verdienen die Anstrengungen und Leistungen der »amerikanischen Florence Nightingales« (wie ein zeitgenössischer Bericht sie nannte)[234] Anerkennung. Allerdings waren sie nie in Gefahr; auch darin glichen sie ihrer Heldin, die nie auch nur in die *Nähe* eines Schlachtfeldes kam, sondern sich während des Krimkriegs in Skutari am Hellespont aufhielt.

Anfang des 20. Jahrhunderts war der Troß im alten Sinne so gut wie verschwunden. Umgekehrt galt sein Vorhandensein als ein typisches Zeichen militärischer Rückständigkeit.[235] Wegen des Einsatzes der Eisenbahn wie auch wegen der jetzt üblichen Zahlungen der Regierung an die Soldatenfamilien versuchten die Ehefrauen nicht länger, ihre Männer in den Krieg zu begleiten. Die meisten Funktionen des Trosses wurden von uniformierten Armeeangehörigen übernommen, mit dem Ergebnis, daß diese Truppen so ausschließlich männlich waren wie nie vorher oder seitdem. Natürlich gingen Soldaten, die das Glück hatten, länger an einem Ort zu liegen, Verbindungen mit einheimischen Frauen ein. Letztere versorgten sie in Wäschereien, Restaurants, Kneipen und natürlich Bordellen oft mit denselben Diensten wie früher. Anders als ihre Vorgängerinnen allerdings blieben sie Zivilistinnen und galten nicht als halboffizielle Angehörige der Streitkräfte.

Mehr denn je blieb die überwältigende Mehrheit der Frauen in der Heimat. Viele ersetzten ihre Männer in der Landwirtschaft. Andere verrichteten Lohnarbeit in Fabriken und Büros, aber das gehört nicht zu unserem Thema. Einige Frauen aus der Oberschicht, die entweder nicht arbeiten mußten oder nicht wollten, beschäftigten sich weiterhin mit der Organisation von

Sammlungen und freiwilligen Diensten in Krankenhäusern sowie anderer Wohltätigkeitsarbeit – sie wickelten Wolle und fühlten dabei national, wie eine von ihnen es zu früherer Zeit einmal ausgedrückt hatte.[236] Die *viviandières,* die *cantinières,* die *blanchisseuses* und ihre weniger anständigen Schwestern verschwanden, und die einzigen Frauen, die zum Beispiel noch mit dem britischen Heer verbunden waren, dienten im Schwesternkorps. Andererseits trat die Beziehung zwischen Frauen, Männern und dem Krieg mit Ausbruch des Ersten und Zweiten Weltkriegs und der Entstehung der verschiedenen Frauenkorps in ein neues Zeitalter ein.

## 7. Frauen in Männerkleidern

Die überwiegende Mehrheit des weiblichen Heergefolges trug Frauenkleider und trat offen als Frau auf. Anders die relativ wenigen, die sich trotz schwerster juristischer Sanktionen (die allerdings selten Anwendung fanden) als Männer ausgaben, Uniform trugen und sich dem Heer als einfache Soldaten anschlossen. Obwohl es immer einige verkleidete Frauen gegeben hat, lebte diese Praktik vor allem etwa Mitte des 17. Jahrhunderts auf und geht so mit der Einrichtung der ersten stehenden Heere einher. Sie hielt sich bis ins 19. Jahrhundert hinein.

Abgesehen von Einzelstudien führt die einzige moderne statistische Abhandlung über diese Frauen 120 Fälle auf, die zwischen 1550 und 1839 in das niederländische Heer eintraten.[237] Von den 93, deren militärische »Laufbahn« bekannt ist, haben 61 – zumindest zeitweise – als Seeleute und nur 32 als Soldaten gedient. Ihre Überrepräsentanz in der Kriegsflotte könnte darauf zurückzuführen sein, daß es an Bord eines Schiffes kaum Privatsphäre gab; es wurden also vielleicht proportional mehr weibliche Seeleute als weibliche Soldaten entdeckt. Praktisch alle kamen wie auch ihre männlichen Kameraden aus der Unterschicht, die meisten stammten aus dem Ausland, vor allem aus dem heutigen Deutschland, England, Schottland und Skandinavien. Wahrscheinlich fühlten sie sich vom Reichtum der Niederlande angezogen.

Die meisten Frauen waren zwischen 16 und 25 Jahren alt, als sie sich für die Verkleidung entschieden. Die Motive, die sie in ihren Gerichtsverhandlungen in der Hoffnung auf milde Richter darlegten, waren ziemlich unterschiedlich. Einige wollten einem unglücklichen Zuhause entfliehen, entweder dem ihres Vaters oder dem eines Ehemannes oder Verlobten. Andere folgten ihren männlichen Angehörigen aus Zuneigung oder wirtschaftlicher Notwendigkeit – ohne eine Familie, die einem Rückhalt gab, konnte die Ehefrau eines Soldaten auf Feldzug im 18. Jahrhundert durchaus völlig verarmen, vor allem wenn sie Kinder hatte. Wieder andere mag eine gewisse Abenteuerlust getrieben haben. Wahrscheinlich waren die Motive von Frauen in anderen Ländern ähnlich. Besonders in den Vereinigten Staaten, wo sich die Tradition verkleideter Kämpferinnen bis weit ins 19. Jahrhundert und damit ins Zeitalter des Nationalismus hinein fortsetzte, mag auch der Patriotismus eine Rolle gespielt haben.

Der erste Schritt zum Eintritt in die Armee war die Abwanderung in eine andere Stadt, in der man sie nicht kannte. Dann, um eine Frau zu zitieren, die sich Christian Welch nannte und sich 1693 dem englischen Heer anschloß, »schnitt ich mein Haar ab und zog mir Kleidungsstücke meines Mannes an – nachdem ich vorsichtshalber die Weste ausgestopft hatte, um meine Brüste vor Verletzungen zu schützen, die nicht groß genug waren, um mein Geschlecht zu verraten – und setzte meine Perücke und meinen Hut auf.... Ich ging in das *Sign of the Golden Last,* wo Fähnrich Herbert Lawrence Rekruten anwarb. Ich wurde als ein kluger, frischer junger Mann gelobt, bekam eine Guinee Handgeld und eine Krone, um auf die Gesundheit des Königs zu trinken, sowie den Befehl, mich fortan als Soldaten zu betrachten.«[238] Einige hatten sich vielleicht einen künstlichen Penis besorgt – »sie pißte durch ein Horn grad' wie ein junger Mann«, wie ein beliebtes Volkslied erklärte. Einige müssen Probleme mit ihrer sexuellen Identität gehabt haben, wie etwa Maria van Antwerpen, die nicht nur eine, sondern zwei Frauen nacheinander heiratete und mit ihnen ins Bett ging, wo sich dann herausstellte, daß sie die in einen Ehemann gesetzten Erwartungen nicht erfüllen konnte. Einige wenige waren wahrscheinlich Hermaphroditen oder Pseudo-Hermaphroditen, andere »von großer und ungeschlachter Statur«; hier gehen Realität und Fiktion, wie sie sich besonders in den englischen Balladen präsentieren, dann doch weit auseinander.

Auch die Aufenthaltsdauer der Frauen im Heer vor ihrer Entlarvung war sehr verschieden lang. Einige dienten nur Tage oder Wochen, andere zehn Jahre und mehr. Die wenigen persönlichen Berichte, die wir besitzen, zeigen meist, daß die Frauen keine besonderen Probleme hatten und machten. Ihre Vorgesetzten waren im allgemeinen zufrieden mit ihnen. So wurde eine gewisse Maria Schellink von Napoleon in die Ehrenlegion aufgenommen, eine andere, die italienische Adlige Francesca Scanagatto, diente von 1794 bis 1801 im österreichischen Heer und erhielt danach eine Pension von Kaiser Franz I.[239] Sie wurde als Leutnant entlassen, heiratete, sprach aber weiterhin von sich selbst in der männlichen dritten Person Singular; viel später komponierte Franz Lehar ihr zu Ehren einen Marsch.[240] Oft wurden die Frauen entlarvt, wenn sie bei einer Krankheit oder Verwundung behandelt wurden oder wenn sie bestraft werden sollten, besonders bei der Auspeitschung, bei der man sich bis zur Taille entkleiden mußte; oder sie verrieten sich, wenn sie betrunken waren; oder sie trafen jemanden, der sie erkannte. Einige Frauen wurden erst entdeckt, nachdem sie im Kampf gefallen waren und man ihnen die Uniform auszog.

Tot oder lebendig, die Entdeckung von Frauen in Männerkleidern war immer eine kleine Sensation. Die meisten wurden entlassen, einige ließen sich sofort wieder anwerben. Wenn sie noch irgendwelche anderen Straftaten begangen hatten, wurden sie vor Gericht gestellt. Andererseits setzten einige Herrscher, die klug genug waren, den Propagandawert einer Frau, die für sie kämpfte, zu schätzen, ihr vielleicht eine Pension aus – selbst wenn sie eine Straftat, etwa Desertion, begangen hatte, die einen männlichen Soldaten das Leben gekostet hätte.[241] Wenigstens eine, die obenerwähnte Christian Welch, schlüpfte von einer männlichen in eine weibliche Rolle, arbeitete als Marketenderin und wurde als »Mother Ross« bekannt, nachdem ihr Ehemann, dem sie in die Armee gefolgt war, ein gewisser Captain Ross, gestorben war. Einige wenige wurden sehr alt – eine,

Phoebe Hessel, wurde 1713 in Stepney bei London geboren und starb 1821 in Brighton, nachdem sie nicht weniger als fünf Mal geheiratet hatte. Wenigstens eine, die Engländerin Hannah Snell, verdiente sich ihren Lebensunterhalt damit, daß sie einer gaffenden Menge die Exerzierübungen vorführte, die sie beim Militär gelernt hatte; einige – wie etwa die amerikanische Transvestitin Debora Sampson – schrieben Memoiren.[242] Das seltsamste Schicksal wurde einer holländischen Transvestitin mit dem Spitznamen Aal, die Schlange, zuteil. Sie wurde beim Kartenspiel von einem Kameraden erstochen. Danach wurde ihr wahres Geschlecht entdeckt, wahrscheinlich weil sie eine strafbare Handlung begangen hatte und man ihren Leichnam deshalb den Behörden übergab. Sie wurde mitsamt ihrem Pferd ausgestopft und zur Schau gestellt.

Solange sie dienten, durften die Frauen keine Aufmerksamkeit auf sich lenken. Manchmal wurden sie deshalb zu ungewöhnlichen Maßnahmen gezwungen: Als Hannah Snell zum Beispiel einmal zu einer Prügelstrafe verurteilt wurde, »benutzte sie ihrer eigenen Aussage nach diese Methode, um der Entdeckung ihres Geschlechts zu entgehen: ihre Brüste, die damals nicht so groß waren wie jetzt, ihre Brüste wurden, als ihre Arme ausgestreckt und am Stadttor festgebunden waren, hochgezogen und erschienen deshalb nicht so groß, und außerdem war ihre Brust an der Wand und konnte von keinem ihrer Kameraden entdeckt werden«.[243] Davon abgesehen waren die Zeitgenossen eher an der Sensation an sich als an den Heldentaten der Frauen interessiert – mit dem Ergebnis, daß Informationen über ihre Leistungen selten sind. Normalerweise wissen wir nur, daß sie an Bord dieses oder jenes Schiffes dienten, daß sie an diesem oder jenem Feldzug teilnahmen und bei dieser oder jener Schlacht dabei waren. Einige müssen gekämpft haben und wurden verwundet. Wenigstens eine, die Engländerin Mary Anne Talbot, die sich mit Einverständnis ihres Geliebten anwerben ließ, wurde Trommlerin. Diese Aufgabe wurde oft Jungen anvertraut und konnte sehr gefährlich sein. Allerdings bedeutete das auch, daß sie nicht den vollen Kombattanten-Status genoß.

Die Transvestitin, über die wir am meisten wissen, ist wahrscheinlich die Russin Nadescha Durowa. Ein Großteil der Informationen entstammt ihren eigenen Memoiren, die sie lange nach ihrem Militärdienst verfaßte, aber einige Details lassen sich auch zeitgenössischen Quellen entnehmen.[244] Die Tochter einer Adelsfamilie aus der Provinz wurde eigenen Angaben zufolge 1790 geboren, obwohl sie nach Aussage anderer Quellen sieben Jahre älter war. Der Altersunterschied erklärt sich dadurch, daß sie in ihren Memoiren ihre Ehe mit einem Mann namens Tschernow und ihren Sohn aus dieser Ehe unterschlägt. Die Ehe muß äußerst unglücklich gewesen sein, sonst wäre sie wohl kaum weggelaufen (1806, als das Kind drei Jahre alt war). Sie zog Männerkleider an und trat in die Armee des Zaren ein.

Vielleicht verschweigt Nadescha Durowa diese Ereignisse aus Angst, denn wenn sie in ihren Memoiren davon geschrieben hätte, wäre sie sicher als schlechte Ehefrau und Mutter angeklagt worden. Außerdem behauptet sie, daß ihre Eltern sich einen Sohn gewünscht hätten. Ihre Mutter haßte sie und machte ihr das Leben zur Hölle, während der Vater als freundlich und liebevoll dargestellt wird. Dennoch war es vor allem seine Einstellung, die sie »aktiv nach Mitteln suchen [ließ], um meinen alten Vorsatz zu verwirklichen – Soldat zu werden, meinem Vater ein Sohn zu sein und mich auf immer von dem Geschlecht zu trennen, dessen Los und dessen ewige Abhängigkeit mir Furcht einzuflößen begann«. In ihren Augen waren Männer Gauner, die Frauen verführten und sie dann sitzenließen. Andere heirateten des Geldes wegen und hielten dann ihre Frauen als Sklavinnen, während sie selbst ein ausschweifendes Leben führten.

Unter dem Namen Alexander Durow trat sie in ein polnisches Kavallerie-Regiment ein und diente unter einem Rittmeister Kazimirski. Die Ausbildung war hart, aber sie genoß das Militärleben, besonders der Unabhängigkeit wegen, die es bot – »Euch, meine jungen Altersgenossinnen, euch allein ist mein Entzücken verständlich! Nur ihr allein versteht den Wert meines Glücks zu schätzen! Ihr, denen jeder Schritt vorgerechnet wird, die ihr keine zwei Sashen ohne Aufsicht und Sicherheit gehen dürft! ... Nur ihr allein, wiederhole ich, könnt verstehen, von welcher freudigen Empfindung mein Herz ...

erfüllt ist ...!« Sie verbrachte die nächsten sieben Jahre im Felde und war bei den Schlachten von Friedland (1807) und von Bordino (1812) dabei. Beide gehören zu den blutigsten Schlachten der napoleonischen Zeit mit Zehntausenden Gefallenen. Zur ersteren schrieb sie: »Statt glänzender Heldentaten habe ich Dummheiten vollbracht.«[245] Bei der letzteren erlitt sie eine Quetschung von einer vorbeifliegenden Kanonenkugel.

Die meisten Transvestitinnen stammten aus der Unterschicht und blieben während ihres Militärdienstes wie auch danach völlig anonym. Nicht so Nadescha Durowa, die am Anfang ihres Soldatendaseins den Fehler machte, ihrem Vater einen Brief zu schreiben, um ihm zu versichern, daß es ihr nach ihrer Flucht gut gehe. Er wiederum wandte sich an den Kriegsminister mit der Bitte, sie ausfindig zu machen, und das geschah dann auch. 1807 wurde sie nach St. Petersburg gerufen und von Zar Alexander I. befragt. Zunächst fragte er sie, ob sie wirklich eine Frau sei. Als sie das bestätigte, sagte er, er habe Berichte über ihre Tapferkeit vorliegen, und schlug vor, sie in Ehren nach Hause zurückzuschicken. Sie aber bat ihn, davon abzusehen, und sagte, sie wolle »ein Kämpfer sein, Uniform und Waffen tragen«.

Nadescha Durowa setzte sich durch, wurde zum Offizier ernannt und in ihr Regiment zurückgeschickt. Aber schon zirkulierten Gerüchte über die Anwesenheit einer Frau bei den Truppen. Zu ihrem Glück schätzten die Behörden ihren Propagandawert und behandelten sie wie eine Art Maskottchen. Von Zeit zu Zeit ging ihr das Geld aus, weil sie, wie sie behauptete, von jüdischen Händlern betrogen wurde; jedesmal mußte sie nur dem Kriegsminister schreiben, der ihr prompt wieder die Taschen füllte. 1812 wurde sie dem Oberkommandierenden General Michail Kutusow vorgestellt, der ihr sagte, er wisse, wer sie sei, und freue sich, sie kennenzulernen. Später nahm sie an den Feldzügen der Jahre 1813–1814 teil, war aber ihrer eigenen Darstellung nach kaum bei Kampfhandlungen dabei.

Nach Ende der Napoleonischen Kriege verließ Nadescha Durowa ihre geliebte Armee auf Bitten ihres Vaters, um sich um ihn zu kümmern; einige Zeit später heiratete sie auch noch einmal. Wenn man ihrem eigenen Bericht Glauben schenken kann, war sie eine Frau, die, vielleicht aus gutem Grund, ihr Geschlecht haßte und »nicht begeistert von Zusammenkünften war, bei denen viele Frauen anwesend waren«. Obwohl sie sich immer ins Kampfgetümmel stürzte, schaffte sie es irgendwie, nie jemanden zu töten. In der Schlacht war sie völlig furchtlos, sonst aber ein ziemlicher Angsthase – einsame Orte, Schatten und ungewohnte Laute flößten ihr Furcht ein. Als Offizier war sie miserabel. Von Zeit zu Zeit verlor sie ihre Einheit und mußte gesucht werden. Deshalb sagten ihr ihre Offizierskameraden, die ihre wahre Identität nicht kannten, aber vielleicht einen Verdacht hatten, auf den Kopf zu, daß sie zum Kommandieren nicht geeignet sei.

Im 19. Jahrhundert kamen die meisten Kämpferinnen in Männerkleidern, von denen wir wissen, aus den Vereinigten Staaten, wo eine republikanische Regierung im Gegensatz zu den reaktionären Monarchien anderer Länder tapfere Frauen oder zumindest Geschichten über sie förderte.[246] So soll es im Krieg von 1812 eine »Louisa Baker« (eigentlich Lucy Brewer) aus Massachusetts gegeben haben, die verkleidet auf der *U.S.S. Constitution* Dienst tat und später ihre Memoiren veröffentlichte.[247] Eine gewisse Elizabeth C. Smith aus Missouri diente acht Monate lang im Krieg gegen Mexiko und ging den Kongreß, nachdem sie entdeckt und entlassen worden war, erfolgreich um eine Pension an.[248] Im Bürgerkrieg sollen auf beiden Seiten etwa 400 Frauen gekämpft haben – zusammen mit 2 700 000 Männern, die in die Armee eintraten oder sich erneut anwerben ließen.[249] Eine Frau, Jennie Hodges aus Illinois, unterschied sich von den meisten anderen darin, daß sie nach ihrer Entdeckung und Entlassung ihr Leben als Mann fortsetzte. Ihre wahre Identität kam erst 1911 heraus, als sie bei einem Autounfall verletzt wurde.

Noch im Ersten Weltkrieg gab es einige Frauen in Männerkleidern, vor allem in den ersten Jahren, als der Krieg noch als ein einziges großes Abenteuer betrachtet wurde. In der englischen, der französischen, deutschen und österreichischen Armee waren sie zu finden, ebenso bei den Russen, die sich traditionsgemäß von den anderen dadurch unterschieden, daß sie den entdeckten Frauen erlaubten, weiter beim Militär zu bleiben, und sie auch noch auszeichneten. Mittlerweile hatte sich die Psychiatrie als um die menschliche Seele bemühte Wissenschaft etabliert, und oft wurden Psychiater hinzugezogen, um sich um die Frauen zu kümmern und das Phänomen zu erklären. Sie hatten wenig Sympathien für diese Frauen und behaupteten, es sei Symptom einer Geisteskrankheit, wenn Frauen sich in diesem »männlichsten Beruf überhaupt« betätigten. Der Sanitätsrat Magnus Hirschfeld zum Beispiel, der später ein Buch über die »Sittengeschichte« dieses Krieges schreiben sollte, wurde herangezogen, um eine Berlinerin zu untersuchen, die unbedingt ins Heer eintreten wollte und sich mit Absagen nicht abspeisen ließ. Von dieser Erfahrung sowie von Berichten seiner Kollegen ausgehend, schloß er, daß solche Frauen oft »homosexuell« seien und daß man oft von einem Vorhandensein »sadistischer Neigungen« ausgehen könne.[250]

Es ist schwer zu sagen, wie man mit diesen Informationen über weibliche Soldaten umgehen soll. Einige waren Phantasiegestalten, andere hingegen unzweifelhaft echt. Manchmal gerieten die beiden Kategorien durcheinander. So wurde ein Bild, das Hannah Snell mit Muskete und allem Drum und Dran darstellen sollte, zur Illustration eines Buches einer gewissen Mary Rowlandson benutzt, die angeblich von Indianern gefangengenommen worden war;[251] dabei war Miss Rowlandsons einzige Waffe nach eigenem Bekunden eine Bibel gewesen. Aber nicht nur in diesem Fall vermischten sich Fakten und Fiktionen. Zum Beispiel wird erzählt, daß es im amerikanischen Unabhängigkeitskrieg wie auch im Bürgerkrieg eine Heldin namens Nancy Hart gegeben habe. Die Revolutionärin Hart lebte angeblich in Georgia und hielt mit ihrer Flinte eine Gruppe Loyalisten, die in ihre Hütte eingedrungen waren, in Schach, bis Hilfe kann. Ihre Namensvetterin aus dem Bürgerkrieg wird manchmal als eine »bekannte Spionin der Konföderierten« beschrieben. Angeblich wurde sie von den Nordstaatlern gefangengenommen, wobei man sich fragt, warum sie nicht hingerichtet wurde; andere behaupten, sie sei keine Spionin, sondern eine wagemutige Anführerin der Kavallerie gewesen, die die Stadt Summersville in West Virginia im Sturm genommen habe. Im Bürgerkrieg gab es auch eine Gruppe von Frauen in La Grange, die eine Miliz bildeten und sich selbst Nancy Harts nannten. Ob ihr revolutionäres Vorbild oder eine der anderen Nancy Harts je existierten, ist schwer zu sagen.[252]

Die Frauen, die sich wirklich den Truppen anschlossen, hatten wahrscheinlich meist gute Gründe dafür – seien es persönliche, seien es patriotische. Allerdings hatten einige auch eindeutig Probleme mit ihrer sexuellen Identität: Sie kleideten sich wie Männer, lebten wie Männer und gingen sogar so weit, zu heiraten und mit anderen Frauen zu schlafen. Die meisten dienten, ohne daß es Beschwerden über sie gab, bis sie entdeckt und/oder entlassen wurden. Andererseits ist zu vermuten, daß viele von jenen, die Probleme machten, früh entlarvt und weggeschickt wurden. Zumindest in einigen Fällen standen sie unter besonderem Schutz und erhielten die Erlaubnis zu bleiben – wie etwa die »keusche Suzanne«, eine Trommlerin, die unter Napoleon in Ägypten diente.[253] Einige müssen ebenso mutig wie die Männer gewesen sein, und einige wenige wurden auch verwundet. Allerdings behaupteten zufällig gerade einige derjenigen, über die wir am meisten wissen, nie getötet zu haben – darunter neben Nadescha Durowa auch die »keusche Suzanne«.

Wie wir gesehen haben, war auch Jeanne D'Arc äußerst zögerlich, wenn es ans Töten ging. In einigen Fällen mag diese Zurückhaltung als Teil einer jahrhundertelangen literarischen Konvention der Phantasie der Berichterstatter entsprungen sein; die Vorstellung von tötenden Frauen paßt einfach nicht zu dem Bild, das sich Männer von ihnen machen. In einigen Fällen andererseits könnte es sie auch tatsächlich gegeben haben. Teils wegen ihrer vergleichsweise geringen Zahl, teils weil das Bedürfnis, nicht entdeckt zu werden, sie davon abhielt, Aufmerksamkeit zu erregen und aufzusteigen, selbst wenn sie dazu sonst fähig gewesen wären, waren die Frauen militärisch völlig bedeutungslos. Es könnte höchstens sein, daß ihre Anwesenheit, ob bekannt oder nur vermutet, einige Männer dazu brachte, härter zu kämpfen. So beruhte ihre Wirkung, wenn es denn eine gab, also ironischerweise eher darauf, daß sie Frauen waren, als auf ihren Anstrengungen, als Männer zu handeln.

## 8. Die Kriegerinnen von Dahome

Mit Ausnahme der Transvestiten haben sich in dieser Studie bisher praktisch alle Frauen, die angeblich am Kampf teilnahmen, als mythische Figuren erwiesen, während die nicht-mythischen Gestalten offenbar nicht an Kämpfen beteiligt waren. Es gibt allerdings einen durchaus ernst zu nehmenden Bericht über kämpfende Frauen, die so genannten Amazonen von Dahome.

Diese Geschichte beginnt gegen Ende des 16. Jahrhunderts, einer Zeit, in der sich Europäer, die fremde Kontinente bereisten, einander zu übertreffen suchten, wenn es darum ging, wer die seltsamsten und verrücktesten Geschichte mit nach Hause brachte. Einige, die im heutigen Brasilien gewesen waren, berichteten von einem Stamm Pfeile schießender, Kamel reitender Amazonen.[254] Um nicht ins Hintertreffen zu geraten, versorgten also Westafrika-Reisende ihre Leserschaft mit ähnlichen Geschichten.[255] Zum Beispiel schrieb Theodor Bry in seiner *Vera Descriptio Regni Africani* (Frankfurt a. M. 1598) über einen König, dessen Palastwache aus Frauen bestand. Er fügte sogar ein Bild hinzu, das die Frauen im Kampf gegen teuflische Kannibalen mit zurückgedrehten Augenlidern zeigte.

Schließlich wurden die Geschichten von den brasilianischen Amazonen schon damals als Erfindungen entlarvt. Anders dagegen die Erzählungen aus Westafrika, die, wie sich herausstellte, einen wahren Kern hatten. Mehrere Engländer, die die Region zwischen 1730 und 1790 besuchten, lieferten weitere Informationen. Meist waren es Kaufleute, aber auch einige Offiziere, die zeitweise im Heer der *West Indian Company* dienten. Ihr Hauptgeschäft war der Handel mit Sklaven, die sie von Stammeshäuptlingen dort kauften und in die Karibik sowie in die englischen Kolonien Nordamerikas transportierten. Auf dem Rückweg brachten sie Industrieprodukte mit; darunter, als das wichtigste Handelsgut überhaupt, Feuerwaffen, die dann eingesetzt wurden, um noch mehr Sklaven zu fangen.[256] Ihre meist mehrere Dutzend Seiten langen Berichte wurden oft als Broschüren veröffentlicht. Heute sind sie in gesammelter und neu publizierter Form leicht zugänglich.[257]

Dahome war damals[258] ein halb absolutistisches Königreich, in seinem Entwicklungsstand etwa dem England des frühen 14. Jahrhunderts vergleichbar, und allmählich auf dem Weg zu einer größeren Zentralisierung. An der Spitze stand ein König, dessen Position heilig und in der Theorie erblich war. In der Praxis überdauerten die Dynastien aufgrund endloser Bürgerkriege und Usurpationsversuche selten länger als zwei oder drei Generationen; der Name Dahome (Dan-Homey, »im Bauch des Dan«) selbst soll von dem eines Thronprätendenten abgeleitet sein, auf dessen Leichnam die Hauptstadt aufgebaut wurde. Dem König gehörte alles Land; einen Teil ließ er von seinen eigenen Pächtern bewirtschaften, das meiste aber war an Angehörige des Adels verliehen, der kollektiv als »Fon« bezeichnet wurde. Diese Adligen waren untereinander und mit der Königsfamilie verschwägert, und sie stellten die Palastbeamten und Provinzgouverneure.[259] Neben ihnen gab es eine kleine Schicht von Handwerkern und Händlern, die für den Bedarf des Hofes produzierten, mit anderen Stämmen Handel trieben und gelegentlich als Spione Verwendung fanden. Der Großteil der Bevölkerung allerdings bestand aus Bauern. Sie arbeiteten auf dem Land des Adels und bezahlten ihre Steuern in Naturalien.

Neugierig wurden die Fremden, weil die Könige von Dahome manchmal Frauen als Thronwachen hatten und sich gern mit Hunderten von Dienerinnen umgaben. Eine kniete vor ihm und hielt ein goldenes Schälchen, in das er hineinspucken konnte; andere trugen Waffen.[260] Von ihnen wiederum hatten einige wenige – beschrieben als »fette und übergroße Frauen« – die Aufgabe, andere Frauen hinzurichten, was sie unter König Adahoonzous persönlicher Leitung auch taten, allerdings auf so unfähige Weise, daß die Leiden der Opfer noch verlängert wurden.[261] Die Adligen Dahomes ahmten den König nach, so gut sie konnten, und gründeten eigene Harems. Gemeinsam zogen sie so viele Frauen an ihre Höfe, daß die Menschen der Unterschichten nicht heiraten konnten und auf »mäßig teure« Prostituierte zurückgreifen mußten.[262]

Ein Besucher hat eine Prozession zu Ehren des Königs beschrieben:[263] Zuerst kam eine Garde von 120 Männern mit Donnerbüchsen. Es folgten 15 Töchter des Königs, begleitet von 50 Sklavinnen; dahinter 730 seiner Ehefrauen, die Nahrungsmittel trugen. Ihnen wiederum folgte eine »Garde von 90 Frauen unter Waffen, begleitet vom Schlagen der Trommeln«. Angeführt von König Bossa Ahadees vier Lieblingsfrauen, »sehr schönen Frauen«, waren sechs Gruppen mit jeweils 70 Frauen für die Unterhaltung während des Essens zuständig; sie wurden von »sieben Gruppen mit 50 Frauen«, abgelöst, die wie ihre Vorgängerinnen »seine Majestät mit ihren Liedern und komischen Tänzen amüsierten«. Vier von ihnen hatten sich Schwänze an ihr Hinterteil gesteckt, die sie überaus graziös herumwirbelten. Zu all diesen kamen noch einmal 50 bis 60 Frauen, die dem König als Botinnen dienten. Ein Bild, das ein anderer Besucher zeichnete,[264] zeigt den König im Vordergrund mit einem Dreispitz im Stil Napoleons auf dem Kopf und einem blanken Schwert in der Faust; ein Schirm, den ein männlicher Diener trug, sorgte für den nötigen Sonnenschutz. Dem König folgte ein Zug von mit Donnerbüchsen bewaffneten Frauen, die wiederum von Männern mit Hörnern und Trompeten umgeben waren. Das ganze Bild ist absichtlich so angelegt, daß es so fremdartig wie nur möglich wirkt.

Frauen zu bewaffnen und paradieren zu lassen ist eine Sache, sie in einem echten Krieg einzusetzen eine andere. Normalerweise bestand die Armee von Dahome aus Männern.[265] Irgendwann im Jahr 1781 jedoch forderte der König des Nachbarreiches Eyeo (Oyo) von König Adahoonzou Tributzahlungen in Form von Frauen.[266] Da Adahoonzou sich nicht von seinen eigenen Frauen trennen wollte, schickte er Beamte aus, die seinen Untertanen die Frauen wegnehmen sollten, aber diese Beamte stießen auf Widerstand und konnten sich nicht durchsetzen. Daraufhin setzte sich der wütende Adahoonzou selbst an die Spitze eines Jagdtrupps aus 800 bewaffneten Frauen und zog in den Kampf. Mit diesem »ungewöhnlichen Heer« konfrontiert, flohen die Menschen. Adahoonzou gelang es schließlich, die Frauen zusammenzutreiben, die er brauchte. Inzwischen hatte allerdings seine männliche Armee Eyeo besiegt, und so mußten sie nicht ausgeliefert werden.

Offensichtlich ging Adahoonzou in diesem Falle von der normalen Praxis ab und setzte Frauen ein, weil seine Armee anderswo gebunden war; vielleicht wollte er seine widerspenstigen Untertanen auch demütigen. Sicher ist jedenfalls, daß wir bei den Zeremonien zur Beisetzung des Königs im April 1789 das nächste Mal von den Soldatinnen Dahomes hören. Die Einzelheiten liegen im dunkeln, aber wir erfahren, daß »*fünfhundertfünfundneunzig Frauen* [Hervorhebung im Original] von ihren Gefährtinnen zu diesem Anlaß getötet und – gemäß der Vorstellung, die in diesem unglücklichen Land herrscht – weggeschickt wurden, um Adahoonzou in der anderen Welt zu dienen«.

Dreißig Jahre später herrscht König Ghezo (1818–1858), ein Usurpator, der nie ganz sicher auf seinem Thron saß. Er soll einem englischen Besucher, Captain William Winniet von der Royal Navy, erklärt haben, daß er Frauen eher vertraue als Männern; vielleicht, weil sie – anders als die männlichen Soldaten – ständig im Königspalast lebten und völlig von ihm abhängig waren.[267] Wir haben verschiedene Schilderungen zur Herkunft der Frauen und der Art ihrer Rekrutierung. Einige besagen, daß eine jährliche Musterung stattfand, bei der die Untertanen ihre Töchter als eine Form des Tributs präsentieren mußten und der König oder seine Beamten auswählten, welche korpulent genug für das Bett des Königs waren oder stark genug für seine Palastwache. Andere behaupten, daß die Frauen durchs Los bestimmt wurden oder aber Gefangene aus anderen Stämmen waren.[268] Es ist nicht ausgeschlossen, daß alle drei Erklärungen richtig sind. Ein Autor, der britische Reisende Richard Burton, behauptete, die Frauen seien »Xanthippen, die die Stunden der Männer bitter machen«. Sie wurden dem König von ihren Ehegatten übergeben und »völlig zu Recht in die Armee gesteckt«.[269]

Die Frauen die, je nach Sichtweise, das Glück oder das Unglück hatten, in sein Gefolge aufgenommen zu werden, das zu den besten Zeiten wohl aus etwa 8000 Personen, zumeist Frauen, bestand, wurden dem König vorgeführt, der jene auswählte, die er heiraten wollte. Die übrigen wurden, statt die »Spiele der Liebe« zu lernen, »im Umgang mit den Waffen unterwiesen«[270] sowie in anderen Fertigkeiten, die man brauchte, um einen Hof aufrechtzuerhalten. Sie bildeten die unterste Stufe in der Hierarchie der Palastfrauen und wurden »die Ehefrauen des Königs« genannt. Wenn sie sich bewährten, konnten sie befördert werden in den Rang der »Ehefrauen des Leoparden«, die mit dem König lebten, mit ihm schliefen und ihm Kinder gebaren. An der Spitze der Hierarchie stand eine kleine Gruppe von Frauen, die den Titel »Jene, die Leoparden geboren haben« trugen. Zu ihnen gehörte die Mutter des Königs sowie andere Frauen, die auserwählt waren, die verstorbenen Mütter aller verstorbenen Könige zu repräsentieren.

Wie alle Frauen im heiratsfähigen Alter wurden in Dahome auch die »Ehefrauen des Königs« beschnitten.[271] Dann durchliefen sie eine Einschwörungszeremonie, die im königlichen Mausoleum stattfand. Aus Schnitten an den Armen trat etwas Blut aus, das mit Schießpulver und Alkohol vermischt wurde. Die Frauen legten einen Loyalitäts- und Keuschheitseid ab und tranken diese Mischung. Nachdem sie so zu Soldaten des Königs geworden waren, verbrachten sie ihr Leben in Abgeschiedenheit in einem der königlichen Paläste mit militärischem Training und Arbeit und kamen nur selten überhaupt mit Männern in Berührung. Theoretisch sollten sie bei Androhung der Todesstrafe zölibatär leben, aber dieses Gesetz scheint von einigen Königen strenger durchgesetzt worden zu sein als von anderen.[272] Eine Geschichte berichtet, daß sie, um ihr sexuelles Verlangen zu befriedigen, auf die Dienste einer besonderen Truppe männlicher Prostituierter zurückgreifen konnten.[273] Ganz sicher durften sie ohne Erlaubnis des Königs nicht heiraten – denn bei einer Heirat mußten sie den Palast verlassen. Er gab die Erlaubnis äußerst zögerlich und nur, wenn sie nicht mehr als Soldatinnen dienen konnten.[274]

Einmal abgesehen von der Einschwörungszeremonie und dem anschließenden Einsatz als Leibwachen unterscheiden sich die Berichte über die Dienerinnen des Königs bisher wenig von anderen aus vielen anderen Zeiten und von vielen anderen Orten; zudem setzten auch einige benachbarte Häuptlinge Frauen als Leibwachen ein.[275] Soweit man feststellen kann, zogen Frauen im Jahr 1839 das erste Mal in den Krieg. In den folgenden zwölf Jahren beteiligten sie sich an verschiedenen Feldzügen gegen Nachbarstämme und schlugen sich wacker. 1851 hatten sie einen Härtetest im Krieg gegen das Volk der

Egba zu bestehen. Mit dem Ziel, Gefangene zu nehmen, die er dann seinen Vorfahren opfern konnte,[276] belagerte Ghezo Abeokuta, die Hauptstadt der Egba. Offenbar erwarteten die Egba nicht, gegen Frauen zu kämpfen. Als sie feststellten, daß sie es tatsächlich mit Amazonen zu tun hatten, die vielleicht ein Viertel von Ghezos Armee aus 16000 Personen bildeten und sich zudem auch noch anschickten, einen Gefangenen zu kastrieren, verdoppelten sie verständlicherweise ihre Anstrengungen.[277] Der Angriff wurde zurückgeschlagen, und die Dahomeaner erlitten schwere Verluste, 3000 Tote, von denen wohl etwa 2000 Frauen waren.[278]

Dennoch werteten sie das Experiment offenbar als Erfolg, denn Ghezos Nachfolger Glele und Behanzin beschlossen, die Zahl der Kriegerinnen aufzustocken. Wie dies genau geschah, ist unbekannt. Anscheinend umgaben sich die Könige von Dahome wie so viele andere Stammeshäuptlinge mit ständigen Leibwachen aus Gefolgsleuten, zu denen in diesem Fall mehr Frauen zählten als sonst üblich. Im Krieg hatten sie auch das Recht, die übrigen männlichen Einwohner zu den Waffen zu rufen. Es ist möglich, aber nicht sicher, daß König Glele dieses System auch auf die Frauen ausweitete. Wahrscheinlicher ist, daß es einige Frauen einschloß – weil er, wenn man von dem Lebenskreis der Frauen, wie er oben beschrieben wurde, ausgeht, wohl kaum alle zum Kriegsdienst einberufen konnte.

Wenn dies die richtige Deutung ist, dann würde es die Unterscheidung zwischen einem Reserve-Korps und einem aktiven Korps erklären, die verschiedene Beobachter machten. Ihre Beschreibung spiegelt beinahe sicher zeitgenössische europäische Debatten über die jeweiligen Vorteile von Berufssoldaten und Reservisten wider. Letztere gelten als nutzloser Haufen: Bewaffnet mit Säbeln und Macheten, nachlässig beim Exerzieren, zeichnen sie sich allein durch ihre »entsetzlichen Schreie [aus], die an die abscheulichen Orgien der antiken Bacchantinnen erinnern«, und sind nur am Trinken interessiert. Ganz anders die aktiven »Amazonen«. Dreitausend »Mann« stark, werden sie von Kindheit an als Soldaten erzogen, »ertragen Hunger und Durst mit bewundernswertem Mut, und ihr Geist, der sich einer maschinenähnlichen Disziplin unterwirft [man könnte glauben, daß der Schreiber die preußische Garde vor dem geistigen Auge hatte], kennt nur eines: absoluten Gehorsam dem König gegenüber. Leidenschaftlich, furchtlos, wie sie sind, hätte das Königtum von Dahome ohne sie schon lange die Position verloren, die es unter den Staaten der westafrikanischen Küste einnimmt.« Bei einer bestimmten, nicht näher bezeichneten Gelegenheit wurde König Ghezo von seinen männlichen Soldaten im Stich gelassen, und »nur die Amazonen standen zwischen ihm und der Gefangennahme«.[279] Wenn sie auch die Unterscheidung zwischen aktiven und Reserve-Korps nicht machten, waren die meisten anderen Quellen ebenfalls der Ansicht, daß die Frauen eine durchaus schlagkräftige Truppe bildeten.[280]

Die Schlachtordnung in Dahome war kompliziert, und verschiedene Autoren beschreiben sie unterschiedlich. Offenbar war die Armee in einen rechten und einen linken Flügel aufgeteilt, die beide mit Männern besetzt waren. Im Zentrum standen die Frauen, was durchaus sinnvoll ist, wenn sie ursprünglich eine Leibwache waren. Wie das Heer als Ganzes waren auch sie in einen rechten und einen linken Flügel geteilt, was ebenfalls sinnvoll ist, wenn sie ursprünglich eine Leibwache waren und eine Truppe innerhalb der Truppe bildeten. Dennoch soll die eigentliche Speerspitze der ganzen Armee eine »männliche Eliteeinheit« gewesen sein, die zur Verstärkung der Frauen ausgeschickt wurde.[281] Einige Amazonen kämpften offensichtlich gar nicht, sondern fungierten weiterhin als Leibwache hinter der Front, wo sie ihren König schützten.

Wie viele weibliche Soldaten es gab, ist unklar. Ursprünglich sollen es »mehrere hundert« gewesen sein.[282] Auf dem Höhepunkt der Kämpfe (1862) waren es wohl 10 000 in einem Heer mit insgesamt 50 000 Soldaten. Von diesen 10 000 waren vielleicht 2 500 »Aktive« und der Rest »Reservistinnen« – bei einer Gesamtbevölkerung von ungefähr 250 000. Allerdings behaupten andere Quellen, daß kein König von Dahome je mehr als 12 000 Soldaten befehligte und daß die meisten Heere viel kleiner waren. Vielleicht ist der Unterschied so zu erklären, daß viele Frauen (wie auch Männer), die ins Feld zogen, keine Kombattanten waren, sondern einen »Mob« von Trägern und

Dienstleuten bildeten, wie eine Quelle sagt.[283] Damit ähnelten sie gewissermaßen dem Troß anderer Heere – und tatsächlich kann man sich schwer vorstellen, wie »Reservistinnen« mit wenig oder ganz ohne Training mehr hätten leisten können.

Dessen ungeachtet gibt es jedenfalls wenig Zweifel daran, daß einige Frauen als Soldaten ausgebildet wurden und tatsächlich kämpften – 1851 bei Abeokuta sollen sie zu den furchtlosesten Kämpfern gehört haben. Ein französischer Bericht sagt: »Alt oder jung, häßlich oder hübsch, sie waren wunderbar anzuschauen. Ebenso muskulös wie die schwarzen Krieger waren sie genauso diszipliniert und genauso korrekt in ihrer Haltung, aufgereiht wie an einem Seil. Die Kommandeurinnen standen in der ersten Reihe, erkennbar am Reichtum ihrer Kleidung, und machten einen stolzen und resoluten Eindruck.«[284] Besonders zwischen 1879 und 1884 nahmen sie an verschiedenen Feldzügen teil, obwohl wir aus den erhaltenen Quellen nicht immer mit Gewißheit ablesen können, wann sie dabei waren und wann nicht.[285] Wie andere Truppen auch gewannen sie einige Schlachten und verloren andere. Wenn sie siegreich waren, nahmen sie die abgeschlagenen Gliedmaßen, Köpfe und selbst Genitalien der Besiegten als Trophäen und stellten sie zur Schau. Sie standen in dem Ruf einer besonderen Wildheit und weigerten sich auch in Gefangenschaft, sich in ihr Schicksal zu fügen. Ein erhalten gebliebenes Bild zeigt eine Soldatin, die einen französischen Soldaten mit den Zähnen tötet, als sei sie eine Löwin und er eine Art Zebra. Ihre Feinde wie auch die Bevölkerung von Dahome selbst sollen sie mit einer Mischung von Respekt und Furcht betrachtet haben.[286]

Doch trotz aller Leidenschaft und Wildheit konnten auch die Kämpferinnen von Dahome das Königreich nicht retten. Seit Mitte der sechziger Jahre zehrten wiederholte Zusammenstöße mit – überaus kleinen, das muß man dazu sagen – französischen Truppenteilen an seiner Macht. Der Todeskampf begann 1892, als Behanzin beschloß, alles auf eine Karte zu setzen und die Franzosen direkt anzugreifen. Zwischen September und November folgten vier kleine Schlachten, bei denen die Amazonen zwischen sieben und dreißig Prozent des Heeres von Dahome stellten;[287] die offizielle französische Darstellung des Feldzugs widmet ihnen nicht einmal einen ganzen Satz.[288] Mit Behanzin gingen auch sie unter, oder vielleicht wäre es richtiger zu sagen, daß er mit ihnen unterging. Ein neuer König Ago-li-Agbo wurden von den Franzosen eingesetzt und behielt eine kleine Leibgarde, darunter auch einige Amazonen.[289] Die meisten aber gingen in ihre Dörfer zurück, heirateten, wenn sie konnten – weil sie zu alt waren, oft Ehemänner, die schon Frauen hatten und denen sie vor allem als Arbeiterinnen dienten. Eine Truppe »Amazonen« – echte oder falsche, wie man auch behauptete – wurde nach Paris gebracht und beim neu erbauten Eiffelturm zur Schau gestellt, wo sie ihre Exerzierübungen und Kriegstänze vorführten. Ihre Show muß ein Erfolg gewesen sein, denn sie sollten auch in Brüssel und Chicago auftreten. Einige ihrer Gebräuche überlebten in Gesängen, Legenden und Artefakten, und ihre Taten wurden noch in den dreißiger Jahren des 20. Jahrhunderts gefeiert.

Bei allem, was die Kämpferinnen von Dahome betrifft, sind Fakten und Fiktionen nur schwer voneinander zu trennen, um so mehr, als es für die westafrikanischen Häuptlinge nichts Ungewöhnliches war, sich mit einem weiblichen Gefolge zu umgeben – seien es Soldatinnen oder einfach Dienerinnen. Als zum Beispiel der britische Entdecker und spätere Kolonialverwalter Frederick Lugard 1894 den Niger hinaufzog, erreichte er eine Ortschaft namens Bussa, wo er den König aller Bassas traf – »einen besonders schmutzigen und gemein aussehenden Wilden, umgeben von ... Scharen von nackten Mädchen und halbnackten Frauen«;[290] eine ähnliche Gruppe nackter Frauen soll auch den König von Kiama bedient haben.[291] General Sir Garnet Wolsley lobte in seinem Bericht über seinen erfolgreichen Feldzug gegen die Ashanti die Fanti-Frauen, die als Trägerinnen eingesetzt waren. Die Männer der Fanti, so sagte er, seien »völlig ohne Mut« und »unmännlich«; das Verhalten der Frauen hingegen sei »bewundernswert« gewesen. »In Anbetracht dieser Charakteristika der beiden Geschlechter ist es nicht verwunderlich, daß der König von Dahome sich ein Korps Amazonen hält. Die Frauen besitzen nicht die Trägheit und Feigheit der Männer; sie sind klug, fröhlich und arbeiten schwer, und sie dienten bereitwillig und hervorragend.« Sie waren außerdem

»überaus zugänglich für Disziplin«, schienen einen »natürlichen Ordnungssinn« zu haben, zudem »wundervolle Kraft«, litten aber leider an einem »Mangel an gutem Aussehen«.[292]

Damit kommen wir zum Kernproblem. Seit biblischen Zeiten[293] gibt es den rhetorischen Trick, männliche Soldaten zu demütigen, indem man sie mit Frauen vergleicht; wie es auch um die Realität hinter den Kämpferinnen von Dahome bestellt sein mag, ganz offenbar war dies jedenfalls auch ein Zweck vieler Berichte aus dem 19. Jahrhundert über sie. Indem die Europäer darlegten, daß die männlichen Stammeskrieger, die sie unterwarfen, nicht einmal so gut wie ihre Frauen waren,[294] bekräftigten sie ihre eigene Überlegenheit. Ihre Techniken wurden auch von einigen modernen Wissenschaftlern übernommen. Harry Holbert Turney-High (1899–1982) zum Beispiel lehrte als Anthropologe an der University of South Carolina.[295] Er verbrachte einen Großteil seiner akademischen Laufbahn damit, die Stammeskriege zu trivialisieren, die seiner Meinung nach unter dem »militärischen Horizont« stattfanden; er stellte ihnen seine eigene Erfahrung als Colonel der US-Armee im Zweiten Weltkrieg gegenüber, auf die er unbändig stolz war. Es ist also nicht weiter verwunderlich, wenn er schrieb, daß »ohne irgendeinen Zweifel an der Fähigkeit oder Wildheit dieser Frauen zu erheben, der Leser doch die Art von Kampf im Gedächtnis behalten muß, die die Dahomeaner führten, und dann wird er zu der Annahme finden, daß Frauen sich in ihnen ebenso gut bewähren konnten wie Männer«.[296]

Zudem zahlten die Frauen einen hohen Preis für ihre Leistung. Europäische Beobachter nannten sie immer Amazonen; aber niemand war weiter von jenem Stamm männerloser, berittener, frei umherstreifender Kriegerinnen des antiken Mythos entfernt. Die »Amazonen« von Dahome wurden als Jugendliche in den Harem des »Leoparden« aufgenommen. Außer jenen, die ihm zufällig gefielen, genossen sie dennoch nicht das Privileg, mit ihm zu schlafen, und unter all seinen »Ehefrauen« war ihr Status am niedrigsten. Sie standen als eine besondere Gruppe außerhalb der normalen Gesellschaft; nachdem sie von ihren Pflichten als Soldatinnen entbunden worden waren, sollten sie nur noch ihre biologische Pflicht als Mütter erfüllen, wenn ihnen das gelang. »Amazonen«, die ihren eigenen Neigungen folgten und von anderen Männern schwanger waren, wurden vor Gericht gestellt und im unglücklichsten Fall hingerichtet.

Die Frauen selbst waren sich ihres doppeldeutigen Status bewußt. Sie wurden als Männer betrachtet und sahen sich auch selbst als solche; sie hatten sogar eine Art Schlachtgesang, in dem sie sich als »starke Männer, sehr stark, mit muskulösem Oberkörper«, feierten. »Laßt uns gemeinsam marschieren, laßt uns marschieren wie Männer«, forderte ein anderes Lied, das sie auf dem Marsch sangen. Ein drittes verkündete, daß »wir Männer, nicht Frauen sind«.[297] Wie um zu bekräftigen, daß die Frage der weiblichen Solidarität hier gar nicht aufkam, sprachen sie von ihren Feinden als »Weibern« und ließen sich manchmal mit Sklavinnen für ihren Einsatz belohnen.[298] Die europäischen Eroberer beschrieben sie oft als »Furien«, »häßlich«, »Mannweiber«, »vermännlicht« und »auffallend durch den riesigen Fettsteiß«.[299] Eine Wissenschaftlerin hat behauptet, daß jene Eroberer vom Anblick weiblicher Kämpfer schockiert waren und sich deshalb weigerten, ihre »weibliche Schönheit und Anmut« zu bewundern. Wahrscheinlicher ist allerdings, daß die Frauen von Dahome, wenn sie wirklich im Nahkampf eine Chance gegen männliche Krieger haben wollten, auch einen angemessenen Körperbau entwickeln mußten. Vielleicht sahen sie aus wie die Frauen in manchen modernen Bodybuilder-Zeitschriften.

In einer Gesellschaft, in der Frauen einen sehr niedrigen Status hatten,[300] entsprang alles Ansehen, das die »Amazonen« genossen, allein der Beziehung zu ihrem königlichen Herrn. Einmal abgesehen von ihren Schwestern in den Harems moslemischer Herrscher kann man sich kaum eine andere Gruppe von Frauen vorstellen, die ein abgeschiedeneres Leben führte oder weniger Unabhängigkeit genoß oder sich selbst weniger als weiblich wahrnehmen konnte; ihre Unterordnung war so vollkommen, daß einige sogar ausgewählt wurden, ihren Herrn bei seiner Reise ins Jenseits zu begleiten.[301] Als Kämpferinnen waren sie immer eine Minderheit – sicherlich nicht mehr als ein Viertel – in einem Heer, das wie alle anderen in der Geschichte hauptsächlich aus Männern bestand. Ursprünglich bildeten sie eine königliche Leibgarde, deren Funktion oft genug darin bestand, andere Frauen gefangenzunehmen und hinzurichten. Später entwickelten sie sich zu Soldatinnen. Insgesamt dauerte ihre Karriere beim Heer vielleicht fünfzig Jahre. Schließlich gingen sie zusammen mit ihrem König und ihren Männern unter; danach wurden einige von ihnen ausgestellt »wie Kälber mit zwei Köpfen«, wie es ein zeitgenössischer französischer Journalist ausdrückte.[302] Um Krieger zu werden, mußten sie ihre Weiblichkeit aufgeben, sich in Männer verwandeln und Frauen verachten, wie sie selbst sagten. Ihr Schicksal war in Wirklichkeit weder komisch noch beneidenswert, sondern einfach tragisch.

## 9. Revolten, Revolutionen und Aufstände

Echte Kriegerinnen waren immer so selten wie das Einhorn. Anders sieht es hingegen bei der Beteiligung von Frauen an Revolten, Revolutionen und Aufständen aus. Ein berühmtes Gemälde des französischen Malers Eugène Delacroix aus dem 19. Jahrhundert zeigt die Revolution in Gestalt einer Frau mit nackten Brüsten. Sie stürmt vorwärts mit der Trikolore in der Hand, überrennt die Körper der Toten, und ein schmächtiger Mann mit dunklem Gesicht, der drohend eine Pistole hebt, folgt ihr. Dieses Kapitel handelt nur von solchen Revolten, Revolutionen und Aufständen, die mit bewaffneten Auseinandersetzungen einhergingen, egal ob offene Zusammenstöße mit den »Ordnungskräften«, Guerillakrieg oder Terrorismus. Ausgeklammert bleiben die Fälle, in denen der Wandel allein durch politische Mittel oder bereits durch »revolutionäre« Schriften und Reden erreicht wurde.[303]

Für manche Aufstände haben wir Zahlen zur Beteiligung der Frauen. Nach dem Zweiten Weltkrieg befand ein Sonderausschuß, daß 35 000 Italienerinnen zwischen 1943 und 1945 an »mindestens drei Militäroperationen« gegen die Deutschen beteiligt gewesen seien. 4635 Frauen wurden festgenommen, 2750 starben im Kampf oder wurden exekutiert. 512 Frauen hatten in irgendeiner Weise Kommandobefugnis, 19 wurden mit dem höchsten Orden des Widerstandes ausgezeichnet.[304]

Da insgesamt 282751 Personen[305] offiziell als »Partisanen« anerkannt wurden, betrug der Frauenanteil etwa 12,3 Prozent, das entspricht, wie wir noch sehen werden, weitgehend den Verhältnissen zu anderen Zeiten und an anderen Orten. Hingegen ist das Verhältnis bei den Kommandopositionen – eins zu siebzig – auffallend niedrig, wenn man bedenkt, daß in den europäischen Armeen während des Zweiten Weltkriegs ungefähr jeder achte Soldat Unteroffizier war und etwa jeder dreißigste Offizier.

In Jugoslawien waren zwischen 1941 und 1945 etwa zehn Prozent der Kämpfer der Nationalen Befreiungsarmee, des militärischen Arms der Widerstandsbewegung, Frauen, bis zu Kriegsende erhöhte sich ihr Anteil auf 12,5 Prozent.[306] Die Frauen gehörten zu den ersten, die sich dem Widerstand anschlossen, und ihre Zahl wuchs kontinuierlich. Die meisten waren unter zwanzig oder wenig darüber und nicht verheiratet. Von Patriotismus einmal abgesehen, sollen bei dem Entschluß auch Abenteuerlust und der Wunsch nach Kameraderie und Gleichstellung mit den Männern eine Rolle gespielt haben, und schließlich sollte der Kampf auf Seiten Titos Unterstützung für den Aufbau eines kommunistischen Jugoslawien nach Kriegsende demonstrieren. Falls die eine oder andere Frau aus weniger erhabenen Motiven in den Widerstand ging, zum Beispiel weil sie ihrer Familie entfliehen wollte, teilt uns die kommunistisch orientierte Autorin, die das untersucht hat, zumindest nichts darüber mit.

Zu Anfang war der jugoslawische Widerstand wenig organisiert und agierte eher planlos, die Widerstandskämpfer taten ihr Möglichstes und lernten mit jeder Aktion. Sobald die Bewegung eine Struktur bekommen hatte und ein mehr oder wenig sicheres Hauptquartier besaß, erhielten Männer und Frauen einen Monat lang eine Grundausbildung als Kämpfer *(borac)*. Danach wurden sie an die »Front« geschickt. Wer lebendig zurückkehrte, erhielt eine weiterführende Ausbildung, wozu für Frauen auch Nachrichtenwesen und vor allem Krankenpflege gehörten. Frauen dienten als Sanitäter *(bolnicarka)* oder Sanitäter-Kämpfer *(borac-bolnicarka);* wenn eine Frau in einer Einheit war, wurde sie in der Regel für den Sanitätsdienst abgestellt, ob ihr das gefiel oder nicht. Sehr viel weniger Frauen wurden als Spezialistinnen beim Codieren, Decodieren und als vorgeschobene Beobachterinnen eingesetzt. Letzteres war eine sehr gefährliche Aufgabe, denn es bedeutete, daß man sehr weit vor den Hauptangriffskräften operieren mußte.

Obwohl 11 Prozent der Frauen in der Nationalen Befreiungsarmee Unteroffiziere waren und 8 Prozent zu Offizieren befördert wurden, besetzten Frauen nur 6 Prozent der »politischen« Positionen, und keine Frau stieg jemals weiter auf als bis zum Rang eines Majors. Auf den ersten Blick wird das dadurch ausgeglichen, daß der Anteil der Frauen in den traditionell weiblichen Dienstleistungen wie Kochen, Nähen, Tippen und so weiter noch geringer war. Doch diese Tätigkeiten wurden von der Antifaschistischen Frauenorganisation (AFZ) übernommen, der rund 2 Millionen Frauen angehört haben dürften und die die zivile Infrastruktur der Befreiungsarmee darstellte. In der Praxis waren beide Organisationen oft nicht zu unterscheiden, da »Kampfhandlungen« wie Überfälle und Bombenangriffe der Besatzungsmacht auch die AFZ trafen. Der Blutzoll des jugoslawischen Volkes belief sich auf rund 1 Million Menschen, wie viele davon Frauen waren, ist nicht dokumentiert. In der Befreiungsarmee soll der Anteil der Frauen an den Toten überdurchschnittlich gewesen sein (25 Prozent der Frauen kamen um, aber nur 11 Prozent der Männer). Ich kenne keinen anderen Krieg, in dem mehr Frauen bei Kampfhandlungen starben als Männer. Wenn die genannten Zahlen stimmen, dann hat die Widerstandsbewegung offensichtlich junge und unerfahrene Frauen als Kanonenfutter verwendet. Eine andere Erklärung könnte sein, daß Frauen verletzlicher sind als Männer und den außerordentlichen körperlichen Strapazen, die der Kampf gegen die Wehrmacht oft mit sich brachte, weniger gut gewachsen waren.

Ein dritter Versuch, den Anteil der Frauen am revolutionären Kampf in Zahlen zu fassen, wurde am Beispiel des Unabhängigkeitskrieges unternommen, den Algerien 1955–1962 gegen Frankreich führte.[307] Wie ihre jugoslawischen Schwestern waren die Algerierinnen, die sich der FLN, der Nationalen Befreiungsfront, anschlossen, in der Regel sehr jung und unverheiratet. Anders als ihre jugoslawischen Schwestern wurden die meisten (94 Prozent) bei Krankenpflege und Küchendienst eingesetzt. Einige Frauen leisteten auch Verbindungsdienste und Aufklärungsarbeit, wofür sie besonders geeignet schienen. Wie viele Kolonialherren lebten auch die Franzosen in der Illusion, sie könnten allein durch Augenschein Algerierinnen von Französinnen unterscheiden. Allerdings waren die Frauen selten bei Kämpfen dabei oder wurden in Kämpfe geschickt.

Wie auch in Jugoslawien war die »offizielle« FLN nur die Spitze des Eisbergs. Im zivilen Bereich unterstützte praktisch die gesamte Bevölkerung einschließlich der Frauen den Aufstand. Die Frauen aus einfachen Schichten, die vorwiegend in Dörfern lebten und zu 98 Prozent Analphabetinnen waren, »erfüllten tagein, tagaus die gleichen Pflichten: Kochen, Waschen, Putzen. Sie hatten eine eintönige und undankbare Aufgabe, fern von allem militärischen Ruhm und Heldentum«, und doch bekamen auch sie hin und wieder die Gefahr zu spüren, wenn die Franzosen ein Dorf angriffen oder bombardierten.[308] Je nachdem, welche Quelle man heranzieht, forderte der Aufstand auf Seiten der Algerier zwischen 300 000 und 1 Million Opfer. Wir wissen nicht, wie viele Frauen darunter waren und in welchem zahlenmäßigen Verhältnis die weiblichen zu den männlichen Opfern standen. In einer Untersuchung ist nur davon die Rede, daß von 10 949 weiblichen Angehörigen der FLN 1343 gefangengenommen und 949 getötet wurden.

Von den beschriebenen drei Beispielen gehören Jugoslawien und Algerien zu den besonders blutigen in der Geschichte – aber auch die italienische Erhebung war kein Spaziergang. In Italien führte die Besatzungsmacht nicht nur Operationen gegen Untergrundkämpfer durch, sondern zerstörte ganze Dörfer und sogar Bezirke in einem Ausmaß, das die Grenze zum Völkermord erreichte oder überschritt. Im Vergleich dazu waren die Auseinandersetzungen zwischen den jüdischen Siedlern und den britischen Behörden in Palästina zwischen 1945 und 1947 geradezu zivilisiert. In den Augen der Briten waren die Juden eine »halbeuropäische Rasse«,[309] deshalb gingen sie nicht annähernd so brutal gegen sie vor wie im selben Gebiet von 1936 bis 1939 gegen die Araber. Auf jüdischer Seite kämpften PAL-

MACH (3000 bis 4000 Mitglieder), deren Mutterorganisation Haganah (30000 Mitglieder), ETSEL (7000 Mitglieder) und LECHI (rund 700 Mitglieder).[310] Angaben zum Frauenanteil gibt es nur für PALMACH, dort machten die Frauen zwischen 15 und 20 Prozent aus.[311] Ob Zufall oder nicht, PALMACH ist auch die Organisation, die am wenigsten in blutige Kämpfe verwickelt war. Im Sommer 1946 schwor sie dem Terrorismus ganz ab und wandte sich anderen Formen des Kampfes gegen die Briten zu, zum Beispiel schleuste sie illegale Immigranten ins Land und ähnliches.

Die Haganah war von den drei Organisationen mit Abstand die größte. Sie war auch die einzige, die dank der wirtschaftlichen Unterstützung durch die *Kibbuzim* ihren kämpfenden Mitgliedern eine systematische Ausbildung angedeihen lassen konnte. Die PALMACH-Frauen wurden zusammen mit den Männern ausgebildet und trainiert, auch an Waffen. Trotzdem blieben in der Phase, als die Organisation »Aktionen« gegen die Briten durchführte – Brücken in die Luft sprengte oder Stützpunkte des britischen Militärs angriff – die Frauen in der Regel im Hintergrund. Manchmal unterstützten Frauen die Aktionen. Einmal wurden eine Frau und ein Mann, die eine Gruppe von Saboteuren zu ihrem Ziel gefahren hatten und sie nach der Tat wieder zurückbringen sollten, gefesselt mit ihrem Auto zurückgelassen: Sollten die Briten sie finden, konnten sie sagen, daß sie gezwungen worden waren.

Zwar gab es keine Regel, daß Frauen keine Kommandopositionen übernehmen durften, aber nach allen Informationen haben PALMACH-Frauen keine Einheiten kommandiert, die größer waren als ein Trupp. Das trifft im großen und ganzen auch für die beiden anderen kämpfenden Organisationen zu, für die wir keine genauen Zahlen besitzen. Frauen wurden dort üblicherweise als Sanitäter, Kuriere, in der Nachrichtenübermittlung und zum Waffenschmuggel eingesetzt (der Autor kennt persönlich eine Frau, die in ihrem Büstenhalter Handgranaten schmuggelte). Eine berühmte Angehörige von LECHI war Geula Cohen, sie war Sprecherin beim Untergrundsender der Organisation. Geschickt setzte sie ihre unheilschwangere Stimme ein und stieß Drohungen gegen die Besatzungsmacht aus, die einem das Blut in den Adern gefrieren ließen. Später nutzte sie ihr schauspielerisches Talent als Knesset-Abgeordnete einer rechtsgerichteten Partei. In allen drei Untergrundorganisationen war der Anteil der Frauen, die bei Einsätzen ums Leben kamen, verschwindend gering. Und nicht eine Frau wurde von den Briten exekutiert oder ins Exil verbannt.

Natürlich sind die beschriebenen Beispiele nicht die einzigen Aufstände, an denen Frauen beteiligt waren. Einige wenige mit dem Spitznamen »Les Vésuviennes« kämpften 1848 in den Straßen von Paris. Doch von den achtzehn Artikeln, die in der französischen Presse über sie erschienen, stellten sich siebzehn als erfundene Geschichten heraus,[312] ein Beweis – wenn es denn eines weiteren Beweises bedurft hätte –, daß Berichte über kämpfende Frauen einen prickelnden Reiz für Männer haben. In Rußland fochten 1918/19 die »Roten« gegen die »Weißen«, darunter auch einige weibliche Kämpferinnen und einige wenige Frauen als politische Offiziere oder Kommissare. Mindestens zwei dieser Frauen, Rosalia Semljatschka und Jewgenia Bosch, waren so eifrig wie ihre männlichen Kameraden und wurden berühmt, weil sie befahlen, ihre Gegner zu töten.[313] Im Januar 1944 stellten die Frauen knapp unter zehn Prozent der »operierenden Partisanen« in der Sowjetunion – 26 707 von 287 453, um genau zu sein.[314] Nach dem Zweiten Weltkrieg wurden 250 Griechinnen für ihren tapferen Kampf gegen die Besetzung durch die Achsenmächte ausgezeichnet.[315]

Verlassen wir Europa, sind die rund 3 000 Frauen zu nennen, die (neben 100 000 Männern) an Maos Langem Marsch teilnahmen. Von den Ehefrauen der Führer abgesehen, leisteten die meisten die üblichen logistischen Dienste, die Führung der chinesischen Roten Armee lag fest in der Hand der Männer.[316] Auch Vietnam hat eine lange Geschichte von Frauen, die bei Aufständen gegen die Chinesen an vorderster Front kämpften. Diese Tradition setzte sich im 20. Jahrhundert fort, als viele Vietnamesinnen an Revolten gegen die Franzosen und Amerikaner beteiligt waren. Sie nahmen außerordentliche Strapazen auf sich, und nicht selten konnten sie danach keine Kinder mehr bekommen.[317] Die meisten deckten zwar die Infrastruktur ab, aber einige kämpften auch mit einer Waffe in der Hand.

Ihre amerikanischen Gegner behaupteten stets, die Frauen seien die »schlimmsten, rücksichtslosesten, gemeinsten« Kämpfer gewesen,[318] und das *mußten* sie auch sein, denn sonst wäre die Demütigung für ihre männlichen Gegner noch größer gewesen, als sie sowieso schon war. An weiteren Aufständen außerhalb Europas, an denen auch Frauen beteiligt waren, sind der Kampf der Mudschaheddin in Afghanistan zu nennen und die Kurdische Befreiungsbewegung (PKK). Ähnliches gilt für unzählige lateinamerikanische Befreiungsbewegungen, angefangen beim Leuchtenden Pfad in Peru.[319]

Um diese und andere Revolten ranken sich zahlreiche Geschichten über Heldinnen, manche mit einem realen Kern, andere erfunden. Zur ersten Kategorie gehört die Palästinenserin Leila Khaled. Gemeinsam mit männlichen Komplizen versuchte sie eine Maschine der Fluggesellschaft El Al zu entführen, wurde von israelischen Sicherheitskräften überwältigt und nach Großbritannien ausgeliefert. Sie ist seit langem wieder auf freiem Fuß und hat sich der »Ablehnungsfront« derjenigen angeschlossen, die Arafat bei seinem Verzicht auf terroristische Anschläge zugunsten von Verhandlungen mit Israel nicht folgen wollen. Zur zweiten Kategorie gehört wohl Trieu, ein über zwei Meter großes vietnamesisches Mannweib mit neunzig Zentimeter langen Brüsten. Es heißt, sie habe ihre Brüste über die Schultern geschlungen und auf einem Elefanten reitend um das Jahr 240 nach Christus einen Aufstand gegen die Chinesen angeführt. Sie wurde besiegt (und in den Selbstmord getrieben), weil ihre Feinde ihre weibliche Empfindsamkeit ausnutzten und ungewaschene grobe Kerle gegen sie in den Kampf schickten.[320] Eine weitere sagenumwobene Gestalt war die trinkfeste »Adelita« in der mexikanischen Revolution, eine tollkühne Reiterin, die immer ein Gewehr mit sich herumschleppte. Es gab ein Lied über sie, ähnlich wie »Molly Pitcher«, aber wahrscheinlich war sie entweder ganz Phantasiegestalt oder eine Mischung aus Phantasie und Realität. Wie die Beteiligung der Frauen an der mexikanischen Revolution wirklich aussah, hat der amerikanische Journalist John Reed beschrieben. Von den Tausenden von Frauen, die er im Laufe mehrerer Monate traf, hatte wohl nur eine gekämpft, und eine weitere hatte einen militärischen Rang inne. Die anderen begleiteten als Troß ihre »Männer«, manche waren verheiratet, andere nicht. Wenn ein Mann starb, wurde die betreffende Frau oft umstandslos zum nächsten weitergereicht.[321]

Bei einem »idealtypischen« Aufstand bilden die Frauen rund 10 Prozent der hauptberuflichen Revolutionäre, gelegentlich war ihr Anteil noch sehr viel geringer. Ob als Kämpferinnen oder als Teil der zivilen Infrastruktur, die große Mehrheit der Frauen leistete in unterschiedlicher Weise unterstützende Dienste von Kochen über Krankenpflege bis zur Übermittlung von Nachrichten und von Spionage über den Transport von Ausrüstung bis zu »unfreiwilligem Sex« mit ihren männlichen Kameraden.[324] Insgesamt waren Frauen zahlreicher in Organisationen, die hauptsächlich mit terroristischen Methoden kämpften, als in solchen, die einen halb offenen Guerillakrieg führten.[325] Von männlichem Chauvinismus einmal abgesehen, ist ein Grund für die Seltenheit weiblicher Kämpfer, daß Aufständische in der Regel knapp an Waffen sind und deshalb die wenigen verfügbaren Waffen an die Männer verteilen. Die relativ geringe Zahl von Frauen und ihre Beschränkung auf Hilfsdienste könnte erklären, warum in den betreffenden Organisationen im allgemeinen keine Frauen in höheren Rängen anzutreffen sind. Oder vielleicht ist auch die umgekehrte Sicht richtig, und die Frauen blieben auf die Hilfsdienste beschränkt, weil weibliche Vorgesetzte so selten waren.

Ganz ohne Zweifel verlangte die Beteiligung an diesen und anderen Aufständen ein außerordentlich großes Maß an Heldenmut auf seiten der Männer und der Frauen gleichermaßen. In gewisser Weise verlangte sie sogar mehr Mut als der offene Kampf. Ein Grund dafür ist, daß Rebellen bei ihren verdeckten Operationen häufig ganz allein auf sich und auf ihre mentalen Ressourcen gestellt sind. Hinzu kommt, daß Rebellen anders als Soldaten keinen rechtlichen Status haben; deshalb müssen sie damit rechnen, daß sie im Falle der Gefangennahme schlechter behandelt werden als reguläre Soldaten. Historisch betrachtet, mußten Kriegsgefangene Schreckliches erdulden. Und noch viel schlimmer wurde mit Rebellen verfahren.

Auf der anderen Seite erging es gefangengenommenen weiblichen Rebellen oft besser als den Männern. Zum Beispiel ließen die Briten nach dem Osteraufstand in Irland 1916 vierzehn männliche Sinn-Fein-Führer hinrichten. Nicht so Constance Markievicz (1876–1927), die »Rebellengräfin«, die »nur mit Rücksicht auf ihr Geschlecht« begnadigt wurde. Später war sie Mitglied des irischen Parlaments und die erste Ministerin in einer modernen Demokratie.[324] In Nigeria marschierten die Frauen 1929 bei gewalttätigen Demonstrationen gegen die britischen Behörden mit in der Annahme – die sich als falsch erwies –, daß die Briten zögern würden, auf sie zu schießen.[325] Daß sogar die Deutschen in Rußland davor zurückschreckten, die Frauen genauso zu behandeln wie die Männer, belegt ein Befehl des nazifreundlich eingestellten Generals Walter von Reichenau vom Oktober 1941. Er ordnete »drakonische Maßnahmen« gegen alle *männlichen* Russen an, die Sabotageakte hätten verhindern können, es aber unterlassen hatten.[326]

In Palästina konnten jüdische Frauen zwischen 1946 und 1948 Waffen am Körper verstecken, weil die britischen Soldaten sie nicht durchsuchen durften. Ein weiteres Beispiel bieten die Seychellen. 1982 fand dort ein Putschversuch statt, der scheiterte. Die beteiligten Männer wurden zum Tode verurteilt und zu langen Gefängnisstrafen begnadigt. Die einzige Frau, eine Südafrikanerin namens Sue Ingle, verbrachte nur eine einzige Nacht im Gefängnis, zusammen mit ihrer Katze.[327] Um noch ein Beispiel anzuführen: Ein Grund, warum bei dem Palästinenseraufstand in Israel so häufig Frauen (und Kinder) in vorderster Front zu sehen waren, ist der, daß es sich im Fernsehen nicht gut macht, wenn Frauen mit Tränengas besprüht und mit Schlagstöcken zurückgetrieben werden. In manchen Fällen ließen die israelischen Behörden weibliche PLO-Gefangene vorzeitig frei, weil sie, wenn sie ihre gesamte Strafe abgesessen hätten, danach keine Kinder mehr hätten bekommen können.

Daß mehr Frauen an Aufständen beteiligt waren als an Kriegshandlungen, hat damit zu tun, daß sie und die männlichen Befehlshaber erwarteten, Frauen würden weniger Verdacht erregen und, sollten sie doch festgenommen werden, weniger hart behandelt werden als Männer. Aber darüber hinaus gibt es eine noch wichtigere Erklärung. Wie wir sehen werden, ist die zentrale Funktion des Krieges die Bestätigung des männlichen Selbstwertgefühls. Krieg und Rebellion unterscheiden sich nun dadurch, daß Aufständische sich zumindest am Anfang unüberwindlichen Hindernissen gegenübersehen – es fehlt an Leuten, Ausbildung, Erfahrung, Organisation und Mitteln. Dieses Ungleichgewicht ist der entscheidende Aspekt. Es erlaubt Männern, entgegen den normalen Regeln des sozialen Lebens an der Seite von Frauen – zumindest ein paar wenigen Frauen – zu kämpfen, ohne ihre Selbstachtung zu verlieren.[328]

Ähnlich dürfte auch zu erklären sein, warum seit der Antike Frauen stets an der verzweifelten Heimatverteidigung mitwirkten, die dann kam, wenn alles verloren war. Frauen kletterten beispielsweise auf die verbliebenen Dächer und warfen Gegenstände auf die Invasoren herab, wenn die Straßen ansonsten in Schutt und Asche lagen. In den letzten Wochen des Zweiten Weltkriegs willigte sogar Hitler trotz seiner männlich-chauvinistischen Überzeugungen ein, daß auch Frauen mit der Waffe in der Hand die Heimat verteidigten;[329] allerdings war es dafür bereits zu spät. Aber es erklärt, warum in allen Fällen ohne Ausnahme die Frauen die Waffen niederlegen mußten und allenfalls noch unterstützende Dienste leisteten, sobald die Aufständischen, Guerillakämpfer, Partisanen oder Freiheitskämpfer dem Untergrund auftauchten. So war es bei den rund 200 Frauen, die freiwillig im spanischen Bürgerkrieg kämpften, bei den »Partisaninnen« in Jugoslawien, die noch vor dem Ende des Zweiten Weltkriegs aus der Schußlinie abgezogen wurden, bei den weiblichen Mitgliedern der israelischen Haganah innerhalb eines Monats nach der Staatsgründung, bei den Vietnamesinnen nach Ende des Indochinakrieges und bei den Frauen in Eritrea, die, so heißt es, von der Front direkt in die Küche zurückkehrten.[330]

Auch in Zukunft werden zweifellos Frauen an Aufständen beteiligt sein. (Und auch am Kampf gegen Aufständische: Nach den Verhältnissen in der Wiener Gestapoleitstelle zu urteilen, waren ein Drittel der bei der Gestapo Beschäftigten Frauen.[331] Frauen stellten 10 Prozent des Wachpersonals in den Konzentrationslagern; die weiblichen Mitglieder der verschiedenen europäischen Widerstandsbewegungen endeten in der Regel im Konzentrationslager Ravensbrück, das ganz von Frauen verwaltet wurde.) Die meisten werden in irgendeiner Weise Hilfsdienste leisten, aber einige werden auch an Operationen mitwirken und Menschen töten. In Anbetracht ihrer physischen Grenzen werden die meisten Frauen indirekt töten: Bomben verstecken, terroristische Anschläge verüben oder sich bei der Festnahme wehren. Das Verhältnis zwischen männlichen und weiblichen »aktiven« Aufständischen wird so ungleich bleiben, wie es immer war, und sei es nur aus dem Grund, daß die große Mehrheit der Frauen irgendwann heiratet, Kinder bekommt und zu Hause bei den Kindern bleibt. Nach den üblichen Regeln des sozialen Lebens werden in einigen wenigen revolutionären Bewegungen Frauen Führungspositionen besetzen. Und wie ebenfalls die Erfahrung lehrt, wird die Mehrheit der Frauen die Führungspositionen wieder verlieren, wenn der Kampf zu Ende ist.

Als Aufständische werden Frauen weiterhin beweisen, daß sie genauso mutig, entschlossen und fähig sind, den schlimmsten Strapazen und den härtesten Bedingungen zu widerstehen wie Männer. Aus den oben dargelegten Gründen beweisen allerdings Aufstände nicht, daß der Krieg Sache der Frauen ist. Aufstände sind allenfalls die Ausnahme, die die Regel bestätigt.

## 10. Das Zeitalter des totalen Krieges

Wie wir gesehen haben, spielten die Marketenderinnen nach den Napoleonischen Kriegen eine immer geringere Rolle, und so waren die Armeen Ende des 19. Jahrhunderts nahezu ausschließlich männliche Organisationen. Bis zum Ersten Weltkrieg hatte sich daraus ein Männlichkeitskult entwickelt. Vielleicht mehr als jeder andere Krieg in der modernen Zeit wurde der Erste Weltkrieg als ein Testfall gesehen, was Männer (im Unterschied zu Frauen) waren und was sie (ebenfalls im Unterschied zu Frauen) leisten konnten.[332] Unter den großen Armeen gab es nur in der britischen einige Tausend Frauen in Uniform, alle dienten als Krankenschwestern. Die anderen Armeen brauchten auch Krankenschwestern, aber sie stellten sie als Zivilistinnen ein.

Im Krieg verfolgten Deutschland, Österreich-Ungarn, Frankreich und Italien gegenüber den Frauen die restriktivste Politik. Die Streitkräfte dieser vier Länder setzten zwar in großer Zahl Zivilistinnen ein,[333] aber keine Frauen in Uniform. 1918 spielten die Deutschen mit dem Gedanken, (unverheiratete) Frauen zu einem obligatorischen Arbeitsdienst heranzuziehen, aber der Gedanke wurde nicht weiter verfolgt.[334] Die Russen weigerten sich, ein weibliches Hilfskorps aufzustellen, aber im Gegensatz zu den anderen ließen sie einige Frauen auf dem Schlachtfeld kämpfen. Nachdem im Anschluß an die Februarrevolution 1917 ihre Armeen zerfielen, bildeten sie aus Frauen einige wenige sogenannte »Todesbataillone«; dazu später mehr. Somit blieben nur zwei der sechs Hauptkriegsparteien, Großbritannien und die Vereinigten Staaten, die Frauen in die Streitkräfte aufnahmen. Sei es nun Zufall oder nicht, diese beiden Staaten waren jedenfalls durch das Meer geschützt und in gewisser Weise weniger vom Krieg betroffen als die anderen.

Großbritannien unterschied sich damals von seinen kontinentalen Feinden und Verbündeten darin, daß es keine Wehrpflicht hatte. Die Regierung rief dazu auf, sich freiwillig zum Kriegsdienst zu melden, und Hunderttausende reagierten auf die Appelle. Die Frauen wollten ebenfalls »ihren Teil beitragen«, und so wurde im Herbst 1914 das Women's Emergency Corps (WEC) geschaffen.[335] Es war eine Art Vermittlungsstelle für Frauen, die Frauen wurden registriert, ihre speziellen Kenntnisse und Fertigkeiten wurden notiert, und dann wurden sie an Abteilungen der Streitkräfte weiter verwiesen, die sie *als Zivilistinnen* aufnahmen oder auch nicht. Meistens sorgten Frauen für das Essen, saßen zu Hause an Funkgeräten oder wurden als Chauffeurinnen und Köchinnen eingesetzt. Die größte Einzelgruppe bildeten die Krankenschwestern. Die britischen Streitkräfte duldeten jedoch keine Frauen in umkämpften Gebieten, auch keine Krankenschwestern. Deshalb gingen manche aus eigenem Antrieb ins Ausland, wo sie mit den übrigen Streitkräften auch an die Front durften, etwa in Belgien, in Serbien oder Makedonien.[336]

Anfang 1917, nachdem die Briten schwerste Verluste erlitten hatten, war das Kriegsministerium bereit, auch Frauen Uniformen zu geben; die Frauenkorps WAAC (Women's Auxiliary Army Corps) und WRN (Women of the Royal Navy) wurden gebildet. 1918, nachdem die Royal Air Force eine eigene Waffengattung geworden war, kam noch WRAF (Women's Royal Air Force) hinzu. Rund 100 000 Frauen dienten zumindest zeitweilig in diesen Einheiten (allein 57 000 im WAAC). Von diesen 100 000 gingen 12 000 als Freiwillige nach Frankreich, nur eine Handvoll Frauen begleitete die Soldaten an andere Fronten, etwa im Nahen Osten und in Mesopotamien, die Mehrheit konnte jeden Abend ins eigene Heim zurückkehren. In Frankreich mußten die Frauen innerhalb des Nachschubbereichs bleiben, was bedeutete, daß sie, von gelegentlichen Luftangriffen abgesehen, nicht in die Schußlinie gerieten. Die Armee unterteilte die Frauen in vier Kategorien: Erstens Küche (Kochen und Ausgeben von Essen), zweitens medizinischer Bereich (Krankenschwestern und Ärztinnen), drittens Büroarbeiten (Schreibmaschine schreiben, Akten führen, Telefondienst und dergleichen) und viertens »Verschiedenes«.[337]

Aus der Sicht der Streitkräfte war das Hauptproblem mit den Frauen nicht ihre Arbeitsleistung – darüber gab es so gut wie keine Klagen –, sondern man mußte verhindern, daß sich in der Öffentlichkeit der Eindruck verbreitete, die Frauenkorps seien »Lasterhöhlen« der sexuellen Ausschweifung. Ein solches Bild konnte Frauen aus der Mittelschicht abschrecken, an denen die Streitkräfte doch besonders interessiert waren; deshalb galten für die Frauen strenge Regeln, wohin sie gehen durften, wie sie sich zu kleiden und wie sie sich zu verhalten hatten. Die weiblichen Uniformen wurden so gestaltet, daß sie das Geschlecht möglichst kaschierten, zum Beispiel hatten sie keine Brusttaschen, damit die Büste nicht betont wurde. Um die äußerlichen Unterschiede zwischen den Geschlechtern zu verringern, wurden das Grüßen und andere militärische Umgangsformen eingeführt, jegliche Form der Fraternisierung zwischen männlichen Offizieren/weiblichen Rekruten oder männlichen Rekruten/weiblichen Offizieren war verboten. Zur Beruhigung von Eltern und Verwandten wurde Queen Mary zur Ehrenkommandantin des Frauenkorps ernannt. Im April 1918 wurde es umbenannt in QMAAC (Queen Mary's Army Auxiliary Corps).

Zwar trugen die Frauen in diesen Einheiten Uniform, bekamen Quartiere und Sold vom Militär, aber nach wie vor gab es wichtige Unterschiede zwischen ihnen und den Männern. 1916 wurde die Wehrpflicht eingeführt, aber nur für Männer, nicht für Frauen. Es gab keine weiblichen Offiziere, sondern die Frauen in entsprechenden Positionen hießen Kontrolleurinnen und Administratorinnen, auf Unteroffiziersebene waren es Aufseherinnen. Die Frauen dienten zwar im Militär, wurden aber vom Arbeitsministerium und von Frauenorganisationen rekrutiert. Sie konnten praktisch jederzeit gehen und standen damit gleichzeitig innerhalb und außerhalb des Militärs. Da die Streitkräfte auf keinen Fall die Selbstachtung der Männer untergraben wollten, indem sie zu viele wichtige Positionen mit Frauen besetzten, ließen sie es auch in voller Absicht bei dieser Konstruktion.

Während die Rekrutierung von Frauen in Großbritannien vor dem Hintergrund gesehen werden muß, daß es dramatisch an männlichen Soldaten mangelte, lagen die Dinge in den Vereinigten Staaten anders. Nicht weniger als 10 Millionen Amerikaner meldeten sich für den Kriegseinsatz; deshalb wäre es absurd zu behaupten, die 34 000 Frauen, die irgendwann im Heer und in der Marine dienten, seien »kriegswichtig« gewesen. Wie ihre britischen Schwestern meldeten sich die Amerikanerinnen teils aus patriotischen Gründen, teils weil sie das Abenteuer, die Kameradschaft und manchmal auch eine gut bezahlte Tätigkeit suchten, für einige war es vielleicht auch eine politische Demonstration im Zusammenhang mit der Forderung nach dem Frauenwahlrecht.[338] Da die Quantität so gering war, war die Qualität außerordentlich hoch – insbesondere die Frauen bei der Marine waren sehr viel besser ausgebildet als der Durchschnitt der amerikanischen Gesellschaft, Männer und Frauen zusammengenommen.[339] Die meisten lebten zu Hause und pendelten zur Arbeit, wie es auch viele Männer taten. Wenn sie ihren Fahneneid geleistet und ihre Uniform angezogen hatten, bekamen sie allenfalls eine kurze militärische Ausbildung und wurden dann direkt aus ihren zivilen Tätigkeiten heraus den militärischen zugewiesen. Die meisten dienten auf Verwaltungsposten oder in der Nachrichtenübermittlung (nach den positiven Erfahrungen im Krieg wurden Telephonistinnen zu einer festen Einrichtung bei der Navy) und als Ärztinnen oder Krankenschwestern; eine kleine Anzahl erfüllte alle möglichen Aufgaben, sie codierten und entschlüsselten Nachrichten oder versahen Granaten mit Zündern. 10 000 Frauen gingen ins Ausland, ein paar Hundert wurden ausgezeichnet, 38 starben, die meisten an der Grippe.[340]

Weder in Großbritannien noch in den Vereinigten Staaten galten die Frauen als Kombattantinnen. Nach Auffassung der Militärs ging die größte Gefahr für die Frauen von ihren männlichen Kameraden aus. Aus diesem Grund wurden in keinem der Länder die Frauen in die Streitkräfte integriert, sondern bildeten eigene, ausschließlich weibliche Organisationen. Anders sahen die Dinge in Rußland aus. Die zaristische Armee glich insoweit den anderen Armeen, als auch dort viele Frauen als Freiwillige in Krankenhäusern und dergleichen eingesetzt wurden, aber es wurden nie Frauenkorps gebildet. Andererseits war die zaristische Armee für ihr organisatorisches Durcheinander und ihre Unfähigkeit berüchtigt. In den ersten Sommerwochen 1917 hatten sie eigenes Unvermögen und der Ausbruch der ersten Russischen Revolution an den Rand der Auflösung gebracht. In dieser Situation regte Alexander Kerenskij, der Ministerpräsident der Provisorischen Regierung, an, ein weibliches »Todesbataillon« aufzustellen und an die Front zu schicken.

Der Vorschlag ging auf eine gewisse Maria Leontief Botschkarewa zurück. Glaubt man ihrer Autobiographie, über die gleich mehr gesagt wird, so kam sie in der sibirischen Stadt Tomsk zur Welt. Sie wuchs in bitterarmen Verhältnissen auf und mußte sich früh ihren Lebensunterhalt als Dienstmädchen in einem Bordell verdienen. Zweimal war sie verheiratet oder lebte mit einem Mann zusammen, beide Männer waren gewalttätig, und sie konnte sich nicht von ihnen befreien; wie Nadescha Durowa vor ihr scheint sie im Krieg einen Weg gesehen zu haben, ihrer häuslichen Misere zu entfliehen. Im November 1914 entdeckte sie ihren Wunsch, im »brodelnden Kessel des Krieges« zu sein, und wandte sich an den Zaren mit der Bitte, zur Armee gehen zu dürfen. Der Wunsch wurde ihr gewährt. In den nächsten zweieinhalb Jahren diente Botschkarewa beim Militär, wurde mindestens einmal verwundet, erhielt nicht weniger als sieben Auszeichnungen und erwies sich als so tüchtig, daß sie in den Rang eines Hauptfeldwebels erhoben wurde. In dieser Eigenschaft hatte sie, wie sie behauptete, die Kommandogewalt über eine Einheit von zwanzig Männern.

Zu einer Zeit, als die russische Armee ihre Soldaten immer noch nach Millionen zählte, folgten rund 2000 Frauen dem Ruf zu den Waffen.[341] Sie waren in einer Garnison in Sankt Petersburg konzentriert. Die meisten taten es ihren männlichen Kameraden gleich und desertierten. Wie Botschkarewa sagte, wollte sie sich deshalb nie am Rat von Soldaten orientieren und keinerlei Abstriche bei der Disziplin machen. Insbesondere wollte sie alles »weibliche« Benehmen ausmerzen, so wurden den Frauen als erstes die Köpfe kahl geschoren. Für Kichern gab es einen Schlag ins Gesicht, und Botschkarewa rühmte sich, daß sie einmal einer Soldatin ihr Bajonett in den Leib gerammt habe, die sie auf dem Schlachtfeld beim Geschlechtsverkehr mit einem männlichen Kameraden erwischt hatte. Im Juli 1917 bekamen die 300 Frauen, die nach der fünfwöchigen Ausbildung noch da waren, hohen Besuch: Emmeline Pankhurst suchte sie auf und erklärte, der Eintritt der Frauen ins Militär sei »das größte Ereignis der Weltgeschichte«.[342] Als nächstes verlieh Oberkommandant General Kornilow dem Frauenbataillon formell seine Farben, und dann wurde es an die Front geschickt. Die Frauen unterstanden General Denikin. In seinen Memoiren schreibt er, sie hätten eingesperrt werden müssen, weil sie sonst von ihren männlichen Kameraden vergewaltigt worden wären.[343]

Das Frauenbataillon kämpfte in einer Schlacht, aber ob »an der Nordfront« (das heißt im Baltikum) oder gegen die Österreicher (das wäre dann im Süden gewesen), ist nicht klar;[344] einer dritten Version zufolge war es in Smorgon in Weißrußland. Die Frauen griffen zusammen mit einem Bataillon Männer an. Denikin schreibt, sie seien sehr tapfer gewesen, aber da sie nicht gewußt hätten, wie man richtig kämpfte, hätten sie außerordentlich hohe Verluste erlitten und ihre anfängliche Begeisterung sei bald von der Realität auf dem Schlachtfeld ausgelöscht worden. Denikins Darstellung wird von einer britischen Rotkreuzschwester namens Florence Farmborough gestützt. Sie traf Botschkarewa kurz nach der Schlacht und fand sie »am Boden zerstört«, weil sie hatte feststellen müssen, »daß Frauen ganz und gar ungeeignet sind, Soldaten zu sein«.[345] Die wenigen Berichte von der anderen Seite des Schlachtfeldes lassen darauf schließen, daß die militärische Leistung der Russinnen alles andere als beeindruckend war.[346]

Anders als ihr Kommandant und im Gegensatz zur Mehrheit der männlichen Soldaten stammten die Frauen überwiegend aus der Mittelschicht und konnten lesen und schreiben.[347]Dies könnte ein Grund sein, warum sie bei ihrer Hauptaufgabe scheiterten: Sie sollten nicht in erster Linie gegen die Deutschen kämpfen, sondern die eigenen Männer beschämen und dadurch zum Kampf anstacheln. Doch Botschkarewa erreichte genau das Gegenteil: Den Männern gefiel der hochfahrende patriotische Ton der Frauen nicht, und sie nahmen ihre Anwesenheit als Indiz dafür, daß die Lage verzweifelt sein mußte. Einmal wurden die Frauen von männlichen Deserteuren mit schußbereiten Maschinengewehren angegriffen – vielleicht weil sie mit einem anderen »Todesbataillon« verwechselt wurden, dessen Aufgabe es war, Deserteure hinter der Front gefangenzunehmen und zu exekutieren[348] –, und daraufhin zerfiel Botschkarewas kleine Truppe. Ähnliche Einheiten sollen in Moskau, Odessa, Jekaterinodar und Perm aufgetaucht sein. Doch da sie keine Botschkarewa hatten, die später von ihren Taten berichtete, wissen wir nicht viel über sie, nur die letztgenannte Einheit scheint in Kämpfe verwickelt gewesen zu sein.

Offensichtlich traute die Provisorische Regierung in Sankt Petersburg ihren männlichen Soldaten nicht mehr, als Ghezo es tat, denn im Oktober 1917 wurden weibliche Freiwillige zur Bewachung des Winterpalais herangezogen; das Ende ist bekannt. Die Bolschewiken erstürmten den Palast fast ohne Blutvergießen, die Verteidiger, ein Trupp Kadetten, die seit den Zeiten von Zar Peter »die Junker« hießen, wurde von der Menge überrannt. Nur sechs Bewacher kamen ums Leben, kein einziger Angreifer. Als die »Schlacht« tobte, glaubten die Frauen irrtümlich, ein Regierungsmitglied in einem benachbarten Gebäude würde belagert. Sie versuchten einen Ausbruch und wurden gefangengenommen. Später kursierten die abenteuerlichsten Geschichten, was ihnen angeblich widerfahren war, manche behaupteten, sie hätten »Schlimmeres als den Tod« erdulden müssen.[349] Quellen aus dem Umkreis der Bolschewiken zufolge wurden sie einfach in die Kaserne zurückgebracht, aus der sie gekommen waren.[350]

Botschkarewa kehrte heim nach Tomsk – ob sie ein neues Frauenbataillon für den Kampf gegen die Bolschewiken aufstellen oder sich ins Privatleben zurückziehen wollte, ist nicht dokumentiert. Mittlerweile war sie so etwas wie eine Berühmtheit, in der britischen und amerikanischen Presse erschienen Artikel über sie. Verkleidet als Rotkreuzschwester verließ sie im April 1918 Rußland auf dem Weg über Wladiwostok. In New York traf sie zufällig Emmeline (nicht Sylvia, wie es in einer Quelle irrtümlich heißt) Pankhurst wieder. Emmeline Pankhurst sah in ihr »eine russische Jeanne d'Arc« und heuerte einen Ghostwriter an, Don Levin, dem Botschkarewa ihre Memoiren diktierte.[351] Da sie kein Englisch konnte und auch in Russisch praktisch Analphabetin war, konnte sie das Manuskript weder lesen noch korrigieren. Es wurde im Jahr darauf veröffentlicht – ein theatralisches, operettenhaftes Werk. Sie beschreibt darin ihre Abenteuer als »Jaschka« (der Name ihres zweiten Ehemannes, den sie bei ihrem Dienst in der Armee des Zaren trug) bis zurück in die Monate Oktober/November 1917. Zu der Zeit hatte sie sich angeblich mit Lenin und Trotzkij überworfen und die beiden hatten befohlen, sie aus einem fahrenden Zug zu werfen.

Von New York reiste Botschkarewa weiter nach Washington D. C., wo sie Präsident Wilson vorgestellt wurde und ihn drängte, die Hilfe an die »Weißen« in Rußland aufzustocken. Von Amerika fuhr sie nach England und unterbreitete König Georg V. ein ähnliches Anliegen. Im September 1918 war sie wieder in Archangelsk. Dort versuchte sie, ein neues weibliches »Todesbataillon« zum Kampf gegen die Bolschewiken zusammenzubringen, doch allem Anschein nach ohne Erfolg. Schließlich drückte ihr der britische Kommandant (und künftige Stabschef General Ironside) 500 Rubel und eine Fahrkarte nach

Hause in die Hand, weil er sie endlich loswerden wollte.[352] Im November 1919 war sie wieder in Tomsk und versuchte erneut, Soldatinnen zusammenzubekommen, als die Bolschewiken die Stadt besetzten. Sie wurde von der Tscheka verhaftet, die Anklage lautete, sie habe für den Befehlshaber der Weißen, Alexander Koltschak, gearbeitet. Um ihr Leben zu retten, spielte sie bei den Verhören ihren militärischen Beitrag zur konterrevolutionären Sache so weit wie möglich herunter, von der Episode in dem Zug war keine Rede mehr, angeblich hatten die Weißen nur ihren Namen mißbraucht. Am 16. Mai 1920 wurde sie im Alter von einunddreißig Jahren nach einem Schnellverfahren hingerichtet.[353]

Im russischen Bürgerkrieg hatten weibliche Funktionäre der Kommunistischen Partei, allen voran Lenins Mitarbeiterin (und angebliche Geliebte Stalins) Alexandra Kollontaj, viele Argumente, warum Frauen für den revolutionären Kampf gewonnen werden mußten.[354] In der Praxis wurde nicht viel aus diesen Plänen, und Frauen machten nur zwei bis drei Prozent der Soldaten in der Roten Armee aus. Von den 50 000 bis 70 000 Frauen, die in der Armee dienten, waren praktisch alle als Krankenschwestern, Sekretärinnen und bei der Verpflegung im Einsatz,[355] dennoch wird in einigen Quellen behauptet, die Mobilisierung der Frauen durch die Bolschewiken sei ein »sagenhafter Erfolg« gewesen.[356] Nach dem Ende des Bürgerkriegs folgte die große Mehrheit der »Roten« Frauen dem Beispiel ihrer Schwestern in anderen Ländern und kehrte nach Hause zurück. Einige wenige blieben, aber meist aus Propagandagründen und als Symbole dafür, was das neue Regime für das andere Geschlecht zu tun bereit war.

In der nichtkommunistischen Welt wurden die verschiedenen Frauenkorps in der Zwischenkriegszeit aufgelöst. Das hieß nicht, daß sie sich nicht bewährt hätten, innerhalb der engen Grenzen, die ihnen gesetzt waren, hatten die britischen und amerikanischen Frauen tapfer gedient und zumindest genausoviel geleistet wie die Männer. Ein amerikanischer Offizier, Major Everett S. Hughes, schrieb 1928: »Wenn Frauen dringend gebraucht werden, können sie überall hingehen, überall leben, unter allen Bedingungen.«[357] Er hätte noch hinzufügen können, daß sie auch alle Aufgaben erfüllen können, die bei den modernen Streitkräften anfallen. Anders als ihre Vorläufer bis zur Mitte des 19. Jahrhunderts sind die modernen Streitkräfte komplexe Unternehmen mit viel »Drumherum«. Im Zweiten Weltkrieg führte das dazu, daß nur für rund 25 Prozent der Soldaten in der US-Armee die Hauptaufgabe darin bestand, mit der Waffe in der Hand zu kämpfen.

Das Problem war nur, daß man die Frauen nicht brauchte. Man brauchte sie in Großbritannien und den Vereinigten Staaten (und in Deutschland) nicht, die beide die Wehrpflicht abschafften und zu kleinen Berufsarmeen mit Freiwilligen zurückkehrten. Man brauchte sie noch weniger in anderen Ländern, denen dank der Wehrpflicht genügend Männer ohne zusätzliche Kosten zur Verfügung standen. Einige Länder, insbesondere Italien, litten sogar unter einem Überschuß an wehrfähigen Männern, weil die Industrie so unterentwickelt war, daß es nicht genug moderne Waffen für alle Soldaten gab.[358] Länder wie Polen, Rumänien, Jugoslawien und Griechenland hatten auch im Zweiten Weltkrieg mit zahlenmäßig starken, aber schlecht ausgerüsteten Infanterietruppen gekämpft. Dies sind alles Erklärungen *ex post facto*. Zur damaligen Zeit wäre niemandem, zu allerletzt den Feministinnen, der Gedanke gekommen, daß Frauen nicht frei und gleichberechtigt sein könnten, wenn sie nicht in der Institution dienten, die am strengsten hierarchisch strukturiert ist und ihren Angehörigen die wenigste Freiheit läßt.

Das Land, das im Zweiten Weltkrieg am massivsten Frauen einsetzte, war Finnland. Die finnische Frauenorganisation wurde 1924 gegründet, ihre Mitglieder hießen Lottas nach der (realen oder fiktiven) Heldin eines berühmten patriotischen Gedichts namens Lotta Vraede, die während des kurzen Feldzugs 1808 den Soldaten geholfen haben soll. Vom Ausbruch des Winterkriegs im November 1939 bis zur Kapitulation Finnlands Ende 1944 dienten ungefähr 150 000 Frauen (gegenüber 600 000 Männern) bei den finnischen Streitkräften. Sie durften nicht an Kampfeinsätzen teilnehmen, sondern erfüllten Aufgaben als Chauffeurinnen, im Nachrichtenwesen, in der Verwaltung und als Aushilfen. 681 Fauen verloren ihr Leben, 113 von ihnen durch Feindeinwirkung. Die Frauenorganisation war so erfolgreich, daß Hitler ihre Führerin Fanni Luukonen nach Berlin einlud und ihr einen Orden verlieh für ihren »herausragenden Beitrag im Kampf gegen den Bolschewismus«. Auch Himmler äußerte Bewunderung für die finnischen Frauen und dachte daran, eine ähnliche Organisation als Hilfseinrichtung für seine SS aufzustellen. Nachdem Stalin schließlich Finnland in die Knie gezwungen hatte, machte er den Lottas ein indirektes Kompliment mit der Anordnung, ihre Organisation aufzulösen.[359]

Unter den großen Mächten war wieder einmal Großbritannien der Vorreiter, dort hatten die Vorbereitungen für die Mobilisierung von Frauen bereits 1936 begonnen. Das französische Oberkommando ließ weibliche »Hilfswillige« erst am 21. Mai 1940 zu, als die französische Armee am Rand des Zusammenbruchs stand;[360] später im selben Jahr stellte de Gaulle nach dem Vorbild der britischen ATS eine weibliche Division der Streitkräfte des Freien Frankreich auf.[361] Als nächstes folgte die Sowjetunion, das bevölkerungsreichste Land unter den Kriegsparteien, sie rekrutierte die meisten Frauen. Die Vereinigten Staaten nahmen kurz nach Pearl Harbor Frauen in die Streitkräfte auf. Die NS-Ideologie könnte erklären, warum die Deutschen langsam und spät handelten; vor 1933 dürfte aber eine noch größere Rolle das außerordentlich hohe Ansehen der deutschen Armee gespielt haben und die Sorge der Armeeführung, alles zu unterlassen, was das Ansehen gefährden könnte. 1943–1945 rückte sogar Mussolini von dem gepriesenen faschistischen Männlichkeitsideal ab und versuchte, Soldatinnen zur Verteidigung seiner von den Deutschen beherrschten, stark gestutzten *Repubblica Sociale Italiana* zu gewinnen.[362] Die Japaner schließlich zögerten noch länger als die Deutschen, Frauen Uniformen zu geben,[363] wahrscheinlich aus ähnlichen Gründen.

Zwar ging es um eine andere Größenordnung, aber alles in allem dienten die britischen Frauen zu den weitgehend gleichen Bedingungen wie im Ersten Weltkrieg. Wieder wurden sie aufgerufen, sich freiwillig zu melden. Die Reaktionen können nicht allzu begeistert gewesen sein, denn Anfang 1942 wurde vorgeschlagen, für Frauen zwischen zwanzig und dreißig eine Wehrpflicht einzuführen, allerdings wurde der Vorschlag nicht in die Realität umgesetzt.[364] Frauen machten im Dezember 1939 2,27 Prozent aller uniformierten Angehörigen der Streitkräfte aus, im September 1943 (das war der Höhepunkt) 9,39 Prozent und bei Kriegsende 8,2 Prozent, in absoluten Zahlen dienten die meisten Frauen im März 1944, damals waren es 450 500. Diesmal konnten Frauen in Offiziersränge befördert werden. Ihr Status war der von Nichtkombattanten, und sie erhielten zwei Drittel des Soldes der Männer. Andererseits konnten sie einfach gehen, wenn sie es wollten. Schwangerschaften erwiesen sich als ein größeres Problem als im Ersten Weltkrieg, denn wenn eine Frau schwanger wurde, wurde sie aus dringenden Gründen entlassen.

Wie im Ersten Weltkrieg hatte jede Waffengattung ein eigenes Frauenkorps. Das Heer verteilte die Frauen auf achtzig Tätigkeitsbereiche, darunter Schreibstube, Wartung, Kommunikation, Küche, Sanitätswesen, Fahrdienst und Flugabwehr – zu letzerem, einer großen Neuerung, wird gleich noch mehr gesagt. Bei der Air Force wurden Frauen unter anderem in der Logistik, bei Instandhaltung und Wartung, im Nachrichtenwesen, in der Verschlüsselung, bei der Reparatur von Fallschirmen, zum Fotografieren und bei der Radarüberwachung eingesetzt. Einige Frauen überführten Flugzeuge innerhalb Großbritanniens von einem Stützpunkt zum anderen, eine sehr wichtige Aufgabe, die in Anbetracht der schwierigen Flugbedingungen und der Gefahr, von der eigenen Flugabwehr abgeschossen zu werden, mit großem Risiko verbunden war. Andere dienten in den Einheiten, die Wetterballons gegen feindliche Flugzeuge einsetzten, dort bildeten sie gegenüber den Männern die große Mehrheit. Ebenfalls von Frauen dominiert war der Bereich Küche und Kantine.[365] Die Marine schließlich unterschied sich insofern von den anderen Waffengattungen, als die Frauen dort keinen militärischen Status hatten. Sie wurden als Fahrerinnen, in den Schreibstuben, als Wirtschafterinnen und im Nachrichtenwesen eingestellt, aber durften nicht auf Schiffen eingesetzt werden, schon gar nicht auf Kriegsschiffen. 624 Britinnen kamen ums Leben, 98 wurden vermißt gemeldet, 744 verwundet und 20 gefangengenommen, die meisten waren als Krankenschwestern auf den verschiedenen Kriegsschauplätzen im Einsatz gewesen.

Schon vor Pearl Harbor wurde in den Vereinigten Staaten über eine Art von Pflichtdienst für Frauen diskutiert. Die Pläne scheiterten jedoch im Kongreß. Um den Abgeordneten Somers aus New York zu zitieren: »Eine Frauenarmee soll die Vereinigten Staaten von Amerika verteidigen! Man stelle sich die Demütigung vor. Was ist aus den amerikanischen Männern geworden, wenn wir unseren Frauen das übertragen, was seit jeher die Pflicht der Männer gewesen ist?«[366] Am Ende wurde entschieden, Frauen als Freiwillige aufzunehmen, jede Waffengattung sollte ihr eigenes Frauenkorps aufstellen können. Wieder waren die Frauen, die sich meldeten, höher gebildet als der durchschnittliche Amerikaner, egal ob Mann oder Frau. Zu ihren Motiven sollen der Wunsch nach Ausbruch aus dem Alltag, Abenteuerlust, wirtschaftlicher Druck und Patriotismus gehört haben. Wie bei männlichen Freiwilligen quer durch alle Altersgruppen dürfte der Patriotismus gelegentlich als Deckmantel für andere, weniger uneigennützige Motive gedient haben, aber für wie viele das zutraf, läßt sich nicht sagen.[367]

Diesmal stand nicht zur Diskussion, den Frauen einfach eine Uniform und einen Platz hinter einem militärischen anstatt einem zivilen Schreibtisch zu geben. Statt dessen stellte jede Waffengattung eine getrennte, reguläre Frauenorganisation auf mit einem weiblichen Kommandanten an der Spitze und einem weiblichen Stab. Es wurden Stützpunkte für die Frauen eingerichtet, und die Rekrutinnen bekamen zumindest eine Grundausbildung, angefangen mit Disziplin. Eine Frau sagte später dazu, die Armee habe sie gelehrt, wenn sie »es« sähe, sollte sie weder versuchen, »es« zu vermeiden noch»es« zu umgehen, sondern direkt auf »es« zusteuern. Es folgten körperliches Training, militärische Umgangsformen und Ränge (schon allein wegen der Regeln hinsichtlich Fraternisierung mußten die Frauen in der Lage sein, einen Offizier von einem einfachen Soldaten zu unterscheiden und möglichst auch einen General von einem Leutnant) und natürlich endlose Vorträge und Filmvorführungen zum Thema »Warum wir kämpfen«. Einige Frauen erhielten auch eine Berufsausbildung in dem Bereich, in dem sie eingesetzt werden sollten, manche meldeten sich wohl in der Hoffnung auf eine solche Ausbildung.

Vielleicht hing es mit dem puritanischen Zug des amerikanischen Nationalcharakters zusammen, daß man sich in Amerika Frauen in Uniform weniger gut vorstellen konnte als in Großbritannien. Häufiger als in jedem anderen Land wurden Zweifel an der Moral der Frauen formuliert und anzügliche Bemerkungen gemacht. Das Thema wurde sofort ins Lächerliche gezogen. Zur Überraschung weiblicher Militärangehöriger aus Großbritannien und der Sowjetunion, die zu Propagandazwecken in die Vereinigten Staaten geschickt wurden, ging es bei Pressekonferenzen über kurz oder lang um weibliche Oberbekleidung und Unterwäsche.[368] Frauen in Uniform hatten einen schlechten Ruf – was bestimmt nicht ihre Schuld war, wie die Statistiken über Schwangerschaften eindeutig zeigen.[369] Diese Einstellung kam in Umfragen zum Ausdruck, die ergaben, daß die Mehrheit der männlichen Soldaten weiblichen Familienangehörigen abraten würde, zum Militär zu gehen. Die große Mehrheit meinte, daß Frauen Nützlicheres leisten konnten, wenn sie in kriegswichtigen Bereichen der Wirtschaft arbeiteten. Besonders auffallend war, daß die Männer, die mit Frauenkorps zu tun hatten, Frauen im Militär noch skpetischer gegenüberstanden als ihre Geschlechtsgenossen in anderen Einheiten.[370]

Derartige Probleme beschäftigten die Kommandantinnen der verschiedenen Frauenkorps. Sie sahen sich gezwungen, sehr auf das Bild in der Öffentlichkeit zu achten und alles zu vermeiden, was den Eindruck von Promiskuität, lesbischen Beziehungen und so weiter hätte wecken können. Während zum Beispiel das Militär über Promiskuität bei Männern hinwegblickte, konnte es bei Frauen ein Grund für die unehrenhafte Entlassung sein.[371] Ein schlechtes Image könnte auch erklären, warum in Amerika in relativen und in absoluten Zahlen der Frauenanteil beim Militär sehr viel geringer war als in Großbritannien trotz einer dreimal so großen Bevölkerung. Insgesamt dienten 350 000 Frauen bei den Streitkräften, maximal 120 000 gleichzeitig, was bedeutet, daß die Fluktuation und die Verschwendung bei der Ausbildung hoch waren. Auf dem Höhepunkt der weiblichen Beteiligung bildeten die Frauen 2,3 Prozent der gesamten US-Streitkräfte.[372]

Natürlich fehlte es den amerikanischen Streitkräften nicht wie den britischen an geeigneten Männern. Anfang 1944 wurde die Zahl der in Frage kommenden Männer zwischen achtzehn und achtunddreißig auf 22 Millionen geschätzt, die gesamte Truppenstärke betrug nur 10 Millionen Mann.[373] Dies erklärt, warum relativ wenig Amerikanerinnen dem Ruf zu den Waffen folgten und zur Armee gingen, und es zeigt, daß sie im Grunde nicht gebraucht wurden. Selbst wenn man sie gebraucht hätte, hätten sie den Großteil der Aufgaben, für die sie eingesetzt wurden, auch als Zivilistinnen erfüllen können. Zum Beispiel beschäftigten die deutsche Wehrmacht und die Waffen-SS ungefähr 450 000 Zivilistinnen für Hilfstätigkeiten, die etwa dem entsprachen, wofür die Briten und Amerikaner Frauen in Uniform einsetzten. Einige Frauen dienten in Deutschland auch in den Flugabwehreinrichtungen des Reiches, sie leiteten Kampfpiloten zu ihren Zielen. Die meisten Frauen waren innerhalb von Großdeutschland stationiert, einige wenige auch in den besetzten Gebieten. Von den Letztgenannten wurden zumindest einige Augenzeugen von Greueltaten gegen Juden und andere Bevölkerungsgruppen und waren teils als »Schreibtischtäterinnen« daran beteiligt.[374] Da Hitler, wie bereits erwähnt, die Rekrutierung von Soldatinnen strikt ablehnte,[375] wurden Frauen erst in den verzweifelten letzten Tagen kurz vor Kriegsende zum Waffendienst herangezogen. Zehn Jahre später veranlaßte das Schicksal, das ihnen und anderen deutschen Frauen die siegreiche Rote Armee bereitete, die Bonner Regierung, bei der Gründung der Bundeswehr das Experiment Frauen in Uniform nicht zu wiederholen.[376]

In der US-Armee einschließlich der Air Force hatten 608 (von rund 800) Verwendungsprofilen nichts unmittelbar mit Kampf zu tun. Von diesen standen offiziell 406 Frauen offen, in der Praxis konzentrierten sich die Frauen in 146 Bereichen, genau wie es auch in vielen Streitkräften nach 1945 der Fall war.[377] Rund 800 Frauen, die einen Pilotenschein hatten, überführten Flugzeuge (auch Kampfflugzeuge) von einem Stützpunkt zum anderen. Viele taten Dienst bei Instandhaltung, Aufklärung, Nachschub, als Fluglehrer (in Simulatoren) oder packten Fallschirme.[378] Wie in anderen Ländern auch, wurden die meisten im Sanitätswesen und für die zahllosen Bürotätigkeiten eingesetzt, ohne die keine moderne Armee funktioniert. Wie in anderen Ländern auch, wurden die Frauen allein deshalb, weil sie Frauen waren, für die Bürotätigkeiten ausgewählt, unabhängig davon, welche Qualifikationen sie vielleicht sonst noch hatten.[379] Manche Einwände gegen die Verwendung von Frauen auf »nicht traditionellen« Positionen kamen von den Frauen selbst, die Frauenkorps kommandierten, so etwa Army Colonel Oveta Hobby. Colonel Hobby besaß im Privatleben eine Zeitung und verstand sich auf Öffentlichkeitsarbeit. Sie fürchtete, vielleicht mit Grund, daß die Öffentlichkeit bei Frauen in solchen Positionen die Weiblichkeit anzweifeln könnte, und das könnte sich negativ auf die Zahl der Freiwilligen auswirken.[380]

Die meisten Büros, und damit die meisten Frauen, gab es in Washington D. C. Davon abgesehen, waren die Frauen über das ganze Land verstreut. Auf dem Höhepunkt dienten 17 000 Frauen in Übersee, davon zwei Drittel in Europa und der Rest auf dem pazifischen Kriegsschauplatz. Frauen durften keine Waffen handhaben, trotzdem starben einige wenige Hundert durch Luftangriffe oder Torpedotreffer auf See, sechs kamen in Anzio bei einem Bombenangriff auf ihr Krankenhaus ums Leben. Disziplinarprobleme mit Frauen waren sehr selten – vielleicht auch deshalb, weil die betreffenden Frauen sofort entlassen wurden –, und es heißt, sie hätten auf allen Kriegsschauplätzen ihre Sache gut gemacht.[381] Doch die Kommandanten hatten oft Scherereien wegen der Frauen. Manche beklagten, die Regel »keine Fraternisierung« enge die männlichen Offiziere ein und veranlasse Rekrutinnen, sich mit Männern einer niedrigeren Stufe zu treffen, als es sonst der Fall gewesen wäre. Wenn Frauen sich ungehindert unter die sehr viel zahlreicheren Männer mischen durften und sexuelle Belästigung erlebten, beschwerten sie sich. Wenn sie zu ihrem eigenen Schutz von den Männern abgesondert wurden, beschwerten sie sich auch.[382]

Das bringt uns zu der schwierigen Frage, welche Rolle Frauen im Kampf spielten. Einer Statistik zufolge[383] waren 4,7 Prozent der amerikanischen Soldatinnen »in und in der Nähe von Kampfzonen«. 3,5 Prozent hatten Feindfeuer miterlebt, aber nur 2 Prozent waren in »schwere Kämpfe« verwickelt gewesen, das heißt waren selbst verwundet worden und/oder hatten miterlebt, wie Kameraden getötet oder verwundet wurden. Außer bei dem Zwischenfall in Bataan am Anfang des Krieges gerieten keine Frauen in Gefangenschaft. Die Erklärung dafür ist, daß nahezu alle Frauen – auch die »in schwere Kämpfe« verwickelten – hinter der Front im Einsatz waren. Sie erlebten eher Bombenangriffe als Artilleriebeschuß oder Beschuß aus Handfeuerwaffen.

Die einzigen Amerikanerinnen, die im weiteren Sinne mit dem Einsatz von Waffen zu tun hatten, waren Frauen, die Mitte 1943 an einem Experiment der Armee teilnahmen, durch das geklärt werden sollte, ob man sie in Flakeinheiten einsetzen konnte. Das Experiment soll ein großer Erfolg gewesen sein, es heißt, die Frauen hätten ihre Sache besser gemacht als die Männer. Doch General Marshall in seiner Eigenschaft als Stabschef stimmte mit Colonel Hobby überein, daß die amerikanische Öffentlichkeit noch nicht bereit sei für »maskuline« Frauen. Die Ergebnisse des Experiments wurden als geheim klassifiziert, und die Einheit wurde aufgelöst.[384] Die Erfahrungen in anderen Ländern sahen vollkommen anders aus. In Großbritannien begannen die Vorbereitungen für den Einsatz von Frauen in der Flugabwehr bereits 1938, als General Frederick Pile, der Kommandant der britischen bodengestützten Flugabwehr, sich bei Caroline Haslett, einer Ingenieurin und Expertin für Frauenarbeit, erkundigte, ob Frauen an den Geschützen die Männer ersetzen könnten. Sie antwortete, Frauen könnten alle Tätigkeiten übernehmen mit Ausnahme der schweren Arbeiten beim Nachladen, Bewegen und Abfeuern der Geschütze. Pile sah nicht ein, warum die Frauen nicht in der Lage sein sollten, die Geschütze abzufeuern. Doch er war sich bewußt, welche Vorurteile es zu überwinden galt, und ließ die Frage auf sich beruhen.[385]

Von Anfang an wurde der Vorschlag, Frauen in Flakabteilungen einzusetzen, in der Öffentlichkeit negativ aufgenommen. Winston Churchill wollte die Skepsis überwinden mit der Ankündigung, seine Tochter Margaret werde mit Freude einen solchen Dienst antreten. Als nächstes galt es die Frauen zu überzeugen, die für ATS (Auxiliary Territorial Service), das Frauenkorps, zuständig waren. Wie andere Bürokraten auch, wollten sie ihre Beschäftigten keinen anderen Vorgesetzten unterstellen und schon gar keinen männlichen. Wie Pile es ausdrückte, wollten sie der Armee zwar helfen, aber nur zu ihren eigenen Bedingungen und so, wie sie es für richtig hielten.[386] Die erste gemischte Flakabteilung war im August 1941 in Richmond Park unweit von London einsatzbereit. Sie wurde prompt wie ein Weltwunder bestaunt; Menschenmassen pilgerten dorthin um zuzusehen, wie Frauen und Männer gemeinsam marschierten, aßen, exerzierten und arbeiteten.[387]

Eine typische gemischte Einheit bestand aus 189 Männern und 299 Frauen. Schließlich gingen 70 Prozent aller Frauen, die von ATS rekrutiert wurden, zu gemischten Einheiten, im Jahr 1943 war mit dem Einsatz von 57000 Frauen ein Höhepunkt erreicht. Nach einigen Schwankungen bei der Geschlechterverteilung dienten Ende 1944 mehr Frauen als Männer bei der Flugabwehr. Sie wurden als Beobachter, an Kommandogeräten, an Höhensuchgeräten, in der Funkortung, an Radargeräten und Suchscheinwerfern eingesetzt – kurzum, sie taten alles, außer die Geschütze nachzuladen und abzufeuern. Im Laufe des Krieges verlor auch diese Einschränkung an Bedeutung, weil immer mehr Geschütze per Fernsteuerung abgefeuert wurden. Hinsichtlich Kameradschaftsgeist und Zusammenhalt waren die gemischten Einheiten genauso gut, wenn nicht sogar besser, als die ausschließlich männlichen. Einige Männer ärgerten sich zwar über die Anwesenheit der Frauen, andere versuchten – teils erfolgreich – sie ins Bett zu bekommen, allem Anschein nach warf aber weder das eine noch das andere ernsthafte Probleme auf. Die Frauen arbeiteten Seite an Seite mit den Männern, waren genauso tapfer wie sie, und wenn sie angegriffen wurden, bewiesen sie, daß sie wie Männer sterben konnten.[388]

Wie in den anderen kriegführenden Nationen gab es auch in der Sowjetunion im Zweiten Weltkrieg eine Wehrpflicht für Männer, aber nicht für Frauen. Wie bei den anderen meldeten sich viele Frauen freiwillig, bis die »titanische Zahl«[389] von

800 000 erreicht war, dazu kamen noch einmal 200 000 Krankenschwestern in Uniform (und weitere 600 000 zivile Krankenschwestern),[390] insgesamt also rund 1,6 Millionen Frauen. Zu Beginn der deutschen Invasion im Juni 1941 hatte die Sowjetunion 5,3 Millionen Männer (und so gut wie keine Frauen) unter Waffen.[391] In den nächsten vier Jahren wurden 29,4 Millionen Menschen eingezogen oder meldeten sich freiwillig, das ergibt insgesamt 34,7 Millionen.[392] Die Rote Armee, die Hitler besiegte (mehr als 75 Prozent der deutschen Soldaten, die fielen, verloren ihr Leben an der Ostfront), bestand zu 97 Prozent aus Männern. Der Anteil der Frauen war nur geringfügig höher als in den US-Streitkräften. Damit glich das Kräfteverhältnis in etwa dem in der Wehrmacht: Von 19,15 Millionen Wehrmachtsangehörigen waren 450 000 oder 2,3 Prozent Frauen (Zivilistinnen). Soweit zum Gesamtbild.

Hier beginnen die Widersprüche. In einer Untersuchung heißt es, 300 000 sowjetische Frauen hätten in Flakeinheiten gedient und genau wie in Großbritannien alle Aufgaben übernommen, mit Ausnahme des Nachladens und Abfeuerns der Geschütze.[393] In zwei weiteren Untersuchungen steht zu lesen, 500 000 Frauen seien »an der Front gewesen, entweder bei der kämpfenden Truppe oder im Nachschub« und »Komsomol-Frauen unterwiesen rund eine Viertelmillion junge Frauen« im Gebrauch der verschiedenen Waffen.[394] Wenn wir annehmen, daß es dabei keine Überschneidungen gibt, hätten diese drei Kategorien 31 Prozent mehr weibliche Kombattanten umfaßt, als insgesamt jemals weibliche Soldaten existierten (einschließlich Krankenschwestern). Falls die sowjetischen Frauen tatsächlich an der Front kämpften, muß ihre Verlustrate ganz wundersam gering gewesen sein, denn bei Kriegsende waren sie immer noch eine Million.[395] Kurzum: Aus den in feministischem Geist verfaßten Untersuchungen westlicher Autorinnen könnte man folgern, in Stalins Sowjetunion hätten in dem blutigsten Krieg der Weltgeschichte die Männer an Schreibmaschinen gesessen und die Frauen an der Front gekämpft.

Die Wahrheit sah wohl eher folgendermaßen aus: Wie bereits dargelegt, ähnelte die russische Revolution anderen Revolutionen insoweit, als Frauen unter den einfachen Kämpfern und unter den sogenannten Kommissaren einen relativ großen Anteil hatten. Nach dem Ende des Bürgerkriegs, als der Wiederaufbau begonnen hatte, war das neue Regime entschlossen, den Beweis zu führen, daß die menschliche Persönlichkeit durch gesellschaftliche Bedingungen und weniger durch biologische Faktoren geformt wird, und deshalb versuchte es die Frauenfrage dadurch zu »lösen«, daß es die Unterschiede zwischen Männern und Frauen negierte. Um die Produktion zu steigern, wurden Millionen Frauen in die Betriebe geschickt und übernahmen dort auch »nicht traditionelle« Tätigkeiten etwa als Traktorfahrerinnen. Es braucht wohl nicht eigens betont zu werden, daß die Frauen weiterhin für die Hausarbeit zuständig blieben, die Doppelbelastung hatte einen drastischen Einbruch der Geburtenrate zur Folge.[396] Teils als Konsequenz dieser Politik, teils wegen der schrecklichen Not im Land in den ersten Kriegsjahren klingt die Behauptung einleuchtend, daß die Sowjetunion sehr viel mehr Frauen an Waffen ausbildete als die anderen kriegführenden Nationen. Bilder aus der Zeit zwischen den Weltkriegen zeigen oft Frauen in heroischer Pose, ein Gewehr in der Hand, bereit, die sozialistische Heimat zu verteidigen. Doch selbst wenn tatsächlich 220 000 Frauen durch die »Scharfschützenschule« gegangen sein sollten,[397] heißt das nicht, daß sie tatsächlich jemals kämpften. Hunderttausende Frauen in der israelischen Armee erhielten und erhalten bis heute ebenfalls eine Grundausbildung an der Waffe. Doch seit Mitte 1948 hat kaum je eine Frau gekämpft.[398]

Auf jeden Fall machten die 220 000 bis 250 000 »jungen Frauen«, die angeblich eine Waffenausbildung erhielten, nur 0,7 Prozent der gesamten uniformierten Angehörigen der Roten Armee aus. Es liegt deshalb auf der Hand, daß selbst dann, wenn wir die 300 000 Frauen in Flugabwehreinheiten zu den Kombattanten rechnen und annehmen, daß es keine Überschneidungen gab, der Frauenanteil bei den Sowjetstreitkräften verschwindend gering war. Die geringe Zahl von Frauen erklärt den Umstand – und wird dadurch erklärt –, daß die Rote Armee nicht auf Frauen eingerichtet war; zu Beginn der deutschen Invasion gab es nicht einmal Unterwäsche für Frauen. Erst 1943 kümmerten sich Gynäkologen um die Frauen, und erst gegen Ende des Krieges hatte die Armee passende Uniformen für sie.[399] Soweit die Frauen prominent in Erscheinung traten – einige wenige wurden zu Vortragsreisen in den Westen entsandt –, geschah dies rein aus Propagandazwecken.

Wie in allen anderen Armeen wurden die meisten Frauen in der Sowjetarmee in der Logistik eingesetzt, als Köchinnen, Wäscherinnen (im Krieg wurde die Wäsche anscheinend größtenteils von Hand gewaschen), Sekretärinnen, in der Nachrichtenübermittlung, als Fahrerinnen und so weiter. Während Abermillionen Männer ganz selbstverständlich an die Front gebracht wurden, mußten Frauen »dringend bitten«, daß sie an die Front durften, oder »sich auf andere Weise das Recht erwerben«,[400] was vielleicht erklärt, warum von der Flugabwehr abgesehen die kämpfenden Frauen nur ein einziges Regiment bildeten,[401] vermutlich Scharfschützen. Die Deutschen, die Erfahrungen mit Frauen an der Waffe aus dem Ersten Weltkrieg und aus dem eigenen Land in den turbulenten Jahren nach 1918 hatten, nannten sie »Flintenweiber«; sie wußten nicht, ob sie sie als Frauen oder als Soldaten behandeln sollten, und haßten sie wie die Pest.[402] Einige sowjetische Frauen saßen auch an Funkgeräten, einige befehligten Panzer.[403]

Trotzdem gab es in der ganzen Roten Armee nur eine einzige Frau, die einen schweren Panzer fuhr; für die Pioniere war die Anwesenheit einer Frau im Offiziersrang eine solche Besonderheit, daß sie sie einem General vorstellten, der die Truppe besuchte.[404] Die meisten Frauen, die kämpften, wurden offensichtlich in den ersten Kriegsjahren eingesetzt, als Männer und Frauen scharenweise zum Militär strömten und die Einheiten in dem allgemeinen Durcheinander jeden nahmen, den sie bekamen. Nach 1942 waren solche Frauen fast nur noch bei den Partisanen anzutreffen. Teils hing das damit zusammen, daß die militärische Lage sich verbesserte, teils damit, daß die ersten Kämpferinnen gefallen waren, teils hatten die körperlichen Strapazen sie zu Invaliden gemacht. Wie eine Frau sich erinnerte: »Wir blieben alle erkältet zurück, sind heute [um 1980] alle krank. Der weibliche Organismus ist halt zu zart für solche Strapazen. Der Krieg hat uns nicht nur die Jugend gestohlen, er hat vielen auch die Mutterschaft entrissen, hat sie um das größte Frauenglück betrogen.«[405] Am Ende waren von 11700 Helden der Sowjetunion, die nach dem Krieg ausgezeichnet wurden, 86 oder 0,7 Prozent Frauen.[406] Ob Zufall oder nicht, diese Zahl entspricht jedenfalls ziemlich genau dem Anteil derjenigen, die eine »Ausbildung an der Waffe« bekommen hatten.

Eine Seite des Soldatenlebens in der Sowjetunion hatte keine Entsprechung in einem anderen Land, nämlich der Einsatz von Frauen als Kampfpilotinnen. Wie viele andere Quellen, auf die sich das vorliegende Buch stützt, muß auch die wichtigste englischsprachige Quelle zu diesem Aspekt mit Vorsicht behandelt werden.[407] Angeblich besteht das Buch ganz aus Gesprächen mit ehemaligen Kampfpilotinnen, die in den Jahren 1990–1992 in Rußland geführt worden sein sollen, doch aus manchen Hinweisen geht hervor, daß etliche der »interviewten« Frauen Jahrzehnte zuvor gestorben sein müssen. Einige Informationen stammen nicht von den Frauen selbst, sondern aus Berichten in der sowjetischen Presse. Nicht alle der 69 Frauen, deren Schilderungen aus erster oder zweiter Hand wiedergegeben werden, flogen tatsächlich Kampfflugzeuge, einige waren Flugzeugmechanikerinnen oder packten Fallschirme und hatten insofern keine anderen Tätigkeiten als ihre Pendants im Westen. Doch es steht außer Frage, daß es in der UdSSR im Zweiten Weltkrieg Pilotinnen gab. Anders als die Frauen im Westen (sie hatten sich diese Aufgabenverteilung natürlich nicht ausgesucht), die als Pilotinnen nur Nachschub hinter der Front transportierten, flogen die Russinnen auch Kampfeinsätze.

Der Vorschlag, Frauen als Pilotinnen auszubilden und einzusetzen, war zuerst von einer gewissen Marina Raskowa gekommen, einer berühmten Pilotin, die einen Langstreckenrekord für Non-Stop-Flüge von Frauen hielt und von Stalin mit einem Orden ausgezeichnet worden war. Sie hatte den Gedanken im Oktober 1941 vorgebracht. Eine Veteranin erinnerte sich: »Ich denke, damals brauchten wir dieses Frauengeschwader nicht, denn 1941 war eine schreckliche Zeit für die sowjetische Armee und für die Menschen. Die Faschisten standen achtzehn Kilometer vor Moskau ... Selbst männliche Piloten verschwendeten ihre Zeit, denn es gab nicht genug Flugzeuge für sie alle [in den ersten Monaten des Krieges hatte die Luftwaffe der Roten

Armee nicht weniger als 8000 Flugzeuge verloren, das war ungefähr die Hälfte ihres Bestandes; da die meisten auf dem Boden zerstört worden waren, hatten die Piloten überlebt]. In gewisser Weise war es eine Propagandaaktion, aber wir freuten uns trotzdem, daß wir zur Armee kamen.«[408]

Die Anwärterinnen waren ein bunt gemischter Trupp. In den Interviews erklärten sie ihre Gründe, warum sie Pilotinnen werden wollten. Den meisten ging es um eine Berufsausbildung, sie wollten »etwas erreichen im Leben«[409] und etwas für ihr Land tun. Manche waren auch ohne viel Umstände von ihrem Land ausgewählt worden, besonders wenn sie bereits etwas mit der Fliegerei zu tun gehabt hatten. Einige hatten vor dem Krieg in diesem Bereich gearbeitet, Flugzeuge gewartet oder als Funkerinnen oder Navigatoren Flugerfahrung gesammelt. Einige besaßen sogar zivile Fluglizenzen, und damit sie in die Pilotenschule der Roten Armee aufgenommen wurden, behaupteten sie, sie hätten viel mehr Flugstunden absolviert, als tatsächlich der Fall war. Schließlich waren die meisten Frauen alleinstehend, aber einige waren auch verheiratet und hatten Kinder.

Am Ende wurden die Frauen auf drei Luftregimenter verteilt: 125. Bomber, 46. Gardebomber und 586. Jäger. Zu Anfang bestanden alle drei ausschließlich aus Frauen, aber nach hohen Verlusten wurden ihnen auch Männer zugewiesen.[410] Marina Raskowa kommandierte das erste Geschwader, sie wurde bei einem Zusammenstoß in der Luft 1943 getötet, und danach standen alle drei unter dem Kommando von Männern. Raskowas Nachfolger, Major Walentin Markow, erklärte: »Im Krieg machte man keinen Unterschied zwischen diesem Regiment und den männlichen Regimentern. Wir lebten in Unterständen wie die anderen Regimenter auch, und wir flogen die gleichen mehr oder weniger gefährlichen Einsätze. Man kann sich kaum vorstellen, wie schwierig die Bedingungen für diese Frauen waren. Es hätte wenigstens zwei Toiletten geben sollen, eine für Männer und eine für Frauen. Aber wir hatten nur eine! Alle Besatzungen hatten ungefähr die gleiche Anzahl von Kampfeinsätzen. Fast alle Frauen wurden abgeschossen, und vom Lazarett kamen sie wieder zurück zu ihrem Regiment und flogen tapfer weiter.«[411] Markow sah eine Ungerechtigkeit darin, daß relativ wenig Frauen einen Orden erhielten; einige Frauen empfanden das auch so.

Waren die Frauen für den Luftkrieg tauglich? Die Antwort lautet ja, in gewissen Grenzen. Sie nahmen am Luftkrieg teil, flogen alle Arten von Einsätzen, erlebten feindlichen Beschuß und Begegnungen mit feindlichen Flugzeugen, schossen einige feindliche Maschinen ab und wurden auch selbst abgeschossen; einer Quelle zufolge lag die Verlustrate bei den Frauen bei fast 75 Prozent, man habe sie als Kanonenfutter betrachtet.[412] Wie ihre männlichen Kameraden versuchten Frauen, die abgeschossen wurden und einigermaßen heil den Boden erreichten, sich zu den eigenen Leuten durchzuschlagen, und am nächsten Tag meldeten sie sich wieder zum Einsatz. Deutsche Aufzeichnungen berichten, eine Frau habe sich erschossen, um der Gefangennahme zu entgehen,[413] eine andere sei verwundet, gefangengenommen und in ein Lager gebracht worden, wo sie anscheinend nicht anders als die männlichen Kriegsgefangenen behandelt wurde.[414] Einige Frauen meinten, damit die Männer nicht auf sie herabsehen könnten, müßten sie noch mehr leisten als die Männer.[415] Eine solche Frau, Oberleutnant Nadescha Popowa, flog achtzehn Einsätze in einer einzigen Nacht.[416]

Auf der anderen Seite waren die Frauen unbestreitbar kleiner und körperlich weniger leistungsfähig als die Männer. Sie hatten Schwierigkeiten, die leichten Bomber vom Typ Pe-2 zu steuern, mit denen zwei der drei Regimenter ausgerüstet waren, Start und Landung verlangten ihnen das Äußerste ab.[417] Die damaligen Flugzeuge hatten keinen Druckausgleich – manche hatten sogar eine offene Pilotenkanzel –, und Druckanzüge kannte man nicht. Wenn die Flugzeuge aufstiegen, um Bomben abzuwerfen, spielte das keine große Rolle, sofern sie nicht angegriffen und zu Ausweichmanövern gezwungen wurden. Doch beim Sturzflug und den raschen Bewegungen in einem Luftkampf schoß den Piloten oft das Blut aus den Ohren. Den Frauen setzten die Druckverhältnisse mehr zu als den Männern. Im Durchschnitt flogen sie weniger Einsätze innerhalb von 24 Stunden als die Männer, die Flugzeuge waren deshalb zu lange am Boden.

Die Frauen hatten selbst gemischte Gefühle. Eine Frau, Klaudia Pankratowa, hatte Jagdflugzeuge geflogen und eine deutsche JU-88 abgeschossen. Sie »glaubte fest, daß es keine Rolle spielte, ob eine Frau flog oder ein Mann. Eine Frau kann genauso gut Militärflugzeuge steuern, sie kann genauso gut Einsätze fliegen, wenn ein Unglück wie ein Krieg das Volk eines Landes trifft.«[418] Andere waren nicht so sicher. »Unser ganzer Organismus mußte sich so schroff umstellen, das wir während des ganzes Krieges keine Frauen mehr waren. Kein monatliches ... na, Sie verstehen. Und nach dem Krieg konnten nicht alle ein Kind haben.«[419] »Der Natur der Frau widerstrebt der Gedanke zu kämpfen. Eine Frau ist dazu geboren, Kinder zu gebären ... Kampfeinsätze zu fliegen ist gegen unsere Natur. Nur die Tragödie unseres Landes brachte uns dazu, daß wir zur Armee gingen, um unserem Land zu helfen, unserem Volk zu helfen ... In einer schwierigen Zeit in der Armee zu sein ist eine Sache, aber in der Armee sein zu wollen ist für eine Frau nicht natürlich. Ich denke, die Amerikanerinnen haben eine romantische Vorstellung, was es heißt, in der Armee zu sein, und deshalb wollen sie auch dazugehören. Das kommt vielleicht daher, daß sie seit hundert Jahren keinen Krieg in ihrem eigenen Land erlebt haben und deshalb nicht wissen, was Krieg wirklich heißt.«[420] »Der Krieg ist kein Beruf für Frauen, aber wir verteidigten die Freiheit und Unabhängigkeit unseres Landes.«[421] »Ich denke nicht, daß Frauen überhaupt Kampfeinsätze fliegen sollten, ich denke, eine Frau sollte eine Frau bleiben. Der Kampf ist nichts für Frauen.«[422] »Als ich jung war ... war ich überzeugt, daß Frauen durchaus Kampfpilotinnen sein können. Damals dachten wir nur daran, unsere Heimat zu verteidigen, das Land zu retten. Der seelische und körperliche Druck kam mir nicht in den Sinn. Ich war vor dem Krieg Pilotin geworden, und deshalb war es nur natürlich für mich, daß ich im Krieg Flugzeuge flog. Heute ist mir klar, daß es eine sehr große Belastung bedeutete und keine Aufgabe für Frauen war.«[423] Diese Überlegungen wurden fünfundvierzig Jahre nach den Ereignissen angestellt. Die Frau, die sie anstellte, Hauptmann Walentina Wolkowa-Tikonowa, verzeichnete 518 Flugstunden in Kampfeinsätzen.

Wie auch immer die Einschätzungen ausfielen, die Frauen

verfolgten jedenfalls keine feministischen Ziele. Sie gingen zum Militär als Bürgerinnen eines Landes, das in Gefahr war, nicht als Frauen, die »Befreiung« suchten. Sie beklagten sich auch nicht über sexuelle Belästigung. Eine Pilotin erinnerte sich, daß ein General sie ins Bett zu bekommen versuchte, aber eine Abfuhr erhielt.[424] Eine andere sagte, sie sei froh gewesen, mit Frauen zu dienen, denn »Männer sind Männer, und Frauen sind Frauen, ich fühlte mich so wohler«.[425] Die anderen fanden »alle so freundlich, so hilfsbereit«.[426] Die Frauen dachten gar nicht daran, ihr Geschlecht zu verleugnen oder zu verbergen, wie so viele kämpfende Frauen in der Geschichte, sondern sie legten Wert auf hübsches Aussehen und Attraktivität. Alle strickten und stickten gern,[427] und die Pakete für die Frauen enthielten anstelle von Tabak und Zigaretten Garnknäuel.[428] Einmal (nur einmal?) berührte ein Mann die Brust einer Frau, aber das passierte aus Versehen.[429] Einige Kommandanten waren streng, aber sie waren streng zu allen.[430] Die Männer achteten darauf, keine groben Ausdrücke zu verwenden, wenn sie mit Frauen sprachen.[431] Umgeben von Tod und Zerstörung, hatte niemand die Zeit, sich um »Geschlechterfragen« zu kümmern. Anders als heute in vielen westlichen Streitkräften existierten keine Regeln, die Fraternisierung verboten. Manch eine Liebesaffäre entwickelte sich und wurde vollzogen. Angefangen bei Kommandant Markow heirateten viele Männer Frauen aus ihren Regimentern. Manche Männer waren bereits verheiratet und lebten mit so genannten »Feldfrauen« zusammen, solange der Krieg dauerte.[432]

Als Markow Raskowas Regiment übernahm, war er ein sehr erfahrener Pilot. Die Ernennung traf ihn »wie eine kalte Dusche«, und zunächst fand er es hart, die Frauen zu drillen. Später, nachdem er alles Erdenkliche über »weibliche Probleme« gelernt hatte, besserten sich die Dinge, und die Frauen mochten ihn. »Natürlich«, sagte er, »stellt das Kommando über ein weibliches Regiment besondere Anforderungen, hat es Eigenheiten. Man muß sehr vorsichtig sein, wenn man es mit Frauen zu tun hat, man muß die Ohren benutzen wie ein Radar.«[433] Offensichtlich schadete es seiner Karriere nicht, daß er Frauen befehligte, die veraltete Flugzeuge flogen, denn nach dem Krieg blieb er bei der Luftwaffe, und schließlich ging er als Generalleutnant in den Ruhestand.

Sobald sich beide Seiten aneinander gewöhnt hatten, war Markow genauso stolz auf seine Frauen, wie die Frauen ihn mochten. »Die Frauen in meinem Regiment waren diszipliniert, umsichtig und gehorchten Befehlen. Sie schätzten, daß man sie ehrlich und gerecht behandelte. Sie jammerten nie und klagten nie und waren sehr tapfer. Wenn ich meine Erfahrungen als Kommandant von Männern und Frauen vergleiche, muß ich sagen, daß es in gewisser Weise leichter für mich war, gegen Ende des Krieges dieses Frauenregiment zu kommandieren. Sie hatten ein starkes Gefühl des Zusammenhalts [vermutlich weil sie etwas Besonderes waren], das spürt man heute noch, wenn wir alle zusammenkommen.«[434] Nach Kriegsende nahmen die meisten Frauen ihren Abschied. Von den Mechanikerinnen »wechselten alle den Beruf. Keine ging dorthin zurück. Sie fanden die Arbeit zu schwer für Frauen.«[435] Einige Frauen blieben bei der zivilen Luftfahrt, andere wechselten in ein ganz anderes Gebiet, und der Großteil heiratete. Offensichtlich kehrten die meisten dem Militär freiwillig den Rücken oder schieden aus gesundheitlichen Gründen aus. Doch zumindest eine fand, »[als] es darum ging, wer ausscheiden sollte, war natürlich nicht von den Männern die Rede«.[436]

Wenn man die besonders verzweifelte Situation in Rechnung stellt, waren die militärischen Erfahrungen der sowjetischen Frauen im Zweiten Weltkrieg in vieler Hinsicht sehr ähnlich wie die ihrer Schwestern in anderen Ländern. In Relation zur Gesamtstärke der Streitkräfte waren nicht mehr oder weniger Frauen beim Militär als in den Vereinigten Staaten und in Deutschland (dort trugen sie allerdings nicht Uniform[437]). Das Land mit dem größten Frauenanteil in den Streitkräften war keine der großen Krieg führenden Nationen, sondern Finnland. Wie in anderen Ländern wurden auch in der Sowjetunion die meisten Frauen in der Verwaltung, im Sanitätswesen und in der Küche eingesetzt. Stärker als in anderen Ländern wurden sie in Kampfeinheiten gedrängt oder vielmehr drängten sie hinein.[438] Die Anwesenheit von Frauen an der Front spiegelt gleichermaßen den Umstand wider und wird davon widergespiegelt, daß einige Frauen zumindest ansatzweise in ihrer Komsomol-Zeit (und wenn, dann nur dort) eine Ausbildung an der Waffe erhalten hatten. Ein paar Frauen durchliefen auch eine Ausbildung bei der Roten Armee und zogen dann in den Kampf. Die meisten hatten darum gebeten und wurden als Scharfschützen eingesetzt, vorwiegend in der verzweifelten Anfangszeit des Krieges, als nicht nur das Schicksal der Sowjetunion auf dem Spiel stand, sondern das physische Überleben des ganzen Volkes. Schließlich bildeten die Frauen rund 10 Prozent der Partisaneneinheiten. Wenn wir von anderen revolutionären Bewegungen wie der jugoslawischen und der israelischen auf die sowjetischen Partisanen schließen, dürfte nur eine Minderheit mit der Waffe in der Hand gekämpft haben.

Eine Besonderheit in der Sowjetunion war der Einsatz von Frauen als Kampfpilotinnen. Doch ihre Zahl belief sich auf nur rund tausend. Gemessen am Gesamtumfang der Streitkräfte und der Gesamtzahl der Bevölkerung, flogen in der Roten Armee tatsächlich weniger Frauen Flugzeuge als in der britischen oder amerikanischen Luftwaffe. Möglicherweise haben sowjetische Pilotinnen auch Flugzeuge überführt, aber es ließen sich keine Belege dafür finden. Der prozentuale Anteil der Frauen an den sowjetischen Piloten insgesamt ist nicht bekannt. Wir wissen jedoch, daß die Sowjetunion im Krieg ungefähr 137 000 Militärflugzeuge produzierte.[439] Wenn man als absolutes Minimum einen Piloten pro Flugzeug ansetzt, dürfte der Frauenanteil bei 0,7 Prozent gelegen haben. Zu behaupten, die Frauen hätten in der Luft und am Boden »Titanisches« geleistet, ist deshalb ein wenig übertrieben.

Dies gilt um so mehr, weil in der Luft wie am Boden die Frauen infolge der Grenzen ihrer Physis nicht mit den Männern mithalten konnten. Vielleicht bekamen sie deshalb die veralteten Flugzeuge, die noch aus Holz gebaut waren und von jedem deutschen Soldaten mit einem Gewehr abgeschossen werden konnten.[440] Um unbemerkt zu bleiben, operierten sie hauptsächlich im Schutz der Dunkelheit,[441] und die Deutschen nannten sie die »Nachtflughexen«. Weil sie im Dunkeln operierten, konnten sie nicht viel ausrichten, meist flogen sie nur Störangriffe. Die Frauen, die mit den veralteten Maschinen doch bei Tageslicht aufstiegen, waren vielfach eine leichte Beute. Zumindest zwei Pilotinnen hörten von ihren ehemaligen Feinden – rumänischen Piloten –, daß sie beinahe abgeschossen worden wären; nur weil man erkannt habe, daß es sich um Frauen handelte, seien sie verschont worden.[442] Es kann natürlich sein, daß die Rumänen, die kurz zuvor die Seiten gewechselt hatten, sich damit bei ihren neuen sowjetischen Herren und Verbündeten einschmeicheln wollten. Doch die Russinnen, Galina Burdina und Nina Slowochtowa, hätten diese Geschichte wohl kaum vierzig Jahre später erzählt, wenn sie nicht von der Wahrheit überzeugt gewesen wären.

Innerhalb der oben beschriebenen Grenzen und größtenteils dank der Tatsache, daß die Frauen in der Roten Armee sich vorrangig als Soldaten betrachteten und erst in zweiter Linie als Frauen, war das Experiment ein Erfolg (wenngleich kein so großer Erfolg, daß die Regimenter nach dem Krieg nicht aufgelöst worden wären). Und warum hätte es auch anders so sein sollen?

## 11. Die Schwäche der Frauen

Die bisher aufgeführten zehn Kategorien decken nicht alles ab, was Frauen im Krieg getan haben. Besonders muß man zum Beispiel den Einsatz von Frauen bei den militärischen Geheimdiensten erwähnen. Schon die alten chinesischen Militärtexte schlagen vor, »die Werkzeuge der Selbstzerstörung – wie Wein, Frauen und faszinierende Raritäten« einzusetzen, um den Feind zu Fall zu bringen.[443] Die Geschichte der Mata Hari, der berühmtesten Spionin überhaupt, gründet, wie sich herausgestellt hat, auf einem Mythos. Gleiches gilt für viele andere Agentinnen, die angeblich ihre sexuellen Reize einsetzten, um dem Feind militärische Geheimnisse zu entlocken.[444] Dennoch verwendeten Armeen oft weibliche Spione – von den Briten in Nordirland[445] bis hin zu Vietnam, wo die Frauen, die zunächst für die Franzosen und dann für die Amerikaner arbeiteten, oft gleichzeitig auch ihre Auftraggeber ausspionierten.[446] Die meisten Frauen (und viele Männer), die für die Geheimdienste arbeiteten, waren wahrscheinlich überhaupt keiner Gefahr ausgesetzt, arbeiteten im Sekretariat, stellten Register zusammen oder bedienten Entschlüsselungsmaschinen; allerdings hatten einige wohl auch Gelegenheit, von der Waffe Gebrauch zu machen, die sie zur Selbstverteidigung trugen. Zum Beispiel verhafteten die Behörden des Osmanischen Reiches in Palästina 1917 die palästinensische Jüdin Sarah Aronson unter dem Vorwurf der Spionage. Zwischen zwei Befragungen unter Folter bekam sie die Erlaubnis, nach Hause zu gehen und sich zu waschen; sie erschoß sich dort.

Dann muß man Situationen erwähnen, in denen Frauen (gemeinsam mit Männern) Belagerungen überstanden haben, wie es seit der Antike so oft der Fall war; ebenso jene Fälle, in denen sie im 20. Jahrhundert (ebenfalls zusammen mit Männern) von der Luft aus bombardiert wurden. Die vielleicht längste Belagerung, die von Leningrad zwischen 1941 und 1944, kostete beinahe eine Million Menschen, darunter viele Frauen, ihr Leben. Von London über Hamburg und Dresden bis Tokio – manchmal verwandelten Luftangriffe ganze Großstädte in ein einziges Flammenmeer, in dem Zehntausende Frauen (wie auch Männer) umkamen. Wenn man vom Kampf um das blanke Überleben, nachdem alles andere schon verloren war, absieht, nahmen Frauen selten aktiv an der Verteidigung belagerter Städte teil;[447] statt dessen unterstützten sie die Männer, indem sie Nachschub heranbrachten, die Verwundeten versorgten usw. In Uniform oder Zivil halfen Frauen bei Luftangriffen oft, die Bürgerwehr, die Rettungsdienste, die Evakuierung und anderes zu organisieren. Sicher waren sie bei diesen Aufgaben genauso standhaft und starben ebenso tapfer wie die Männer.

Zu einem guten Teil war die Tatsache, daß die meisten Frauen nicht aktiv am Krieg teilnahmen, durch den normalen Ablauf eines Frauenlebens in ihrer Kultur bestimmt. In den meisten Epochen und an den meisten Orten wurden Frauen verheiratet, lange bevor sie das wehrdienstfähige Alter erreichten. Arrian behauptet in seiner Alexander-Biographie, daß indische Mädchen mit sieben als heiratsfähig galten.[448] In Griechenland, Rom, Byzanz, China, Japan, der Provence des 9. Jahrhunderts oder im Gent des 14. Jahrhunderts wurden die Frauen verheiratet, bevor sie fünfzehn waren.[449] Unter Hindus und Moslems gibt es bis zum heutigen Tag Teenager-Ehen; die iranischen Mullahs haben sogar verkündet, daß es für eine Frau angemessen sei, ihre erste Periode im Haus ihres Mannes zu bekommen.

Historisch gesprochen ist die einzige wichtige Ausnahme von dieser Regel das sogenannte »europäische Heiratsmuster«. Eigentlich geht es dabei nur um Westeuropa; der Balkan, der zwischen 1500 und 1900 großteils unter osmanischer Herrschaft war, blieb ausgeschlossen. Wie und warum sich dieses Muster etablierte, ist ganz und gar nicht klar; doch unabhängig davon heiratete auch in den zwei oder drei Prozent der Erdoberfläche, die Westeuropa genannt werden, und selbst nach Aussage jener, die diesen Wandel schon auf die Zeit vor dem Schwarzen Tod zurückführen, die bei weitem überwiegende Mehrheit der Frauen um ihren 20. Geburtstag herum (zumindest auf dem Lande) oder aber zwischen Anfang und Mitte Zwanzig (in den Städten).[450]

Wenn eine Frau einmal verheiratet war, konnte man bald eine erste Schwangerschaft erwarten – bei Französinnen der Oberschicht in der zweiten Hälfte des 19. Jahrhunderts etwa lagen im Schnitt nur zwei Monate zwischen Eheschließung und Schwangerschaft.[451] Oft war die Abfolge sogar anders herum, und die Ehe wurde erst *nach* der Empfängnis geschlossen. Man schätzt, daß in England zwischen 1550 und 1850 ein Drittel aller Bräute schwanger zum Altar schritt.[452] Und diese hohen Zahlen waren nicht notwendig auf einen Mangel an Weitblick zurückzuführen. Besonders in ländlichen Gebieten wurde vorehelicher Geschlechtsverkehr als eine Form von Versuchsehe oft geplant und sogar unterstützt, um festzustellen, ob das Paar fruchtbar war. In diesem Zusammenhang sollte man nicht vergessen, daß bis zum Beginn und dem folgenden Ausgreifen der Industriellen Revolution in der zweiten Hälfte des 18. Jahrhunderts über neunzig Prozent aller Menschen immer in ländlicher Umgebung lebten.

Mit 350 zusätzlichen Kilokalorien fordert die Schwangerschaft dem Körper einiges ab. In der Stillzeit sind die Anforderungen mit 550 Kilokalorien noch höher – sie nähern sich denen einer Marathonläuferin im Training[453] an und machen schwere Arbeit unmöglich. Das Stillen ist gleichzeitig auch eine natürliche Empfängnisverhütung. Deshalb wurde es oft so lange wie möglich beibehalten; sobald ein Kind abgestillt war, konnte man nach kurzer Zeit eine neue Schwangerschaft erwarten, so daß die Menstruation an sich ein relativ seltenes Phänomen war.[454] Die meisten Frauen waren also den größten Teil der Zeit entweder schwanger, oder sie stillten. In Jäger- und Sammlergesellschaften stillten Frauen ihre Kinder bis zu drei Jahre lang, bevor sie im vierten dann wieder schwanger wurden.[455] Mit dem Beginn des Ackerbaus und der Entstehung dauerhafter Siedlungen wurde dieser Kreislauf jedoch immer kürzer. In der Jungsteinzeit bekamen viele Frauen jedes zweite Jahr ein Kind[456] – ebenso wie noch in der relativ hoch entwickelten Gesellschaft Amerikas im 18. Jahrhundert, in der eine Frau im Durchschnitt ebenfalls alle zwei Jahre ein Kind austrug.[457]

Verheiratete Frauen im Rußland des frühen 20. Jahrhunderts waren mit durchschnittlich zwei Kindern in dreieinhalb Jahren sogar noch fruchtbarer als ihre amerikanischen Schwestern.[458] Und in den meisten lateinamerikanischen Ländern (mit Ausnahme Argentiniens und Uruguays) bekam eine Frau bis in die Mitte der sechziger Jahre des 20. Jahrhunderts hinein im Durchschnitt fünf bis sieben Kinder.[459] In anderen Ländern vollzog sich der Wandel noch langsamer. 1976 konnte die durchschnittliche Jordanierin davon ausgehen, daß sie acht bis neun Kinder bekommen würde.[460] In Bangladesh hatte eine Frau noch 1985 im Durchschnitt zwei Kinder, bevor sie vierundzwanzig war, drei bis vier mit dreißig und fünf mit fünfunddreißig;[463] Versuche, empfängnisverhütende Mittel einzuführen, stießen auf den Widerstand der wütenden Ehemänner wie auch der Geistlichen. Wenn eine Frau mit fünfzehn, dem normalen Heiratsalter, verheiratet worden war, bedeutet das, daß sie während der folgenden zwanzig Jahre immer wenigstens ein Kind unter vier Jahren hatte, um das sie sich kümmern mußte.

Bei allen Säugetierarten sind es vor allem die Weibchen, die für die Jungen sorgen.[462] Menschlicher Nachwuchs muß im Vergleich zu anderen Säugetieren sehr lange herumgetragen, gefüttert und umsorgt werden. Daher hatten Frauen Schwierigkeiten, ihre Kinder selbst für die relativ kurze Zeit allein zu lassen, die man für einen Überfall auf einen Nachbarstamm gebraucht hätte, ganz zu schweigen von einem größeren Feldzug. Wenn sie jemanden hatten, der auf die Kinder aufpaßte, löste das vielleicht die Probleme für einzelne Frauen. Weil sie dafür bezahlen konnten und weil sie oft über mehr für die Aufgabe geeignete Verwandte verfügten, waren es meist Frauen der oberen Schichten:[463] Wenn man aber einfach eine Frau durch eine andere ersetzte, änderte das nichts an der Tatsache, daß die meisten von ihnen ans Haus gefesselt blieben. Selbst in den heutigen entwickelten Gesellschaften sind es meist die Frauen, die für die kleinen Kinder sorgen, entweder für die eigenen oder in Krippen und Kindergärten für die anderer Frauen. Hier und da hat es Versuche gegeben, das Problem durch eine kollektive Betreuung zu lösen. Doch diese Versuche sprechen nur diejenigen an, die sie noch nicht – etwa in einem israelischen Kibbuz – ausprobiert haben.[464]

Der andere Grund, aus dem Frauen traditionell nicht auf dem Schlachtfeld zu finden waren, liegt natürlich in ihrer relativen körperlichen Schwäche. Von der Zeit der ersten Menschen an[465] waren Männer immer beträchtlich größer und stärker als Frauen; einige Biologen sind sogar der Ansicht, daß die Natur sie stärker gemacht hat, *damit* sie kämpfen.[466] In den letzten zwanzig Jahren hat man in Untersuchungen festgestellt, daß die durchschnittliche Rekrutin der US-Armee 12 Zentimeter kleiner und 14,3 Kilogramm leichter war, 16,9 kg weniger Muskeln hatte und 2,6 Kilo mehr Fett als der durchschnittliche männliche Rekrut.[467] Sie verfügte nur über 55 Prozent der Kraft im Oberkörper und 72 Prozent im Unterkörper im Vergleich zum männlichen Durchschnitt. Da die Fettmasse umgekehrt relativ zur Fähigkeit der Sauerstoffbindung und der Wärmetoleranz ist, haben Frauen also auch einen signifikanten Nachteil, wenn es um Tätigkeiten mit großem Sauerstoffumsatz wie das Marschieren mit schwerem Gepäck oder das Arbeiten bei großer Hitze geht; so fiel zum Beispiel auch die erste Frau, die überhaupt in der »Zitadelle«, einer Militärschule in South Carolina, zugelassen wurde, nach kurzer Zeit wegen Hitzschlags aus. Beim Aufenthalt in großen Höhen ist zudem möglicherweise die Fortpflanzungsfähigkeit der Frauen gefährdet.[468] Und schließlich besitzen Frauen, selbst wenn die Zahlen aus den Studien auf die Größe umgerechnet werden, nur etwa 80 Prozent der männlichen Kraft. Insgesamt kann man sagen, daß die 20 besten Prozent der Frauen sich körperlich mit den 20 schwächsten Prozent der Männer messen können.

Aufgrund der »größeren Fähigkeit der Männer, sich Muskelgewebe anzutrainieren«,[469] steigert intensives Training die körperlichen Unterschiede zwischen den Geschlechtern noch.[470] Nach acht Wochen eines solchen Trainings zeigten männliche Rekruten in West Point 32 Prozent mehr Kraft im Unterkörper und brachten 48 Prozent mehr Leistung an der Beinpresse als weibliche. An der Bankpresse zeigten die Männer 270 Prozent mehr Kraft und brachten 473 Prozent mehr Leistung als die Frauen. Ein Biologe behauptet, daß bei einer Auswahl der hundert stärksten Individuen aus einer zufällig zusammengestellten Gruppe von hundert Männern und hundert Frauen dreiundneunzig der Ausgewählten Männer und nur sieben Frauen wären.[471] Andere haben errechnet, daß nur die kräftigsten fünf Prozent der Frauen so stark sind wie der Durchschnittsmann.[472]

Auch von der Gestalt her sind die Frauen schlechter für den Krieg geeignet. Dünnere Schädelwände, leichtere Knochenkämme und schwächere Kieferknochen bieten ihnen weniger Schutz gegen Schläge.[473] Viele Frauen entwickeln große, hängende Brüste, die die Beweglichkeit einschränken und besonderen Schutz brauchen; noch 1999 konnte man lesen, daß sich das britische Heer mit dem Problem herumschlug, Büstenhalter zu entwerfen, die gleichzeitig attraktiv und angenehm zu tragen waren.[474] Ihre kürzeren Arme erschweren es den Frauen, Waffen aus der Scheide zu ziehen, mit ihnen zuzustechen und sie zu werfen; ganz zu schweigen davon, daß sie aufgrund ihrer anderen Gehirnstruktur größere Probleme haben, Projektile zu lenken oder abzufangen.[475] Auch die Beine von Frauen sind kürzer und, da sie in einem anderen Winkel zum Becken stehen, auch weniger geeignet für den Lang- wie für den Kurzstreckenlauf; Tests unter ROTC-Kadetten zeigten, daß 78 Prozent der Männer, aber nur 6 Prozent der Frauen die zwei Meilen unter 14 Minuten laufen konnten.[476] All die eben angeführten

Tests wurden mit jungen, kinderlosen Frauen durchgeführt. Sobald eine Frau ein Kind geboren hat, werden die Unterschiede in der Beckenstruktur noch auffälliger; sie sind eines der Charakteristika, die es Paläontologen ermöglichen, männliche und weibliche Skelette zu unterscheiden. Der einzige körperliche Vorteil, den Frauen besitzen, ist die Tatsache, daß sie offenbar weniger anfällig für die Höhenkrankheit sind. Und da sie proportional mehr Körperfett haben, ertragen sie Kälte besser.

In Anbetracht dieser Einschränkungen konnten nur sehr wenige Frauen gleichberechtigt an der militärischen Ausbildung und am Kampf teilnehmen – »einen Feind niederschlagen, Wache stehen ... Winterkälte und Sommerhitze mit gleicher Geduld ertragen, auf nacktem Boden schlafen und mit leerem Magen schwer arbeiten«, wie es Sallust dem Marius in den Mund legt.[477] Antike Schlachten, besonders die griechischen, waren oft ein Handgemenge *(othismos),* bei dem allein die »Körperkraft«[478] zählte. »Setze Fuß gegen Fuß, drücke Schild gegen Schild, Helmbusch gegen Helmbusch, Helm gegen Helm, Brust an Brust mit deinem Mann und kämpfe gegen ihn, deinen Schwertgriff oder langen Speerschaft fest umfaßt«, sang der spartanische Barde Tyrtaios im 6. Jahrhundert vor Christus; bei Nemea setzten die Thebaner und die Spartaner im Jahr 394 vor Christus nach Darstellung des attischen Historikers Xenophon »Schild gegen Schild, töteten und wurden getötet«.[479] Zu diesem Zweck wurden Waffen und Ausrüstung üblicherweise für große, kräftige Männer entwickelt.[480] Manchmal mußten allerdings selbst diese großen, kräftigen Männer von besonderen Schildträgern begleitet werden. Das homerische *rhyton,* der große Schild, kann durchaus 18 bis 23 Kilo schwer gewesen sein;[481] weder Ajax noch seine biblische Entsprechung Goliath trugen ihre Schilde selbst in die Schlacht.[482] Die Ausrüstung eines griechischen Hopliten in klassischer Zeit wog wahrscheinlich zwischen 23 und 32 Kilo, die Brustplatte allein 11 bis 13,5 Kilo. Sich vornüber zu beugen, zu sitzen oder aufzustehen erforderte wahrhaft herkulische Anstrengungen. Deshalb ist es kein Wunder, daß griechische (und römische) Quellen voller Klagen über das Gewicht der Ausrüstung sind;[483] nicht umsonst zeigen Skulpturen und Bilder oft stolpernde, fallende oder auf dem Rücken liegende Soldaten in ihrer Rüstung.

Am schwierigsten zu tragen wie auch zu handhaben war der Schild. Ein durchschnittlicher griechischer Schild wog zwischen 7 und 9 Kilogramm. Natürlich konnte man ihn wegen seiner konkaven Form den Großteil der Zeit von der Schulter herabhängen lassen und so den Kraftaufwand mindern;[484] dennoch besitzen wir Hunderte von Abbildungen, auf denen die Hopliten die Schilde mit dem linken Arm tragen, während sie mit der Rechten Mann gegen Mann kämpfen. Da die Schilde so schwer waren, daß man mit ihnen keine längeren Strecken laufen konnte, ließen die Soldaten sie, falls sie flüchten mußten, natürlich zurück. Römische Legionärsschilde waren womöglich noch schwerer und wogen meist mehr als 9 Kilo, nicht mitgerechnet die Lederhülle, in der sie normalerweise transportiert wurden. Experimente mit Nachbildungen haben gezeigt, wie schwer es ist, sie im Kampf länger als ein paar Minuten einzusetzen.[485]

Unter diesen Bedingungen ist es nicht verwunderlich, daß Frauen in den seltenen Fällen, in denen sie Waffen trugen, mit Sonderanfertigungen ausgerüstet wurden. Xenophon beschreibt zum Beispiel, wie ein durchziehendes griechisches Heer, dem er angehörte, für einige paphlagonische Fürsten in Kleinasien seine Waffenkünste demonstrierte. Zunächst führten einige Männer in voller Rüstung eine Reihe komplizierter Kriegstänze vor. Dann präsentierte ein arkadischer Offizier eine junge Frau, die ihm gehörte. Statt der Rüstung trug sie feinste Stoffe sowie einen sehr leichten Schild und lieferte eine sehr gute Vorstellung, die von den Paphlagoniern mit großem Applaus aufgenommen wurde. Sie waren zu Scherzen aufgelegt und fragten dann auch, ob etwa die Griechinnen zusammen mit ihren Männern kämpfen würden.[486] Ähnlich wurde Alexander dem Großen einmal eine Gruppe von hundert weiblichen Kriegsgefangenen, angeblichen Amazonen, vorgeführt. Wie das Tanzmädchen in Paphlagonien waren auch sie mit »kleinen Scheiben statt Schilden« ausgerüstet.[487]

Wenn wir zu den Angriffswaffen übergehen, so findet man in den homerischen Epen viele Beschreibungen von der außerordentlichen Kraft, die die Helden brauchten, um einen »langschattenden« Speer zu schleudern oder einen schweren Felsbrocken emporzuheben und zu werfen.[488] Mittelalterliche und frühmoderne Lanzen und Spieße, die vom Pferd herab oder vom Fußvolk benutzt wurden, konnten fünf bis sechs Meter lang sein und wogen etwa sechseinhalb Kilo; mit dem Ergebnis, daß die Spießträger breitschultrige Männer sein mußten. Im Spätmittelalter waren die Schwerter manchmal so lang (160 bis 186 cm) und schwer, daß die Ritter sie nur mit beiden Händen schwingen konnten.[489] Im Kampf eingesetzte Bögen und Armbrüste brauchten oft – anders als die kleineren für die Jagd – eine Kraft von 35 bis 70 Kilo zum Spannen und Abschießen. Die Griechen nannten die Armbrust sogar »Bauchbogen«, weil man sie sich beim Spannen gegen den Bauch drücken und seine Rücken- und Beinmuskeln einsetzen mußte, um mit voller Kraft zu ziehen[490] – eine Prozedur, die bei einer Frau nicht zu empfehlen wäre. Auch die antike und mittelalterliche Artillerie (*ballistae,* Katapulte und *trebuchets*), die ja auf der Spannung ineinander verdrillter Seilstränge oder auf Gegengewichten basierte, die bis zu zehn Tonnen wiegen konnten[491] und mit Seilen und Flaschenzügen hochgezogen werden mußten, war nichts für Schwächlinge. Sie in Position zu bringen und zu bedienen muß eine echte Knochenarbeit gewesen sein. Ähnliches galt noch stärker für andere Belagerungsmaschinen wie Rammböcke, Türme, Kräne und ähnliches.

Beim Kampf zur See mußte man zwar keine schweren Lasten über weite Entfernungen bewegen, aber die Anforderungen an die Körperkraft waren kaum geringer. Vor dem Aufkommen der Dampfmaschine war die Manövrierbarkeit für ein Kriegsschiff, anders als beim Handelssegler, von äußerster Wichtigkeit.[492] Daher setzten die Kriegsschiffe die Segel wohl für längere Fahrten ein, wurden aber meist von Ruderern angetrieben, wenn es in den Kampf ging. Der Ruderer saß am Ende eines vier Meter langen Ruders, wurde oft von der Peitsche angetrieben und so dazu gebracht, bis zu einem Achtel einer Pferdestärke oder noch mehr zu leisten.[493] Sobald die Schiffe nahe beieinander lagen, waren die Waffen quasi die gleichen wie an Land und erforderten die gleiche Körperkraft im Kampf.[494] Als die Römer daher die Karthager das erste Mal auf See angriffen, rüsteten sie ihre Schiffe so aus, daß sie Mann gegen Mann mit dem Feind kämpfen konnten.[495] Das Entern blieb das ganze Mittelalter hindurch die Standardtaktik und bis weit ins 17. Jahrhundert hinein zumindest eine Möglichkeit der Kriegführung auf See.[496] Und auch nachdem Artilleriegefechte an die Stelle des Nahkampfes gerückt waren, brauchte man Scharen schwitzender, keuchender Männer, um die Kanonen zu laden (die bis zu zwei Tonnen wiegen konnten)[497], sie nach jedem Schuß wieder in Position zu bringen und sie auszuwischen – ganz zu schweigen von der rein körperlichen Anstrengung, die bis zum heutigen Tag nötig ist, ein allein vom Wind angetriebenes Schiff zu bedienen.

Auch das Aufkommen der Feuerwaffen brachte kaum Erleichterungen im Hinblick auf die für den Kampf nötige Körperkraft. Es stimmt, daß man nicht viel Muskelkraft braucht, um den Abzug zu ziehen; doch waren – einmal abgesehen von Pistolen, die eigentlich nur für die Selbstverteidigung auf kurze Distanz zu gebrauchen waren – die historischen Feuerwaffen meist doch sehr schwer. Für die Arkebusen des 16. und die Musketen des 17. Jahrhunderts brauchte man manchmal sogar eine gegabelte Stütze, auf die man sie beim Zielen auflegen konnte. Im 18. Jahrhundert gab es einige Verbesserungen. Zum Beispiel war das im Jahr 1777 eingeführte französische Standardgewehr (das während der ganzen Napoleonischen Kriege in Gebrauch blieb) leichter als die meisten anderen; dennoch wog es immerhin 4,5 Kilo ohne das Bajonett, das aber absolut notwendig war, wenn die Infanterie zum Angriff übergehen oder gegen Kavallerie kämpfen mußte. Wenigstens bis zum Aufkommen der modernen Metallurgie in den letzten Jahren des 19. Jahrhunderts konnte man Waffen nur dadurch leichter machen, daß man den Lauf verkürzte oder seine Wandstärke verringerte. Letzteres konnte die Waffe explodieren lassen, ersteres schränkte die Reichweite und Genauigkeit ein. Sofern diese Schwierigkeiten in Kauf genommen werden konnten, entstanden damit die sogenannten »Damenwaffen«.

Wenn die Feuerwaffen schon nicht viel dazu beitrugen, die bei der Infanterie nötige Körperkraft zu vermindern, galt dasselbe um so mehr für die anderen beiden Waffengattungen, die

Kavallerie und die Artillerie. Länger als bei der Infanterie, die sie im großen und ganzen bis zur zweiten Hälfte des 17. Jahrhundert abgelegt hatte, trugen besonders die Reiter der schweren Kavallerie weiterhin Rüstungen, die es ihnen manchmal schwer machten, überhaupt ein Pferd zu besteigen. Sehr viel länger als die Infanterie kämpften sie auch mit Hieb- und Stichwaffen, darunter Schwertern, Säbeln und Lanzen (oder trugen sie zumindest in der Schlacht), mit dem Nebeneffekt, daß viele Wunden aus dem Kampf mit der Kavallerie den rechten Arm betrafen. Die Schwerter der Kürassiere Napoleons waren so lang (96,5 cm) und schwer, daß selbst der »stärkste Soldat« Mühe hatte, mit ihnen zu fechten. Die Lanzen wogen etwa 3,5 Kilo und erforderten ebenfalls den ganzen, starken Mann.[498] In den Händen der Dragoner, Ulanen, Kosaken und ähnlicher Truppenteile blieben beide Waffen noch das gesamte 19. Jahrhundert hindurch in Gebrauch; selbst in der Frühphase des Ersten Weltkriegs sah man beim Einfall in Frankreich deutsche Kavalleristen, die jeden Abend die Spitzen ihrer Lanzen schärften.[499] An der Ostfront, die sich durch weite offene Räume und eine niedrigere Truppendichte pro Quadratkilometer auszeichnete, hielt sich die Kavallerie noch länger.

Da die Artillerie Pferde brauchte, um Kanonen und Munition zu ziehen, konnten die Soldaten auf dem Feldzug oft »mitfahren« – ein deutscher Witz aus der Zeit vor dem Ersten Weltkrieg drückte es so aus, daß die Artilleristen zwar weder liefen noch ritten, sich mit Hilfe unseres Vaters im Himmel aber doch irgendwie von der Stelle bewegten. Andererseits war es in den Zeiten der vormodernen Straßen (erst gegen Ende des 18. Jahrhunderts wurden die ersten europäischen Straßen befestigt) immer schwer, die Artillerie zu bewegen; Kanoniere standen oft bei strömendem Regen bis zu den Knien in Schlamm und Wasser, hoben und schoben und halfen den sich abmühenden Pferden, die Geschütze und Munitionswagen durch Sumpflöcher zu ziehen. Selbst bei gutem Wetter war es üblich, die Kanonen etwa einen Kilometer vor dem Feind abzuspannen und sie mit Körperkraft in Schußposition zu bringen. Zu diesem Zweck hatten die Uniformen bestimmte Haken und Ringe, durch die man Seile ziehen konnte.[500]

Es wurde auch nicht leichter, wenn die Geschütze endlich in Position gebracht waren. Das Laden, Auswischen und Wiederausrichten (erst nach der Erfindung von Rücklaufmechanismen in den allerletzten Jahren des 19. Jahrhunderts mußten Kanonen nicht mehr nach jedem Schuß neu ausgerichtet werden) war äußerst harte Arbeit; meist ist es das auch heute noch. Es ist richtig, daß die Geschosse der Feldgeschütze heutzutage normalerweise von Kränen angehoben und von einer Rammechanik in den Lauf geschoben werden. Dennoch muß ein 120-mm-Panzergeschoß mit einem Gewicht von 36 Kilo im beengten Raum eines Panzerturms mit Körperkraft bewegt werden. Der Einbau einer automatischen Ladevorrichtung wie im sowjetischen T-72 beseitigt diese Notwendigkeit, reduziert aber die Besatzung von vier auf drei Mann, was ein entscheidender Nachteil sein kann, wenn man zum Beispiel eine abgesprungene Kette reparieren muß, bei der jedes einzelne Glied etwa 50 Kilo wiegt.

Vor dem Zeitalter der mechanischen Transportmittel mußten die Soldaten oft sehr schweres Marschgepäck schultern. Es stimmt, daß die Heere Packtiere und Pferdekarren nutzten, und zwar so ausgiebig, daß der »Schwanz« durchaus länger sein konnte als die »Zähne«. Allerdings galt dieser Troß als Klotz am Bein; nicht selten mußte er von einem Augenblick auf den anderen zurückgelassen werden. Wie ihre griechischen Vorgänger trugen auch die römischen Legionäre – im Volksmund die Maultiere des Marius genannt – ein Standardgepäck mit einem Gewicht von etwas unter 30 Kilo, das im Ausnahmefall bis zu 47 Kilo schwer sein konnte. Und obwohl die Ritter des Mittelalters anders als die Legionäre keinen Proviant tragen mußten, wogen ihre Waffen und Rüstung wohl etwa 35 bis 40 Kilo.[501] Gelegentlich mußten sie dieses Gewicht nicht nur beim Kampf zu Pferde, sondern auch im Nahkampf zu Fuß tragen, wie etwa in der Schlacht bei Maupertuis 1356 nach Christus. Seit der zweiten Hälfte des 16. Jahrhunderts ließ das Aufkommen von Feuerwaffen die Rüstungen allmählich verschwinden. Allerdings wurden sie, abhängig von Zeit, Auftrag und Art des Kampfes durch 35 bis 120 Schuß Munition ersetzt. So trugen preußische Soldaten unter Friedrich dem Großen etwa 27 Kilo Gepäck, vom Hut über Muskete, Munition, Rucksack, Kleidung zum Wechseln bis hin zu Zelten und Werkzeugen.[502] Einer von ihnen, Ulrich Bräker, beschrieb seine Erfahrungen beim Einmarsch in Sachsen 1756, an dem er, sehr gegen seinen Willen, teilnehmen mußte. »Alle waren beladen wie die Esel ... wir glaubten alle, daß wir unter der Last umkommen würden«,[503] die von nicht weniger als fünf Riemen über der Brust gehalten wurde. Solche Klagen beeindruckten seine Vorgesetzten überhaupt nicht. Achtzig Jahre später hatten preußische Grenadiere 34 Kilo Marschgepäck.

Auch das Aufkommen der Eisenbahn änderte daran nichts, denn die Züge transportierten die Truppen bei der Mobilmachung und beim Aufmarsch, nicht aber im Felde.[504] 1914 mußte ein deutscher Soldat 28 Kilo schultern, ein russischer im gleichen Jahr 38; unter dieser Last kämpften sie in den Schlachten bei Tannenberg und an den Masurischen Seen gegeneinander. Britische Soldaten, die 1916 an der Somme angriffen, trugen 32 Kilo auf dem Rücken, die sie sicher auch dann vom Laufen abgehalten hätten, wenn sie den Befehl dazu bekommen hätten. Eine wahre Marscherleichterung brachte erst die Motorisierung der Armeen nach 1918 – aber man sollte darüber nicht vergessen, daß noch im Zweiten Weltkrieg 75 Prozent des deutschen Heeres den Weg von der polnischen Grenze bis Stalingrad (und den noch längeren von Stalingrad nach Berlin) zu Fuß zurücklegten.[505]

Im Falklandkrieg trotzten britische Fallschirmjäger 1982 dem furchtbaren Wetter und »stapften« die 80 Kilometer von Port San Carlos bis Goose Grenn mit etwa 35 Kilo Ausrüstung auf dem Rücken. Das Standardgepäck eines deutschen Panzergrenadiers wiegt immer noch 39 Kilo im Sommer und etwas über 40 Kilo im Winter. Im Juni 1999 sahen die amerikanischen Marineinfanteristen, die in den Kosovo einrückten, aus, als könnten sie unter der Last ihrer Ausrüstung kaum gehen; der Rucksack eines US-Soldaten, der der futuristischen »Force XXI« angehört und sich mit »informationstechnischer Kriegführung« beschäftigt, wiegt 29,5 Kilo, ohne die nötigen Batterien.[506] Als ich für dieses Buch recherchierte, erhielt ich zufällig im Juni 1998 Besuch von einer jungen Kamerafrau und nutzte die Gelegenheit, sie auf die Waage zu stellen. Sie wog mit ihrer gesamten Ausrüstung 77 Kilo, 58 ohne sie. In anderen Worten wog ihre Ausrüstung ein Drittel ihres eigenen Körpergewichts; kein Wunder, daß sie Schwierigkeiten hatte, die paar Meter von ihrem Auto zu meinem ebenerdigen Hauseingang und zurück zu schaffen.

Historisch gesehen stimmt es, daß nicht alle männlichen Soldaten körperlich unbedingt zu den Stärksten gehörten. Andererseits haben Menschen mit geringerer Körperkraft bei keiner anderen Tätigkeit so große Nachteile wie im Kampf, wo die Strafe für ein Versagen sofort und unerbittlich folgt. Frauen dem Kampf auszusetzen war also beinahe schon ein Verbrechen, selbst wenn es aufgrund der Notwendigkeit einer engen Zusammenarbeit mit anderen, auf die man sich verlassen können mußte, nicht kontraproduktiv gewesen wäre. Da bewaffnete Truppen weder zwischen »Front« und »Nachhut« unterschieden noch größere Zahlen von Nichtkombattanten einschlossen, gab es nur wenige andere Positionen, die Frauen ausfüllen konnten. Bis weit in das späte 20. Jahrhundert hinein waren diese Überlegungen so selbstverständlich, daß man noch nicht einmal ein Experiment wagte.

## 12. Der Ruhm der Männer

In Clausewitz' Augen ist der Krieg die Fortsetzung der Politik mit anderen Mitteln, das heißt ein rationales Instrument, um ein rationales Ziel zu erreichen und/oder zu verteidigen. Wie wir auch immer zu dieser Interpretation stehen mögen – und zweifellos hat sie einiges für sich –, fest steht, daß weder heute noch zu irgendeiner anderen Zeit und an irgendeinem anderen Ort der Krieg nur ein Instrument in den Händen der Politik gewesen ist. Vor allem anderen war der Krieg eine Bestätigung der Männlichkeit. Und wenn alles gesagt und getan ist, bleibt er eben dieser Beweis der Männlichkeit.

Die Frage, warum sich Männlichkeit überhaupt immer wieder beweisen muß, ist zum Thema einer enormen Literaturfülle geworden. Freud war der Ansicht, daß Männer ein starkes Ego entwickeln, weil sie von ihren Vätern gezwungen werden,

den Ödipus-Konflikt für sich zu lösen.[507] Einige seiner Anhänger drehen seine Argumentation um und behaupten, daß das männliche Ego äußerst zerbrechlich sei, weil es eben viel härter sei, ein Mann zu werden und zu sein als eine Frau.[508] Wie Mädchen beginnen auch Jungen ihr Leben unter der Fürsorge ihrer Mütter und in völliger Abhängigkeit von ihnen. Anders als Mädchen, die sich mit ihren Müttern identifizieren und in ihre Rolle hineinschlüpfen können, müssen Jungen sich irgendwann von ihr lösen – weil die Mutter als groß und bedrohlich gesehen wird[509] oder weil, wie einige Feministinnen meinen,[510] Jungen Zeugen des Leids sind, das ihre Väter ihren Müttern zufügen, und alles nur mögliche tun, um dieses Leid als Erwachsene nicht teilen zu müssen. Jedenfalls müssen sie ein neues Rollenmodell finden, das sie eindeutig als Männer kennzeichnet.

Auch die Natur ist dabei keine große Hilfe. Die verschiedenen Phasen im Leben einer Frau sind deutlich durch biologische Phänomene wie Menarche, Defloration, Schwangerschaft, Geburt und Menopause markiert. Anders dagegen die Übergänge bei den Männern – sie sind weniger deutlich und müssen daher von der Gesellschaft konstruiert werden.[511] Als Erwachsene werden Männer feststellen, daß sie sexuell weniger leisten als Frauen und überhaupt nicht gebären können. Um Friedrich Nietzsche zu zitieren: »Der Mann ist ein unfruchtbares Tier.« Er ist außerdem ein Tier, das, wenn es betrogen wurde, für Nachkommen aufkommen muß, die nicht seine eigenen sind (unter Menschen) oder aber im anderen Fall seine Gene nicht verbreiten kann (unter Menschen und Nicht-Menschen).

Davon abgesehen müssen Jungen, die ja von Frauen auf die Welt gebracht worden sind, ihre Männlichkeit beweisen, indem sie sich von den Frauen trennen. Definitionsgemäß können nur Jungen zu Männern machen. Dazu erlegen diese ihnen Entbehrungen auf und fügen ihnen Schmerzen zu, die ohne mit der Wimper zu zucken ertragen werden müssen.[512] In zahllosen Ländern der Welt[513] beginnen die Initiationsriten damit, daß die Jungen von ihren Müttern getrennt werden. Dann werden sie an einen abgeschiedenen Ort gebracht, der entweder außerhalb des Dorfes liegt oder in einem Haus, das keine Frau betreten darf. Dort werden in manchen Fällen ihre Körper tätowiert oder mit Schnitten verziert, und die Jungen werden beschnitten. Sie müssen Hunger, Durst, Kälte und Schlafentzug ertragen, werden womöglich mit unbekannten Geräuschen konfrontiert oder mit verschiedenen unangenehmen Stoffen eingeschmiert. Manchmal werden sie auch kräftig geschlagen. Im nachklassischen Sparta mußten junge Männer um einen Altar herum gehen und wurden ausgepeitscht, bis sie zusammenbrachen; eine Zeremonie, die zu Plutarchs Zeiten ihre ursprüngliche Bedeutung verloren hatte und zur Touristenattraktion verkommen war. Auf Papua-Neuguinea hatten einige Stämme einen Ritus, bei dem Männer auf einen Turm stiegen und von dort mit einem Seil um die Füße heruntergeworfen wurden – angeblich der Ursprung des Bungee-Springens. Sehr oft war die körperliche Züchtigung mit verschiedenen Formen der Demütigung verbunden. So wurden etwa die Haare – auch die Schamhaare – abrasiert, die Jungen wurden vor den Augen der Älteren nackt ausgezogen oder sie mußten bei einer Fellatio die sexuell untergeordnete Rolle übernehmen.

Eigentlich spielt die Art des Ritus keine so große Rolle, solange keine Frauen daran beteiligt sind, denn der Zweck der Initiation ist es ja gerade, die »weibliche Substanz«[514] der Jungen zu vermindern oder zu entfernen. Dies zeigt sich auch daran, daß den Novizen an einem bestimmten Punkt der Zeremonien männliche »Geheimnisse« offenbart werden, die sie selbst den Frauen nicht verraten dürfen, die ihnen am nächsten und am liebsten sind;[515] in einigen Fällen bekommen sie die Stirn bemalt oder tätowiert, um diese Geheimnisse am Entweichen zu hindern.[516] Wenn sie den Ritus hinter sich haben, bekommen die Jugendlichen besondere Kleidung, Schmuck und Gerätschaften – darunter auch und vor allem Waffen –, die ab diesem Zeitpunkt ihren Status als Männer kennzeichnen.[517]

Frauen haben eigene Zeremonien, und beide Geschlechter halten sich dabei strikt getrennt. Vor allem fehlen den weiblichen Initiationsriten die Elemente des Schmerzes und der Demütigung. Ihre Hauptkomponente ist die Isolation in der Zeit der Menarche; ihr folgt oft eine rituelle Reinigung und die Übergabe weiblicher Gerätschaften wie Kleidung und Schmuck. Wenn ein Ritus schmerzhaft ist wie etwa die Beschneidung der

Klitoris, müssen die Mädchen ihn nicht schweigend über sich ergehen lassen, sondern dürfen schreien, so laut sie können – es wird teilweise sogar von ihnen erwartet. Manchmal werden sie von männlichen Kriegern festgehalten.[518] Wenn plötzlich Frauen an Männerriten teilnehmen dürften, würden die letzteren das Interesse daran verlieren, und binnen kurzem wäre das das Ende des Ritus. So war es mit den Initiationsriten des Mundugumor-Volkes in den dreißiger Jahren des 20. Jahrhunderts,[519] und so könnte es auch mit der Bar-Mizwa-Zeremonie bei den nichtorthodoxen Juden geschehen.

Aber die Notwendigkeit, Männlichkeit zu zeigen, endet nicht mit dem Abschluß der Initiation und dem Bruch mit der Mutter. Im Hinblick auf die obenerwähnten überlegenen sexuellen und Fortpflanzungsqualitäten der Frauen haben die Männer auch weiterhin mit ihrem existentiellen Problem zu kämpfen – mit der Frage, wozu sie denn überhaupt gut sind.[520] Um diese Frage zu beantworten, müssen sie ihr ganzes Leben lang immer wieder ihre Männlichkeit beweisen und bestätigt bekommen, zumindest bis ins hohe Alter hinein, wenn die körperliche Leistungsfähigkeit abnimmt, die sexuelle Aktivität zurückgeht, Männer und Frauen einander ähnlicher werden und die Unterschiede nicht mehr wichtig sind. Um diese Frage zu beantworten, müssen bestimmte Felder oder Tätigkeiten als ausschließlich männlich definiert und für Männer reserviert werden. Wenn man mit Platon davon ausgeht, daß sich die Geschlechter überlappen und daß keine Tätigkeit an sich nur für Männer oder nur für Frauen angemessen ist,[521] dann können diese Überlegungen die Existenz und das Beharrungsvermögen der Arbeitsteilung zwischen den Geschlechtern wahrscheinlich besser erklären als irgend eine andere.

Von allen Tätigkeiten, mit denen sich Menschen beschäftigen, ist ganz offensichtlich keine so geeignet, die Männlichkeit zu bestätigen, wie der Krieg. Alle anderen sind in mehr oder weniger künstlichen Grenzen dessen gefaßt, was man tun darf und was nicht; nur im Krieg greifen diese Grenzen nicht. Der Krieg erlaubt, nein, er fordert die vollständige Nutzung aller Fähigkeiten des Menschen, körperlich wie emotional und intellektuell. Dadurch bietet er der menschlichen Persönlichkeit eine gute Möglichkeit, sich selbst voll zu entfalten – eine Tatsache, die Dichter von Homer über Pindar und die Verfasser des Nibelungenlieds bis hin zu Nietzsche und Ernst Jünger immer erkannt und nicht selten gepriesen haben. So wird der Krieg am besten als eine besonders gefährliche Sportart verstanden. Allerdings unterscheidet er sich von anderen Sportarten wie Bergsteigen, Wildwasser-Rafting oder Großwildjagd dadurch, daß man hier gegen den gefährlichsten Gegner überhaupt kämpft: einen anderen Mann, der ebenso stark und ebenso intelligent ist wie man selbst.[522]

Es ist daher kein Wunder, wenn schon im biblischen Buch *Exodus* wie auch in vielen anderen Stammessprachen die Begriffe für »erwachsener Mann« und »Krieger« austauschbar sind;[523] gleiches gilt auch für das Altlateinische, wo »populus« sowohl für »Volk« wie auch für »Heer« stehen konnte. Tacitus beschreibt in seiner *Germania,* daß bei den Germanen seiner Zeit ein Mann einen Feind töten mußte, bevor er heiraten durfte;[524] im mittelalterlichen Deutschland war »ein Mann werden« und »ein Schwert tragen dürfen« ein und dasselbe.[525] Ähnliche Bräuche gibt es bei vielen west- und ostafrikanischen sowie polynesischen Stämmen fast bis zum heutigen Tag.[526] Bei einigen Stämmen in Nordamerika, auf Kuba, Grönland und den Inseln Mikronesiens war die Verbindung von Männlichkeit und Krieg so stark, daß jeder Mann, der aus irgendeinem Grund nicht kämpfen konnte oder wollte, als Frau eingeordnet wurde und Frauenkleider tragen mußte.[527] Homer läßt seinen Lieblingshelden Diomedes von der »Schlacht, der männerehrenden« sprechen, ein Ausdruck, den er später nochmals Agamemnon in den Mund legt.[528] Die Bürger der griechischen und römischen Stadtstaaten konnten die *andreia* (Mut, von *aner,* Mann) und *virtus* (Tapferkeit, von *vir,* Mann) nicht hoch genug loben; nicht nur im militaristischen Sparta, sondern selbst im kultivierten Athen galt ein gewisses militärisches Training als unentbehrliches Vorspiel zum Eintritt ins Mannesalter, zur Aufnahme in die Bürgergemeinschaft und zur Ehe. Ähnlich war es in vielen anderen Kulturen – dies geht so weit, daß in der modernen hebräischen Umgangssprache wie auch im Altgriechischen das »Töten eines Feindes« und der »Sex mit einer Frau« mit einem gemeinsamen Ausdruck bezeichnet werden.[529] Und wie die Statue Nelsons auf ihrer Säule an Londons Trafalgar Square beweist, ist die Vorstellung vom Krieg als dem höchsten Beweis der Männlichkeit universal.[530]

Genau deshalb hängt auch das Sozialprestige des Krieges wie das aller anderen solchen Tätigkeiten und Zeremonien davon ab, daß er ausschließlich (oder zumindest beinahe ausschließlich) auf Männer beschränkt ist. Wie Margaret Mead, die berühmteste amerikanische Anthropologin des 20. Jahrhunderts, einmal geschrieben hat:[531] »Männer mögen kochen oder weben oder mit Puppen spielen oder Kolibris jagen – wenn solche Tätigkeiten angemessene Beschäftigungen für Männer sind, dann hält sie die ganze Gesellschaft, Männer wie Frauen, für wichtig.« Bemerkenswerter noch ist, daß Meads Gesetz unabhängig von der »objektiven« Bedeutung der Tätigkeiten gilt, die jedes Geschlecht ausübt. Zum Beispiel wird in Stammesgesellschaften die Jagd als fast ausschließlich männliche Tätigkeit höher geschätzt als das Sammeln und die Gartenarbeit, die die Domäne der Frauen sind, obwohl letztere mehr Kalorien zur Ernährung beitragen.[532]

Warum die Männer ihre Aktivitäten immer wieder als die wichtigeren herausgestellt haben, braucht kaum eine Erklärung. In den Worten der holländischen Dichterin Chawwa Weinberg klingt das so: »Wenn Männer ihre Tage hätten, wie groß und beeindruckend wären dann die Binden.«[533] Schwerer zu verstehen ist, warum die Frauen im allgemeinen meist die Meinung der Männer teilen.[534] Wie einige Feministinnen beklagen,[535] sind es oft die Frauen, die den größten Respekt vor männlichen Tätigkeiten haben – in anderen Worten sind gerade sie besonders »phallozentrisch«. Niemals war dies deutlicher als heute, wo ganze Heere von Frauen sich von dem zu befreien suchen, was eine bekannte Feministin als ihre »animalischen Funktionen«, bezeichnet hat, wie etwa die »Aufzucht der Jungen«,[536] und in männliche Tätigkeitsfelder eindringen – selbst wenn diese Tätigkeiten so unangenehm, so hart und so gefährlich sind wie der Krieg und selbst um den Preis, daß sie ihre Weiblichkeit verleugnen oder verheimlichen müssen, etwa wenn amerikanische Marineinfanteristinnen einfach nur als

»Marines« ohne Hinweis auf ihr Geschlecht angesprochen werden wollen.[537]

Andersherum ist die Wahrscheinlichkeit, eine Politikerin wie Margaret Thatcher auf der Titelseite einer Frauenzeitschrift wie *Cosmopolitan* zu sehen, sehr viel geringer, als sie auf dem Cover einer Zeitschrift zu finden, die von beiden Geschlechtern gelesen wird, wie etwa *Newsweek* oder *Time*. Verschiedene Studien zeigen, daß Frauen die literarischen und künstlerischen Werke von Frauen oft niedriger bewerten als die von Männern.[538] Andere haben ergeben, daß Männer eher bereit sind, unter einer Chefin zu arbeiten, als Frauen, auch wenn die Frauen, was noch viel überraschender ist, *nicht* glauben, daß Männer die besseren Chefs sind.[539] Über Hausfrauen redet niemand so verächtlich wie andere Frauen, besonders solche mit höherer Bildung, und es ist den Männern, besonders den Ehemännern, zu verdanken, daß diese Beschäftigung überhaupt noch respektiert wird.[540] Eine »Nur«-Hausfrau bekommt von Männern durchaus noch den Respekt erwiesen, der ihr als Frau zusteht, während ihre eigenen Geschlechtsgenossinnen ihr nicht einmal diesen zubilligen. So bestätigen alle Belege die Aussage Friedrich Nietzsches, der schrieb, daß »aufs ganze gesehen die ›Frau‹ bisher am meisten von der Frau selbst beleidigt wird ... Ich glaube, derjenige ist ein wahrer Freund der Frauen, der sie heutzutage dazu aufruft: *mulier taceat de muliere* (die Frau schweige über die Frau).«[541]

Wo auch immer die Gründe dafür liegen: Männer wie Frauen – aber Frauen noch stärker als Männer – reservieren sich ihre größte Bewunderung für Tätigkeitsfelder, die weithin oder ausschließlich von Männern besetzt sind.[542] Eine Frau, die einen vorwiegend männlich geprägten Beruf ergreift, wird darin weniger gelten als ihre Schwester in einem entsprechenden Beruf mit weiblicher Prägung.[543] Sobald ihr andere Frauen folgen, wird der Beruf für Männer uninteressant werden und an Status und Verdienstmöglichkeiten zurückfallen. Dieser Prozeß ist bis heute an vierzehn verschiedenen Berufen untersucht worden, darunter Pharmazie, Öffentlichkeitsarbeit, Bankwesen, Systemanalyse und Versicherungswesen.[544] Er könnte erklären, warum die Einkommenslücke zwischen den Geschlechtern sich kaum verringert hat, obwohl die Frauen doch in den Jahren zwischen 1970 und 1990 ein Berufsfeld nach dem anderen für sich eroberten; und warum eventuelle Annäherungen eher auf sinkende Einkommen der Männer als auf steigende der Frauen zurückzuführen waren.[545] Er könnte auch erklären, warum die Männer immer noch in den Führungspositionen quasi aller Berufe und Organisationen zu finden sind, obwohl die Zahl der Frauen, die außer Haus arbeiten, sprunghaft angestiegen ist. Dies gilt auch für so »weibliche« Felder wie Bildung und Wohlfahrt, die üblicherweise von einer Handvoll Männer geführt werden, die gewaltige Mengen schlecht bezahlter Frauen mit niedrigem Sozialprestige unter sich haben.

Welcher der beiden Prozesse Ursache, welcher Wirkung ist – ob es der Einfluß der Frauen ist, der einen Beruf an Prestige und Einkommen verlieren läßt, oder ob sinkendes Einkommen und Ansehen die Männer dazu bringen, einen Beruf aufzugeben und das Feld für die Frauen freizumachen –, ist strittig. Die verfügbaren Belege sind für beide Deutungen offen; wahrscheinlich ist mal die eine, mal die andere richtig.[546] Die Regel, daß eine Feminisierung mit einem Niedergang einhergeht, ist so unumstößlich, daß sie auch für den angesehensten Beruf überhaupt, die Regierung, gilt. Es ist beinahe sicher kein Zufall, daß von den sieben Ländern mit dem höchsten Prozentsatz an Parlamentarierinnen (Schweden, Finnland, Norwegen, Dänemark, die Niederlande, Deutschland und Österreich) sechs der Europäischen Union angehören.[547] Damit sind weibliche Gesetzgeber gerade in jenen Staaten besonders einflußreich, die im Begriff sind, ihre Souveränität an eine andere Organisationsform zu verlieren. Sollte sich die gegenwärtige Entwicklung fortsetzen, sind ihre Staaten demnächst vielleicht gar keine Staaten mehr.[548]

Dies bringt uns zu unserer ursprünglichen Frage zurück: Warum war es Frauen (selbst den relativ wenigen, die es von ihren Körperkräften und ihrer familiären Situation her hätten tun können) im ganzen Verlauf der Menschheitsgeschichte, soweit wir ihn überblicken können, so selten gestattet, Krieg zu führen und zu kämpfen? Wenn man von der Entwicklung in allen anderen von Frauen eroberten Berufsfeldern ausgeht, auch in jenen, die, solange sie von Männer ausgeübt worden waren, zu den wichtigsten und angesehensten gehörten, erscheint die Antwort einfach. Wenn Frauen in größerer Zahl an der Kriegführung beteiligt gewesen wären und auch nur einigermaßen einflußreiche Positionen besetzt hätten, wären sowohl der Verdienst wie auch das Prestige der Kriegsteilnehmer gesunken – letzteres auch und vor allem in den Augen der Frauen. In anderen Worten: Frauen müssen aus dem Krieg herausgehalten werden, nicht so sehr, weil sie notwendigerweise unfähig sind, daran teilzunehmen, sondern damit sie die Taten der kriegführenden Männer höher schätzen. Umgekehrt stehen die Männer, die mit oder gegen Frauen kämpfen, vor einem Dilemma: Wenn sie verlieren, sind sie entehrt. Wenn sie gewinnen, sind sie ebenso entehrt. Mit Ausnahme ganz bestimmter Umstände, wie etwa der Verteidigung der nackten Existenz oder bei Aufständen, würde die Beteiligung von Frauen am Krieg einen der Hauptgründe beseitigen, aus denen heraus Männer Krieg führen: Die Bestätigung ihres eigenen Ruhms. Auch diesen Gedanken hat niemand besser ausgedrückt als Aristophanes in seiner *Lysistrate*. Hier singt der Männerchor:[549]

Geben wir nur einen Finger ihnen, hängen sie sich dran
Fest wie Kletten und geschäftig sind sie dann mit Hand und Fuß.
Und am Ende baun sie Schiffe, segeln aus und liefern uns
Seegefechte, die Verwegnen – wie einst Artemisia![550]
Wenn sie noch die Reitkunst treiben, schreib ich unsre Ritter ab:
Von Natur schon sind die Weiber ritterlich und sattelfest!
Oh, die stürzen nie beim Reiten! Sieh die Amazonen an,
Wie auf Mikons[551] Bild sie kämpfen mit den Männern, hoch zu Roß!
Wohl am besten wär's, zu nehmen all und ins durchbohrte Holz
Ihnen gleich hineinzustecken diesen langen Schwanenhals!

## Teil III

# 1945 und danach

Wie aus der bisherigen Darstellung klargeworden sein dürfte, hat sich im Laufe der Geschichte das Verhältnis von Frauen und Krieg wenig verändert. Zu allen Zeiten und an allen Orten haben Frauen dazu beigetragen, Kriege zu entfachen, waren Frauen Ursachen, Ziele, Opfer und Schutzbefohlene in Kriegen. Zu allen Zeiten und an allen Orten gehörten Frauen zum Troß und erfüllten Frauen eine ganze Fülle wichtiger, wenn auch in der Regel nicht sehr hoch angesehener unterstützender Aufgaben. Hin und wieder herrschten Frauen auch und führten das Kommando, entweder nachdem eine Frau den Thron ihres verstorbenen Mannes geerbt hatte, oder (seltener) nachdem sie mit List und Gewalt den Thron an sich gerissen hatte. Gelegentlich kämpfte auch einmal eine Frau mit der Waffe in der Hand, aber selten in offener Schlacht und meistens in männlicher Verkleidung. Geschichten über Kriegerinnen erfreuten sich zu aller Zeit einer gewissen Beliebtheit, teils weil sie die Phantasie beschäftigten, teils aus anderen Gründen, und die Heldinnen weckten die Art von Bewunderung, die seltsame Menschen oft finden. Schließlich gab es zu vielen Zeiten und an vielen Orten Göttinnen, die als Symbole für Krieg und Zerstörung standen – und so ist es beinahe bis zum heutigen Tag geblieben.

Nun könnte unser vorläufiges Fazit lauten, daß hinsichtlich ihrer jeweiligen Beziehung zum Krieg die gesellschaftlichen Rollen von Männern und Frauen nicht annähernd so flexibel sind, wie manche Menschen glauben oder andere gerne glauben machen möchten. Nicht einmal im Zeitalter des totalen Krieges, als ganze Nationen all ihre Ressourcen aufboten und einen Kampf auf Leben und Tod gegeneinander führten, änderte sich diese Beziehung grundsätzlich. 1914–1918 und dann wieder 1939–1945 tat die große Mehrheit der Frauen genau das gleiche und hatte genau die gleichen Funktionen wie in früheren Zeiten, der einzige Unterschied bestand darin, daß die Frauen in einigen Ländern nicht nur Zivilistinnen blieben oder den Soldaten aus eigenem Antrieb folgten, sondern auch selbst in die kämpfenden Truppen eintreten konnten, wenn sie das wollten. Dann begann das Zeitalter der Atomwaffen, und alles veränderte sich.

## 1. Der militärische Hintergrund

Den militärischen Hintergrund für den Zustrom von Frauen zu den modernen Streitkräften bildete der Rückgang von großen Kriegen zwischen Staaten, in dieser Phase befinden wir uns um die Wende vom 20. zum 21. Jahrhundert immer noch. Dies hängt hauptsächlich mit dem Aufkommen der Atomwaffen zusammen. Von Anbeginn der Geschichte konnten Staaten, die Krieg gegeneinander führten, hoffen, daß sie selbst überleben würden, wenn sie dem Feind eine Niederlage zufügten und den Sieg errangen. Aber im Nuklearzeitalter reicht es aus, daß die unterlegene Seite nur ein paar wenige Waffen behält, die Verbindung zwischen Sieg und Selbstschutz besteht nicht mehr. Im Gegenteil, es muß zumindest immer die Möglichkeit bedacht werden, daß das Überleben des Siegers um so mehr bedroht ist, je größer der Triumph über einen Gegner ausfiel, der im Besitz von Nuklearwaffen ist.[1]

Die Atomwaffen tauchten am Ende des größten bewaffneten Konflikts auf, der jemals geführt wurde, und es dauerte eine Weile, bis klar war, daß sie den Krieg von Grund auf veränderten. In der unmittelbaren Nachkriegszeit scheint nur ein wichtiger Autor begriffen zu haben, daß die »absoluten Waffen« niemals eingesetzt werden durften.[2] Ob Uniformträger oder nicht, die meisten Beobachter beschäftigten sich lieber mit der Frage, in welcher Weise die Waffen eingesetzt werden könnten und notfalls auch tatsächlich eingesetzt werden würden.[3] Wie immer spielten Trägheit und die »Lehren« aus dem Zweiten Weltkrieg eine Rolle. Solange die Zahl der verfügbaren Atomwaffen eingeschränkt war, ihr Potential begrenzt im Vergleich zu dem, was später kam, und man ihre Wirkungen noch nicht genau einschätzen konnte, konnte man noch glauben, daß sich durch die Atomwaffen nicht viel verändert hätte. Für all jene, die den Krieg oder die unmittelbare Nachkriegszeit bewußt erlebten, war das hervorstechende Merkmal des »totalen« Krieges im 20. Jahrhundert die Fähigkeit des Staates, massenhaft Ressourcen zu mobilisieren und sie für die Aufstellung von Massenstreitkräften zu nutzen.[4] Daher war es naheliegend anzunehmen, daß diese Ressourcen, vermindert natürlich um jene, die durch einen Atombombenabwurf vernichtet werden sollten, weiterhin mobilisiert und zum Kampf aufgeboten werden könnten.[5]

Zunächst war nur ein Land, Amerika, im Besitz von Nuklearwaffen und setzte sie ein, um den Krieg gegen Japan zu beenden. Doch das »atomare« Geheimnis ließ sich nicht sehr lange bewahren, im September 1949 unternahm die UdSSR den ersten Atomwaffentest.[6] Es wurden immer mehr Waffen produziert und gelagert, und damit existierten nun *zwei* Staaten, die in der Lage waren, sich »nicht hinnehmbaren« Schaden zuzufügen, wie man es formulierte. Die Entwicklung der Wasserstoffbombe 1952–1953 eröffnete die Aussicht auf unbegrenzte Zerstörungskraft (die stärkste jemals gebaute Wasserstoffbombe besaß ungefähr die dreitausendfache Zerstörungskraft der Hiroshima-Bombe) und ließ den Atomkrieg noch schrecklicher erscheinen. Am Ende des Zweiten Weltkriegs hatte es gerade zwei Bomben gegeben. Doch nun begann das Zeitalter, in dem immer mehr Atomwaffen produziert wurden, so daß jedes erdenkliche Ziel »bedient« werden konnte.[7]

Selbst als klar wurde, welche Wirkungen Atomwaffen haben konnten, beeilten sich die beiden Supermächte, immer neue, noch bessere Atomwaffen zu entwickeln. Die ersten Atombomben waren so groß und unhandlich gewesen, daß die größten Bomber der damaligen Zeit eigens für ihren Transport umgebaut werden mußten. In den fünfziger Jahren wurden dann kleinere und leichtere Waffen konstruiert, die von leichteren Bombern und Jagdflugzeugen abgeworfen, mit nuklearfähiger Rohrartillerie und sogar mit einem kleinen, rückstoßfreien Geschütz abgeschossen werden konnten, das drei Mann auf einem Jeep bedienten. Der Höhepunkt des »Fortschritts« war mit den ballistischen Raketen erreicht. Ausgehend von den ersten Raketen, die die Deutschen im Zweiten Weltkrieg gebaut hatten, wurde in den fünfzehn Jahren von 1945 bis 1960 ihre Reichweite so weit vergrößert, daß es möglich war, von praktisch jedem Punkt der Erde aus auf praktisch jeden beliebigen Ort eine Wasserstoffbombe abzuschießen. In den sechziger und siebziger Jahren erhöhte sich die Zielgenauigkeit der Raketen immer weiter, und es konnten außer Städten auch kleinere Ziele wie Militärbasen ins Visier genommen und mit etwas Glück auch getroffen werden. Mit den Möglichkeiten des Computerzeitalters kamen die Mehrfach-Wiedereintritts-Sprengköpfe (MRV) und die einzeln lenkbaren Mehrfach-Wiedereintritts-Sprengköpfe (MIRV). Nun konnte eine Rakete bis zu zehn Sprengköpfe tragen, was die Verteidigung noch schwieriger machte.

Allein in den Vereinigten Staaten erhöhte sich die Zahl der verfügbaren Waffen von mutmaßlich weniger als hundert im Jahr 1950 auf 3000 im Jahr 1960, 10000 im Jahr 1970 und 30000 Anfang der achtziger Jahre, als mangels weiterer Ziele die Produktion stagnierte. Bei der Sprengkraft reichte das Spektrum von weniger als einer Kilotonne (das sind tausend Tonnen TNT, des stärksten konventionellen Sprengstoffs) bis zu 15 Megatonnen (15 *Millionen* Tonnen TNT). Im Laufe der Zeit und mit der Einführung neuer Computer und weiterer Navigationshilfen konnten immer präzisere Trägersysteme gebaut werden, und die Tendenz ging dahin, die Sprengkraft der »strategischen« Waffen auf 50 bis 150 Kilotonnen zu begrenzen. Mit einigen Unterschieden – insbesondere der Bevorzugung größerer Sprengköpfe und landgestützter Abschußvorrichtungen im Gegensatz zu luft- und seegestützten – folgte die andere Supermacht jenseits des Eisernen Vorhangs dieser Entwicklung. Auf dem Höhepunkt zwischen 1980 und 1985 enthielt das nukleare Arsenal der Sowjetunion rund 20000 Sprengköpfe und die dazugehörigen Trägersysteme.

Die Stationierung zu Lande, auf See und in der Luft sowie die schiere Zahl der Atomwaffen stellten sicher, daß bei einem Angriff zumindest ein Teil gerettet werden konnte, mindestens so viele, daß die sogenannte »Zweitschlagfähigkeit« gesichert blieb. Für Industriegebiete, Städte und Menschen galt das nicht. Im

Zweiten Weltkrieg war es dank Radar und des kombinierten Einsatzes von Jagdflugzeugen und Flakartillerie möglich gewesen, bis zu einem Viertel der Bomber im Anflug auf ein Ziel abzuschießen; so war es beispielsweise beim amerikanischen Luftangriff auf Schweinfurt im Herbst 1943 gewesen. Bei einem Angriff mit Nuklearwaffen würde es jedoch nichts nützen, wenn selbst neunzig Prozent der angreifenden Flugzeuge außer Gefecht gesetzt werden könnten, denn ein einziger Bomber reicht aus, um ein Ziel zu zerstören, wie die Beispiele von Hiroshima und Nagasaki zeigen.

Da es keine Möglichkeit gab, Menschen und die ökonomische Infrastruktur bei einem Anriff mit Atomwaffen zu schützen, standen die politisch Verantwortlichen vor einem Dilemma. Offensichtlich war es die wichtigste Funktion der Atomwaffen – manche sagten sogar, ihre einzige berechtigte Funktion – durch Abschreckung einen Krieg zu verhindern. Militärtheoretiker früherer Zeiten, allen voran Clausewitz, hatten die Abschreckung kaum erwähnt, nun wurde Abschreckung als zentrales Element der Strategie von den Verantwortlichen für die Verteidigung formuliert und von den Experten in Beratungsinstitutionen und Universitäten untersucht. Damit aber die Waffen und die Trägersysteme ihre Abschreckungswirkung entfalten konnten, mußte es möglich sein, sie einzusetzen. Nicht genug damit: Die Einsatzmöglichkeit mußte »glaubwürdig« sein, das heißt der Einsatz durfte nicht automatisch zum massiven Gegenschlag und damit zur Vernichtung desjenigen führen, der die Waffen einsetzte.

Der Westen glaubte, aufgrund seiner zahlenmäßigen Unterlegenheit bei den konventionellen Waffen könnte er gezwungen sein, einen »Erstschlag« mit Atomwaffen zu führen. Dort begann die Suche nach einer Antwort auf die Frage, wie »glaubwürdige« Abschreckung aussehen könnte, Mitte der fünfziger Jahre und zog sich über die folgenden dreißig Jahre hin. Nicht einer der zahlreichen Expertenvorschläge sah auch nur annähernd erfolgversprechend aus. Eine Reihe von Konfrontationen vor dem Hintergrund der nuklearen Bedrohung, kulminierend mit der Raketenkrise auf Kuba im Oktober 1962, veranlaßte die Supermächte indes, sehr vorsichtig zu sein. Es kam zu Vereinbarungen wie dem Atomteststoppvertrag 1963, dem Atomwaffensperrvertrag 1969, den beiden Verträgen über die Begrenzung Strategischer Offensivwaffen (SALT) von 1972 und 1977, und Ende der achtziger Jahre handelten der amerikanische Präsident Reagan und der sowjetische Staatschef Gorbatschow Begrenzungen bei Mittelstreckenraketen und Sprengköpfen aus. Die Vereinbarungen entstanden in unterschiedlichen Situationen, aber alle spiegelten den Willen beider Seiten wider, den Rüstungswettlauf zu stoppen, und die wachsende Erkenntnis, daß es in einem Nuklearkrieg keinen Sieger geben würde.

Am Anfang des Kalten Krieges hatte ein Land Atomwaffen besessen. Als das Zeitalter des Kalten Krieges endete, waren es mindestens acht. Einige Dutzend weiterer Staaten, von Argentinien und Brasilien über Kanada, West- und Osteuropa bis Taiwan, Korea (Nord- und Südkorea), Japan, Australien und wahrscheinlich Neuseeland, standen bereit, Atomwaffen zu bauen, wenn sie es als nötig erachten sollten.[8] Ein Land, Südafrika, brüstete sich damit, Nuklearwaffen gebaut und dann wieder zerlegt zu haben, wenngleich der Begriff »zerlegt« und das Schicksal der Einzelteile einigermaßen unbestimmt sind. Inzwischen ist es aufgrund des technischen Fortschritts jedem, der moderne konventionelle Waffen bauen kann, auch möglich, Nuklearwaffen zu bauen, das zeigen die Beispiele von Staaten wie China, Israel, Indien und Pakistan, die alle Nuklearwaffen lange vor modernen konventionellen Waffen bauten, teils sogar Jahrzehnte früher.

Der Eintritt neuer Mitglieder in den Club der Nuklearmächte wurde von den anderen natürlich nicht sehr positiv aufgenommen. Sie versuchten ihr Monopol zu retten und drückten wiederholt ihre Ängste vor den schlimmen Folgen dieser neuen Entwicklung aus. Ihr Ziel war es zu beweisen, daß sie selbst sich verläßlich und verantwortlich verhielten und nichts anderes im Sinn hatten als den Frieden, doch aus ideologischen, politischen, kulturellen oder technischen Gründen galt das für die anderen Staaten angeblich nicht.[9] Mit dem Vertrag über die Nichtweiterverbreitung von Atomwaffen 1968 und dem Londoner Abkommen von 1977 wurde eine internationale Kontrollinstanz geschaffen, die verhindern sollte, daß diese höchst sensible Technologie in die falschen Hände geriet – in der Praxis hieß dies, in die Hände von Staaten der Dritten Welt. Doch es zeigte sich, daß die Verbreitung der Nukleartechnologie nicht aufzuhalten war. Daß die Zahl der Staaten mit Nuklearwaffen im Arsenal bis heute auf acht begrenzt geblieben ist, hängt weniger damit zusammen, daß andere Staaten nicht fähig wären, Atomwaffen herzustellen, sondern daß etliche Möchtegern-Atomwaffenstaaten bisher bewußt darauf verzichtet haben.

Rückblickend betrachtet, haben sich die Ängste vor der Verbreitung der Atomwaffen als größtenteils übertrieben erwiesen. Die Existenz der Nuklearwaffenarsenale führte nicht zum Krieg und schon gar nicht zum Atomkrieg, sondern bremste vielmehr militärische Operationen. Die Furcht vor einer Eskalation hemmte die Nuklearmächte und ihre wichtigsten Verbündeten, ernsthafte Konflikte militärisch auszufechten, gleichgültig auf welcher Ebene. Tatsächlich spricht sehr viel für die Ansicht, daß überall da, wo Nuklearwaffen auftauchten oder wo ihr Vorhandensein zumindest vermutet wird, die militärische Konfrontation von Staaten zunehmend unwahrscheinlicher wird. Und mittlerweile ist jeder halbwegs bedeutende Staat definitionsgemäß in der Lage, Nuklearwaffen herzustellen. Das bedeutet, daß ein Atomkrieg nur gegen dritt- oder viertrangige Staaten oder zwischen Staaten dieser Kategorie denkbar ist.[10]

Da in der Zeit nach 1945 die großen Mächte eingesehen haben, daß Kriegführung untereinander sinnlos ist, ist es nicht verwunderlich, daß global betrachtet die Zahl der Soldaten und der Waffen stark abgenommen hat. 1939 waren in Frankreich, Deutschland, Italien, den UdSSR und Japan jeweils mehrere Millionen Mann einsatzbereit. Der Höhepunkt war 1944/45 erreicht, als die sechs Hauptkriegsparteien (Italien führte seit 1943 nicht mehr Krieg) zusammen zwischen vierzig und fünfundvierzig Millionen Mann unter Waffen hatten. Seither hat sich die Weltbevölkerung beinahe verdreifacht, und die internationalen Beziehungen waren alles andere als friedlich. In mehr als vierzig Jahren Kaltem Krieg folgte eine internationale Krise auf die andere, doch in den meisten großen Staaten ist die Zahl der regulären Soldaten kontinuierlich zurückgegangen.[11]

Erläutern wir dies an einem konkreten Beispiel. Bei dem deutschen Überfall auf die UdSSR, der größten militärischen

Einzeloperation aller Zeiten, waren von rund 209 Divisionen, die die Wehrmacht insgesamt besaß, 144 im Einsatz. Bei den späteren Kämpfen zwischen Russen und Deutschen wurden auf beiden Seiten, vor allem aber von der Sowjetunion, noch mehr Kräfte eingesetzt. Im Gegensatz dazu hat es seit 1945 wohl nicht ein einziges Mal den Fall gegeben, daß ein Staat bei einer Einzeloperation mehr als zwanzig volle Divisionen aufbot, und die Zahlen gehen kontinuierlich weiter zurück. 1991 stellte eine Staatenkoalition mit Beteiligung von drei der fünf ständigen Mitglieder des UN-Sicherheitsrates 500 000 Mann für einen Schlag gegen den Irak auf, das war gerade einmal ein Drittel der Bodentruppen, mit denen Deutschland 1914 in Frankreich einrückte. Ende der neunziger Jahre haben allein Indien und China Streitkräfte mit mehr als eineinhalb Million Soldaten (1945 hatten die Vereinigten Staaten allein 12 Millionen Mann unter Waffen), und China hat bereits angekündigt, daß es seine Truppen um eine halbe Million verringern will. Größtenteils bestehen die Streitkräfte dieser beiden Länder aus schlecht ausgerüsteter Infanterie. Teils haben sie noch Waffen aus der Zeit des Ersten Weltkriegs, die allenfalls für die Aufrechterhaltung der inneren Sicherheit ausreichen, aber nicht für einen ernsthaften Krieg mit einem Gegner von außen.

Der zahlenmäßige Rückgang der regulären Truppen – der aktiven Soldaten und noch mehr der Reservisten – war drastisch, aber noch drastischer hat die Zahl der Waffensysteme abgenommen. 1939 bestanden die Luftstreitkräfte der wichtigsten Mächte aus Tausenden von Flugzeugen, von 1942 bis 1945 produzierten die Vereinigten Staaten allein im Durchschnitt 75 000 Flugzeuge pro Jahr.[12] Fünfzig Jahre später sind die Luftstreitkräfte praktisch aller bedeutenden Länder stark geschrumpft. Die größte Luftwaffe, die der Vereinigten Staaten, erwarb 1998 gerade einmal 184 Flugzeuge, und nur vierzig davon waren Jäger. Darum waren bei einem Schlag gegen einen so kleinen Gegner wie Serbien nicht weniger als 44 Prozent der Kampfflugzeuge der US-Air Force im Einsatz.[13] Andere Länder kauften noch viel weniger Flugzeuge (sofern sie überhaupt neue in Dienst stellten).

Bei der Marine sieht das Bild ähnlich aus. Von der Marine

der ehemaligen Sowjetunion, für die einst ein Vermögen ausgegeben wurde und die noch Ende der achtziger Jahre eine globale Bedrohung darzustellen schien, sind nur ein paar rostige Kriegsschiffe übrig geblieben und einige alte, schlecht gewartete Unterseeboote, von denen angeblich die Gefahr ausgeht, daß sie Radioaktivität ins Meer abgeben könnten. Die US-Marine steht sehr viel besser da, aber auch hier hat die Zahl der Flugzeugträger – sie sind das wichtigste Waffensystem, um das sich alles andere dreht – von fast hundert im Jahr 1945 auf gerade noch zwölf im Jahr 1995 abgenommen. Von den Vereinigten Staaten abgesehen, ist Frankreich das einzige Land, das wenigstens noch einen Flugzeugträger besitzt, von dem aus konventionelle Flugzeuge starten können; darüber hinaus können die Flugzeugträger aller anderen Staaten zusammen (die ausnahmslos technisch zweitrangig sind) an einer Hand abgezählt werden. In der Tat kann man sagen, daß mit einer einzigen nennenswerten Ausnahme die meisten Staaten überhaupt keine hochseetauglichen Kriegsschiffe mehr unterhalten – und selbst die mit Abstand größte Kriegsmarine, die amerikanische, hat die Zahl ihrer Schiffe seit den späten achtziger Jahren um fast die Hälfte reduziert.

Dieser zahlenmäßige Rückgang bei den Streitkräften spiegelt zum Teil den starken Anstieg der Kosten moderner Waffen und Waffensysteme wider.[14] Ein Kampfbomber, wie er im zweiten Weltkrieg im Einsatz war, kostete rund 50 000 Dollar. Manche moderne Jagdbomber wie etwa die F-15I kosten zusammen mit den Servicepaketen (ohne die sie nicht einsetzbar sind) 100 Millionen Dollar pro Stück, unter Berücksichtigung der Inflation hat sich damit der Preis vertausendfacht. Und das ist keineswegs die Obergrenze, manche luftgestützten Waffensysteme wie der sogenannte Tarnkappenbomber, die Aufklärungssysteme AWACS und J-STAR – alle werden allein von der einzigen verbliebenen Supermacht der Welt hergestellt, besessen und eingesetzt – sind noch viel teurer. Es hieß, die amerikanische Luftwaffe habe sich gesträubt, ihre jüngste Erwerbung, den B-2-Bomber, gegen den Irak einzusetzen, weil es dort keine Ziele gegeben habe, die ein solches finanzielles Risiko wert gewesen seien.[15] Wäre eines dieser pro Stück 2 Milliarden Dollar teuren

Flugzeuge abgeschossen worden oder durch einen Unfall verlorengegangen, wäre der Sturm der Kritik schwer zu besänftigen gewesen.

Gleichwohl sollten wir dem Kostenargument nicht zu große Bedeutung zumessen. Die modernen Volkswirtschaften sind außerordentlich produktiv, und es könnte gewiß sehr viel mehr Geld für den Erwerb von Rüstungsgütern aufgewendet werden, als es gegenwärtig der Fall ist. Die Preise moderner Waffensysteme klingen wohl nur deshalb so astronomisch, weil die grundlegende Sicherheit der Staaten durch die Nuklearwaffen und die jederzeit einsatzbereiten Abschußsysteme gewährleistet erscheint und darum offensichtlich kein Grund besteht, so viel Geld für konventionelle Waffen auszugeben. Wahrscheinlich ist das die richtige Interpretation der Entwicklung, die seit einiger Zeit zu beobachten ist: Produktionsprogramme werden zurückgefahren, und die Entscheidungsprozesse bei der Anschaffung eines Waffensystems werden endlos in die Länge gezogen. Das Manhattan-Projekt beispielsweise – zu dem neben der Anwendung revolutionärer physikalischer Erkenntnisse auch der Bau einer der größten Produktionsstätten aller Zeiten gehörte – und der Bau der ersten Atombomben dauerten weniger als drei Jahre. Hingegen wollen uns die Konstrukteure moderner konventioneller Waffensysteme glauben machen, daß ein neuer Jagdbomber eine Entwicklungszeit von mindestens fünfzehn Jahren hat. Die Entwicklungsgeschichten zahlloser moderner Waffensysteme zeigen, daß letztlich nur ein Bruchteil der ursprünglich bestellten Stückzahlen tatsächlich produziert wird und oft mit vielen Jahren Verspätung. Der Grund dafür ist, daß die Bedrohung fehlt, die eine rasche Massenproduktion verlangt hätte, was wiederum einen dramatischen Rückgang der Produktionskosten bewirkt hätte.

Noch eine weitere Erklärung, warum weniger Waffensysteme produziert und in Dienst gestellt werden, wird genannt: Die Waffen sind immer besser geworden, und darum sind die großen Stückzahlen früherer Zeiten nicht mehr erforderlich.[16] Dieses Argument ist nicht von der Hand zu weisen. Vor allem seit Lenkflugkörper die alten ballistischen Waffen in Form von Artilleriegeschossen und Raketen ersetzt haben, ist sehr viel weniger Munition erforderlich, um ein bestimmtes Ziel zu zerstören. Wie der Golfkrieg 1991 gezeigt hat, ist das Verhältnis »ein Schuß, ein Treffer« beinahe erreicht. Andererseits darf nicht vergessen werden, daß für jede moderne Waffe – mit der einzigen Ausnahme der Atomwaffen – ein Zählmechanismus konstruiert werden kann und meistens auch konstruiert wurde. Wie einfach oder wie raffiniert zwei gegnerische Waffensysteme auch sein mögen, sofern sie technisch einigermaßen gleichwertig sind, wird sich die Konfrontation in die Länge ziehen und auf Zermürbung hinauslaufen.[17] Angesichts der Kalkulation, daß präzisere Waffen die Zermürbung des Gegners beschleunigen – wie es auch tatsächlich im arabisch-israelischen Krieg 1973 und im Falkland-Krieg 1982 der Fall war, den bis zum damaligen Zeitpunkt jeweils modernsten Kriegen in der Geschichte –, wäre es eigentlich logisch gewesen, daß die Staaten Ende des 20. Jahrhunderts mehr Waffen produziert und aufgestellt hätten als früher. Daß dies nicht der Fall war, spricht dafür, daß sie nicht mehr willens oder nicht mehr in der Lage sind, sich auf Kriege vorzubereiten, die das Ausmaß des Vietnam- oder Afghanistan-Krieges – um zwei Beispiele zu nennen, die beinahe die beiden Supermächte in die Knie gezwungen hätten – übersteigen.

Unter einem noch anderen Blickwinkel können wir festhalten, daß im Zweiten Weltkrieg vier von sieben Hauptkriegsparteien (oder fünf von acht, wenn wir China einbeziehen) erlebten, daß ihre Hauptstadt besetzt wurde. Zwei Hauptstädte (London und Moskau) wurden schwer bombardiert, und nur einer Hauptstadt (Washington) blieben Besetzung und Bombenkrieg erspart. Seither haben auf dem Territorium *keiner* größeren Macht mehr Kampfhandlungen stattgefunden – aus Gründen, die so offensichtlich sind, daß sie keiner Erläuterung bedürfen. Die meisten Staaten, die seit 1945 Krieg führten – oder die von anderen angegriffen wurden –, waren klein und relativ unbedeutend. Zum Beispiel führte Israel Krieg gegen die arabischen Staaten, Indien gegen Pakistan, der Iran gegen den Irak, die Vereinigten Staaten erst gegen Vietnam und dann gegen den Irak, und ein paar Tage lang führte Peru Krieg gegen Ecuador, bevor beide Länder beschlossen, ihre Differenzen beizulegen und gemeinsam einen Nationalpark zu gründen. Soweit die beteiligten Länder bedeutender waren wie etwa Indien und China vor der Nuklearära, blieben die militärischen Operationen nahezu immer auf Grenzregionen beschränkt und kamen nicht einmal in die Nähe der betreffenden Hauptstädte.

Die Existenz der Atomwaffen begrenzte die Möglichkeiten der Strategie, die von Napoleon bis zum Zweiten Weltkrieg oft eingesetzt wurden, um Vorstöße und Rückmärsche über Hunderte von Kilometern hinweg zu planen. Nun waren nur noch Bewegungen in sehr viel kleinerem Maßstab möglich. Zum Beispiel hat nach 1945 keine Armee versucht, etwas ähnliches wie den Marsch der Deutschen über fast 1000 Kilometer vom Fluß Bug nach Moskau zu wiederholen, ganz zu schweigen von den 2000 Kilometern, die die Sowjetsoldaten von Stalingrad nach Berlin zurücklegten. Seither überwanden Armeen sehr viel kürzere Distanzen, in keinem Fall mehr als 500 Kilometer (Korea 1950), üblicherweise drangen die Truppen nicht weiter als 250 Kilometer vor. 1973 waren Syrien und Ägypten einer uneingestandenen nuklearen Drohung seitens Israel ausgesetzt. Wie einige ihrer politisch Verantwortlichen später erklärten, beschränkten sie sich darauf, nur sechzehn beziehungsweise acht Kilometer weit auf besetztes Territorium vorzurücken – so tief war die einst mächtige Kunst der »Strategie« gesunken.[18] Soweit sich an anderen Orten Atommächte gegenüberstehen – etwa Indien und Pakistan –, kommt es bei Feindseligkeiten (um den abgelegenen und praktisch wertlosen Siachen-Gletscher) zu gar keinen Truppenbewegungen. Die Auseinandersetzungen werden in Form von Artillerieduellen, Scharmützeln, Helikopterangriffen und dergleichen ausgefochten.

Am Ende des 20. Jahrhunderts hat der Krieg zwischen Staaten weitgehend an Bedeutung verloren. Nach der schieren Zahl sind Kriege zwischen Staaten so selten geworden wie Dinosaurier, nach dem Umfang der beteiligten Streitkräfte erreichten weder die tatsächlichen militärischen Operationen noch (in den allermeisten Fällen) die von ihnen ausgehende Bedrohung für die kriegführenden Parteien die Dimensionen der Ära vor 1945. Vom Nahen Osten bis zur Meerenge von Taiwan ist die Welt nach wie vor ein gefährlicher Ort, und allem Anschein nach treten neue Formen bewaffneter Konflikte an die Stelle der alten.[19] Gleichwohl sind die Veränderungen im Vergleich zur jüngeren Vergangenheit, etwa 1939, gewaltig.

## 2. Getrennt und ungleich

Während zwischenstaatliche Konflikte an Bedeutung verloren haben und die Streitkräfte der entwickelten Länder sich im Niedergang befinden, haben paradoxerweise die Frauen zum ersten Mal in der Geschichte einen festen Platz in den Streitkräften erobert. Die verschiedenen Frauenkorps, die die Kriegsparteien im Ersten und Zweiten Weltkrieg aufstellten, waren nur als vorübergehender Notbehelf gedacht und blieben es auch. 1945 war die große Mehrheit der Frauen – wie die große Mehrheit der Männer – froh, daß sie wieder heimkehren konnten. Drei Jahre später taten beispielsweise in der britischen Armee nur noch Krankenschwestern Dienst, die verschiedenen Frauenkorps in den Vereinigten Staaten wurden aufgelöst.

Die Rückkehr der Frauen in den militärischen Bereich hatte wenig mit feministischem Druck oder dem Wunsch der Frauen nach »Befreiung« zu tun. Vielmehr bewog die Zuspitzung des Kalten Krieges, wie sie mit der Berliner Blockade 1948 deutlich wurde, die politisch Verantwortlichen beider Seiten des Eisernen Vorhangs, die Sache zu überdenken. Wie bereits erwähnt, erwarteten die meisten Menschen, daß der nächste Weltkrieg wie der letzte sein würde, moderner zwar und zerstörerischer, aber wie zuvor würde er »den vollen Einsatz des gesamten Menschenmaterials der Nation«[20] verlangen. Wenn Frauen sich an den Kriegsanstrengungen beteiligen sollten, dann wollte man eine kleine Truppe gut ausgebildeter Soldatinnen haben. Es erschien sinnvoll, sie anzuwerben, auszuwählen, in Uniformen zu stecken, auszubilden, für verschiedene Positionen vorzubereiten und gegebenenfalls alle Probleme zu lösen, die sich aus ihrer Aufnahme ergeben sollten.

Im Jahr 1948 führte der amerikanische Kongreß Anhörungen zu der Frage durch. Besonders aufmerksam lauschten die Abgeordneten den Ausführungen von General Dwight D. Eisenhower, der damals als Sieger über Hitler auf dem Höhepunkt seines Ruhmes stand und von dem alle erwarteten, daß er für das Präsidentenamt kandidieren würde. Wie er in seinen Memoiren schrieb, war er bis zum Ausbruch des Zweiten Weltkriegs gegen Frauen in Uniform gewesen. Doch in Großbritannien habe er gesehen, wieviel »Großartiges« Frauen in der Flugabwehr und in anderen Bereichen leisten konnten, und daraufhin habe er seine Einstellung geändert. Moderne Streitkräfte seien keine einfachen Organisationen wie noch zur Zeit des amerikanischen Bürgerkrieges, sie könnten nicht existieren, geschweige denn funktionieren, ohne eine große Zahl von »Sekretärinnen, Stenographen, Büroleitern, Telefonisten und Chauffeuren«. In dem soeben zu Ende gegangenen Krieg hätten die Frauen in vielen Ländern, auch seinem Heimatland, all diese Aufgaben erfolgreich bewältigt – nach allem, was man weiß, hatte Eisenhower eine Affäre mit seiner Fahrerin Kay Summersby – und es sei nicht einzusehen, warum sie dazu nicht auch in Zukunft in der Lage sein sollten.[21]

Wenig später wurde Public Law 625 verabschiedet. Auf der Grundlage dieses Gesetzes durften die US-Streitkräfte zum ersten Mal Frauen dauerhaft aufnehmen.[22] Doch teils um die Frauen zu schützen, teils im Bewußtsein, daß Frauen in den Streitkräften eine potentielle Bedrohung für das männliche Selbstwertgefühl darstellten, legte der Kongreß genau fest, welche Positionen Frauen bekleiden durften, wie viele Frauen maximal aufgenommen werden sollten und wie ihre Laufbahn aussehen würde. Die Streitkräfte interpretierten das Gesetz dann noch einmal restriktiver. Frauen durften nicht zu Kampfeinsätzen herangezogen werden, auch nicht bei der Marine (auf Schiffen mit Ausnahme von Transport- und Hospitalschiffen waren keine Frauen zugelassen) und bei der Luftwaffe. Frauen durften nicht Vorgesetzte von Männern sein, zahlenmäßig durften sie maximal zwei Prozent der Streitkräfte ausmachen, und der höchste Rang, den eine Frau bekleiden durfte, war Oberst (Kapitän zur See). Im Vergleich zu den Männern galt für die Frauen zudem eine ganze Reihe kleinlicher Restriktionen, die sie diskriminierten: Zum Beispiel konnten sie sich nur dann darauf berufen, daß sie für einen Ehemann und/oder

Kinder zu sorgen hatten, wenn sie tatsächlich die »Hauptternährer« in der Familie waren. Schließlich versuchte man, um einer negativen Berichterstattung vorzubeugen, das sexuelle Verhalten der Frauen streng zu reglementieren, indem immer wieder betont wurde, wie wichtig es sei, sich »ladylike« zu benehmen, und indem promiskuitive und lesbische Frauen möglichst von vornherein ausgeschlossen wurden.[23]

Angesichts dieser Umstände ist es vielleicht nicht überraschend, daß den Bemühungen, Frauen für den Dienst in den Streitkräften zu gewinnen, kein durchschlagender Erfolg beschieden war. 1950 gab es erst 22000 Soldatinnen, ein Drittel davon im Sanitätswesen.[24] Bestrebungen, angesichts der Erfordernisse des Koreakrieges mehr Frauen zu rekrutieren, waren nur bedingt erfolgreich, Ende 1952 hatte sich ihre Zahl auf 46000 erhöht und lag damit weit unter den angestrebten 112000. Nach dem Ende des Koreakrieges nahm das Interesse der Frauen sogar wieder ab, und der Anteil der Soldatinnen sank auf 1,2 Prozent.[25] Zudem schieden viele so rasch wieder aus, daß es fraglich war, ob die Rekrutierung von Frauen sich überhaupt lohnte.[26] Ende der fünfziger Jahre waren die Frauen in den amerikanischen Streitkräften nahezu unsichtbar. Schaut man sich Rekrutierungsplakate der Air Force aus der damaligen Zeit an, könnte man den Eindruck gewinnen, daß die Frauen, die zu den Streitkräften kamen, zusammen mit einer Schreibmaschine geboren worden waren.

Die Frauen in Uniform wurden auf speziellen Stützpunkten von weiblichen Vorgesetzten ausgebildet und dienten den Männern in Uniform als Sekretärinnen und Telefonistinnen. Frauen in Uniform reichten Männern in Uniform Gebäck, und wenn eine Frau das Glück hatte, zur »Mitarbeiterin« eines Kommandanten befördert zu werden, durfte sie ihn auf Reisen begleiten, seine Aktentasche tragen und bei öffentlichen Auftritten neben ihm stehen. Viel Wert wurde bei den »Mitarbeiterinnen« auf das Erscheinungsbild gelegt: Die Air Force verlangte beispielsweise von jeder Bewerberin nicht weniger als vier Fotos, jeweils aus einem anderen Blickwinkel aufgenommen. Die Frauen, die rekrutiert wurden, bekamen keinerlei Ausbildung an der Waffe. Neben dem üblichen militärischen

Drill wurde gerade so viel Training verlangt, daß sie körperlich fit waren. Sehr viel Aufhebens machte man um die vielfältigen Aspekte von »damenhaftem Auftreten«. Die Frauen wurden geschult, wie sie sich zu schminken, zu kleiden und zu benehmen hatten,[27] die Marine verlangte Lippenstift und Nagellack. Zu einer Zeit, als der Mythos von der »Frau, dem geheimnisvollen Wesen« in voller Blüte stand, wollte das Militär auf keinen Fall Frauen, die aussahen und handelten wie Männer.

Mitte der sechziger Jahre waren 70 Prozent der Frauen im Militärdienst als Sekretärinnen tätig, weitere 23 Prozent im Sanitätsbereich.[28] Mit Ausnahme der Luftwaffe hatte jede Truppengattung eine Frau als Vorgesetzte im höchsten Rang, den eine Frau im Militär erreichen konnte, sie wurde von einem Stab mit ausschließlich weiblichen Mitarbeitern unterstützt. In der Formulierung einer Broschüre der Marine: »Die Marine wird weiterhin zu 98 Prozent oder mehr aus Männern bestehen. Damit weibliche Rekruten auch künftig ihre kleinen Nischen besetzen und die ihnen angemessenen Positionen in einer sehr großen Organisation einnehmen können, in der es viele Aufgaben gibt, die ihre physischen Kräfte übersteigen, müssen sie anerkennen, daß bestimmte Ränge den Männern vorbehalten sind, und sie müssen die grundlegenden Verantwortungsbereiche dieser Ränge verstehen.«[29]

Alles in allem wurden die Frauen in den Streitkräften anderer westlicher Länder ähnlich behandelt.[30] Nach ihren Erfahrungen im Zweiten Weltkrieg stellten Großbritannien, Frankreich, Norwegen, die Niederlande und, auf der anderen Seite des Erdballs, Australien[31] alle zum ersten Mal Frauenkorps auf. Überall dienten sehr wenige Frauen, und sie wurden entweder im Sanitätswesen eingesetzt (als Krankenschwestern und Ärztinnen) oder auf einer Vielzahl unterschiedlicher, meist untergeordneter Verwaltungsposten. Wie in den Vereinigten Staaten hatten die Soldatinnen in der Regel weibliche Vorgesetzte. Ebenfalls wie in den USA gab es Obergrenzen, wie viele Frauen insgesamt in die Streitkräfte aufgenommen wurden, und Regeln, welche Ränge sie erreichen und welche Positionen sie bekleiden durften. Zum Beispiel gehörten 1962 dem aktiven Teil der Truppe in Frankreich 3 400 Frauen an gegenüber 600 000 Männern, unter Einbeziehung der Reservisten (die theoretisch zur Verfügung standen, aber in der Praxis wohl kaum mobilisiert werden würden) war der Frauenanteil noch viel geringer.[32] Doch nicht alle NATO-Mitglieder konnten sich mit dem Gedanken weiblicher Angehöriger der Streitkräfte anfreunden. In Italien, Griechenland und der Türkei blieben die Armeen reine Männerdomänen.

Auch die Sowjetunion, das einzige Land, in dem Frauen im Zweiten Weltkrieg zumindest eine Grundausbildung an Waffen erhalten hatten und im Kampf eingesetzt worden waren, ging nicht grundsätzlich anders mit den Frauen um. In der UdSSR waren wie in allen anderen Ländern die Frauen 1945 nach Hause zurückgekehrt. Dreißig Jahre später gab es in den Streitkräften gerade noch 10000 Soldatinnen – bei einer Gesamttruppenstärke von mehr als 3,6 Millionen[33] lag der Prozentsatz der Frauen damit noch niedriger als in den sechziger Jahren in den Vereinigten Staaten. In der Sowjetunion galt für die Männer Wehrpflicht, je nach Truppengattung dienten sie zwei oder drei Jahre. Frauen konnten sich freiwillig zum Militärdienst melden. Wie in anderen Ländern auch gingen die meisten als Krankenschwestern (die große Mehrheit) oder Ärztinnen in den Sanitätsdienst. Ebenfalls wie in anderen Ländern hatten die Frauen eigene weibliche Vorgesetzte. Marine und Luftwaffe blieben ihnen versperrt. Vermutlich aus Sorge um ihre Sicherheit durften sie nicht einmal die Wache vor ihren von den Männern abgesonderten Quartieren übernehmen. Obwohl Sold, Beihilfen, Beförderungs- und Pensionsregelungen für Männer und Frauen gleich waren, durften Frauen nur innerhalb der speziellen weiblichen Korps befördert werden. Unterdessen hatte die Psychologie in der Sowjetunion einen kompletten Schwenk vollzogen. In dem Bemühen, die rückläufige Geburtenrate wieder zu steigern, orientierten sie sich nun an einer Bemerkung, die Karl Marx einmal beiläufig bei einem Gesellschaftsspiel gemacht hatte: Die herausragende Eigenschaft des Mannes sei »Stärke« und die der Frau sei »Schwäche«.[34] Die Behauptung, die sowjetischen Streitkräfte seien im Kalten Krieg »durch ihre Erfahrung, Organisation, durch die Erwartungen des Landes und durch Ausbildungsprogramme bestens darauf vorbereitet«

gewesen, »so viele Frauen wie erforderlich und in allen Einsatzgebieten aufzubieten, auch im härtesten Kampfeinsatz«,[35] erscheint darum ein wenig übertrieben.

Andere Ostblockstaaten folgten mehr oder weniger dem Beispiel der Sowjetunion. In etlichen Staaten hatten die Frauen im Zweiten Weltkrieg im Widerstand gegen die Deutschen gekämpft. Nach 1945 richteten sie alle Frauenkorps ein, meist klein und auf wenige Funktionen beschränkt. Auf diese Weise behielten sie einige Frauen – meistens im Sanitätsbereich, daneben einige wenige Ingeneurinnen und sonstige Expertinnen – bei den Streitkräften mit der Perspektive einer Ausweitung des Frauenanteils in der Zukunft; wohl in keiner Armee dürfte der Frauenanteil jemals auch nur ein Prozent ausgemacht haben. Eine Besonderheit des kommunistischen Systems war es, daß herausragende weibliche (und männliche) Sportler und sonstige Personen von nationaler Wichtigkeit formell ins Militär aufgenommen werden konnten, damit ihr Lebensunterhalt gesichert war und sie gleichzeitig trainieren und an Wettkämpfen teilnehmen konnten.[36]

Wie allen aufständischen Streitkräften gehörte auch der chinesischen Volksbefreiungsarmee vor 1949 ein gewisser Prozentsatz Frauen an.[37] Es sollen sogar Chinesinnen in Korea gekämpft haben, aber Einzelheiten darüber sind schwer zu erfahren. Seit 1949 hat die VBA jährlich rund 7 500 Frauen in Dienst gestellt, überwiegend für Tätigkeiten im Sanitäts- und Verwaltungsbereich. Die Frauen erhalten einen Monat lang eine Grundausbildung, bei der sie auch den Umgang mit Waffen lernen. Sie können auch zur Marine gehen, aber dort nicht auf Schiffen dienen. Untypisch am chinesischen Beispiel ist die Tatsache, daß 208 Pilotinnen zwischen 1950 und 1987 bei der Luftwaffe ausgebildet wurden – im Vergleich zu Zehntausenden männlicher Piloten ein freilich verschwindend kleiner Anteil. Obwohl den Frauen der Zugang zu höherer militärischer Ausbildung offen steht, gab es bis 1988 nur eine einzige Frau im Rang eines Generalmajors. Seit 1988 sind einige weitere Frauen hinzugekommen, vor allem in den Bereichen Sanitätswesen, Sprachenausbildung, Wissenschaft und Technik. Eine militärische Karriere genießt in China großes Ansehen, und es heißt, die Frauen in den Streitkräften leisteten Überdurchschnittliches.[38]

Schließlich hat vor dem Einsetzen der modernen Frauenbewegung um 1970 eine Armee wegen der Rolle, die Frauen darin spielten, besondere Aufmerksamkeit gefunden: die israelische. Wie wir gesehen haben, dienten Frauen vor der Staatsgründung Israels in der Haganah und in PALMACH, und ihr zahlenmäßiger Anteil dort war vielleicht etwas höher, als er üblicherweise in derartigen Organisationen ist. Bei PALMACH erhielten die Frauen die gleiche Ausbildung an Waffen wie die Männer, und einige Frauen wurden sogar zu Kommandanten von Einsatztrupps befördert. Doch an dem Tag, als die Vereinten Nationen für die Errichtung eines Judenstaates votierten (am 29. November 1947), geriet eine aus Männern und Frauen bestehende Patrouille der Haganah in der Wüste Negev in einen Hinterhalt von Beduinen. Alle wurden getötet, ihre Leichen verstümmelt. Am nächsten Tag erging vom Hauptquartier der Haganah die Anweisung, alle Frauen aus Kampfeinheiten abzuziehen – weder gab es eine Erklärung dafür, noch wurde allem Anschein nach eine Erklärung verlangt.[39]

Angesichts des Mangels an ausgebildeten Männern wurde die Anweisung nicht immer befolgt. So begleiteten von Februar bis April 1948 einige Frauen – wohl höchstens einige Dutzend – Konvois ins belagerte Jerusalem. Wie schon früher war der Hauptgrund für ihren Einsatz, daß die Truppen der britischen Mandatsverwaltung sie nicht nach Waffen durchsuchen würden.[40] Einige wenige Frauen kämpften auch hoch im Norden. Zumindest eine Frau, Netiva Ben Yehuda, erlebte auch Kämpfe mitten im Land mit, in Latrun. Damals bekam sie in der arabischen Welt wohl den Beinamen »blonder Teufel« – oder vielmehr wurde behauptet, sie hätte bei den Arabern diesen Beinamen bekommen, denn die meisten Hinweise auf sie finden sich in hebräischen und englischen Quellen. Doch selbst für dieses frühe Stadium des Krieges darf man die Rolle weiblicher Kombattantinnen nicht überschätzen. Von 1200 PALMACHniks, die im Kampf starben, waren nur 19 Frauen, bezogen auf ihren Anteil in der Organisation betrug das Verhältnis getöteter Männer zu getöteten Frauen demnach 16 zu 1. Genaue Zahlen liegen für die Kämpfe um die von Jordanien gehaltene Festung Latrun im Mai und Juni 1948 vor. Dort starben drei Frauen, zwei Krankenschwestern und eine Funkerin.[41] Eine typische PALMACH-Einheit, die damals, mitten im Krieg, in der Nähe von Jerusalem operierte, bestand vielleicht aus 140 Männern und drei Frauen.[42]

Im Juni 1948 überwachten die Vereinten Nationen die erste Waffenruhe zwischen Israel und seinen arabischen Feinden. Die noch junge Israelische Verteidigungsarmee (IDF) – offiziell war sie erst am 27. Mai 1948 gegründet worden – nutzte die Atempause, um sich neu zu formieren, schwere Waffen aus dem Ausland herbeizuschaffen und die verbliebenen Frauen aus den Kampfeinheiten zurückzuziehen. Von da an bis zum Ende des Krieges durften rund 10600 Frauen weiter Dienst tun, das waren etwa zehn Prozent der Gesamtstreitkräfte.[43] Wie in anderen Armeen auch waren sie vorwiegend im Sanitätsbereich und in der Verwaltung tätig, in der Folge kamen sehr viel weniger Soldatinnen ums Leben als Soldaten.[44] Selbst in den PALMACH-Einheiten (bevor sie auf Anweisung von Ben Gurion aufgelöst wurden) blieben die Aufgaben der Frauen darauf beschränkt, die Quartiere der Männer zu putzen und für sie zu kochen, wenn sie von Einsätzen zurückkehrten. Da die Frauen mehr Gleichberechtigung gewohnt waren, mißfiel ihnen diese Situation, und einige schieden durch Heirat aus dem Dienst aus.[45]

Im Jahr 1949 verabschiedete Israel sein Gesetz über den Militärdienst. Zum ersten Mal in der Geschichte wurde beschlossen, Frauen in Friedenszeiten zum Wehrdienst einzuziehen – angesichts der zahlenmäßigen Unterlegenheit der israelischen Bevölkerung gegenüber den Nachbarn eine verständliche Entscheidung. Wie Männer wurden Frauen mit achtzehn zum Wehrdienst eingezogen. Wie die Männer dienten sie ursprünglich zwei Jahre. Doch während der Wehrdienst der Männer zunächst auf zweieinhalb Jahre und dann auf drei Jahre verlängert wurde, blieb der Wehrdienst für Frauen unverändert; praktisch dienen sie heute rund 22 Monate. Verheiratete Frauen und Schwangere (auch Frauen, die während des Militärdienstes schwanger wurden) sind freigestellt, ebenso Frauen, die sich als religiös bekennen, sie können aber freiwillig zum Militärdienst gehen.

Innerhalb des Militärs bildeten die Frauen eigene Einheiten, die sogenannten CHEN (ein Akronym für Chel Nashim, Frauenarmee, das zufälligerweise auch »Anmut« bedeutet) und wurden auf eigenen Stützpunkten ausgebildet. Die Grundausbildung für Frauen dauerte zunächst fünf Wochen und wurde später auf gerade einmal zehn Tage reduziert. Es konnte sein, daß sie im Rahmen der Grundausbildung tatsächlich einmal ein paar Schuß abfeuerten, doch erst nach dem Krieg 1973 bekam die israelische Armee – ursprünglich die Armee eines bitterarmen Landes – ausreichend moderne handliche Waffen, um die Frauen damit auszurüsten. Einige Frauen erhielten eine zusätzliche Ausbildung als Verhörspezialistinnen, Funkerinnen und dergleichen, aber die große Mehrheit verrichtete anspruchslose Verwaltungstätigkeiten. Lange Jahre war es für Frauen in der Armee der Gipfel der Karriere, daß sie Fallschirme packen durften – und zur Belohnung wurden sie von heldenhaften Fallschirmspringern geküßt.[46]

Wenn eine Soldatin die nötigen Qualifikationen besaß und ihre Vorgesetzten zustimmten, konnte sie allerdings die Offiziersschule besuchen. Mit dem Abschluß als Oberleutnant führte sie den Rest ihres Wehrdienstes das Kommando über andere Frauen. Offizierinnen, die das wollten und für die Armee in Frage kamen, konnten Berufssoldatinnen werden. Doch wie in anderen Streitkräften auch waren ihre Aufstiegsmöglichkeiten und Beförderungsaussichten strikt begrenzt. Wie in anderen Streitkräften konnten Frauen weder zur See fahren noch Jagdflugzeuge fliegen – nach 1956 wurden sogar die zehn Pilotinnen, die die Luftwaffe ausgebildet hatte (fünf von ihnen legten ihren Abschluß ab, eine flog im Suez-Krieg 1956 ein Transportflugzeug), zurückgezogen. Die meisten weiblichen Offiziere waren in der Verwaltung, im Nachrichtenwesen, beim sozialen Dienst und bei der Aufklärung im Einsatz. Frauen konnten nicht weiter als bis zum Oberstleutnant (später Oberst) aufsteigen und durften keine Männer kommandieren.

Die israelische Armee hat zwar nie Zahlen über den Anteil von Frauen veröffentlicht,[47] aber man kann recht genaue Schätzungen anstellen. Die meisten Frauen wurden entweder im administrativen Bereich eingesetzt oder verbrachten ihre Dienstzeit mit militärischem Unterricht, sozialen Diensten und dergleichen. Deshalb verlangte die Armee von den Frauen ein höheres Ausbildungsniveau als von den Männern mit dem Ergebnis, daß von einem Altersjahrgang 60 Prozent der Frauen eingezogen wurden gegenüber 85 Prozent der Männer.[48] Da die Frauen außerdem kürzer dienten als die Männer und vorausgesetzt, daß jeder Jahrgang zu gleichen Teilen aus Männern und Frauen besteht, dürfte der Frauenanteil gleichbleibend bei unter dreißig Prozent der Wehrpflichtigen gelegen haben. Dazu müssen noch die rund zehn Prozent (Stand 1983) weiblicher Offiziere hinzugerechnet werden.[49] Frauen haben nur einen geringen Anteil an den Reservetruppen, die immerhin drei Viertel der Gesamttruppenstärke der israelischen Armee ausmachen.[50] Alles in allem liegt der Frauenanteil etwa bei 7,5 Prozent (43 300 von 598 000). Das ist weniger als im Krieg 1947–1948 und weniger, als der Frauenanteil in der britischen Armee auf dem Höhepunkt während des Zweiten Weltkriegs betrug.

Die israelische Armee war sich sehr wohl bewußt, welche Propagandawirkung Bilder von Soldatinnen mit Maschinengewehren im Anschlag hatten, doch in der Praxis war die Ausbildung von Frauen an Waffen eher symbolischer Natur. 1998 waren die Frauen für die Wache vor ihren eigenen Quartieren so schlecht ausgebildet, daß man ihnen die Uzi-Maschinenpistolen wieder abnahm, weil man fürchtete, sie würden sich gegenseitig erschießen, und ihnen statt dessen Trillerpfeifen gab.[51] Keine israelische Soldatin muß an Kampfeinsätzen teilnehmen oder wird auch nur in die Logistik von Kampfeinsätzen einbezogen. Tatsächlich wurden nach Kriegsausbruch stets als erstes die weiblichen Verwaltungsangestellten der Armee evakuiert, die in Friedenszeiten in sogenannten »geschlossenen« Stützpunkten bei den Kampfeinheiten untergebracht sind (allerdings in separaten Quartieren). Das erklärt, warum seit 1948 nur sehr wenige israelische Soldatinnen im Einsatz gefallen sind. Die meisten wurden entweder Opfer von Terrorakten oder von Raketeneinschlägen auf ihren Stützpunkten und starben weit hinter der Front.

Die israelische Armee hat die Legende von den heldenhaften Soldatinnen sorgfältig kultiviert, und viele Bewunderer im Ausland haben sie bereitwillig geschluckt – aus Gründen, die vielleicht Sigmund Freud erklären könnte. Die Realität sieht indes anders aus. Das Vorbild für die CHEN waren die britischen Frauenkorps im Zweiten Weltkrieg, bei denen viele der Gründermütter der CHEN gedient hatten, darunter auch die erste Kommandantin Stella Levy. Zumindest aus diesem Grund behandelte die israelische Armee ihre Soldatinnen in den ersten drei Jahrzehnten ihres Bestehens im wesentlichen genauso, wie es die anderen Armeen taten. Wie bei den anderen Armeen dienten sehr viel weniger Frauen als Männer, und es wurden vielfältige Maßnahmen ergriffen, um die Einsatzbereiche für Frauen und ihre Aufstiegsmöglichkeiten zu begrenzen. Wie in den anderen Armeen galten strikte Vorschriften für das sexuelle Verhalten von Frauen, denn aus den Kasernen sollten keinesfalls »Bordelle« werden[52] – man muß mit eigenen Augen gesehen haben, wie viele Regalmeter an Vorschriften dazu produziert wurden, um es für möglich zu halten. Von wenigen Ausnahmen abgesehen, wurde der Einsatz von Frauen in »nicht traditionellen« Verwendungsprofilen nicht einmal in Erwägung gezogen, schon gar nicht ihr Einsatz im Kampf. Von ihren Schwestern in anderen Ländern der Nachkriegswelt unterscheiden sich die israelischen Soldatinnen in zweierlei Hinsicht. Erstens *müssen* sie Wehrdienst leisten, auch wenn es in der Praxis für Frauen immer leichter war, freigestellt zu werden, als für Männer. Zweitens gibt es wegen der Wehrpflicht mehr Frauen in den Streitkräften als anderswo.

## 3. Die Frauen betreten die Bühne

Während die Streitkräfte in den entwickelten Ländern sich langsam von Kriegsmaschinen in Abschreckungsinstrumente verwandelten und von Abschreckungsinstrumenten in Polizeiposten,[53] vollzogen sich in der zivilen Gesellschaft tiefgreifende Veränderungen. Zum einen sanken infolge der Urbanisierung die Geburtenraten. In den meisten Ländern Westeuropas und in Nordamerika hatte der Trend zu kleineren Familien in der zweiten Hälfte des 19. Jahrhunderts begonnen. Der Babyboom nach 1945 führte zu einer vorübergehenden Umkehr dieses Trends, und die Frauen blieben mehr zu Hause. Ende der fünfziger Jahre setzte der Trend jedoch massiv wieder ein, verstärkt durch die allgemein verfügbaren Informationen über Geburtenkontrolle, durch wirkungsvollere Verhütungsmittel und etwa ab 1960 durch die Verbreitung der Pille.[54] In den sogenannten Ostblockbländern war der Geburtenrückgang sogar noch drastischer. Verglichen mit ihren Müttern – und mit ihren Schwestern in den Entwicklungsländern – verbrachten die Frauen auf beiden Seiten des Eisernen Vorhangs einen immer kleineren Teil ihres immer längeren Lebens mit dem Aufziehen von Kindern.

Als nächstes hatte die Verbreitung des Automobils zur Folge, daß Millionen Arbeitnehmer die Innenstädte verließen und in die Vorstädte zogen. Insbesondere in den Vereinigten Staaten, wo die Entfernungen groß, die Grundstücke außerhalb der Städte vergleichsweise riesig sind und öffentliche Einrichtungen praktisch nicht existieren, bedeutete dies für Frauen aus der Mittelschicht, daß sie zur Einzelhaft in grünen Vorstadtwüsten verurteilt waren. Der Anstieg des Heiratsalters und der Scheidungsraten veranlaßte immer mehr Frauen, sich ökonomisch auf eigene Beine zu stellen; im Zuge der Bildungsexpansion nach 1945 besuchten mehr Frauen als früher ein College oder eine Universität. Ende der sechziger Jahre waren viele dieser Frauen über dreißig oder über vierzig. Wenn ihre Kinder mit der Schule fertig waren, begannen sie sich zu fragen, ob ihre eigene Bildung sie nicht zu mehr befähigte als Badezimmer zu schrubben und Fußböden zu bohnern. Die jüngeren Frauen erkannten die Frustration ihrer Mütter und stellten sich die gleiche Frage.[55]

Angesichts dieser Veränderungen ist es nicht verwunderlich, daß viele Frauen beschlossen, sich eine Arbeit außerhalb des Haushalts zu suchen, und daß einige von ihnen das Militär als potentiellen Arbeitgeber in Erwägung zogen. Doch was tatsächlich die Feminisierung der Streitkräfte bewirkte, war nicht der Druck, den die Frauen erlebten. Mitte der sechziger Jahre strömten die Frauen keineswegs scharenweise in die Streitkräfte, sondern machten gerade 1,2 Prozent der Soldaten aus, das heißt die vom Kongreß bestimmte Obergrenze war noch nicht einmal erreicht.[56] Von Israel abgesehen, war die Zahl der Soldatinnen in den anderen Industriestaaten sogar noch geringer. Die entscheidende Veränderung brachte der Vietnamkrieg. Der Krieg hatte mit überwältigender Unterstützung durch das amerikanische Volk begonnen,[57] im Sommer 1964 huldigte *Newsweek* mit einer Schlagzeile den »Helden von Tongking«. Doch Ende 1967 wendete sich das Blatt, als der Vietcong und die nordvietnamesische Armee, anstatt sich zu ergeben, die *Tet*-Offensive starteten. Angesichts des kaum zu deckenden Bedarfs der Streitkräfte an Kämpfern konnte Präsident Lyndon Johnson sich ausrechnen, wann der Tag gekommen sein würde, an dem er die Reservisten einberufen mußte. Dies wäre kaum durchzusetzen gewesen und hätte bewirken können, daß die Proteste gegen den Krieg sich zu massiven sozialen Unruhen ausgewachsen hätten. So entschied das Verteidigungsministerium, auszuprobieren, ob man die Lücken nicht mit Frauen füllen konnte.[58]

Unmittelbar vor der *Tet*-Offensive tat der Kongreß den ersten Schritt. Im November 1967 wurde die Obergrenze von zwei Prozent weiblichen Soldaten aufgehoben, allerdings zunächst ohne praktische Folgen, da sich nicht genug Frauen freiwillig zum Militäreinsatz meldeten. Als nächstes fielen die Beschränkungen für die Beförderung von Frauen, zwei Jahre später hatte die US-Armee mit Anna Mae Hays und Elisabeth Hoisington ihre ersten beiden weiblichen Brigadegeneräle.[59] Diese Schritte waren jedoch zu begrenzt und kamen zu spät, als daß sie noch einen merklichen Einfluß auf den Vietnamkrieg hätten haben können. Die Gesamtzahl der Frauen, die »Dienst am Vaterland« (was immer das heißen mochte) leisteten – ausschließlich Freiwillige – erhöhte sich auf 6 000 bis 7 500 gegenüber rund 2 Millionen Männern.[60] Wie üblich waren es in der großen Mehrheit Krankenschwestern, und sie hatten die traurige Aufgabe, alles in ihren Kräften Stehende zu tun, um ihre unzähligen männlichen Kameraden zu retten, die sinnlos zusammengeschossen worden waren. Andere Frauen wurden im Stabsdienst eingesetzt, nahmen Telefonanrufe entgegen und fütterten Computer mit Lochkarten. Fast 57 000 männliche amerikanische Soldaten, aber nur acht Frauen starben in Vietnam, überwiegend durch Terroranschläge oder beim Absturz ihrer Helikopter.[61] Trotz dieser zahlenmäßigen Diskrepanz wurden in Washington an der Mall für beide Geschlechter eigene Mahnmale errichtet, jeweils bestehend aus drei Figuren.

Um diese Zeit war das Ansehen der US-Truppen auf einen Tiefpunkt gesunken.[62] Die Soldaten wurden beim Aufbruch nach Ostasien von Demonstranten mit Blumen und dem Wunsch verabschiedet, daß sie getötet würden. Wieder zu Hause wollten sie nicht in Uniform auf die Straße gehen aus Angst, sie könnten beschimpft und bespuckt werden. Um einen vollständigen Kollaps zu verhindern, kündigte Präsident Nixon den gewaltigen Schritt an, die Wehrpflicht abzuschaffen und zu einer reinen Berufsarmee, bestehend aus lauter Freiwilligen, zurückzukehren, wie die Vereinigten Staaten sie den größten Teil ihrer Geschichte über gehabt hatten. Die neue Streitmacht sollte natürlich sehr viel kleiner sein als die alte – man redete von 500 000 Landsoldaten, rund ein Drittel der bisherigen Stärke.[63] Trotzdem gab es nicht genug männliche Freiwillige, vor allem nicht genug mit College-Abschluß. *Nolens volens* – mehr *nolens* als *volens*, weil vielen Kommandanten der Gedanke überhaupt nicht gefiel, mehr Frauen für mehr verschiedene Tätigkeiten einzusetzen[64] – sahen sich die Streitkräfte um, was Frauen leisten konnten und was nicht. Lawrence Korb, Heeresminister in der ersten Reagan-Regierung, formulierte es so: »Es kommt nicht in Frage, daß wir einen Platz eher leer lassen, als ihn mit einer Frau zu besetzen.«[65] Anfänglich meldeten sich auf jeden Fall besser ausgebildete Frauen als Männer zum Militärdienst. Nach den Erfahrungen im Zweiten Weltkrieg erwartete man, daß die Frauen gehorsamer sein und weniger Disziplinprobleme verursachen würden.[66] Sie waren auch billig: Wenn sie Posten besetzten, die Männer nicht mehr haben wollten, *verbesserten* manche Frauen ihr Einkommen um nicht weniger als 40 Prozent.[67]

Zu der Zeit, als diese Entscheidung fiel, dachte kaum jemand daran, Frauen in Kämpfe zu schicken. Vielmehr stellte man Überlegungen an, welche Positionen mit Frauen besetzt werden konnten, damit die Männer – denn Männer sollten es sein – den Kampfeinheiten zugewiesen werden konnten. Frauen wurden, anders ausgedrückt, als zweitrangiger Ersatz für Männer betrachtet. Man stellte eine ganze Reihe komplizierter Rechnungen an, sie wurden in einer Studie des Brookings Institute zusammengestellt. Innerhalb von vier Jahren hatte sich die Zahl der Verwendungsprofile, die für Frauen in Frage kamen, von 35 auf 80 verdoppelt.[68] Einige wenige »nicht traditionelle« Tätigkeiten, meist im wissenschaftlichen und technischen Bereich, genossen hohes Ansehen. In den meisten anderen, ebenfalls »nicht traditionellen« Bereichen hatten Frauen in Uniform die Gelegenheit, Seite an Seite mit Männern körperliche Arbeiten zu verrichten wie Reparaturen, Transport, Putzen und so weiter. Die Zahl der Frauen in den Streitkräften hatte sich mehr als verdreifacht auf rund sieben Prozent. 1972 war einer von dreißig Rekruten eine Frau gewesen, 1976 war es bereits eine Frau unter dreizehn Rekruten.

Damit die Frauen mehr Aufgaben im Militär übernehmen konnten, mußten eine Reihe von Einschränkungen, was sie tun durften und was nicht, aufgehoben werden. So wurde durch Anweisung von Marinestabschef Admiral Elmo Zumwalt[69] Frauen erlaubt, auf Schiffen Dienst zu tun, allerdings nicht auf Kriegsschiffen. Frauen durften Flugzeuge fliegen, allerdings keine Kampfflugzeuge (später durften sie auch Kampfflugzeuge fliegen, aber nur bei Missionen hinter der Front wie Überführung und Test von Maschinen sowie Einweisung anderer Piloten). Erstmals erhielten Frauen eine wenigstens rudimentäre Ausbildung an Waffen. Erstmals durften Frauen gemischte, aus Männer und Frauen bestehende Einheiten kommandieren. Frauen warteten Flugzeuge, schossen Raketen ab, bedienten Computer und Maschinen, betankten Panzer und überwachten den Verkehr in der Luft, zu Lande und auf See; als wollten sie beweisen, daß sie alles konnten, was Männer taten, fuhren manche Frauen auch Gabelstapler in Munitionsdepots.[70] 1972 wurden die getrennten Lehrgänge für weibliche Offiziersanwärter abgeschafft, und Frauen wurden in die Ausbildungsgänge für Reserveoffiziere (Reserve Officer Training Course, ROTC) an zivilen Hochschulen aufgenommen. 1976 zwang der Kongreß die Militärakademien gegen massiven Widerstand, ihre Tore auch für Frauen zu öffnen, die ersten Frauen machten 1980 ihren Abschluß.

Unter Präsident Carters Heeresminister Clifford Alexander gewann die Entwicklung hin zur Gleichbehandlung von Männern und Frauen an Dynamik.[71] 1978 wurde die spezielle Kommandostruktur für Frauenkorps abgeschafft, und Frauen wurden voll in die normale militärische Kommandokette integriert.[72] Eigene Frauenstützpunkte wurden geschlossen, Frauen lebten nun mit Männern auf gemeinsamen Stützpunkten, oft Tür an Tür auf demselben Flur im selben Gebäude. Das Ziel war ein geschlechtsneutrales Militär. Man versuchte sogar, geschlechtsneutrale Uniformen einzuführen – mit dem Ergebnis, daß sie weder Männern noch Frauen paßten; das Experiment wurde stillschweigend wieder aufgegeben. Der Versuch, Frauen und Männer der gleichen Grundausbildung zu unterwerfen, hatte, wie schon beschrieben, zur Folge, daß die Ausfälle bei den Frauen dramatische Zahlen erreichten und die Männer überhaupt keine ernsthafte Ausbildung mehr erhielten. Auch dies mußte aufgegeben werden, und man kehrte zum Systen der getrennten Ausbildung von Männern und Frauen zurück.

Mittlerweile folgten etliche andere Länder dem Beispiel der Vereinigten Staaten und ahmten ihr Experiment nach. Teils wegen des Geburtenrückgangs, teils wegen der Ausbreitung pazifistischer Einstellungen vor allem in den europäischen NATO-Staaten sahen sich viele mit der Situation konfrontiert, daß nicht mehr genug Männer zum Dienst in den Streitkräften bereit und fähig waren. Verschärft wurde dies noch durch die Ölkrise, viele Volkswirtschaften gerieten in Schwierigkeiten und mußten ihre Wehretats kürzen. Wie jeder Arbeitgeber, der nicht genug männliche Arbeitnehmer zu dem Lohn findet, den er zu zahlen bereit ist, wandten sich die Streitkräfte der betreffenden Länder den Frauen zu. Früher oder später traf dies für Japan, Australien, Schweden, Griechenland, Großbritannien, die Niederlande und Belgien zu und, soweit es um Sanitätspersonal geht, auch für die Bundesrepublik Deutschland.[73] Auch Israel betrachtete die Einsatzmöglichkeiten von Frauen mit anderen Augen, wenngleich der Engpaß dort nicht daher rührte, daß die Männer nicht mehr dienen wollten, sondern von der massiven Aufstockung der Streitkräfte nach dem Krieg 1973.[74] Es endete damit, daß entweder erstmals Frauen in die Armee aufgenommen wurden wie in Japan, Griechenland und Deutschland, oder daß zusätzliche Verwendungsprofile für Frauen geöffnet wurden wie in den meisten anderen NATO-Staaten. In allen Ländern wurden unterschiedliche Restriktionen für den Einsatz von Frauen aufgehoben, wenngleich es bisher noch kein Land für nötig erachtet hat, Frauen in den Kampf zu schicken.

Kaum traten in den siebziger Jahren Frauen in größerer Zahl in die Streitkräfte ein, da begannen endlose Schwierigkeiten, woran sich bis heute nichts geändert hat. Teils hing das damit zusammen, daß Frauen wegen ihrer körperlichen Unterlegenheit nicht so hart trainieren können wie Männer. Einige Standardtrainingsgeräte wie Klettergerüste erwiesen sich als zu schwierig für Frauen, ihnen fehlte die nötige Kraft im Oberkörper, und man mußte diesen Teil des Trainings für sie streichen.[75] Bei Geländemärschen fielen die Frauen hinter die Männer zurück, und bei Gruppenläufen kamen sie nicht mit, so daß man letztere aufgeben mußte. Die Frauen scheiterten bei Hindernisläufen (später wurden die Läufe leichter gemacht, so daß sie für Frauen zu bewältigen waren) und an Kletterseilen. Frauen konnten auch Handgranaten nicht weit genug werfen, die *klassische* Waffe der künftigen Kriegführung in Städten, sie drohten sich damit selbst in die Luft zu sprengen mit dem Ergebnis, daß das entsprechende Training entweder gestrichen oder so weit reduziert wurde, daß es nur noch eine Farce war.

Frauen in der Armee bekamen monatelang ihre Periode nicht mehr.[76] In den achtziger Jahren erlitten Frauen an der Militärakademie West Point zehnmal so viele Ermüdungsbrüche wie Männer. Eine 1988 an 124 Männern und 186 Frauen durchgeführte Untersuchung der Armee zeigte, daß Frauen doppelt so häufig von Beinverletzungen und fast fünfmal so häufig von Brüchen betroffen waren wie Männer, in Folge von Verletzungen waren Frauen fünfmal so lange nur bedingt einsatzfähig wie Männer.[77] Auf der Luftwaffenakademie suchten die Frauen viermal so häufig einen Arzt auf wie Männer. Sie erlitten neunmal so oft wie Männer Schienbeinverletzungen, fünfmal so oft Ermüdungsbrüche und waren mehr als fünfmal so oft von Sehnenentzündungen betroffen.[78] In der australischen Armee machte man die Beobachtung, daß selbst bei drastisch herabgesetzten Trainingsanforderungen Frauen sich doppelt so häufig verletzten wie Männer. In Kanada schaffte nur *ein Prozent* der Frauen die Abschlußprüfung des Standardinfanterietrainings für Männer.[79]

In der Zwischenzeit haben die weltweit maßgeblichen Autoritäten für Frauengesundheit die besondere Gefährdung von Frauen durch orthopädische Probleme und Amenorrhoe (die, wenn sie über längere Zeit besteht, zu Unfruchtbarkeit und Osteoporose führen kann) anerkannt.[80] Weitere Experten für Fragen der Frauengesundheit haben auf den Zusammenhang zwischen der Teilnahme von Frauen an verschiedenen Formen des Wettkampfsports und Eßstörungen wie Magersucht und Bulimie hingewiesen.[81] Ganz oben auf der Liste der Erkrankungen, durch die Frauen besonders gefährdet sind, stehen Infektionen der Harnwege und Geschlechtsorgane, die durch die harten Bedingungen des Trainings in freier Natur verursacht werden. Frauen, die als Matrosen zur See dienen, haben ein um 100 Prozent erhöhtes Risiko für Fehlgeburten.[82] Der Verfasser kennt persönlich den Fall einer Frau, die ihre physischen Grenzen ignorierte, um bei einem Gewaltmarsch mit ihren männlichen Offizierskollegen in der US-Armee mitzuhalten, und in der Folge beide Eierstöcke verlor.

An Colleges und andernorts fragen sich die Verantwortlichen für die Zusammenstellung von Trainingsprogrammen für Frauen seit langem, wieviel Frauen zuzumuten ist.[83] Erstmals in der Geschichte hat das moderne Militär, gerade weil es *keine* Unterschiede zwischen den Geschlechtern machen wollte, mit dem Versuch, Männer und Frauen gemeinsam auszubilden, eine klare Antwort gefunden: Die meisten Frauen sind überfordert, wenn sie mit den Männern Schritt halten sollen. Es ist zutiefst unfair, Männer und Frauen mit den gleichen Maßstäben zu messen, und führt zu einer gigantischen Verschwendung von Ressourcen, weil ein großer Teil der Frauen sich verletzt und/oder ausscheidet.[84] Wollte man den umgekehrten Schluß ziehen und die Ausbildungsanforderungen so weit senken, daß die meisten Frauen sie bewältigen können, würden die Männer praktisch keine vernünftige Ausbildung mehr erhalten.

Beispielsweise wurde zu der Zeit, als die US-Armee das Experiment mit der gleichen Ausbildung für Frauen und Männer unternahm, der Begriff »Grundkampfausbildung« zu »Grundausbildung« abgeändert; die Zeit, die früher für Schießübungen zur Verfügung gestanden hatte, wurde nun mit Vorträgen über Verhütungsmittel ausgefüllt.[85] In den Jahren 1998/99 hat der Autor sehr genau die israelischen Versuche mit einer gemeinsamen prämilitärischen Ausbildung von Frauen und Männern beobachtet. Bei Läufen fielen die Frauen regelmäßig so weit hinter ihre männlichen Kameraden zurück, daß die beiden Gruppen nicht einmal mehr Sichtkontakt hatten. Wenn wie üblich das Training in abgelegenen Gebieten stattfindet, kann sich daraus ein Risiko für die Sicherheit der Frauen ergeben, und wenn es schiefgeht, werden Gerichtsverfahren angestrengt. Versucht man das Problem durch die Anordnung zu lösen, daß Männer und Frauen gemeinsam rennen müssen, sind die Männer unterfordert. Gibt man den Frauen einen Vorsprung, kann das als sexuelle Belästigung ausgelegt werden, vor allem wenn sie als Köder eingesetzt werden, um die Männer anzutreiben. Aus denselben Gründen – mangelnde physische Stärke einerseits und Furcht vor dem Vorwurf der sexuellen Belästigung andererseits – tragen Frauen keine Tragbahren und werden nicht auf Bahren getragen. Doch es war eine der wichtigsten Trainingseinheiten, den Rekruten beizubringen, wie sie einen verletzten Kameraden vom Gefechtsfeld holen; damals verging kaum eine Woche, in der die Israelis nicht im Libanon Verluste erlitten. Kurzum, wann immer zu einer Trainingsgruppe mehr als ein paar wenige Frauen gehörten und wann immer diese Frauen anders behandelt wurden als ein fünftes Rad am Wagen, brach das ganze Ausbildungsprogramm zusammen.

In den US-Streitkräften und neuerdings auch in der israelischen Armee[86] hat man es mit der Lösung versucht, Frauen und Männer den gleichen Ausbildungsprogrammen zu unterwerfen, aber mit unterschiedlichen Anforderungen an die körperliche Leistungsfähigkeit. An der britischen Militärakademie Sandhurst hat man einen Kompromiß gefunden: In dem erfolglosen Bemühen zu verschleiern, daß die Frauen es leichter haben, beginnen männliche und weibliche Kadetten ihr Training gemeinsam an denselben Orten und beenden es auch gemeinsam, durchlaufen dazwischen aber unterschiedliche Ausbildungsprogramme. Getrennte und ungleiche Ausbildung wird dazu führen, daß ein Teil der Anwärter nur eingeschränkt vorbereitet ist – darum wird in manchen internationalen militärischen Veröffentlichungen der Begriff Soldatinnen in Anführungszeichen gesetzt. Darüber hinaus ist ungleiche Ausbildung – ob gemeinsam oder nicht – unfair gegenüber den Männern. Sie werden sich zu Recht beschweren, daß die Frauen ihren Abschluß bekommen, ohne daß sie die gleichen Anstrengungen erbringen und die gleichen Hindernisse überwinden müssen.[87] Da alle Ausbildungsstandards in gewisser Weise künstlich sind, wird das Ergebnis entweder sein, daß die Standards sich auflösen oder daß die Ausbildung der Männer zu einer Farce und Demütigung für sie wird. Wenn sie die Wahl haben, werden sie es vermutlich vorziehen, sich zu verabschieden.

Besonders störend ist es, daß die grundlegenden Bestimmungen für die Aufnahme von Frauen in die Streitkräfte in der unmittelbaren Nachkriegszeit konzipiert wurden, als das vorherrschende gesellschaftliche Klima und die Vorstellungen der meisten Menschen von einem künftigen Krieg noch vollkommen anders waren. Der Aufbau der Streitkräfte war weitgehend mit dem Bild des männlichen Soldaten im Hinterkopf erfolgt. Als nun Zahl und Gewicht der Frauen in den Streitkräften sprunghaft anstiegen, waren zahlreiche Anpassungen erforderlich. Einige für Frauen diskriminierende Bestimmungen wurden stillschweigend fallengelassen. An anderen Bestimmungen entzündeten sich heftige Kontroversen, und sie wurden erst aufgehoben, nachdem Anwälte im Namen von Soldatinnen die Streitkräfte verklagt oder mit Klage gedroht hatten.

Mit Blick auf die Vereinigten Staaten, die die wichtigsten Erfahrungen mit weiblichen Soldaten gesammelt haben, ist das Verfahren *Frontiero vs. Richardson* aus dem Jahr 1971 zu nennen. Dabei ging es darum, daß eine Frau nur dann finanzielle Familienunterstützung verlangen durfte, wenn sie beweisen konnte, daß sie der »Hauptnährer« der Familie war. In dem Verfahren

*Cushman vs. Crawford* wurde 1976 entschieden, daß eine schwangere Frau in den Streitkräften bleiben und nach der Geburt wieder zurückkehren kann (das ist, nebenbei bemerkt, ein Privileg, das weder das amerikanische Arbeitsrecht kennt noch von allen zivilen Arbeitgebern in Amerika gewährt wird). Zwei Jahre später wurde die Navy in dem Verfahren *Owens vs. Brown* gezwungen, den Frauen Zugang zu weiteren Schiffen zu gewähren.[88] Zuweilen nahm der Kampf um absolute Gleichheit groteske Formen an, und manchmal erwies er sich auch als ein Bumerang. Zum Beispiel klagten männliche Besatzungsmitglieder dagegen, daß Frauen Stofftiere in ihren Kojen haben durften, mit dem Ergebnis, daß die Marine beiden Geschlechtern die Mitnahme von Stofftieren verbot.[89] Lawrence Korb sagte, das Thema Frauen habe ihn mehr Zeit gekostet als jedes andere.[90]

In den zehn Jahren von 1971 bis 1981 versiebenfachte sich der Anteil der Frauen in den US-Streitkräften beinahe und erreichte 8,5 Prozent der aktiven Soldaten. Im selben Zeitraum sank die Truppenstärke von 2,7 Millionen auf 2,05 Millionen, das heißt um 24 Prozent. Amerikas wirtschaftliche Situation war zu dieser Zeit nicht einfach. Ein hohes Defizit im Bundeshaushalt und steigende Energiepreise trieben die Inflation in zweistellige Bereiche. Erstmals seit mehreren Jahrzehnten gingen die Realeinkommen der Männer zurück, und viele Frauen mußten sich Arbeit außerhalb des Haushalts suchen.[91] Trotz rückläufiger Truppenstärke war das Militär immer noch mit Abstand der größte Einzelarbeitgeber neben der Bundesregierung. Insofern ist es nicht überraschend, daß einige Frauen das Militär als Arbeitgeber entdeckten und daß die Feministinnen bei ihren Bemühungen, neue Arbeitsplätze für Frauen zu erschließen, das Militär ins Visier nahmen.

Zwar konnten die Frauen in ihrem Streben nach Gleichbehandlung etliche Siege für sich verbuchen, doch in gewisser Weise war es ein Kampf gegen Windmühlen. Alles in allem lautete die Devise beim Militär »mehr mit weniger«. Immer mehr Frauen traten in die Streitkräfte ein, doch die Streitkräfte verloren immer weiter an Bedeutung, sowohl in absoluten Zahlen wie relativ zur Bevölkerungszahl. Je weniger wichtig die Streitkräfte für das Land waren, desto schwieriger war es für sie, geeignete Männer zu rekrutieren, und desto mehr stützten sie sich darum auf Frauen, um die Lücken zu füllen. Trotz der ungünstigen wirtschaftlichen Situation hatten es die US-Streitkräfte Ende der siebziger Jahre so schwer, Männer zu rekrutieren – irgend welche Männer –, daß Verteidigungsminister Harold Brown Pläne für die Wiedereinführung der Wehrpflicht ausarbeiten ließ.[92] Der Sold war damals so niedrig, daß viele Heeressoldaten in den Vereinigten Staaten von Essensmarken lebten. Der gleichzeitige Kursverlust des Dollars bedeutete, daß viele ihrer in Westdeutschland stationierten Kameraden ohne die Hilfe der Einheimischen buchstäblich verhungert wären.

Die Reagan-Regierung, die 1981 die Amtsgeschäfte übernahm, war entschlossen, den offensichtlichen Niedergang der amerikanischen Streitkräfte aufzuhalten und die Entwicklung umzukehren. Mit Verteidigungsminister Caspar Weinberger an der Spitze versuchte sie das Problem frontal anzugehen, indem sie massiv Geld in das Militär pumpte. Der Verteidigungshaushalt wurde um sage und schreibe 40 Prozent aufgestockt, neben einem einmaligen Programm der Aufrüstung ermöglichte dies eine erhebliche Anhebung der Soldzahlungen. Da sich die Streitkräfte auch langsam von dem Debakel in Vietnam erholten, wurden sie für Männer wieder attraktiver. Die »Verweiblichung« des Militärs war zunächst gestoppt. Es wurde auch geschrieben, das Verteidigungsministerium habe gezielt »antifeministische« Schritte unternommen,[93] um den Zustrom von Frauen aufzuhalten, wenngleich nie genau erläutert wurde, um welche Schritte es sich handelte.

Die Streitkräfte anderer NATO-Staaten, darunter Kanada, Großbritannien, Frankreich, Belgien und die Niederlande, folgten dem Beispiel, das die Vereinigten Staaten in den siebziger Jahren gegeben hatten. Mehrere Staaten, die die Wehrpflicht abschafften und Berufsarmeen einführten, mußten feststellen, daß sie nicht genug Männer bekamen. Alle spürten die Auswirkungen des rauheren wirtschaftlichen Klimas in Folge der Ölkrise, und alle reagierten in der Weise, daß sie die Streitkräfte für Frauen öffneten und eifrig ausprobierten, was mit Frauen möglich war und was nicht. Wie in den Vereinigten Staaten führte dies dazu, daß in vielen »nicht traditionellen« Einsatzgebieten von technischer und wissenschaftlicher Arbeit (Frankreich) bis zu eingeschränktem Dienst auf See (Niederlande) nun auf einmal Frauen anzutreffen waren.[94] Hie und da wurden die Frauen auch an Waffen ausgebildet, zumindest zu Anfang mit der beschränkten Zielsetzung, daß sie notfalls zur Selbstverteidigung in der Lage sein sollten. Wie in den Vereinigten Staaten fühlten sich Frauen gelegentlich veranlaßt, vor Gericht zu ziehen und ihre vermeintlichen Rechte einzuklagen. Üblicherweise ging es bei solchen Verfahren um die Öffnung weiterer Tätigkeitsbereiche oder um Fragen der Gleichstellung bei Sold, Beförderung, Zulassung zu speziellen Ausbildungen und so weiter. Manchmal drehten sich die Klagen allerdings auch um bizarre Dinge: So focht eine holländische Soldatin um das Recht, sich ihre Zunge piercen zu lassen, und sie wurde dabei vom Soldatenverband unterstützt.[95]

Solange der Kalte Krieg andauerte und die Streitkräfte noch eine wichtige Rolle spielten, wirkten sich die Veränderungen nicht gravierend aus. So lag der Anteil der Soldatinnen in den achtziger Jahren in den Vereinigten Staaten bei 8,4 Prozent, in Kanada bei 7,7 Prozent, in Großbritannien bei 4,9 Prozent, in Frankreich bei zwei bis drei Prozent, in Holland und Norwegen bei einem Prozent und in Westdeutschland bei null Prozent – in der Bundeswehr dienten außer fünfzig Ärztinnen gar keine Frauen.[96] Wenn wir die sogenannte »Südflanke« der NATO ausklammern, die von den Mittelmeerländern (darunter einem moslemischen Land) mit anderen kulturellen Traditionen gebildet wird, können wir ein Faktum festhalten: Je näher ein Land an der Ost-West-Grenze lag, desto weniger Frauen gehörten seinen Streitkräften an.

1989 gerieten bei der Operation »Just Cause« erstmals einige amerikanische Soldatinnen in ernste Gefahr. Bei der Invasion von Panama, das für seine militärische Stärke bekannt war, standen 18 400 US-Soldaten (darunter 800 Frauen beziehungsweise 4,3 Prozent) General Noriegas gesamter Leibwache gegenüber. Einige wenige Frauen waren der »Kampfunterstützung« zugeteilt. Eine Frau, Captain Linda Bray, soll eine Kompanie befehligt haben, die erfolgreich einen Zwinger voller wütender

Hunde angriff.[97] Zunächst fanden Brays Heldentaten große öffentliche Beachtung. Doch dann fiel irgend jemandem ein, daß sie mit ihrem Kommando gegen die Bestimmung des Pentagons verstoßen hatte, daß Frauen nicht an Kampfeinsätzen teilnehmen dürften. Ob aus diesem Grund oder weil die ersten Berichte falsch gewesen waren – die offizielle Darstellung fiel jedenfalls auf einmal anders aus: Nun hieß es, es sei bereits alles vorüber gewesen, als sie mit dem Jeep am Ort des Geschehens eintraf. Bray war verständlicherweise sehr verwirrt, als sie erlebte, wie das System sie an einem Tag feierte und am nächsten Tag ihre Rolle so weit wie möglich herunterspielen wollte. Sie schied schließlich wegen Ermüdungsbrüchen in beiden Beinen aus dem Militärdienst aus, die Brüche führte sie darauf zurück, daß sie bei Geländemärschen extra viel Gepäck getragen habe, um die zweifelnden männlichen Kameraden von ihrer Stärke zu überzeugen. Ihre Heldentat und die Beteiligung von Frauen generell veranlaßte die Kongreßabgeordnete Patricia Schroeder vorzuschlagen, daß das Verbot von Kampfeinsätzen für Frauen probeweise für vier Jahre ausgesetzt werden sollte. Doch damals scheiterte dieser Antrag im Kongreß.

Nach Ablauf der Amtszeit von Präsident Reagan stagnierte der Verteidigungshaushalt zunächst und schrumpfte dann langsam. Unter Präsident Bush nahmen die Frauen ihren Kampf um die Eroberung des Militärs wieder auf. 1991 gehörten den US-Streitkräften 223 000 Frauen an, das waren 12 Prozent. Am höchsten lag die Frauenquote mit 14 Prozent in der Luftwaffe. Das ist kein Zufall, denn die Luftwaffe ist die Truppengattung mit dem niedrigsten Verhältnis von »Kopf« zu »Fußvolk«, weil die fliegende Truppe nur einen verschwindend kleinen Teil des gesamten Personals darstellt. Auf die Luftwaffe folgte das Heer mit 11,5 Prozent und dann die Marine mit 10 Prozent. Ganz am Ende rangierten mit 5 Prozent die Marines. Wahrscheinlich fanden sich dort so wenig Frauen, weil diese Truppe im Ruf steht, besonders hart zu sein. Weitere Gründe könnten sein, daß die Navy bestimmte Verwaltungstätigkeiten im rückwärtigen Stab für die Marines übernimmt und daß die Marines einen großen Teil der Zeit auf Schiffen im Einsatz sind.[98]

Je nach Perspektive gelangt man zu dem Schluß, daß die

Frauen im Militär sehr große Fortschritte gemacht haben oder überhaupt keine. Natürlich ist der Frauenanteil beim US-Militär wie auch in anderen Ländern gestiegen. Viele zusätzliche Laufbahnen wurden für Frauen geöffnet, und sie haben einige Stufen auf dem Weg zur Gleichstellung mit den Männern erklommen. Doch mit Ausnahme Kanadas, das als erstes Land alle fliegerischen Positionen für Frauen zugänglich gemacht hat,[99] sind die Frauen weiterhin von Kampfeinsätzen ausgeschlossen. Da Kampfeinsätze der Sinn des Militärs sind – oder zumindest sein sollten –, hat diese Beschränkung weitreichende Folgen für die Aufstiegsmöglichkeiten von Frauen. Zum Beispiel waren von dreizehn im Golfkrieg kommandierenden Generälen des US-Heeres zwölf in Einheiten aufgestiegen, die für Frauen nicht zugänglich sind.[100] Dieser Aspekt ist neben dem anhaltenden Widerstand der Männer, die alles daransetzen, um den Frauen das Leben schwerzumachen,[101] ein Hauptgrund, warum die Frauen eine Minderheit in untergeordneten Positionen geblieben sind. Und selbst wenn die Frauen aufstiegen, mußten sie miterleben – wie auch viele Männer –, daß die Organisation, der sie angehörten, an Prestige verlor und ihr Budget immer weiter gekürzt wurde. Dann kam der Golfkrieg, und die Frauen sahen ihre große Chance.

## 4. Frauen in den Kampf

Im Frühjahr 1990 war der Kalte Krieg zu Ende. Fünf Jahre nach Michael Gorbatschows Einzug in den Kreml, drei Jahre nach seinem historischen Treffen mit Präsident Reagan in Reykjavik, standen in Europa – dem sogenannten »Hauptkriegsschauplatz« – die Zeichen auf Abrüstung. Die Rote Armee, geschlagen von den Mudschaheddin in Afghanistan, befand sich in einer schlimmen Verfassung. Es dauerte nicht mehr lange, und die sowjetische Flotte, die 1976 eine Landung der Kubaner in Angola gedeckt hatte, rostete in den Häfen vor sich hin. Die Kampfflugzeuge der sowjetischen Luftwaffe flogen unterdessen Touristen im Land herum, damit ein paar Devisen hereinkamen. Auf der anderen Seite des Erdballs schickte sich Präsident Bush unter dem Eindruck des hohen und weiter steigenden Haushaltsdefizits der Vereinigten Staaten an, die amerikanischen Streitkräfte um ein Viertel bis ein Drittel zu reduzieren.[102]

Dann kam buchstäblich aus heiterem Himmel der Golfkrieg. In den achtziger Jahren hatte Saddam Hussein gegen den Iran Krieg geführt, unterstützt von einem beträchtlichen Teil der westlichen Welt, die in ihm das kleinere von zwei Übeln sah und ihm alle Waffen lieferte, die er bezahlen konnte. Nach dem Ende des Krieges mit dem Iran wandte er sich gegen den Nachbarstaat Kuwait, und nach einigem Zögern weigerte sich der Westen, dies zu akzeptieren. Damals galt der Irak – ein Land der Dritten Welt (allerdings mit reichen Ölvorkommen) mit einer Bevölkerung von rund 17 Millionen und einem Bruttosozialprodukt, das bei ungefähr einem oder zwei Prozent des BSP der Vereinigten Staaten lag – als eine führende Militärmacht, einige Beobachter behaupteten sogar, Saddams Armee sei die viertmächtigste in der Welt. Ob dies nun zutraf oder nicht, jedenfalls war der Irak das einzige Land auf diesem Niveau, das noch keine Atomwaffen besaß. Aus der Sicht der Verbündeten waren die irakischen Streitkräfte damit ein ideales Ziel.[103]

Die Krise kam auch zu einem für die Vereinigten Staaten günstigen Zeitpunkt. Obwohl der Kalte Krieg vorüber war, hatte man die Streitkräfte, die über Jahrzehnte hinweg aufgebaut worden waren, um für die Konfrontation mit der Sowjetunion in einem etwaigen Dritten Weltkrieg gewappnet zu sein, noch nicht in nennenswertem Umfang reduziert. Darum konnten mehr als eine halbe Million amerikanische Soldaten aufgeboten werden und dazu noch einmal ungefähr eine Viertelmillion aus anderen NATO-Ländern und verschiedenen arabischen Staaten. Allein in der Luft waren die verbündeten Streitkräfte dem Irak ungefähr im Verhältnis drei zu eins überlegen, nicht mitgezählt die schweren Bomber, die von Stützpunkten etwa auf den britischen Inseln aus starten konnten. Die Überlegenheit zur See betrug eher hundert zu eins, da der Irak so gut wie keine Marine besaß. Die Überlegenheit der Vereinigten Staaten wurde dadurch vervollständigt, daß spezielle Waffen wie Tarnkappenbomber, Marschflugkörper, Satellitenkommunikationsanlagen und eine Eliteeinheit, das VII. Panzerkorps, aus Deutschland

# Gesamtverzeichnis
# 2001

**Peter Abplanalp,**
**Roman Lombriser**
**Unternehmensstrategie als kreativer Prozeß**
185 Seiten, mit zahlreichen Abbildungen
Gebunden
DM 39,–/öS 285,–/sFr. 39,–/€ 19,94
ISBN 3-932425-24-3

Erfolgreiche Strategien formulieren heißt: intelligente Fragen stellen, mögliche Antworten erwägen, Denkprozesse in Gang setzen und Antworten immer wieder überprüfen. Dieses Buch ist ein Leitfaden dazu.

**Paul Bate**
**Cultural Change**
Strategien zur Änderung der Unternehmenskultur
368 Seiten. Gebunden
DM 68,–/öS 496,–/sFr. 62,–/€ 34,76
ISBN 3-932425-03-0

Paul Bate stellt ein ganzes Bündel von Änderungsstrategien vor, vom Bombenwurf, der gleichsam alles plattmacht, über die Technik der Indoktrination bis hin zum gemeinsam mit Mitarbeitern erarbeitetem Vorgehen.

*Peter L. Bernstein*

»Paul Bate hat mit diesem Werk eine exzellent geschriebene Studie komponiert ... Ein unverzichtbares Leseerlebnis für alle am Wandel Beteiligten und Interessierten!« *meeting*

**Peter L. Bernstein**
**Wider die Götter**
Die Geschichte von Risiko und Riskmanagement von der Antike bis heute
480 Seiten. Leinen, Fadenheftung
DM 58,–/öS 429,–/sFr. 53,–/€ 29,65
ISBN 3-9803352-7-5

Der moderne Mensch, ob Glücksspieler, Politiker, Wissenschaftler oder Anleger steht ununterbrochen vor Alternativen und nimmt Risiken auf sich. Das Buch macht deutlich, inwiefern die Idee von Risiko und Risikobeherrschung die Entwicklung von neuzeitlicher Wissenschaft und von Unternehmertum vorangetrieben hat.

»Bernsteins Buch ist erfrischend zu lesen. In die deutsche Risikodebatte bringt der Autor die Kenntnisse dessen ein, der aus praktischer Erfahrung weiß, was es heißt, auf Finanzmärkten aktiv zu sein.« *Blick durch die Wirtschaft*

**Hans Christoph Binswanger**
**Die Glaubensgemeinschaft der Ökonomen**
Essays zur Kultur der Wirtschaft
136 Seiten. Gebunden
DM 32,–/öS 234,–/sFr. 32,–/€ 16,36
ISBN 3-932425-06-5

Die Wirtschaft im Blickfeld von Mythos, Ethnologie, Philosophie und Literatur. Hans Christoph Binswangers Analyse zielt darauf ab, daß Wirtschaft kein in sich abgeschlossenes System, sondern Teil unserer gesamten Lebenswelt ist. Weder die Ökonomie noch unsere Lebenswelt kann begriffen werden, wenn man sie nicht in ihrer Verschränkung begreift.

»Hans Christoph Binswanger zählt zu den originellsten Querdenkern in der schweizerischen Nationalökonomie, ohne daß er indessen dabei die Bodenhaftigkeit verloren hätte.«
*Neue Zürcher Zeitung*

**Werner Dahnz**
**Manager und ihr Berufsrisiko**
Die zivil- und strafrechtliche Haftung von Aufsichtsräten, Vorständen und Geschäftsführern
228 Seiten. Broschur
DM 49,–/öS 363,–/sFr. 49,–/€ 25,05
ISBN 3-9803352-8-3

Manager haben unternehmerische Verantwortung. Damit tragen sie aber häufig auch hohe persönliche Risiken. Das Buch gibt konkrete Hinweise, wie diese Risiken organisatorisch, personell und versicherungstechnisch zu bewältigen sind. Dabei ist es dem Autor gelungen, komplexe juristische Problemstellungen klar und allgemeinverständlich zu vermitteln.

»Praxisnah und in der Sprache der Wirtschaftsmanager verfaßt.«
*Zeitschrift für Versicherungswesen*

**Ron S. Dembo,**
**Andrew Freeman**
**Die Revolution des finanziellen Riskmanagements**
Gesetze, Regeln, Instrumente
256 Seiten. Gebunden
DM 64,–/öS 467,–/sFr. 58,–/€ 32,72
ISBN 3-932425-11-1

»*Die Revolution des finanziellen Riskmanagements* ist ein Kraftwerk, was das Verständnis von Risiko betrifft. Aufgrund der raffinierten Mischung aus Psychologie und strengen quantitativen Analysen ist den Autoren ein richtungsweisendes und innovatives Buch über Riskmanagement gelungen, das sowohl für den Praktiker als auch für den Theoretiker unentbehrlich ist.«
*Peter L. Bernstein*

»Ein nützliches Werk, das beim Lesen auch noch Vergnügen bereitet.«
*Bilanz*

**Klaus Doppler**
**Dialektik der Führung**
Opfer und Täter
136 Seiten. Gebunden
DM 32,–/öS 234,–/sFr. 32,–/€ 16,36
ISBN 3-932425-15-4

Mit Hilfe seines Tagebuches verarbeitet ein fiktiver Mitarbeiter die gespannte Beziehung zu seinem »Chef«. Klaus Doppler analysiert aus dieser besonderen Perspektive die Hintergründe von

*Klaus Doppler*

Führung und Zusammenarbeit in Unternehmen und gibt Anstöße zur Veränderung sowie konkrete Anregungen für deren Umsetzung.

»Für dieses Buch sollte sich der Leser viel Zeit nehmen. Der Inhalt ist so bedenkenswert, daß jeder Unternehmer, Manager und Angestellte sich in Ruhe überlegen sollte, wie es um seinen Betrieb oder um seine Position im Unternehmen bestellt ist.«

*»Buch des Monats«,*
*Markt und Mittelstand*

**Cornelia Edding**
**Agentin des Wandels**
Der Kampf um Veränderung im Unternehmen
224 Seiten. Gebunden
DM 39,–/öS 285,–/sFr. 39,–/€ 19,94
ISBN 3-932425-25-1

Ein Leitfaden für die praktische Arbeit an Veränderung im Unternehmen. Und ein sehr persönlicher Erfahrungsbericht über eine Frau, die als »Agentin des Wandels« in einer männerdominierten Welt ihre Projekte vorantreibt.

»Eddings Einblick in unternehmensinterne Kräfteverhältnisse empfiehlt sich als kurzweilig zu lesende Pflichtlektüre für aufstiegswillige Frauen.«

*Marie claire*

*Cornelia Edding*

**Rolf Gerling, Otto-Peter Obermeier (Hrsg.)**
**Risiko-Störfall-Kommunikation 1**

144 Seiten mit über 30 Abbildungen und Tabellen.
DM 36,–/öS 288,–/sFr. 36,–/€ 18,40
ISBN 3-9803352-0-8

**Rolf Gerling, Otto-Peter Obermeier (Hrsg.)**
**Risiko-Störfall-Kommunikation 2**

144 Seiten mit über 30 Abbildungen und Tabellen.
DM 36,–/öS 288,–/ sFr. 36,–/€ 18,40
ISBN 3-9803352-1-6

»Die Herausgeber dokumentieren eine vorbildliche und praktikable Umsetzung und Erweiterung des Auftrages, mit Geist, Zeit, Finanz- und Kommunikationskapital dieses Problemfeld zu strukturieren und wertvolle Lösungshinweise zu geben.«
*Informationsdienst Unternehmensführung*

**Franz Liebl**
**Der Schock des Neuen**
Entstehung und Management von Issues und Trends

176 Seiten, mit zahlreichen Abbildungen. Gebunden
DM 39,–/öS 285,–/sFr. 39,–/€ 19,94
ISBN 3-932425-29-4

Wer in der Lage ist, schwache Signale sich anbahnender Veränderungen richtig zu deuten, besitzt nicht nur einen Konkurrenzvorteil, sondern sichert sich auch für sein Unternehmen einen großen Handlungsspielraum, nach innen und nach außen. Franz Liebl liefert mit seinem Buch einen Leitfaden hierzu.

»Zukunft zu gestalten bedeutet, sich nicht auf Reagieren und bloßes Adaptieren zu beschränken.« *Franz Liebl*

**Udo Lütgenbruch** **NEU**
**Kampf um Talente**
Führungskräfte finden, fördern, binden

131 Seiten. Gebunden
DM 32,–/öS 234,–/sFr. 32,–/€ 16,36
ISBN 3-932425-35-9

Nicht das übliche »Trends- und Checklistenbuch«, sondern informativ-amüsante, locker geschriebene Berichte aus dem Nähkästchen eines erfahrenen Headhunters. Ebenso geeignet fürs Büro wie für den Nachttisch.

**Fritz Maywald**
**Der Narr und das Management**
Leistungssteigerung im Unternehmen zwischen Shareholder Value und sozialer Verantwortung

205 Seiten, mit zahlreichen
Abbildungen
Gebunden
DM 39,–/öS 285,–/sFr. 39,–/€ 19,94
ISBN 3-932425-23-5

Fritz Maywald entdeckt den Narren für das Management: seine praktische Klugkeit, seine Unerschrockenheit, seine Unabhängigkeit. Der Narr ist sowohl Symbol für die Lust an der Veränderung als auch für Kreativität und Engagement. Alles Eigenschaften, die für ein zukunftsorientiertes Management unerläßlich sind.

»Das Loblied auf die Narretei dient in Maywalds Managementleitfaden nicht nur der Unterhaltung. Es huldigt dem ›subtilen, plötzlichen Impuls von einer unerwarteten Seite‹, der Kreativität gedeihen läßt.« *Handelsblatt*

**Fritz Maywald** NEU
**Phantasie und Management**
224 Seiten, mit zahlreichen
Abbildungen
Gebunden
DM 39,–/öS 285,–/sFr. 39,–/€ 19,94
ISBN 3-932425-34-0

Das Buch gibt anhand von praktischen Übungen konkrete Anleitungen, die eigene Kreativität bewußt zu machen und sie nutzbringend im Beruf und im Privatleben einzusetzen. Damit empfiehlt

sich das Buch auch als Arbeitsbuch für alle, die Teams führen und ausbilden.

**Otto-Peter Obermeier**
**Die Kunst der Risikokommunikation**
211 Seiten, mit zahlreichen
Abbildungen
Gebunden
DM 39,–/öS 285,–/sFr. 39,–/€ 19,94
ISBN 3-932425-19-7

Otto-Peter Obermeier legt Grundzüge einer »vorurteilsbelasteten« Kommunikation offen und entwickelt erfolgreiche Verhaltensmodelle für Unternehmen und deren Manager.

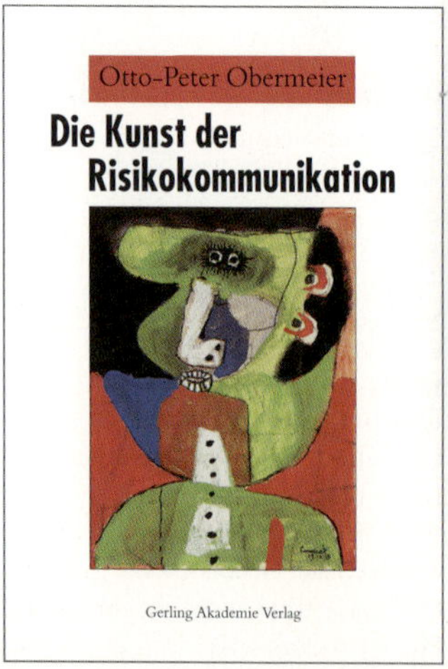

»Das Buch ist eine gut lesbare Einführung in die Rahmenbedingungen und Fallstricke der Kommunikation über Risiken. Instruktiv sind zwei Fallbeispiele, die die wissenschaftliche Basis des Buches mit der Unternehmenspraxis verknüpfen.« *Organisationsentwicklung*

**Franz Reither**
**Komplexitätsmanagement**
Denken und Handeln
in komplexen Situationen
160 Seiten. Gebunden
DM 39,–/öS 285,–/sFr. 39,–/€ 19,94
ISBN 3-9803352-6-7

Reither analysiert vor dem Hintergrund des Phänomens Komplexität das Zusammenwirken von Denken, Wollen, Fühlen und Handeln in komplexen Situationen und vermittelt Strategien zur effektiven Krisenbewältigung und Krisenkontrolle.

»Nur derjenige erreicht Unternehmens- und Projekterfolg, der die ständig komplexer werdenden Zusammenhänge erkennt und beherrschen lernt. Sehr gut analysiert und praxisnah wird das Thema in dem Buch behandelt.« *Die Welt*

**Heijo Rieckmann**
**Führungs-Kraft und**
**Management Development**
248 Seiten, mit zahlreichen
Abbildungen
Gebunden
DM 49,–/öS 358,–/sFr. 49,–/€ 25,05
ISBN 3-932425-30-8

In seiner anwendungsorientierten Studie zum Thema Führung und Management zeigt Heijo Rieckmann praktikable Methoden auf, wie Kompetenz, Effizienz und Qualität leitender Verantwortungsträger systematisch und nachhaltig weiterentwickelt werden können.

»Rieckmann untersucht das Spannungsverhältnis zwischen Führung und Verführung. Er stellt Bausteine der Management-Entwicklungsplanung

vor und veranschaulicht die Erkenntnisse anhand von Praxisbeispielen zum ›Mut- und Nachmachen‹«. *Handelsblatt*

**Mathias Schüz**
**Werte - Risiko -**
**Verantwortung**
Dimensionen des Value
Managements
213 Seiten, mit zahlreichen
Abbildungen.
Gebunden
DM 39,–/öS 285,–/sFr. 39,–/€ 19,94
ISBN 3-932425-20-0

Das Buch ermöglicht jedem Manager, Wert- und Risikokonflikte in seiner täglichen Arbeit zu identifizieren und zu überprüfen, welche Güter selbst noch bei Veränderungsdruck Bestand haben. Nur auf diese Weise lassen sich Gesundheit und Erfolg eines Unternehmens langfristig sichern.

»Wer dieses Buch nicht kennt, sollte zum Thema Shareholder-Value schweigen.« *manager magazin*

**Clarence C. Walton**
**Soziale Verantwortung von**
**Unternehmen**
275 Seiten. Gebunden
DM 59,–/öS 431,–/sFr. 53,50/€ 30,16
ISBN 3-932425-18-9

# Management

Als unerläßliches Ziel eines stabilen Wirtschaftsunternehmens wird soziale Verantwortung immer wichtiger. Der Ökonom Clarence C. Walton dokumentiert und begründet diese Notwendigkeit zukünftiger Unternehmenspolitik.

»Walton bietet dem Leser genügend Stoff zum Denken an. Daß sein Buch die amerikanische Unternehmerkultur atmet und damit einen Gegenpol zum behäbigen deutschen Gemeinschaftsdenken setzt, kann nur erfrischend sein.« *Handelsblatt*

# Politik und Wissenschaft

**Martin van Creveld**
**Aufstieg und Untergang des Staates**
520 Seiten. Gebunden
DM 64,–/öS 467,–/sFr. 58,–/€ 32,72
ISBN 3-932425-13-8

Ein großes und grundlegendes Werk über den Staat, über seine Idee, seine Geschichte von der Antike bis heute und seine Chancen in der Weltordnung von morgen – ein Standardwerk, das zuverlässig analysiert und provokative Thesen aufstellt.

»Der Wert eines Buches bemißt sich danach, ob es die Diskussion anregen kann. In dieser Hinsicht gibt es keinen Zweifel. Van Crevelds Buch regt an.«
*Frankfurter Allgemeine Zeitung*
Sachbuch Bestenliste im Juli 99 SZ/NDR

**Martin van Creveld** **NEU**
**Frauen und Krieg**
324 Seiten. Gebunden
DM 58,–/öS 423,–/sFr. 52,50/€ 29,65
ISBN 3-932425-33-2

Der Krieg als Domäne der männlichen Aggressivität einerseits, eine Welt in Frieden, wenn Frauen die ganze politische Macht besäßen, andererseits:
Martin van Creveld legt energisch Widerspruch gegen dieses Dogma ein und entlarvt eine der großen politischen Illusionen unserer Zeit.

»Ohne Frauen wären alle Kriege undurchführbar und gegenstandslos gewesen.« *Martin van Creveld*

*Martin van Creveld*

**Martin van Creveld**
**Die Zukunft des Krieges**
Mit einem Vorwort von Peter Waldmann
352 Seiten. Leinen, Fadenheftung
DM 58,–/öS 423,–/sFr. 52,50/€ 29,65
ISBN 3-932425-04-9

Der Krieg der Zukunft: ohne Regeln, der politischen Kontrolle entzogen, ohne klare Fronten. Diese neue Logik zu erkennen ist notwendig, um politische Steuerung und Präventivkraft zurückzugewinnen.

»Ein grimmig-witziges Buch, das den ganzen Unfug des militärischen Status quo intelligent und scharfzüngig geißelt.« *Psychologie Heute*

**Didier Dacunha-Castelle**
**Spiele des Zufalls**
Instrumente zum Umgang mit Risiken
304 Seiten. Leinen, Fadenheftung
DM 59,–/ öS 431,–/ sFr. 54,–/€ 30,16
ISBN 3-932425-00-6

Was ist das Gesetz der Großen Zahl? Was eine Gaußsche Glockenkurve? Was ein Risiko? Was die Maximierung des erwarteten Nutzens? Ausgehend von einer immer vielseitigeren Anwendung der Wahrscheinlichkeitsrechnung in der Medizin, dem Versicherungswesen, der Finanzwelt beantwortet Didier Dacunha-Castelle in einer allgemein verständlichen Sprache diese Fragen.

»Nicht die Sinnsuche des Einzelnen, sondern der Gemeinschaft beim Hantieren mit dem Zufall ist Gegenstand dieses spannenden und verständlichen Buches aus der Feder eines Mathematikers.« *Die Welt*

**Peter Cornelius Mayer-Tasch**
**Über Prophetie und Politik**
128 Seiten, mit zahlreichen Abbildungen
Gebunden
DM 36,–/öS 263,–/sFr. 36,–/€ 18,40
ISBN 3-932425-28-6

Ein kulturgeschichtlicher Bilderbogen, der die Geschichte der Zukunft und ihre Bedeutung für die Politik erzählt. Der Autor nimmt das Phänomen der prophetischen Grenzüberschreitung ebenso ernst, wie er zugleich dessen politischen Ge- und Mißbrauch beim Namen nennt.

**Michael Nerlich**
**Abenteuer oder das verlorene Selbstverständnis der Moderne**
Von der Unaufhebbarkeit experimentalen Handelns
400 Seiten. Leinen, Fadenheftung
DM 58,–/öS 423,–/sFr. 53,–/€ 29,65
ISBN 3-9803352-3-2

Michael Nerlich hat mit seinem Buch die dramatische Geschichte des Abenteuers erzählt: anschaulich, detailliert, analytisch und historisch reich belegt.

»... Nerlich ist ein außerordentlich anregendes Buch gelungen. Er fordert eine relativierende Geschichtsbetrachtung, die der Geschichte mehr zutraut als üblich.« *Süddeutsche Zeitung*

**Joël de Rosnay**
**Homo symbioticus**
Einblicke in das 3. Jahrtausend
416 Seiten. Leinen, Fadenheftung
DM 58,–/öS 429,–/sFr. 53,–/€ 29,65
ISBN 3-9803352-4-0

Der Homo oeconomicus wird Mitte des 3. Jahrtausends abgelöst werden vom symbiotischen Menschen. Der einzelne geht mit den ihn umgebenden Systemen symbiotische Beziehungen ein. Joël de Rosnay versammelt in seiner Studie neueste biologische Erkenntnisse und leitet daraus Visionen für die menschliche Gesellschaft im nächsten Jahrtausend ab.

»Sein Buch kann als Glücksfall bezeichnet werden. Denn es liefert sowohl einen originellen Gegenwartsbericht als auch eine visionäre Annahme der Welt von morgen.«
*Süddeutsche Zeitung*

**Daniel Pipes**
**Verschwörung**
Faszination und Macht des Geheimen
360 Seiten. Gebunden
DM 64,–/öS 467,–/ sFr. 58,–/€ 32,72
ISBN 3-932425-08-1

Verschwörungstheorien haben Hochkonjunktur. In seinem faszinierenden Buch erklärt Daniel Pipes deren Ursprünge, Fortleben und Konsequenzen.

»Pipes bietet in seinem Buch eine umfassende Analyse der Verschwörungstheorien der westlichen Welt.«
*Der Tagesspiegel*

**Douglas Starr**
**Blut**
Stoff für Leben und Kommerz
512 Seiten. 34 Abbildungen und Tabellen. Gebunden
DM 64,–/öS 467,–/sFr. 58,–/€ 32,72
ISBN 3-932425-12-x

Douglas Starr berichtet von Wissenschaftlern, die das Blut als Stoff des Lebens erforscht, von Ärzten, die Kranke mit Blut behandelt, und von großen Pharmaunternehmen, die mit Blut Geschäfte gemacht haben.

»›Blut‹, so bilanziert Starr, sei eine ›kostbare und gefährliche Medizin‹. Und kaum jemand weiß die Geschichte dieses spannenden Stoffes besser zu erzählen als er.« *DIE ZEIT*

# Politik und Wissenschaft

**Isabelle Stengers**
**Wem dient die Wissenschaft?**
120 Seiten. Gebunden
DM 32,–/öS 234,–/sFr. 32,–/€ 16,36
ISBN 3-932425-10-3

Jede wissenschaftliche Erkenntnis muß auf ihre Zweckdienlichkeit hin untersucht werden. Nur so durchschauen wir die Macht der Experten, nur dann identifizieren wir die Experten der Macht.

»Ein energisches kleines Buch. Isabelle Stengers macht mit Leidenschaft gegen die Mär von der ›reinen‹ Forschung mobil.« *Süddeutsche Zeitung*

**Peter Waldmann**
**Terrorismus**
Provokation der Macht
224 Seiten. Gebunden
DM 42,–/öS 307,–/sFr. 42,–/€ 21,47
ISBN 3-932425-09-X

Peter Waldmann gibt einen sachkundigen Überblick über das Phänomen Terrorismus, beschreibt dessen historische Wurzeln, zeigt mögliche Gegenmaßnahmen auf.

»Waldmann hat das derzeit wohl wichtigste und aktuellste Buch über Aktionsformen, Gründe und Hintergründe des heutigen Terrorismus in verschiedenen Teilen der Welt geschrieben.«
*Frankfurter Allgemeine Zeitung*

# Ökologie

**Volker Gasser,**
**Andreas Jasch**
**Öko-Audit –**
**Umweltzertifizierung**
Basis einer neuen Unternehmenskultur
240 Seiten. Broschur
DM 49,–/öS 363,–/sFr. 49,–/€ 25,05
ISBN 3-9803352-9-1

»Das Buch bietet auf anschauliche Weise nicht nur einen Überblick über Ziele und Inhalte des Öko-Audits, sondern hilft Entscheidungsträgern ganz konkret, ihr Unternehmen auf die Zertifizierung vorzubereiten.« *print*

**Ross Gelbspan**
**Der Klima-GAU**
Erdöl, Macht und Politik
248 Seiten. Gebunden
DM 56,–/öS 409,–/sFr. 51,–/€ 28,63
ISBN 3-932425-05-7

»Mit Hilfe der leichtgläubigen Medien hat die Treibhauslobby das Ziel erreicht, die Berichte über die ›globale Erwärmung als realitätsfern erscheinen zu lassen‹. Das ist noch nie so umfassend dargestellt und die Folgen für das Wohlergehen der Menschen sind noch nirgends so eingehend untersucht worden, wie in dem Buch des Journalisten Ross Gelbspan.« *Mark Hertsgaard*

»Gelbspans Buch liest sich über weite Strecken wie ein spannender Krimi. Es erlaubt einen Blick hinter die Kulissen von Politik und Big Business.«
*Stuttgarter Zeitung*

# Ökologie

**Rolf Gerling,**
**Stephan Schmidheiny (Hrsg.)**
**Sustainable Development**
Finanzmärkte im
Paradigmenwechsel
104 Seiten. Broschur
DM 32,–/öS 237,–/sFr. 32,–/€ 16,36
ISBN 3-9803352-5-9

Inwieweit fördern und behindern Finanzmärkte Ökoeffizienz und nachhaltiges Wirtschaften? Der Band geht dieser Frage aus Sicht der Banken, Versicherer, Wirtschaftsprüfer und Umweltschützer nach.

**Allen Hammond**
**Projekt Erde**
Szenarien für die Zukunft
358 Seiten. Gebunden
DM 58,–/öS 423,–/sFr. 52,50/€ 29,65
ISBN 3-932425-14-6

Allen Hammond untersucht in seinem zukunftsweisenden Buch die gegenwärtigen sozialen, ökonomischen und ökologischen Trends weltweit und beschreibt drei verschiedene und dennoch jeweils für sich plausible Szenarien für die menschliche Gesellschaft im 21. Jahrhundert.

»In seinem gut verständlichen, erstklassig gelungenen Buch vermeidet Hammond den Alarmismus ebenso wie den Ökooptimismus.« *Publik Forum*

**Marc Lappé,**
**Britt Bailey**
**Machtkampf Biotechnologie**
Wem gehören unsere
Lebensmittel?
208 Seiten. Gebunden
DM 49,–/öS 358,–/sFr. 49,–/€ 25,05
ISBN 3-932425-26-x

Liefert genmanipuliertes Getreide einen risikofreien Brotkorb, der die Welt ernähren kann, wie von multinationalen Biotechnologiekonzernen versprochen? Oder birgt diese stille Revolution ernsthafte Risiken für die Gesundheit des Menschen und für die gesamte Ökosphäre in sich?

»Das Buch gibt auch einen Überblick über die verschiedenen Gentechnik-Methoden und enthält ein ausführliches Glossar. Damit ist es eine ergiebige Informationsquelle für all jene, die nicht einfach alles schlucken wollen, was man ihnen vorsetzt.«
*bild der wissenschaft*

**Jeremy Leggett (Ed.)**
**Climate Change and**
**the Financial Sector**
The Emerging Threat –
The Solar Solution
216 Seiten. 30 Abbildungen und
Tabellen. Broschur
DM 36,–/öS 288,–/sFr. 36,–/€ 18,40
ISBN 3-9803352-2-4

Das englischsprachige Buch von Jeremy Leggett dokumentiert das weltweit erste Treffen von Versicherern und Bankfachleuten zum Thema Klimakatastrophe in Berlin und Washington DC.

# Ökologie

**Carl-Jochen Winter (Ed.)**
**On Energies of Change –**
**The Hydrogen Solution**
Policy, Business, and Technology
Decisions Ahead
Englischsprachig
Mit einem Vorwort von Rolf Gerling
240 Seiten, mit zahlreichen
Abbildungen und Tabellen
Gebunden
DM 71,–/öS 518,–/sFr. /€ 36,30
ISBN 3-932425-31-6

Die in diesem Band zusammengefaßten Beiträge hochrangiger Vertreter aus Wirtschaft, Politik und Forschung diskutieren Voraussetzungen und Wege für die Durchsetzung nachhaltiger Energien und für eine effiziente Technik der Energieumwandlung in der Zukunft.

»Das Buch ist ein kleiner, aber wichtiger Schritt in eine Welt, in der die Menschheit sich selbst eher als Teil eines größeren Ganzen betrachtet denn als dessen Kontrollinstanz.« *Rolf Gerling*

# Assekuranz

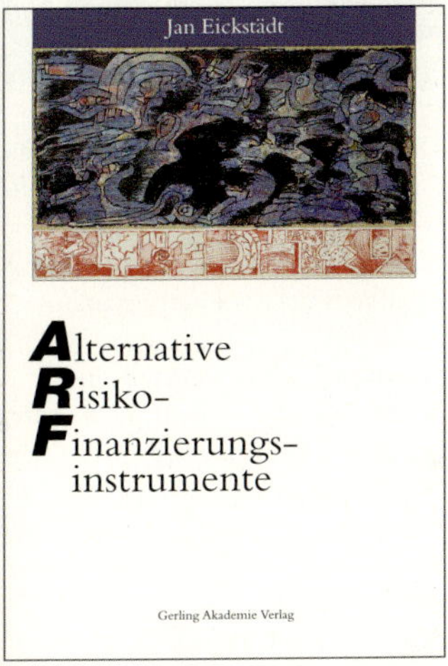


**Jan Eickstädt** **NEU**
**Alternative Risikofinanzierungsinstrumente**
336 Seiten, mit zahlreichen
Abbildungen und Tabellen, Gebunden
DM 68,–/öS 496,–/sFr. 62,–/€ 34,76
ISBN 3-932425-36-7

Die vorliegende Studie beschreibt Zusammenhänge und Wirkungen einzelner alternativer Risikofinanzierungsinstrumente. Sie liefert überdies Ansätze, um diese bisher oft nur isoliert eingesetzten Instrumente in ein umfassendes Risk Management-Konzept zu integrieren.

**Martina Esser,**
**Norbert Helmberger,**
**Achim Hertel**
**Assistance: Neue Serviceleistung der Assekuranz**
99 Seiten. Gebunden
8 Abbildungen und Tabellen
DM 39,–/öS 285,–/sFr. 39,–/€ 19,94
ISBN 3-932425-22-7

Das erste Buch zu diesem Thema im deutschen Sprachraum beschreibt, wie die Idee der Assistance sich historisch entwickelt hat und inwiefern Assistance als Serviceleistung ein neuer Zukunftsmarkt werden kann.

**Hans Gerling**
**Reden eines außergewöhnlichen Unternehmers**
224 Seiten, mit zahlreichen Abbildungen. Leinen, Schutzumschlag
DM 78,–/öS 569,–/sFr. 71,–/€ 39,88
ISBN 3-932425-21-9

**Hans Gerling**
**Thoughts Of An Outstanding Entrepreneur**
Englischsprachige Ausgabe
212 Seiten, mit zahlreichen Abbildungen. Leinen, Schutzumschlag
DM 92,–/öS 672,–/sFr. 83,50/€ 47,03
ISBN 3-932425-27-8

Hans Gerlings Reden sind bedeutende und aufschlußreiche Dokumente für die wirtschaftliche Entwicklung in der zweiten Jahrhunderthälfte. Sie sind Wegweiser für die Zukunft, in der neue Herausforderungen zu meistern sind.

**Rolf Gerling (Hrsg.)** **NEU**
**Die Marienburg**
**Leben und Geist eines Hauses**
zweisprachig: englisch/deutsch
80 Seiten, mit zahlreichen Abbildungen
Leinen, Schutzumschlag
DM 42,–/öS 307,–/sFr. 42,–/€ 21,47
ISBN 3-932425-37-5

Der reich bebilderte Band macht deutlich, inwiefern die Marienburg den außergewöhnlichen Geist des Gerling-Konzerns und der Unternehmerfamilie Gerling widerspiegelt.

**Peter Paul Geppert, Hermann Jörissen, Herbert Schilling**
**Haften ohne Pflicht**
Zur Zukunft der Unternehmerhaftung und Haftpflichtversicherung
264 Seiten. Broschur
DM 49,–/öS 358,–/sFr. 49,–/€ 25,05
ISBN 3-932425-02-2

Der vorliegende Band schildert Fälle aus der Praxis eines Industriehaftpflichtversicherers, gibt Einblicke in die Zukunft der Unternehmerhaftung, zeigt Versicherungslösungen auf.

»Das neue Buch ist nicht nur eine spannende Lektüre, sondern auch Anregung für die zukünftige Gestaltung von Wirtschaft, Gesellschaft und Versicherung.« *Dieter Farny*

**Bodo Herold, Karsten Paetzmann**
**Alternativer Risiko-Transfer**
100 Seiten. Gebunden
DM 39,–/öS 285,–/sFr. 39,–/€ 19,94
ISBN 3-932425-16-2

**Bodo Herold, Karsten Paetzmann**
**Alternative Risk Transfer**
Englischsprachige Ausgabe
96 Seiten, mit zahlreichen Abbildungen. Gebunden
DM 49,–/öS 358,–/sFr. 49,–/€ 25,05
ISBN 3-932425-32-4

Das Buch, von ausgewiesenen Experten verfaßt, bietet den ersten Leitfaden zum Alternativen Risiko-Transfer.

»Der Leser erhält auf wenigen Seiten einen Einblick in einen äußerst dynamischen Markt, der nach Ansicht der Autoren in Zukunft in verstärktem Maße von Innovationen – und immer weniger vom Preis – dominiert werden wird.« *Neue Züricher Zeitung*

**Achim Hertel**
**Die Vision einer neuen Firmenversicherung**
106 Seiten. 30 Abbildungen und Tabellen
Gebunden
DM 39,–/öS 285,–/sFr. 39,–/€ 19,94
ISBN 3-932425-17-0

Schwerpunkt des Buches ist die Entwicklung einer neuen Firmenversicherung, die als verbundene branchenspezifische Police dem Bedürfnis des Unternehmers nach optimaler Risikoabsicherung entsprechen soll. Das Buch wendet sich an den mittelständischen Unternehmer als Unterstützung bei der Risikobewältigung.

»Dem lehrreichen Buch ist eine weitere Verbreitung zu wünschen. Es faßt die Argumente der Befürworter treffend zusammen und gibt den Gegnern einige argumentative Nüsse zu knacken.«
*NVersZ*

**Hubert Wagner**
**Die Wiederentdeckung des Verkäufers**
96 Seiten. Gebunden
DM 29,–/öS 212,–/sFr. 29,–/€ 14,82
ISBN 3-932425-07-3

Der neue, qualifizierte Verkäufer ist ein Kundenmanager mit fundierter Sachkenntnis und hoher sozialer Kompetenz. Er bietet seinen Klienten nicht in erster Linie vorgefertigte Produkte an, sondern ist in der Lage, individuelle Bedarfsstrukturen zu erkennen sowie Problemlösungen zu konzipieren.

»Ein kleines, aber sehr engagiertes Buch für den Verkauf. Der Autor gibt dem Verkaufsleiter praxisnahe Tips zur Förderung der Teamkultur in Zusammenhang mit Vertrieb und Verkauf.«
*aquisa*

Ihre Buchhandlung


Gerling Akademie Verlag

Prinzregentenstraße 11 · D-80538 München
Telefon (089) 2 10 76 83 · Telefax (089) 2 10 76 84
E-mail: gav@gerling-academy-press.com
www.gerling-academy-press.com

herangeschafft wurden. Sobald es sich an die klimatischen Bedingungen angepaßt hatte, war es mit seinen Panzern, Panzerfahrzeugen, der schweren Artillerie und den Angriffshelikoptern ideal geeignet für Einsätze in der flachen, gesichtslosen kuwaitischen Wüstenlandschaft.

Zu dem Zeitpunkt, als die Krise ausbrach, machten die Frauen 12 Prozent der amerikanischen Soldaten aus, und abgesehen davon, daß sie immer noch nicht an Kampfeinsätzen teilnehmen durften, waren sie voll in die Streitkräfte integriert. Am Golfkrieg waren schließlich 41000 Frauen beteiligt, rund 7 Prozent der gesamten Streitmacht.[104] Wie so oft in der Vergangenheit waren sie in Verwaltung, Kommunikation, Transport (als Fahrerinnen) und im Sanitätsdienst tätig. Anders als in der Vergangenheit (oder zumindest anders als in der amerikanischen Vergangenheit) warteten und betankten sie auch Panzer, richteten sie Patriot-Raketen aus und schossen sie ab, kümmerten sich um alle Arten von hochentwickeltem technischem Gerät und sammelten, sichteten und analysierten nachrichtendienstliche Meldungen. Frauen dienten auf Schiffen und flogen Flugzeuge und Helikopter – gelegentlich über dem Irak, aber meistens über Saudiarabien und dem Golf, außerhalb der Reichweite von Saddams Luftwaffe. Entgegen allen bisherigen Gepflogenheiten leisteten Frauen erstmals auch Wachdienst. Die erste Frau, die am Golf starb, war Feldwebel Tatiana Khaghani Dees von der 92. Militärpolizeikompanie, geschieden, Mutter von zwei Kindern. Sie stand am Ende eines Piers in Dharan, dreihundert Kilometer südlich der kuwaitischen Grenze, und richtete ihre Waffen auf einen Verdächtigen. Dann trat sie einen Schritt zurück, fiel ins Wasser und konnte sich nicht mehr retten, weil sie von ihrer schweren Ausrüstung hinuntergezogen wurde.[105]

Verglichen mit ihren männlichen Kameraden bestehen bei Frauen sehr viel häufiger Situationen, die ihren Einsatz verhindern – einer Quelle zufolge liegt das Verhältnis von Frauen zu Männern hier bei fast vier zu eins.[106] Schwangerschaft ist ein solcher Fall (statistisch gesehen ist zu einem bestimmten Zeitpunkt damit zu rechnen, daß zehn Prozent der Frauen in den Streitkräften schwanger sind[107]), zudem sind Frauen siebenmal häufiger alleinerziehend als Männer.[108] In der Theorie wird von den Soldaten erwartet, daß sie entsprechende Vorkehrungen treffen, zum Beispiel dafür sorgen, daß Verwandte sich um die Kinder kümmern und so weiter. In der Praxis wurden – manchen herzzerreißenden Berichten in den Medien zum Trotz[109] – alleinerziehende Elternteile nicht an den Golf entsandt, wenn sie es nicht wollten und wenn sie die richtigen Fäden zogen.[110] Ob jemand entsandt werden konnte oder nicht, war nicht das einzige Problem. Für die Soldatinnen, die am Golf im Einsatz waren, bestand eine größere Wahrscheinlichkeit, daß sie wegen Krankheit oder Schwangerschaft wieder nach Hause zurückgeschickt werden mußten. Es wurde behauptet,[111] manche Frauen seien nur schwanger geworden, *damit* sie wieder nach Hause geschickt wurden. Andere kamen nicht so gut davon: 207 amerikanische Soldatinnen mußten wegen Verletzungen an Armen oder Beinen aus der Kriegsregion evakuiert werden, bei zwei Frauen wurden Amputationen nötig.[112]

Nachdem alles vorüber war, erklärte Verteidigungsminister Richard Cheney öffentlich: »Die Frauen haben in diesem Krieg einen großen Beitrag geleistet. Ohne sie hätten wir ihn nicht gewinnen können.«[113] Anders als anfänglich befürchtet, stachelte die Anwesenheit von Frauen die Irakis nicht auf, härter zu kämpfen. Andererseits ergaben sich einige Komplikationen. Von unabhängigen Institutionen durchgeführte Umfragen bei Veteranen – überwiegend Männern – zeigten, daß die Anwesenheit von Frauen Probleme bei der Einsatzbereitschaft, beim Zusammenhalt und der Moral erzeugt hatte. Die Umfragen ergaben auch, daß die Leistungen der Frauen zwar anerkennenswert waren, aber doch hinter denen der Männer zurückblieben.[114] Da die Truppen am Golf von allem zuviel bekamen – ob Munition oder Hamburger –, kann man nicht argumentieren, daß die Komplikationen sehr gravierend gewesen wären und die Operationen behindert hätten. Allerdings ist zu sagen, daß die amerikanische Streitmacht, die gegen Saddam Hussein vorging, im direkten Vergleich etwas weniger kostengünstig war, als sie ohne Frauen hätte sein können.

Bei der Vorbereitung der Operation Wüstensturm hatten die

Experten, ausgehend von Erkenntnissen über den Krieg des Iraks gegen den Iran, die Höhe der zu erwartenden Verluste auf 10 000 veranschlagt. Diese Zahl erwies sich dann als viel zu hoch gegriffen. Der Widerstand in der Luft (nach den ersten ein bis zwei Tagen) und am Boden war so gering, daß die Operation fast einem Spaziergang glich. 388 Amerikaner starben am Golf, davon waren 13 oder 3,4 Prozent Frauen. Hauptsächlich dank des Umstandes, daß Frauen nicht an Kampfeinsätzen teilnehmen durften, war ihr Risiko, zu sterben, nur halb so groß wie das der Männer. Von den dreizehn Frauen, die ihr Leben verloren, wurden acht durch Feindfeuer getötet, darunter drei beim Einschlag einer Scud-Rakete auf ihrem Stützpunkt. Zwei Frauen wurden gefangengenommen und zumindest eine der beiden wurde sexuell mißbraucht.[115] Später sagte sie allerdings, es sei »keine große Sache« gewesen. Was das heißt, wenn es denn überhaupt etwas heißt, ist unklar.

In den Augen der feministischen Lobby in Washington D. C. war die Teilnahme der Frauen am Golfkrieg ein großartiger Erfolg. Major Everetts Wort aus dem Jahr 1928, daß Frauen überall hingehen und alles tun könnten, schien bestätigt worden zu sein. Die Vorsitzende des Streitkräfte-Unterausschusses im Repräsentantenhaus, die Abgeordnete Beverly Byron aus Maryland, sagte, das Land sei nun endlich so weit »fortgeschritten«, daß es bereit sei zu erleben, wie auch Frauen gefangengenommen oder in Leichensäcken nach Hause gebracht würden.[116] Eine Körperschaft erlangte in diesem Zusammenhang besonders große Publizität: DACOWITS, was abgekürzt für Defense Advisory Committee on Women in the Services (Beratungsausschuß für Frauen in den Streitkräften) steht. Der Gründer von DACOWITS war niemand anderer als General Marshall. 1950 wollte er als Verteidigungsminister unter Präsident Truman mehr Frauen in die Streitkräfte holen und suchte für dieses Vorhaben die Unterstützung prominenter Frauen. DACOWITS gehörten schließlich etwa vierzig Frauen an, die meisten in gehobenen Positionen in der Wirtschaft oder an Universitäten, sie wurden vom Kongreß für jeweils drei Jahre ernannt.[117] Anfänglich gehörten auch Frauen dazu, die im Zweiten Weltkrieg wichtige Positionen in den Frauenkorps bekleidet hatten. Im Laufe der Zeit ging jedoch der Anteil der Frauen mit eigenen militärischen Erfahrungen zurück.

Im Koreakrieg scheiterte DACOWITS mit seiner Mission, wie die Tatsache zeigt, daß zwischen September 1951 und Juli 1952 das Frauenkorps Personal verlor (die Zahl der Frauen sank von 12000 auf 10000). Nach Kriegsende ermattete das Komitee angesichts der geringen Rolle, die Soldatinnen in den fünfziger Jahren und im größten Teil der sechziger Jahre spielten. Erst in der Endphase des Vietnamkrieges erwachte es zu neuem Leben und kümmerte sich darum, die Beschränkungen für Zahl und Aufstiegsmöglichkeiten von Frauen in den Streitkräften aufzuheben.[118] Doch die große Zeit von DACOWITS sollte erst noch kommen. Der Übergang zur Berufsarmee hatte einen großen Zustrom von Frauen zur Folge, und in den siebziger und achtziger Jahren vertrat DACOWITS aktiv die Interessen von Soldatinnen im Kongreß, vor Gericht und in den Medien – für das Militär wurde es zu einem roten Tuch. Dann kam der Golfkrieg, und das war für DACOWITS die allergrößte Chance.

Im Sommer und Herbst 1992 nahm sich eine Kommission des Präsidenten, die in Washington zusammenkam, der Frage an, ob die Rolle der Frauen in den Streitkräften künftig ausgeweitet werden sollte. Dutzende von Experten wurden geladen und nach ihren Eindrücken befragt, darunter auch der Verfasser des vorliegenden Buches, der aus seiner Kenntnis der israelischen Armee berichtete.[119] Die meisten Experten waren männlichen Geschlechts, aber es wurden auch einige Frauen befragt. Manche gehörten dem Militär an, andere nicht. Einige waren Offiziere, andere nicht: So waren alle vier Teilstreitkräfte durch Offiziere vertreten. Einige waren noch im aktiven Dienst, andere bereits im Ruhestand. Die große Mehrheit der Befragten lehnte Kampfeinsätze von Frauen ab. Einige argumentierten, bei gemischten Einheiten würde es Probleme mit der Moral geben (wie sie in einem gewissen Umfang im Golfkrieg vorgekommen sein sollten[120]), andere wiesen darauf hin, daß Frauen für viele Aufgaben körperlich nicht geeignet seien. In ihrer Bilanz stellte die Kommission fest, daß von 133 »identifizierbaren Fakten« nur zwei dafür sprächen, aus Gründen der militärischen Effizienz Frauen in die Streitkräfte aufzunehmen.[121] Die Mitglieder der Kommission stimmten mit 8 zu 2 gegen den Einsatz von Frauen bei Bodentruppen und mit 8 zu 3 gegen Frauen als Pilotinnen von Kampfflugzeugen. Doch es standen Wahlen bevor. Nach der Amtsübernahme der Demokraten im Januar 1992 blieben die Empfehlungen der Kommission weitgehend in der Schublade.

Die Umsetzung einer neuen Linie fiel Verteidigungsminister Les Aspin zu. Er ordnete an, daß alle Truppengattungen alle Positionen für Frauen öffneten mit Ausnahme der Bodentruppen – und auch in dieser Frage wurde die Position der Frauen deutlich »verbessert«, denn sie durften nun auf allen Ebenen bis zum Brigadehauptquartier dienen.[122] Zum ersten Mal durften Frauen auch Flugzeuge in Kampfeinsätzen fliegen. Zum ersten Mal durften sie auf Kriegsschiffen Dienst tun, nur U-Boote waren noch ausgenommen. Zwei Jahre später nahm der Flugzeugträger *Eisenhower* die ersten Frauen an Bord. Zur Vorbereitung auf die 415 Frauen (bei einer Gesamtbesatzung von 4967) mußten Millionen von Dollar für Umbaumaßnahmen, unter anderem für den Einbau zusätzlicher Waschräume und Toiletten, investiert werden. Gynäkologen kamen an Bord, und den Friseuren wurde beigebracht, wie sie Frauen die Haare zu schneiden hatten. Die Speisepläne wurden umgestellt, und ein Vorrat an Verhütungsmitteln kam an Bord. Hunderte von Anweisungen wurden erlassen, die alles regelten, was männliche und weibliche Offiziere, männliche und weibliche Rekruten allein, gemeinsam und miteinander tun durften.[123] Doch alle Regeln konnten nicht verhindern, daß 39 Frauen – knapp zehn Prozent – an Bord schwanger wurden und daraufhin das Schiff verließen. Die Navy erklärte, ihr Fehlen habe die Operationen nicht beeinträchtigt – wenn das stimmt, ist die Frage angebracht, wozu man sie überhaupt gebraucht hatte.[124]

Wie üblich lieferte die amerikanische Politik den Feministinnen im Ausland die Stichworte, die viele gesucht hatten. Die Streitkräfte Großbritanniens, Frankreichs, Kanadas und der meisten anderen NATO-Staaten sahen sich durchweg gezwungen, die letzten noch verbliebenen Vorschriften aufzugeben, die Frauen den Dienst auf Kriegsschiffen und das Fliegen von Kampfflugzeugen untersagten. Im Januar 2000 verpflichtete schließlich ein Urteil des Europäischen Gerichtshofs auch die Deutsche Bundeswehr, Frauen gleichberechtigt aufzunehmen – was über kurz oder lang den Übergang von einer Wehrpflicht- zu einer Berufsarmee erzwingen wird, da die deutschen Frauen bereits erklärt haben, daß sie sich der Einbeziehung in die Wehrpflicht, in welcher Form auch immer, widersetzen werden. Norwegen und Kanada sind weiter gegangen als alle anderen und erlauben Frauen auch den Dienst auf U-Booten, in Norwegen wurde bereits die erste U-Boot-Kommandantin ernannt. In Großbritannien sind auch die Pioniereinheiten für Frauen zugänglich. Anfang 2000 sind den Frauen nur Bodenkampftruppen auf höherem als Brigadeniveau versperrt.

Bezeichnend ist der Zeitpunkt, zu dem diese Entwicklung kam. Mit dem Ende des Kalten Krieges sind größere militärische Auseinandersetzungen unwahrscheinlicher geworden, und Operationen auf höherem als Brigadeniveau finden praktisch nicht mehr statt. Es ist sogar fraglich geworden, wozu im Zeitalter von »Friedenssicherung« und »Konfliktverhütung« überhaupt noch Korps und Divisionen benötigt werden. Parallele Entwicklungen sind in anderen Bereichen zu beobachten. Nachdem ein halbes Jahrhundert lang kein holländisches Schiff mehr einen Schuß in feindlicher Absicht abgefeuert hatte, bekamen die holländischen Soldatinnen das Recht, an Bord zu dienen. Zu einer Zeit, da praktisch keine neuen Artilleriegeschütze für die britische Armee mehr hergestellt werden, dürfen die Frauen als vorgeschobene Beobachter eingesetzt werden.[125] Zu einer Zeit, da die Nachfrage nach dem neuen amerikanischen F-22-Jäger auf gerade noch dreißig Stück pro Jahr gesunken ist,[126] wurde dieses Flugzeug erstmals so ausgelegt, daß männliche und weibliche Piloten es fliegen können.[127] Während die Ausgaben für die sowjetischen beziehungsweise russischen Streitkräfte im Zeitraum von 1989 bis 1999 um 97 Prozent reduziert wurden, stieg der Frauenanteil von nahe null auf 12 Prozent – und sei es nur aus dem Grund, daß der Sold den Männern einfach zu niedrig ist.[128] Zu dem Zeitpunkt, da die italienische und die deutsche Armee erstmals in ihrer Geschichte Frauen aufnahmen, fiel auch die Entscheidung, die Zahl der Soldaten von 270 000 auf 190 000 beziehungsweise von 375 000 auf 300 000 zu verringern.[129] Das Beispiel Frankreichs wirft ein besonders bezeichnendes Schlaglicht auf diese paradoxe Situation. Hier sind die Frauen nicht nur wie in allen anderen Ländern von den Bodentruppen ausgeschlossen, sondern auch von der Elitetruppe, der Fremdenlegion. Nicht zufällig gilt die Legion – die »Weiße SS«, wie sie manchmal genannt wird – als eine der wenigen Einheiten, die das Ende der Wehrpflicht und die derzeit dramatischen Veränderungen bei den Streitkräften weitgehend unbeschadet überstehen werden.[130] Ebenfalls nicht zufälligerweise dürfte bei einem Konflikt gleich welcher Art die Fremdenlegion an vorderster Front eingesetzt werden.

Mitte der neunziger Jahre machte sich die feministische Aufwallung sogar in der israelischen Armee bemerkbar, die lange als der sichere Schutzschild zwischen dem Land und seinen arabischen Feinden sowie als Bastion des männlichen Chauvinismus gegolten hatte. Seit dem letzten größeren Krieg gegen ein arabisches Land waren mehr als zwanzig Jahre vergangen, vielleicht nur dank des stetig größer werdenden israelischen Atomwaffenarsenals. Erst die gescheiterte Invasion im Libanon, dann die Konfrontation mit der palästinensischen Intifada: all dies trug dazu bei, daß das Ansehen der Armee sank und ihre Moral schwand.[131] In der Endphase des Libanon-Abenteuers sah sich die Armee einem ernsten Problem gegenüber. Immer mehr männliche Reservisten verweigerten den Dienst, Hunderte gingen lieber ins Gefängnis.[132] Der Generalstab zögerte, weil er fürchtete, daß strenge Disziplinarmaßnahmen den Unmut eher noch steigern würden. Schließlich entschied man, die männlichen Reservisten durch weniger aufsässige weibliche Wehrpflichtige zu ersetzen, obwohl die Politik ihnen immer noch verbot, die Landesgrenze zu überschreiten.[133]

Zum Teil spiegelte der wachsende feministische Druck die Tatsache wider, daß Israel mit dem wichtigsten arabischen Land Frieden geschlossen hatte und daß die Drohung, die von den übrigen arabischen Staaten ausging, eher abnahm. Zum Teil war der Druck auch eine Folge des sozialen Wandels, denn Israel schritt rasch auf dem Weg vom Entwicklungsland zu einem entwickelten Land voran mit allen Begleiterscheinungen wie einer sinkenden Geburtenrate, höherem Bildungsniveau und wuchernden Vorstadtsiedlungen. Wie auch immer, 1996 trug der Druck jedenfalls Früchte, und das Oberste Gericht zwang die Luftwaffe, die erste Pilotenanwärterin aufzunehmen.[134] Zufälligerweise wurde die Armee zur selben Zeit von den Medien an den Pranger gestellt wegen ihrer Reaktion auf die palästinensische Intifada, der Stabschef sagte, die Armee sei zum »Prügelknaben der Nation« geworden«.[135] Nun geriet auch noch die Luftwaffe unter Beschuß, weil sie Frauen angeblich diskriminierte.[136]

Doch in Israel wie anderswo war der »Fortschritt« nicht aufzuhalten. 1997 dienten die ersten Frauen in Luftwaffeneinheiten.[137] 1998 wurde die Marine gezwungen, weibliche Kadetten aufznehmen. Frauen wurden an Flugführungssystemen ausgebildet, was für Männer immer weniger attraktiv war.[138] Gegen Ende desselben Jahres machte die erste Pilotin ihren Abschluß.[139] Bei der Abschlußfeier umarmten ihre männlichen Kameraden sich gegenseitig, umarmten sie aber nicht – womöglich fürchteten sie den Vorwurf der »sexuellen Belästigung«. Auch als der Kommandeur der Luftwaffe die neuen Absolventen willkommen hieß, stand sie allein da. Der letzte Schritt erfolgte am 3. Januar 2000 mit der Entscheidung des Parlaments, alle Verwendungsprofile für Soldatinnen zu öffnen. Die israelische Armee und die Medien gingen rasch darüber hinweg. Vielleicht hängt dies damit zusammen, daß viele Israelinnen gar nicht so wild darauf sind, ihr Leben zu opfern, wie ihre selbsternannten Sprecherinnen das gerne behaupten. Zwischen 1994 und 1999 ist die Zahl derjenigen, die aus religiösen Gründen die Freistellung vom Militärdienst beantragt haben, von 20 auf mehr als 26 Prozent in jedem Jahrgang angestiegen.[140]

Um diese Zeit breitete sich die Mode, Frauen in die Streitkräfte aufzunehmen, von den Industrieländern in einige Entwicklungsländer aus. Zum Beispiel kann man wohl nicht behaupten, daß Indien jemals zuwenig männliche Kandidaten als Piloten für indische Kampfflugzeuge gehabt hätte, doch Ende der neunziger Jahre, fast dreißig Jahre nach dem letzten ernsthaften Krieg mit Pakistan und mehr als zwanzig Jahre nachdem Indien bewiesen hatte, daß es auch Atomwaffen besaß, bildete die indische Luftwaffe einige wenige Pilotinnen aus und übernahm sie. Selbst moslemische Länder verstanden die Botschaft, daß Frauen in der Armee ein Schritt auf dem Weg zur Modernisierung sind und auf jeden Fall eine gute Propaganda abgeben. Das Königreich Jordanien hat seit seiner Gründung 1922 nur gegen ein Land ernsthaft Krieg geführt, und das war Israel (1948 und 1967). Bei vielen Beobachtern gilt die jordanische Armee als die beste und professionellste in der arabischen Welt, und in jenen bewegten Zeiten kam sie ohne Frauen in ihren Reihen aus. Doch kaum war 1994 der Friedensschluß mit Israel erfolgt, da gründete Jordanien ein Frauenkorps mit einer Tochter des verstorbenen Königs Hussein an der Spitze.

Wie alle großen Organisationen neigen die Streitkräfte dazu, konservativ zu sein und sich Veränderungen entgegenzustemmen. Wie alle großen Organisationen reformieren sie sich normalerweise erst dann, wenn sie erheblichem Druck ausgesetzt sind. Gute Beispiele dafür sind die preußische Armee nach der Niederlage, die Napoleon ihr 1806 zufügte, die französische Armee nach dem Sieg Moltkes im Krieg 1870/71 und die britische Armee nach dem Burenkrieg. Umgekehrt kann die Bereitschaft zu Reformen darauf hindeuten, daß die betreffenden Organisationen nicht mehr gebraucht werden und die Gesellschaft es sich deshalb leisten kann, sie als Feld für alle möglichen Experimente zu nutzen. Im letzten Jahrzehnt des ausgehenden 20. Jahrhunderts stand außer Frage, daß die großen Industrieländer in Nordamerika, Europa, Ostasien und Australasien keiner militärischen Bedrohung mehr ausgesetzt sind. Oder wie es einer ihrer Staatschefs, der französische Präsident Jacques Chirac, formulierte: Tausend Jahre lang war Frankreich nicht in der Situation gewesen, daß weder das Land selbst noch einer seiner Verbündeten in einer Entfernung von weniger als tausend Kilometern von seinen Grenzen einen Feind erblicken konnte.[141] In Europa scheint der »Verteidigungswillen« noch weiter geschwunden zu sein als in Amerika, und Patriotismus ist zu einem Unwort geworden.[142] Die Realität sieht also so aus, daß der Triumphzug der Frauen, mit dem sie die Streitkräfte erobert haben, eine Illusion war. Die Entwicklungen, die ihn begleiteten, höhlten ihn noch weiter aus.

## 5. Der hohle Triumph

Obwohl insbesondere die feministische Lobby in Amerika immer nachdrücklicher darauf drängte, Frauen im Hinblick auf den Krieg genauso zu behandeln wie Männer, wurde zunehmend klar, daß Gleichbehandlung mit den Männern das Letzte war, was die Frauen wollten. Das ist auch nicht verwunderlich. In vielen westlichen Ländern war das Wahlrecht seit der Französischen Revolution an die Wehrpflicht gekoppelt.[143] Aber die Frauen kamen in den Genuß des Rechts, ohne die Pflicht tragen zu müssen, die Gleichbehandlung mit den Männern hätte für sie deshalb den Verlust ihres größten Privilegs bedeutet. Umgekehrt war es wohl kaum ein Zufall, daß erst in den Vereinigten Staaten und dann in den anderen Ländern die »Feminisierung« des Militärs seit etwa 1970 mit dem Übergang von der Wehrpflicht zur Berufsarmee zusammenfiel.[144] Als der Zustrom der Frauen erst einmal begonnen hatte, wurde er mit dem Schlachtruf der Gleichheit weiter vorangetrieben. Die Feministinnen hatten das Pech, daß die amerikanischen Streitkräfte 1979/80 so dringend Freiwillige brauchten, daß die Regierung Carter die Nagelprobe unternahm und ihre Absicht bekundete, zur Wehrpflicht zurückzukehren. Umfragen brachten die Wahrheit ans Licht: Weniger als zwei von fünf Frauen (gegenüber mehr als drei von fünf Männern) waren der Meinung, daß die Wehrpflicht auch für sie gelten sollte.[145]

An diesem Punkt überschnitt sich die Diskussion um die Wehrpflicht mit der Debatte über das Equal Rights Amendment (ERA, Verfassungszusatz Gleichberechtigung). Das ERA war erstmals 1971 vorgeschlagen worden, und in knapp zehn Jahren hatten es 35 Staaten ratifiziert; 38 Staaten wären erforderlich gewesen, damit es Gesetz geworden wäre. Ende der siebziger Jahre schienen die Umstände günstig für seine Verabschiedung, doch dann veranlaßte die Diskussion über die Wiedereinführung der Wehrpflicht offensichtlich viele Frauen, neu nachzudenken. Vergebens versuchten die Feministinnen ihr Lebenswerk zu retten und erzählten ihren Anhängern, der Oberste Gerichtshof (der hauptsächlich mit Männern besetzt ist) würde niemals so unritterlich sein und die Streitkräfte *ver-*

*pflichten,* Männer und Frauen gleich zu behandeln.[146] Vielleicht ist es den amerikanischen Frauen anzurechnen, daß die meisten dem Ruf ihrer selbsternannten Anführerinnen nicht folgten und nicht glauben wollten, daß sie gewaschen werden könnten, ohne naß zu werden. Vor die Entscheidung gestellt, ihre traditionellen Privilegien zu behalten oder die volle Gleichbehandlung zu bekommen, wählten sie die Privilegien, und das ERA mußte fallengelassen werden. Zwölf Jahre später bemühte sich eine Kommission des Präsidenten, die Frauen in diesem Punkt zu beruhigen. Frauen würden nicht nur von der Wehrpflicht verschont bleiben, auch eine vorausgehende Registrierung stand nicht zur Debatte.[147]

Um diese Zeit wurde in Westdeutschland eine ganz ähnliche Diskussion geführt. Anders als in den Vereinigten Staaten gab (und gibt es im Jahr 2000 noch) in der Bundesrepublik die Wehrpflicht. Genau wie in den Vereinigten Staaten war seit Ende der siebziger Jahre absehbar, daß nicht mehr genug Männer zur Verfügung stehen würden, was in Deutschland weniger mit der abnehmenden Bereitschaft der Männer zum Wehrdienst zusammenhing, sondern vor allem mit der stark gesunkenen Geburtenrate der letzten zehn Jahre.[148] Eine Möglichkeit, die zur Lösung dieses Problems vorgeschlagen wurde, war die Einführung einer Wehrpflicht für Frauen, und dieser Vorschlag erhitzte die Gemüter. Konservative Frauen vom eher rechten politischen Flügel lehnten die Wehrpflicht ab, weil sie befanden, die Frauen würden genug für das Gemeinwohl tun, indem sie Kinder gebaren.[149] Links orientierte Frauen mit feministischen Neigungen waren ebenfalls dagegen, weil die Bundeswehr in ihren Augen eine Bastion der chauvinistisch-patriarchalisch-kapitalistisch-reaktionären Gesellschaft darstellte, die sie am liebsten abschaffen wollten.[150] Wie in den Vereinigten Staaten endete die Diskussion darüber, ob Frauen auch die Lasten der Gleichberechtigung teilen sollen und nicht nur die Rechte, in einer Sackgasse. Letzten Endes wurde 1989 die Verfassung dahingehend geändert, daß Frauen in den Sanitätsdienst aufgenommen werden konnten. Weil dort Männer fehlten, wurden rund 3000 Frauen rekrutiert.[151]

Auch im Militär stießen die Versuche, Frauen in »nicht traditionelle« Verwendungsprofile zu integrieren, oft auf den Widerstand der Betroffenen. Bereits im Zweiten Weltkrieg hatten die Frauen in der US-Armee nur in 146 der 406 Bereiche gedient, die ihnen theoretisch offenstanden.[152] Den mit Abstand größten Frauenanteil hatten eine Handvoll Tätigkeitsbereiche wie Sanitätsdienst, Nachrichtenwesen und Verwaltung, dort konnte und wollte man nicht auf Frauen verzichten. Die britische Armee stellte in der Zeit fest, daß das größte Hindernis für die Öffnung weiterer Tätigkeitsfelder für Frauen die Kommandantinnen der Frauenkorps waren.[153] Bei der Luftwaffe der Roten Armee blieb keine Frau, die 1941–1945 als Mechanikerin gearbeitet hatte, auch noch nach Kriegsende.[154] In den späten siebziger Jahren trafen die Bestrebungen in der israelischen Armee, die Frauen in mehr Bereichen einzusetzen, gerade auch auf den Widerstand der Kommandantinnen von Fraueneinheiten, die nicht wollten, daß ihre Schützlinge sich die Hände schmutzig machten.[155]

Seit damals sind in den meisten, wenn nicht sogar in allen westlichen Streitkräften, die Frauen aufgenommen haben, die Frauen in die »traditionellen« Tätigkeitsbereiche zurückgekehrt.[156] Die gleiche Entwicklung hat sich, nebenbei bemerkt, in den israelischen *Kibbuzim* vollzogen, die etwa zwischen 1920 und 1950 das Experiment mit der Gleichstellung der Frauen weiter vorantrieben als jede andere menschliche Gemeinschaft in der Geschichte.[157] In vielen Fällen hängt die Rückkehr der Frauen in die »traditionellen« Bereiche damit zusammen, daß die »nicht traditionellen« Aufgaben mit unbequemen Lebensbedingungen, Schichtarbeit, Einsatzbereitschaft rund um die Uhr, langen Abwesenheiten von zu Hause etwa beim Dienst an Bord eines Schiffes, Einsatz in weit entfernten Regionen und dergleichen verbunden sind. Andere Tätigkeiten sind schmutzig, unangenehm oder sogar gefährlich, etwa in der Wartung, Konstruktion und so weiter. Das wird auch daraus ersichtlich, daß im Zivilleben 93 Prozent der Personen, die in diesen Bereichen bei Arbeitsunfällen ums Leben kommen, Männer sind.[158]

Was für die »nicht traditonellen« Tätigkeiten gilt, gilt um so mehr für die unangenehmste »Tätigkeit« überhaupt, das Kämpfen. Die ersten Untersuchungen, die ich zu diesem Thema finden konnte, stammen aus den späten siebziger und frühen achtziger Jahren. Sie zeigen, daß fast viermal so viele Rekruten wie Rekrutinnen alles tun würden, um an Kampfeinsätzen teilnehmen zu können (11 Prozent gegenüber 3 Prozent). Umgekehrt würden zweieinhalbmal so viele Rekrutinnen wie Rekruten alles tun, um nicht zu Kampfeinsätzen herangezogen zu werden (42 Prozent gegenüber 16 Prozent).[159] Ähnliche Ergebnisse erhielt Colonel David Hackworth, einst der höchstdekorierte amerikanische Offizier in Vietnam, bei einer Umfrage unter 500 Soldatinnen in Fort Bragg im Jahr 1991. Den Frauen – Angehörige einer Luftlandedivision, die im Golfkrieg gewesen waren – war sehr wohl bewußt, daß sie nie an ernsthaften Kämpfen teilgenommen hatten. Und noch bemerkenswerter: Nachdem sie die Gelegenheit gehabt hatten, den Krieg aus nächster Nähe mitzuerleben, legte keine einzige Frau Wert darauf.[160]

In den Jahren 1996–1998 griff Laura Miller von der Northwestern University diese Frage erneut auf. Sie kam zu ähnlichen Ergebnissen wie den eben zitierten: Nur 14 Prozent der weiblichen Offiziere, 13 Prozent der weiblichen Unteroffiziere und 11 Prozent der weiblichen Mannschaftsdienstgrade gaben an, sie würden sich freiwillig für Kampfeinsätze melden.[161] Da die Mannschaftsdienstgrade die große Mehrheit der Frauen (und Männer) beim Militär darstellen, besagt dieses Ergebnis, daß kaum mehr als ein Zehntel aller Frauen in den Streitkräften bereit sind, freiwillig das zu tun, wozu die Organisation geschaffen wurde, der sie angehören; soweit aus anderen Ländern Daten vorliegen, weisen sie in die gleiche Richtung.[162] Darüber hinaus stellten Hackworth und Miller übereinstimmend fest, daß vielen Frauen in Mannschaftsrängen der zunehmende Druck, mehr Positionen in kämpfenden Einheiten für Soldatinnen zu öffnen, überhaupt nicht gefällt. Aus der Sicht der einfachen Soldatinnen war den weiblichen Offizieren nicht klar, welche körperlichen Belastungen Kampfeinsätze für sie bedeuteten. Das traf in noch höherem Maße für die Feministinnen zu, die lauthals die Öffnung aller Einheiten für Frauen forderten – dabei hatte kaum eine von ihnen auch nur einen Tag beim Militär verbracht.[163] Letzten Endes reduzierte sich alles auf den Versuch einiger gut ausgebildeter, materiell abgesicherter, erfolgreicher Frauen, ihren eigenen Ehrgeiz und ihre politischen Vorstellungen – »das Konzept der Staatsbürgerschaft [zu] bereichern«,[164] wie eine solche Vorstellung hieß – durchzusetzen auf Kosten ihrer schlechter ausgebildeten, weniger wohlhabenden und weniger erfolgreichen »Schwestern«. Im Militär wiederholte sich, was auch im Zivilleben zu beobachten ist: Frauen in beruflich anspruchsvollen Positionen schaffen sich den Freiraum, ihre Karriere zu verfolgen, indem sie andere Frauen anstellen, die sich um ihre Kinder kümmern und für sie putzen.

Um das Problem zu »lösen«, wurde vorgeschlagen, Frauen nur auf freiwilliger Basis zu Kampfeinsätzen zu entsenden.[165] Wäre der Vorschlag angenommen worden – das kann durchaus noch passieren –, hätte sich dies genau in die Reihe der Privilegien eingefügt, die Frauen von Anfang an beim Militär gewährt wurden. So konnten bereits im Ersten Weltkrieg britische Soldaten, aber keine Soldatinnen, gegen ihren Willen nach Übersee geschickt werden. In den Vereinigten Staaten ließ zur selben Zeit, kaum daß die ersten Frauen die Uniform angezogen hatten, der für die Marine zuständige Staatssekretär Josephus Daniels wissen, er sei »pessimistisch« hinsichtlich aller Bestrebungen, Frauen vor ein Militärgericht zu bringen, denn »[man] kann Frauen nicht so behandeln wie Männer«.[166] Diese Tradition setzte sich im Zweiten Weltkrieg fort. Die schlimmste Strafe, mit der eine Frau nach einer Verfehlung zu rechnen hatte, war die unehrenhafte Entlassung aus der Armee; nebenbei bemerkt könnte das ein Grund dafür sein, daß die Frauen den Ruf erlangten, sie seien disziplinierter als Männer.[167] In der Roten Armee war es eine Rarität, daß eine Frau in Arrest kam.[168] In den britischen Streitkräften hatten die Frauen angenehmere Lebensbedingungen, mehr Urlaub,[169] und es galten für sie weniger strenge Anforderungen an die Disziplin als für ihre männlichen Kameraden, ganz zu schweigen von der Tatsache, daß die Frauen wie in allen anderen Armeen praktisch nach Belieben desertieren konnten.[170]

Vor diesem Hintergrund ist es nicht verwunderlich, daß alle Streitkräfte nach dem Zweiten Weltkrieg den Soldatinnen weiterhin eine bevorzugte Behandlung angedeihen lassen. Soldatinnen in den US-Streitkräften – nicht hingegen die Männer –

dürfen ihre Haare tragen, wie sie wollen, Schmuck anlegen und so weiter. Zum Schutz ihrer Frisuren dürfen Frauen Schirme aufspannen,[171] Mütter von Kindern unter vier Monaten dürfen in bestimmten Regionen nicht eingesetzt werden.[172] In den Streitkräften anderer Länder sieht es ähnlich aus. Die Rote Armee war zum Beispiel berüchtigt für die Schikanen, denen männliche Soldaten ausgesetzt wurden und die so schlimm waren, daß viele Soldaten Selbstmord begingen. Hingegen blieben Soldatinnen in der Sowjetarmee von allen harten Disziplinarmaßnahmen verschont einschließlich Arrest, Stubenarrest, Verbot, die Kaserne zu verlassen, Abkommandierung zu Sondereinheiten oder Strafbataillonen. Frauen wurden besser untergebracht, wenn sie wollten, durften sie sogar bei ihren Eltern wohnen.[173] Auch in der griechischen Armee, die Ende der siebziger Jahre die ersten Frauen aufgenommen hatte, bekamen Frauen die besseren Quartiere und waren weniger Schikanen ausgesetzt.[174] In Belgien ist den Frauen per Gesetz die Ausführung gefährlicher und gesundheitsschädlicher Tätigkeiten untersagt wie Ausheben von Schützengräben, Hantieren mit bleihaltigen Gegenständen und Arbeit in Druckkammern.[175] In der Schweiz sind die Anforderungen für eine Beförderung bei Frauen deutlich geringer als bei Männern.[176] In Kanada können Frauen nicht zu Gefängnisstrafen verurteilt werden, weil es keine Militärgefängnisse für weibliche Gefangene gibt.[177]

In Israel dauert der Wehrdienst für Frauen knapp zwei Jahre, für Männer hingegen drei Jahre. Nach einigen negativen Vorfällen (mit entsprechend negativen Schlagzeilen in der Presse) werden weibliche Wehrpflichtige nicht mehr im selben Ausmaß wie männliche zu Wachdiensten herangezogen, was nebenbei die Wirkung hat, daß sie weniger Zeit in der Kaserne und mehr Zeit zu Hause verbringen. Bestimmte Aufgaben, die als besonders unangenehm oder erniedrigend betrachtet werden wie etwa der Küchendienst, sind von jeher den Männern vorbehalten mit dem Ergebnis, daß im Jargon der israelischen Streitkräfte »Koch« und »geistig minderbemittelt« seit langem gleichbedeutend sind. Wie auch im Staatsdienst in Israel haben Frauen mit Kindern kürzere Arbeitszeiten als Männer. Anders als die Männer, die auf dem Höhepunkt des Palästinenseraufstands

Mitte der achtziger und Anfang der neunziger Jahre für neunzig Tage im Jahr eingezogen werden konnten, leisten Frauen kaum Reservistendienst. Folglich sind sie von den beruflichen und finanziellen Einbußen, die das oft für die Männer bedeutet, nicht betroffen. In den dreißig Jahren, die ich mittlerweile an der Hebräischen Universität lehre, hat keine einzige Studentin auch nur einen Kurs wegen Reservistendienst versäumt. Auf feministischen Druck hin verankerte das Parlament schließlich die Privilegien der Frauen noch in einem speziellen Gesetz, wonach sie nicht gegen ihren Willen in Kampfeinheiten eingesetzt werden dürfen.[178] Nachdem mittlerweile alle Bereiche für sie zugänglich sind, können sie buchstäblich den Kuchen essen und ihn behalten.

In den britischen Streitkräften sind Krankenschwestern automatisch Offiziere.[179] Da die Offiziere weniger als vier Prozent aller Militärangehörigen ausmachen und ihr Status entsprechend hoch ist, stellt dies ein beachtliches Privileg dar. Glücklicherweise hat es keine allzu großen Auswirkungen auf die Moral gehabt, weil die Krankenschwestern von jeher als eine Gruppe für sich betrachtet wurden und es, wenn überhaupt, nur wenige männliche Freiwillige in der Krankenpflege gibt. In den Ländern, in denen für Männer Wehrpflicht besteht und Frauen freiwillig zum Militär gehen können, sind die Frauen in der Regel unterrepräsentiert in den Mannschaften und überrepräsentiert bei den Unteroffizieren.[180] Unabhängig davon, ob sie zusammen mit den Männern ausgebildet werden oder nicht, bleiben den Frauen im allgemeinen die unangenehmsten Aspekte des Militärlebens erspart, und sie gelangen schnurstracks von einer abgemilderten Form der Grundausbildung in bequeme Jobs, wo sie nach Möglichkeit auch bleiben. Sofern Frauen hochangesehene, außerordentlich fordernde Positionen erreichen, wie etwa die Zulassung zur Pilotenausbildung, sind die physischen Anforderungen, die dort an sie gerichtet werden, regelmäßig geringer und ihre Lebensumstände regelmäßig angenehmer als die der Männer.[181]

Als wäre das alles nicht schon schlimm genug, müssen zum Ausgleich für die körperliche Unterlegenheit der Frauen oft die Männer zusätzliche Strapazen auf sich nehmen. Zum Beispiel waren im Zweiten Weltkrieg die britischen Flakeinheiten »gemischt« zusammengesetzt. In der Praxis bedeutete dies, daß die Männer von der bevorstehenden Ankunft der Frauen dadurch erfuhren, daß sie ihre Quartiere für sie räumen mußten; üblicherweise waren die Männer davon zwar nicht gerade begeistert, aber sie fügten sich mit Anstand. Kaum war die »Integration« abgeschlossen, stellten sie fest, daß ihre Arbeit härter und schmutziger geworden war.[182] Seitdem haben »geschulte Beobachter« durch »Sozialforschung« empirisch nachgewiesen, was jeder Soldat beim Geländemarsch feststellen konnte: Wenn Frauen und Männer dieselbe Übung absolvieren, läuft es darauf hinaus, daß die Männer zu ihren eigenen Aufgaben auch noch die schweren Aufgaben der Frauen übernehmen. Die Frauen lassen sich nur zu gern helfen und werden bei der harten Arbeit von den Männern abhängig.[183]

Würde die Aufgabenverteilung sich allein nach der körperlichen Leistungsfähigkeit richten, müßten Frauen von rund 80 Prozent der Bereiche ausgeschlossen werden, in denen sie heute tätig sind, weil sie sich dort nur dank männlicher Hilfe behaupten können.[184] Eine von offizieller Seite unterstützte Gruppe, die über den Golfkrieg berichtete, benutzte deshalb auch den Euphemismus »Teamwork«, um die Tatsache zu verschleiern, daß die Aufnahme von Frauen in die US-Streitkräfte für die Männer bedeutete, daß sie mehr leisten mußten.[185] Das war überall zu beobachten, wo schwere Arbeiten anfielen, sei es Ausheben von Gräben, Abbauen von Zelten oder Verladen von Kisten auf Lkws, mit dem Ergebnis, daß alles viel länger dauerte.[186] Um die Liste der Privilegien abzurunden, sei noch darauf verwiesen, daß Frauen sich oft eine Rückfahrkarte besorgten, indem sie bewußt auf Verhütungsmittel verzichteten und schwanger wurden. Ein Mann, der sich selbst kampfunfähig gemacht hätte, wäre vor ein Kriegsgericht gekommen.

Meines Wissens ist keine andere Armee bei der Demütigung ihrer männlichen Angehörigen so weit gegangen wie die australische – was vielleicht damit zusammenhängt, daß Australien unter den fast zweihundert Staaten der Erde zu jenen gehört, die am längsten nicht mehr in ernsthafte Kampfhandlungen verwickelt waren. Wie in anderen Streitkräften auch, müssen einzelne Einheiten ein Spezialtraining absolvieren. Dazu gehört auch, daß sie »gefangengenommen« und unter anderem einer Leibesvisitation unterzogen werden. Der Zustrom von Frauen zum Militär in der jüngsten Zeit hatte zur Folge, daß zumindest einige Frauen ebenfalls an diesem Training teilnahmen. Selbstverständlich ist es undenkbar, daß ein männlicher Ausbilder eine Frau einer Leibesvisitation unterzieht, und selbstverständlich käme jeder Kommandant, der das zuließe, umgehend vor ein Militärgericht. Hingegen dürfen selbstverständlich Frauen ohne jegliche medizinische Ausbildung die Genitalien und Körperöffnungen von Männern untersuchen.[187]

Bevor es den modernen Feminismus gab, konnten Männer innerhalb und außerhalb des Militärs den Privilegien der Frauen oft noch mit einer ritterlichen Haltung begegnen in der Hoffnung, daß Leben und Arbeiten mit Frauen auch seine angenehmen Seiten für sie haben würde. So fanden, wie bereits erwähnt, im Zweiten Weltkrieg in der Roten Armee viele Männer in den weiblich besetzten Luftwaffenregimentern eine Frau für eine Liebesaffäre oder sogar für die Ehe. Die gemischten britischen Flakeinheiten boten einen ähnlichen Rahmen für romantische Abenteuer; in Israel hindert der Umstand, daß die weiblichen Wehrpflichtigen ein sehr viel leichteres Leben in der Armee haben, die meisten jungen Leute nicht daran, während des Wehrdienstes ihre ersten sexuellen Erfahrungen zu machen. In all diesen Fällen könnte man die Präsenz von Frauen in den Streitkräften noch mit einer nationalen Notlage rechtfertigen, doch in den anderen Industrieländern, die seit etwa 1970 ihre Armeen für Frauen öffneten, war der Hintergrund ein anderer. Dort hing der Zustrom der Frauen zum Militär zum einen damit zusammen, daß immer weniger Männer eingezogen werden wollten, und zum anderen damit, daß die Regierungen ihre Soldaten nicht angemessen bezahlen wollten. Schlimmer noch: Die Frauen verlangten zwar Gleichbehandlung, behielten aber zugleich ihre Privilegien. Insofern ist es nicht überraschend, daß die Männer genauso reagierten wie jede andere Gruppe, die ihre Position bedroht sieht: Sie ärgerten sich über die Frauen und ließen sie ihre Verärgerung auf heimtückische Weise spüren.

Zuerst in den Vereinigten Staaten, nach und nach auch in den anderen Ländern wurden die Streitkräfte von einem Phänomen zerrissen, das als »sexuelle Belästigung« Schlagzeilen machte. Nach der Definition, die zum Beispiel in Abschnitt 703, Punkt VII, des US-Bürgerrechtsgesetzes von 1964 gegeben wird, liegt sexuelle Belästigung dann vor, wenn Vorgesetzte, in der Regel Männer, ihre Macht gegenüber Untergebenen, in der Regel Frauen, nutzen, um sich sexuelle Gefälligkeiten zu verschaffen,[188] eine gemeine Verhaltensweise, die keine Organisation, ob im militärischen oder zivilen Bereich, dulden kann und dulden darf. In den siebziger und achtziger Jahren jedoch wurde die Definition von »sexueller Belästigung« bis zur Unkenntlichkeit ausgedehnt, und schließlich fiel alles, was einer Frau vielleicht nicht behagte, unter diesen Begriff. »Belästigung« konnte vorliegen, auch wenn es gar keinen körperlichen Kontakt gegeben hatte, keinerlei Druck von irgendeiner Art, und die Frau mußte auch keine Nachteile für ihr Fortkommen erlitten haben.[189] Zu einer Zeit, in der die Aufstiegsmöglichkeiten im Militär knapp sind und tendenziell weiter abnehmen, haben die Frauen mit dem Vorwurf der »sexuellen Belästigung« eine hervorragende Waffe in der Hand, die sie gegen ihre männlichen Kameraden einsetzen können.

In einer Organisation, die von jeher für ihre grobe Sprache bekannt ist – oft bewußt verwendet, um Rekruten zu demütigen und sie für Disziplin empfänglich zu machen –, war es auf einmal »sexuelle Belästigung«, wenn Ausbilder das Geschlecht oder Körperteile erwähnten. In einer Organisation, in der das Prahlen mit der eigenen Männlichkeit von jeher toleriert, wenn nicht sogar gefördert wurde als Beitrag zum Zusammenhalt einer Einheit, konnte auf einmal alles, was entfernt nach Männerstolz klang, als »sexuelle Belästigung« ausgelegt werden. Die traditionell beengten Quartiere und die Notwendigkeit, oft auf sehr engem Raum zu operieren, hatten von jeher ein gewisses Maß an körperlicher Nähe der Soldaten bedingt. Nun riskierte ein Soldat, der dabei ertappt wurde, wie er eine Soldatin berührte (oder je nach Sichtweise auch nur zu berühren versuchte), zum Beispiel um bei der Parade eine Krawatte oder einen Gürtel gerade zu rücken, auf einmal den Vorwurf der »sexuellen Belästigung«. Ein Soldat, der eine Kameradin ein bißchen zu freundlich grüßte, konnte auch der »sexuellen Belästigung« beschuldigt werden. In den Vereinigten Staaten und in Kanada spitzten sich die Dinge so zu, daß ein Soldat damit rechnen mußte, vor das Militärgericht zu kommen, weil er eine Soldatin zu oft, zu lange oder »falsch« angeschaut hatte. Selbst wenn er freigesprochen wurde, war seine Karriere damit höchstwahrscheinlich vorbei. Ein solcher Fall ereignete sich beispielsweise 1995, als Präsident Clinton einen Captain der Navy und Admiralsanwärter nach einem Freispruch von der Beförderungsliste streichen ließ.[190]

In den neunziger Jahren waren die Dinge so eskaliert, daß der Begriff »sexuelle Belästigung« in seiner denkbar weitesten Interpretation einfach nicht noch mehr ausgedehnt werden konnte auf alle Verhaltensweisen, die manche Frauen als »beleidigend« empfanden. Folglich wurde er durch einen anderen Begriff ersetzt: »sexistisch«. Bestimmte Formen sexistischen Verhaltens rührten aus »explizit sexistischen Überzeugungen« her, andere aus »untergründig sexistischen Einstellungen und Verhaltensweisen«. Es gab »Sexismus durch Tun« und »Sexismus durch Unterlassen«. Es galt als »Sexismus«, Frauen in erster Linie nach ihrer »sexuellen Verfügbarkeit« zu »kategorisieren«, aber es war auch sexistisch, in erster Linie die »Pflegerinnen« in ihnen zu sehen. Frauen zu »objektivieren« ist sexistisch, aber auch sie zu »subjektivieren«. Allein schon ihnen »geschlechtsbezogene Eigenschaften zuzusprechen« (ganz einfach gesagt, eine Frau eine Frau zu nennen), ist Ausdruck von Sexismus; Männer können allein schon sexistisch sein, wenn sie sich klarmachen, daß sie keine Frauen sind.[191] In der Theorie galten »sexuelle Belästigung« und »Sexismus« für Männer und Frauen. In der Praxis wurden Klagen von Männern über sexuelle Belästigung in den Streitkräften als Witz abgetan.[192] Schließlich verdient ein Mann, der nicht in der Lage ist, sich gegen die Angebote – ob sexueller Natur oder nicht – einer Frau zu wehren, nicht, als Soldat betrachtet zu werden. Das erklärt vielleicht, warum derartige Fälle sehr viel seltener gemeldet werden.[193]

Die Frauen eroberten auch andere Organisationen, und so blieben die Streitkräfte nicht allein in ihrer mißlichen Lage.

Mittlerweile ist es so weit gekommen, daß ein zehn Jahre alter Junge der »sexuellen Belästigung« beschuldigt wird und die Schule ins Kreuzfeuer gerät, weil sie es nicht verhindert.[194] Aus verschiedenen Gründen hat der »Geschlechterkampf« im Militär allerdings üblere Formen angenommen als in allen anderen Bereichen. Zum einen hängt das Militär stärker als die meisten anderen Institutionen von der Finanzierung durch Steuergelder ab und damit von den Launen einer Wählerschaft, die heute mehrheitlich aus Frauen besteht. Zweitens verbringen die Streitkräfte den Großteil ihrer Zeit nicht wie die Angehörigen anderer Institutionen damit, die ihnen zugewiesenen Aufgaben auszuführen, sondern damit, sich auf ihre Aufgaben vorzubereiten und dafür zu trainieren. Da es bei den Streitkräften mehr um Input als um Output geht, bleibt verborgen, welche tatsächlichen Auswirkungen der Zustrom von Frauen hat. Und weil die Auswirkungen verborgen bleiben, können immer mehr Frauen eintreten – ein Teufelskreis ohne Anfang und Ende.

Schließlich spielt im Militär Disziplin eine größere Rolle als in den meisten anderen Organisationen. Soldaten können so gedrillt werden, daß sie fast wie abgerichtete Pudel ihren politischen Herren gehorchen – oder zumindest mag es den Herren so erscheinen, weil sie nichts von der wachsenden Verbitterung der Offiziere und Mannschaften wissen.[195] Zu einer Zeit, da in allen entwickelten Ländern ohne Ausnahme der Platz des Militärs im nationalen Leben in die Kritik geraten ist und die Verteidigungshaushalte beinahe täglich gekürzt werden, ist nichts wichtiger für das Militär, als schlechte Publicity und gerichtliche Auseinandersetzungen zu vermeiden. Das hat dazu geführt, daß die Streitkräfte sich einem Experiment in politischer Korrektheit unterzogen haben, das in dieser Form einmalig in der Geschichte ist. Und manche Leute glauben in totaler Verkennung der wahren Situation, daß dies als Vorbild für andere Organisationen dienen sollte.[196]

In Wahrheit stehen die Frauen im Aus, während sie erwarten und man annimmt, daß sie vollständig in die Organisation integriert wären. In den Streitkräften eines Landes nach dem anderen wurde »sexuelle Belästigung« zu einem Radikalvorwurf, der die sofortige Entlassung jedes überführten Schuldigen zur

Folge hatte. Hunderte von Bestimmungen wurden erlassen, die »sexuelle Belästigung« definieren, verhindern und ahnden sollen. In Australien zum Beispiel ist rein statistisch im Durchschnitt alle zwei Jahre mit einem größeren Skandal zu rechnen (dem eine größere Untersuchung folgt, die die üblichen Opfer auf Seiten der Männer fordert).[197] In den Streitkräften eines Landes nach dem anderen wurden »Hotlines« eingerichtet, damit die Frauen hinter dem Rücken ihrer männlichen Kameraden über sie Meldung machen können. In den Streitkräften eines Landes nach dem anderen wurden neue Verbote zu Fraternisierungen erlassen. Das ging so weit, daß ein Ehepaar in der amerikanischen Luftwaffe ins Gefängnis kam, weil vor der Eheschließung die Frau unter dem Kommando des Mannes gedient hatte. Jede Form des Ehebruchs wurde zu einer Verfehlung, die schlagartig die Karriere beendete, selbst wenn sie überhaupt nichts mit der militärischen Leistung des betreffenden Soldaten zu tun hatte und selbst wenn sie Jahrzehnte zurücklag. So verwandelte man die Soldaten, die seit der Zeit von Herodot bis zum Zweiten Weltkrieg sich selbst als besonders männlich betrachteten und auch von anderen so gesehen wurden, in Eunuchen. Als wäre dies noch nicht genug der Demütigung, beauftragten die Streitkräfte »Experten«, oft Frauen, sogenanntes »Sensibilitätstraining« durchzuführen. Anfang des Jahres 2000 verbringen Rekruten in der US-Armee tatsächlich mehr Zeit in solchen Trainingsprogrammen als mit der Ausbildung an den Waffen, ganz zu schweigen von der impliziten Botschaft solcher Maßnahmen, die lautet, sie seien alle Flegel und wüßten nicht, wie man sich gegenüber Frauen richtig benimmt.[198]

Im Militär ist es wirkungsvoller als in jeder anderen Organisation möglich, Männer daran zu hindern, daß sie offen sagen, was sie wirklich von ihren weiblichen Kameraden halten, indem man ihnen einfach befiehlt, den Mund zu halten. Zum Beispiel kritisierten im Oktober 1998 einige amerikanische Marines ihren Oberkommandierenden, Präsident Clinton (drei Jahre zuvor hatte Clinton die Beförderung eines Navy Captains abgelehnt, der wegen »sexueller Belästigung« angeklagt und freigesprochen worden war) und hielten ihm vor, er habe eine Beziehung zu einer Frau begonnen, für die er, wäre er Angehöriger der Streitkräfte, entlassen worden wäre. Es war nicht nur Ehebruch, Ms. Lewinsky hatte darüber hinaus auch für den Präsidenten gearbeitet. Innerhalb von Tagen wurden die Kritiker zum Schweigen gebracht.[199] Insofern ist es nicht verwunderlich, daß Männer nicht einmal hinter verschlossenen Türen über das Thema Frauen sprechen wollen. Jedesmal, wenn bei einem Vortrag das Thema auftaucht, erstarrt das gesamte Auditorium in eisigem Schweigen.

Im Militär ist wie in jeder anderen Institution der Zustrom von Frauen in großer Zahl zugleich Symptom und Ursache schwindenden Ansehens in der Gesellschaft.[200] Im Militär wird dies wie in jeder anderen Organisation zur Folge haben, daß die Entlohnung sinkt, und das wiederum wird die Männer veranlassen, sich lukrativeren Bereichen zuzuwenden. In den ausgehenden neunziger Jahren haben die Soldaten in den Streitkräften aller Industrieländer schon seit langem durch eine Abstimmung mit den Füßen gezeigt, was sie wirklich von Frauen in ihren Reihen halten. In den Vereinigten Staaten sind trotz wachsender Bevölkerung, Verringerung der Streitkräfte und herabgesetzter Standards[201] Rekruten so knapp, daß jeder 6000 Dollar Treueprämie und nach vier Jahren beim Militär noch einmal 50000 Dollar Abfindung bekommt – ohne Erfolg, wie die Tatsache zeigt, daß im Oktober 1999 nur die Marines ihre Rekrutierungsziele erreichten.[202] In Großbritannien wurden mehr Frauen aufgenommen, nicht weil die Streitkräfte sie wollten oder brauchten, sondern weil »viele junge Männer fanden, daß das Militär keine verläßliche Berufsperspektive mehr bot«.[203] Die britische Armee suchte so dringend Soldaten, daß sogar erwogen wurde, ausländische Rekrutierungsquellen zu erschließen.

Am anderen Ende der Welt, in Australien, waren 1998 nicht weniger als zwanzig Prozent der jungen Leute arbeitslos. Trotzdem war es sehr schwierig, geeignete Männer zu finden, die sich für die Offizierslaufbahn interessierten, mit der Folge, daß ihre Plätze auf der Militärakademie immer häufiger von Frauen eingenommen werden. Doch auch dort hat höchstwahrscheinlich der Zustrom der Frauen in den letzten zwanzig Jahren dazu beigetragen, daß die Zahl der Männer, die bereit sind, für ihr Vaterland zu kämpfen, so erstaunlich zurückgegangen ist.[204] 1999 konnte selbst die renommierte Luftwaffe nicht mehr auf genügend männliche Freiwillige zurückgreifen, weil die Piloten fanden, daß ihr Job nicht mehr das gleiche Prestige besaß wie früher.[205] In Europa bietet sich das gleiche Bild: Seit die Bundeswehr verpflichtet wurde, Frauen aufzunehmen, fehlen ihr die männlichen Interessenten.[206] In den Niederlanden wurden die Streitkräfte zwischen 1990 und 1996 um nicht weniger als 40 Prozent verkleinert, und die Reduzierung geht immer noch weiter. Täglich werden Haushaltsansätze zurückgefahren, Einheiten aufgelöst und Anschaffungsprogramme gestrichen. Die Reaktion[207] auf die vermeintlichen Privilegien der Frauen war so massiv, daß es beinahe unmöglich ist, überhaupt noch Männer zu bekommen.[208]

## 6. Die neue Weltunordnung

Der Zustrom von Frauen ist ein Symptom für den Niedergang des staatlichen, regulären Militärs, die Verbreitung irregulärer, nicht staatlicher bewaffneter Kräfte aller möglicher Arten ist ein weiteres. Um nur ein paar Zahlen zu nennen: Es wird vermutet, daß es in der Russischen Föderation rund 1000 private Sicherheitsfirmen gibt. In Großbritannien stieg die Zahl der Beschäftigten in der privaten Sicherheitsbranche zwischen 1950 und 1976 von 10 000 auf 250 000.[209] In Deutschland hat sich die Zahl der Sicherheitsfirmen zwischen 1984 und 1996 mehr als verdoppelt, die Zahl der in solchen Firmen Beschäftigten ist um über dreihundert Prozent gestiegen.[210] Im Jahr 2000 gibt es fast genauso viele private Sicherheitsleute wie staatliche.[211] In den Vereinigten Staaten hatten 1994 mehr Menschen mit privaten Sicherheitsfirmen zu tun, als es Soldaten in Uniform gab – 1,6 Millionen gegenüber 1,4 Millionen, um genau zu sein –, und das Verhältnis hat sich seither weiter zugunsten der privaten Firmen verschoben. Anfang der siebziger Jahre stand der amerikanische Verteidigungshaushalt zum Umsatz der Sicherheitsindustrie im Verhältnis von sieben zu eins.[212] Inzwischen hat sich das Verhältnis auf vier bis fünf zu eins verringert, und wenn der gegenwärtig Trend anhält, ist absehbar, wann sich das Verhältnis umkehren wird.

Von ihren spezifischen Merkmalen abgesehen, ist die Sicherheitsindustrie in vielerlei Hinsicht genauso wie andere Branchen. Wie viele andere ist sie stark zentralisiert mit einer Handvoll großer Firmen an der Spitze: Wackenhut Ltd. beispielsweise operiert mittlerweile in mehr als fünfzig Ländern. Manche Firmen werden von Generälen und Admirälen im Ruhestand geleitet und haben Mitarbeiterzahlen in Divisionsstärke. Manche Firmen haben sich auf schwierige Operationen spezialisiert und besitzen alle Arten von Waffen einschließlich Maschinenpistolen, leichte Flugabwehrgeschütze und -raketen, leichte Panzerfahrzeuge und sogar einige kleinere Kampfhubschrauber mit Bordgeschützen und Panzerabwehrraketen.

Verglichen mit der Situation vor gerade einmal zwanzig oder dreißig Jahren hat sich das Gebiet, auf dem diese Firmen tätig sind, bemerkenswert ausgeweitet. Es beginnt mit der Rekrutierung und Ausbildung von Sicherheitsleuten, die im örtlichen Supermarkt patrouillieren oder eine hübsche private Hochzeitsfeier vor ungebetenen Gästen schützen. Es geht weiter mit Forschung und Entwicklung im Bereich von Material und von Szenarios. Dann kommt die Sicherung großer Anlagen, von Gefängnissen (Wackenhut Ltd. allein besitzt und betreibt 30 Gefängnisse) bis zu internationalen Flughäfen, ganz zu schweigen von der wachsenden Zahl sogenannter »roter« Teams, die die Sicherheitseinrichtungen derartiger Anlagen testen und Verbesserungsvorschläge ausarbeiten. Zu den Kunden privater Sicherheitsfirmen gehören Einzelpersonen, Wohnviertel, Gemeinden und Unternehmen, darunter solche, die in Ländern der Dritten Welt tätig sind oder Schutz vor Piraterie auf hoher See wünschen. Selbst Regierungen verzichten nicht darauf, Sicherheit zu kaufen; da für private Sicherheitsleute nicht die Lohnnebenkosten anfallen wie für reguläre Polizisten, sind sie für ein Drittel des Geldes zu haben.[213] Selbst in entwickelten Ländern führen solche Firmen nicht selten sogenannte »Cowboy-Aktionen« aus, immer öfter mit offiziellem Segen.[214] Dazu gehören Nachforschungen, Schulden eintreiben, Aufspüren von Beute, Auflösen von Streiks, Patrouillien in Wohnvierteln mit und ohne Zustimmung der Bewohner, Festnehmen und Festhalten von Personen bis zum Eintreffen der Polizei und vieles andere.

Die privaten Sicherheitsfirmen stellen auch Frauen ein – und sei es nur aus dem Grund, weil sie nur 60 bis 70 Prozent des männlichen Lohns erhalten,[215] sie sind insgesamt viel billiger als Männer. Aus Gründen, die selbst die glühendsten Feministinnen verstehen müßten, sind Frauen alles in allem für Wach- und Patrouillendienste sehr viel weniger geeignet als Männer. Sie können allenfalls Männer begleiten, in der Regel sind sie mit Hilfsdiensten wie Sekretariatsarbeiten, Kommunikation und so weiter beschäftigt. Nehmen wir zum Beispiel den Bereich Flughafensicherung, in dem allein in den Vereinigten Staaten rund 2 Milliarden Dollar jährlich umgesetzt werden.[216] Von Sekretärinnen abgesehen, konzentrieren sich die Frauen am Fuß der Leiter: Auf den Flughäfen stehen sie an den elektronischen Sperren und kontrollieren Gepäck, diese Arbeit ist so langweilig, daß die Teams alle zwanzig Minuten ausgetauscht werden müssen. Weiter oben auf der Leiter kann die Arbeit außerordentlich interessant sein, aber sie verlangt unregelmäßige Einsatzzeiten, Bereitschaftsdienste und manchmal sogar Präsenz rund um die Uhr – und da sind so gut wie keine Frauen anzutreffen.[217] Um noch ein weiteres Beispiel anzuführen: Von Nordirland über Israel bis Indonesien gehören zu Polizeiteams, die speziell bei großen Menschenansammlungen eingesetzt werden, heute oft auch ein paar Frauen mit Helm und Schlagstock. Wie die falschen Amazonen in der Antike haben auch diese Frauen speziell angefertigte, kleinere Schilde.[218] Da die Größe der Schilde direkt Einfluß darauf hat, wie gut sie vor Schlägen und Steinwürfen schützen, beweist dies allein, daß sie nicht für den Ernstfall gedacht sind, sondern für den Einsatz – selbstverständlich auf Befehl von Männern hin[219] – gegen andere Frauen.

Die beschriebenen privaten Sicherheitskräfte können überdies exportiert werden. Lange vorüber ist die Zeit, da die Regierungen vieler entwickelter Länder sich für das Schicksal ihrer ehemaligen Kolonien verantwortlich fühlten. Nach dem

Ende des Kalten Krieges machen sie sich auch keine Gedanken mehr über mögliche »Eroberungen« der Sowjetunion in den »Entwicklungsländern«. Die Industrieländer und die Menschen in den Industrieländern sind immer weniger bereit, sich an den vielen »friedenserhaltenden« Missionen zu beteiligen. Die Lücke, die sie mit ihrem Rückzug hinterlassen haben, wird zunehmend von Söldnern aufgefüllt. Söldner sind seit der Konvention von Sankt Petersburg aus dem Jahr 1864 geächtet. In der ersten Hälfte des 20. Jahrhunderts waren sie beinahe verschwunden, ihre nunmehr zu beobachtende Rückkehr ist eine sehr wichtige, wenngleich kaum registrierte Erscheinung der modernen Welt.[220] Ironischerweise sind viele Söldner ehemalige Angehörige der regulären Streitkräfte von Industrieländern, Offiziere und einfache Soldaten, die auf einmal überflüssig waren, als die Organisationen, in denen sie lange Jahre gedient hatten, immer weiter verkleinert wurden.

Der Großteil der Firmen, die Söldner beschäftigen, ist in den Vereinigten Staaten, Großbritannien, Südafrika und Israel beheimatet. Sie heißen BDM International, Brown & Root, Control Risks Group, Defense Systems Limited, Dyncorp, Executive Outcomes, Levran, Military Professional Resources Inc., Pacific Architects and Engineers, Rapport Research and Analysis, Saladin Security, Sandline, Saracen, Strategic Applications International und Vinnel.[221] Wie in jedem anderen Wirtschaftszweig bieten nicht alle das gesamte Programm, manche sind sogar sehr spezialisiert. Sie betreiben denkbar verschiedene Aktivitäten, angefangen mit militärischer Analyse und Bedrohungsanalyse über logistische Unterstützung, Beschaffung und Ausbildung bis hin zur Unterstützung und Beteiligung an militärischen Operationen.

Vielfach wissen die Regierungen genau, was diese Firmen tun. Die Regierungen schätzen sie genauso ein, wie sie andere betrachten, die im Ausland Geld verdienen. Das britische Verteidigungsministerium hat beispielsweise eine Liste mit »zugelassenen« Sicherheitsfirmen, an die jedermann sich wenden kann. In der Theorie werden zumindest die seriösen Firmen sich nur mit legalen Auftraggebern einlassen, das heißt Regierungen. Zumindest eine Firma, die südafrikanischen Executive

Outcomes, ließ den Teil ihres Umsatzes, den sie mit Einsätzen in Sierra Leone gemacht hatte, vom Internationalen Währungsfonds absegnen.[222] In der Praxis stellen diese Firmen oder zumindest die schwarzen Schafe in der Branche ihre Dienste nahezu jedermann zur Verfügung, der sie bezahlen kann. Der israelischen Firma Lahav hat man zum Beispiel vorgeworfen, sie bilde Privatarmeen für Drogenbosse (»Landbesitzer« werden sie euphemistisch genannt) in mehreren lateinamerikanischen Ländern aus.

»Mercs« – abgekürzt für »mercenaries«, das englische Wort für Söldner –, wie sie zuweilen heißen, sind an vielen Orten rund um den Globus im Einsatz. In Osteuropa haben etliche ehemalige Sowjetrepubliken Söldner für die Ausbildung ihrer regulären Streitkräfte nach westlichen Methoden eingestellt. Im Bosnienkrieg kämpften Söldner aus Afghanistan, Großbritannien, Dänemark, Finnland, Italien, Schweden, Rußland und den Vereinigten Staaten,[223] aber noch augenfälliger sind sie in Lateinamerika, Zentralasien und einigen afrikanischen Ländern. Im Bürgerkrieg in Zaire beispielsweise setzten beide Seiten Söldner ein. Die Gegner von Präsident Mobutu gehörten zu der allgegenwärtigen Firma Executives Outcomes, sie bewährten sich besser als die Söldner, die seine Seite angeworben hatte – meist Serben und Kroaten, die als Folge des Abkommens von Dayton arbeitslos geworden waren.[224] In Angola und Sierra Leone bewachen Söldner die Förderung wertvoller Bodenschätze wie Öl und Diamanten. Von Papua-Neuguinea über die Komoren bis Westafrika waren Söldner an Putschen beteiligt, entweder um die Regierung zu stürzen oder um ihre Autorität wiederherzustellen.

Diese Entwicklungen sind möglich geworden, weil die fünf Sechstel der Welt außerhalb von Nordamerika, Westeuropa, Japan und Australasien, die mit dem Begriff »Entwicklungsländer« bezeichnet werden, alles andere als friedlich sind. Vom Kosovo bis Kolumbien, von Tibet und Sri Lanka über Afghanistan bis zum Sudan und Zentralafrika gibt es zahllose bewaffnete Konflikte mit neuen Formen der »low intensity«-Kriegführung. Zwar bemühen sich die Vereinten Nationen und andere internationale Organisationen, diese Konflikte in den Griff zu bekommen, doch weder ihre Zahl noch ihre Härte nimmt im geringsten ab. Es scheint fast, als loderte nach der erfolgreichen Eindämmung eines Konflikts sofort der nächste auf.

Derartige Konflikte entwickeln sich bevorzugt zu Lande, manchmal mit Nachschub auf dem Seeweg, wie es in Vietnam und Nordirland der Fall war und heute auf den Philippinen, in Sri Lanka und Osttimor der Fall ist. Damit keine schweren Waffen zum Einsatz kommen, werden solche Konflikte in der Regel in extrem schwierigem Gelände ausgefochten, oft in den Bergen wie in Afghanistan und in jüngster Vergangenheit in Tschetschenien oder in Sümpfen und Dschungeln wie häufig in Südostasien und Lateinamerika. Das andere Extrem sind dicht bewohnte Gebiete mit Häusern, Straßen, Gärten, Feldern, Energieversorgungsleitungen, Fabriken und Geschäften. Es ist alles andere als ein Krieg »auf Abstand« oder »per Knopfdruck«, sondern die Kontrahenten stehen sich oft so nahe gegenüber, daß sie sich Beschimpfungen zurufen können. Die physischen Anforderungen an die Kämpfer können enorm sein. Von einer Handvoll Mannweiber abgesehen, mit denen manchmal geworben wird, um Ausländer zu beeindrucken, hantieren in *keiner* dieser Organisationen Frauen mit Waffen und kämpfen mit. In Sri Lanka beispielsweise gehören nur einer von 33 Tamilen-Organisationen weibliche Kämpfer an.[225] Bei einer Parade der Kosovo-Befreiungsarmee, über die CNN am 20. September 1999 berichtete, wurde die Flagge von einer Frau getragen – es war die einzige Frau neben schätzungsweise hundert Männern mit Waffen.

In den erwähnten Kriegen spielen die Frauen – ob jung oder alt, gebildet oder nicht, »emanzipiert« oder nicht – die Rollen, die sie seit jeher gespielt haben: sie sind Anstifterinnen, Schutzbefohlene, Begleiterinnen (die auch sexuelle Dienste leisten) und, wie die Vorgänge im Kosovo und in Osttimor zeigen, Opfer.[226] Das hängt zum Teil damit zusammen, daß die kriegführenden Parteien diese Konflikte als Sache von Leben und Tod betrachten oder betrachten könnten. Auf jeden Fall wird es ihnen als letztes in den Sinn kommen, auf die Art von gesellschaftlichem, politischem und juristischem Druck zu reagieren, durch die in den entwickelten Ländern die Streitkräfte gezwungen wurden, Frauen aufzunehmen und so zu behandeln, als wären sie für die Kriegführung ebenso geeignet wie Männer. Zum Teil hängt es auch damit zusammen, daß diejenigen, die Rekrutierungen vornehmen, keine Frauen haben wollen. In Sierra Leone waren in den Jahren 1997/98 dreizehn- bis fünfzehnjährige männliche Jugendliche am begehrtesten, in anderen Ländern, in denen Bürgerkriege toben, beispielsweise in Burma, ist es genauso. Schließlich und möglicherweise besonders wichtig ist die Tatsache, daß die Frauen selbst sich keinerlei Illusionen hinsichtlich ihrer Eignung für solche Einsätze hingeben. Sie brauchen gar keine aufwendigen (und kostspieligen) Untersuchungen von »geschulten Beobachtern«, um davon überzeugt zu sein.

Unter allen menschlichen Betätigungen ist der Krieg die häßlichste und die gefährlichste. Er ist auch physisch die anstrengendste – was bedeutet, daß entgegen dem, was manche Feministinnen beharrlich behaupten,[227] bei keiner anderen Betätigung Frauen Männern gegenüber so sehr im Nachteil sind. Von den verzweifeltsten Situationen abgesehen – wenn alles verloren ist und es um die Verteidigung von Heim und Herd geht –, ist es geradezu kriminell, Frauen in den Kampf zu schicken: wenn es nicht sowieso kontraproduktiv wäre, da Kämpfen oft enge Kooperation zwischen den Soldaten verlangt. Anders als ihre Schwestern in den Industrieländern, die seit einem halben Jahrhundert im Frieden leben und deshalb nicht die leiseste Vorstellung mehr haben, was Krieg wirklich heißt, wissen die Frauen in den von blutigen Konflikten zerrissenen Ländern der Dritten Welt sehr wohl, um was es geht. Und die große Mehrheit von ihnen hält sich möglichst fern.

Schlußfolgerungen

# Wandel und Kontinuität

Die erste Lehre aus der vorliegenden Studie dürfte lauten, daß Forscher mit Sympathien für die feministische Idee bei dem Versuch zu beweisen, daß Frauen in bewaffneten Konflikten eine aktive Rolle spielen können und sollen, den Anteil von Frauen in früheren Zeiten über alle Maßen übertrieben haben. Nehmen wir nur vier Beispiele, die durch mehr als zweitausend Jahre getrennt sind. Wie immer wir über die Amazonen in der griechischen Mythologie denken, das entscheidende Faktum ist, daß sie nie existiert haben. In der Roten Armee gab es zwar einige wenige weibliche Kommissare, und sie begingen Greueltaten wie die Männer, aber der angebliche Erfolg der Roten Armee bei der Mobilisierung von Frauen im russischen Bürgerkrieg gehört weitgehend ins Reich der Legende. Es stimmt auch nicht, daß die sowjetischen Frauen im Zweiten Weltkrieg oder die Frauen in der israelischen Armee nennenswert mehr geleistet hätten als ihre Schwestern in anderen Ländern.

Viele Darstellungen sind irreführend und falsch, zum Beispiel wenn sie reale Frauen mit Gestalten der Mythologie vermischen oder die Tatsache, daß einige Frauen geherrscht und Befehle gegeben haben, als »Beweis« anführen, daß Frauen auch kämpfen können. Sehr oft werden Argumente akzeptiert oder verworfen, wie es gerade in die politische Diskussion paßt. Die meisten feministischen Abhandlungen über den Ersten Weltkrieg gehen in dem Bestreben nachzuweisen, daß Frauen von Natur aus friedlich sind, stillschweigend darüber hinweg, daß die meisten Frauen den Konflikt genauso begeistert begrüßten wie die Männer.[1] Als »russische Offiziere im Generalsrang« vor dem präsidentiellen Ausschuß über Aufnahme von Frauen ins Militär berichteten, daß die sowjetischen Militärpilotinnen im Zweiten Weltkrieg schwere Verluste verzeichnet hätten und man sie als voll einsatzfähig betrachtet habe, glaubte man ihnen. Als jedoch *dieselben* Offiziere berichteten, die Frauen seien hauptsächlich zu Propagandazwecken als Pilotinnen verwendet worden, wurde dies als »neue Sichtweise« beiseite gewischt.[2] Gelegentlich ist das Bestreben zu behaupten, daß Frauen alles auf sich nehmen und jede Gefahr eingehen können, so heftig, daß man unwillkürlich darüber nachdenkt, ob Freud nicht vielleicht doch Recht hatte und der Penisneid tatsächlich existiert. Zum Beispiel hebt eine Autorin als besondere Errungenschaft hervor, daß Frauen sich das Recht erkämpft haben, genau wie Männer als »Schlappschwänze« beschimpft zu werden.[3]

Selbst wenn wir das Bild beiseite lassen, das unsere nächsten lebenden Verwandten, die Schimpansen, bieten, ist ohne weiteres Drumherum klar, daß der Lebenszyklus der Frauen einerseits und ihre geringere Körperkraft andererseits nahezu immer zur Folge hatten, daß sie nicht an Krieg und Kampf teilnahmen. Dies könnte erklären, warum den Großteil der Geschichte hindurch der Ausschluß der Frauen aus diesen Bereichen als selbstverständlich betrachtet wurde. Für die meisten Männer und Frauen war klar, daß die Beteiligung der Frauen »unmöglich« (Christine de Pizan) oder »bizarr« (Helene Deutsch) wäre. Noch im ersten Jahrzehnt des 20. Jahrhunderts lautete ein Argument der Suffragetten, daß die Welt zunehmend friedlicher werde, und das ging auf männliche Denker wie Herbert Spencer und Norman Angel zurück. Weniger Krieg würde bedeuten, daß künftige Regierungen hauptsächlich mit »guter Haushaltsführung« beschäftigt wären; da die Frauen auf diesem Gebiet genauso qualifiziert seien wie Männer, stünde ihnen das Wahlrecht zu.[4] Das Schicksal des ERA und die Diskussion in der Bundesrepublik Ende der siebziger Jahre sind bezeichnend; hätte man das Wahlrecht an die Wehrpflicht geknüpft, hätten die meisten Frauen wohl freiwillig darauf verzichtet. Zu der Zeit, als dieses Buch geschrieben wurde, verlangten einige israelische Feministinnen, Frauen sollten nicht länger zum Wehrdienst eingezogen werden, selbstverständlich ohne deswegen das Wahlrecht oder andere staatsbürgerliche Rechte zu verlieren.[5]

Trotz all dieser Erwägungen gibt es Grund anzunehmen, daß

die Frauen nicht wegen ihrer körperlichen Unterlegenheit so selten in Kriegen gekämpft haben, sondern wegen psychischer Barrieren bei den Männern. Biologisch gesprochen, sind Frauen den Männern in mehrerer Hinsicht überlegen, vor allem darin, daß sie Kinder gebären können. Den Männern ist ihre Unterlegenheit durchaus bewußt, und sie versuchen sie zu kompensieren. Man kann sagen, daß menschliche »Gesellschaften« zu einem großen Teil so organisiert waren und organisiert sind, daß sie Männern Gelegenheiten zur Kompensation bieten.[6] Wie Margaret Mead darlegt und die soziale Realität um uns herum weitgehend bestätigt, kommt es nicht so sehr darauf an, welcher Art diese Kompensation ist, solange nur die Frauen davon ausgeschlossen sind. Zu unterschiedlichen Zeiten und an unterschiedlichen Orten sind unendlich viele Formen möglich gewesen, vom Drehen der Gebetsmühlen bis zur Hochseefischerei und vom Teppichweben über die Großwildjad bis zum Spielen bestimmter Musikinstrumente. Je nach Einstellung kann man manche dieser Formen lächerlich nennen, andere ernsthaft und wieder andere – soweit sie ein Opfer verlangen – erhaben. Aber man kann nicht bestreiten, daß sich von allen menschlichen Betätigungen der Krieg in verschiedener Weise am besten für die männliche Kompensation eignet.

Selbst wenn die Frauen nicht körperlich schwächer wären als die Männer und selbst wenn sie nicht durch ihren Lebenszyklus behindert wären, würde diese Argumentationslinie erklären, warum den Frauen historisch gesehen – auch den ansonsten qualifizierten – nur selten erlaubt wurde, eine aktive Rolle im Krieg zu spielen. Soweit die Frauen mit dem Krieg zu tun hatten, ging es um Unterstützung in verschiedenster Form – von Verwaltung über Logistik und Kommunikation bis zu dem, was Voltaire einst »die natürlichen Bedürfnisse von Helden« genannt hat. Alle diese Funktionen haben den Aspekt gemeinsam, daß sie keine Bedrohung für die kämpfenden Männer darstellten. Es blieb weiterhin den Männern vorbehalten, zu töten und sich töten zu lassen, und somit war die männliche Selbstachtung nicht tangiert. Wie bereits bemerkt, erklärt dieser Gedanke auch, warum proportional mehr Frauen bei letzten Aufgeboten, Revolten und Erhebungen aller Art auftauchen. Und er erklärt auch, warum in jedem bekannten Fall die traditionelle Rollenverteilung wiederhergestellt wurde, sobald die Erhebung beendet war.

Hier und da nahmen Frauen in Verkleidung an Kämpfen teil, andere hatten Positionen inne, in denen sie herrschten und befahlen. Erstere spielen in der Geschichte allenfalls als kuriose Gestalten eine Rolle. Letztere machten ihre Sache oft recht gut, wenn auch nicht spektakulär gut. Ihre Existenz beweist, wenn es eines Beweises bedurft hätte, daß Frauen, wenn sie die Chance bekommen, genauso gut herrschen und befehlen können wie Männer. Es ist überflüssig zu sagen, daß sehr viel weniger Frauen als Männer je in Positionen kamen, in denen sie die Herrschaft und Befehlsgewalt ausüben konnten. Teils hängt das damit zusammen, daß die Gesellschaft ihnen keine Gelegenheit dazu gab. Teils kann man auch vermuten, daß sie im Durchschnitt weniger dazu bereit waren, die »außerordentlichen Opfer an persönlichem Glück, Gesundheit, Zeit, Freundschaften und Beziehungen ... zu erbringen, die das Streben nach Macht und der Machterhalt verlangen«.[7] Der erstgenannte Faktor könnte dabei das Ergebnis der nachfolgenden sein. Wie auch immer, auf keinem anderen Feld ist der relative Mangel der Frauen an Aggression und Rivalitätsstreben so hinderlich wie im Krieg. Der Grund dafür liegt auf der Hand: Anders als bei vielen anderen menschlichen Betätigungen gibt es im Krieg nur die Alternative, zu kämpfen oder zu sterben.

Sehr zur Überraschung vieler Zeitgenossen, die noch nicht begriffen hatten, was für eine »totale« Institution das Militär in der zweiten Hälfte des 19. Jahrhunderts geworden war, traten in den beiden Weltkriegen zum erstenmal Frauen als Soldatinnen in Erscheinung. Tatsächlich war die Veränderung geringer, als die meisten Menschen glauben, und sehr viel geringer, als manche heutigen Feministinnen mit ihren eigenen Absichten im Hinterkopf behaupten. In allen Armeen erfüllte die große Mehrheit der Frauen in Uniform weiterhin die Aufgaben, die Frauen von jeher zugekommen waren, das heißt, sie leisteten Dienste unterschiedlichster Art für Männer. Von den Widerstandsbewegungen einmal abgesehen, nahmen in beiden Weltkriegen nur wenige Frauen an Kämpfen teil und so gut wie gar keine an Bodenkämpfen. In der Sowjetunion waren 1941–1945 zwar einige Frauen an Bodenkämpfen beteiligt, andere gehörten zur Besatzung von Kampfflugzeugen. Doch rückblickend zeigt sich, daß die meisten Kämpferinnen nicht zu dem Schluß kamen, daß sie für diese Rolle besonders gut geeignet waren. Nach Kriegsende war die große Mehrheit nicht unglücklich, aus dem Militär ausscheiden und wieder nach Hause gehen zu können.

Ob mit oder ohne Uniform, Frauen im Troß von Streitkräften wurden in der Regel ermutigt, ihre Weiblichkeit zu bewahren. Umgekehrt erlebten die Frauen, die sich dafür entschieden, ein Kommando zu führen oder mitzukämpfen, daß sie ihre Weiblichkeit ganz oder teilweise aufgeben mußten. Bis heute müssen Frauen in der englischen oder dänischen Palastwache sich wie Männer kleiden – als wären die Frauen, die Männerrollen übernehmen, gezwungen, Männer zu *werden.* Was für die Frauen im realen Leben gilt, gilt auch für die Frauen in der Mythologie. Die meisten heirateten nicht und hatten keine Kinder, manche hatten anscheinend nicht einmal einen Vater. Bestenfalls wurden sie als »männlich« bezeichnet – ein zweifelhaftes Kompliment, das nicht viele Frauen im realen Leben gerne hören. Schlimmstenfalls mußten sie ihr Geschlecht verleugnen und verbergen. Gelegentlich scheint es auch umgekehrt gewesen zu sein, und Frauen suchten gerade *deshalb* Krieg und Kampf, weil sie von Anfang an Schwierigkeiten mit ihrem Geschlecht hatten.

Das Verhältnis von Männern, Frauen und Krieg veränderte sich wie so vieles andere mit dem Einsatz der ersten Atomwaffen 1945. Politisch gesprochen, lösten die Atomwaffen die Verbindung zwischen Sieg und Überleben, Krieg war damit kein Mittel der Politik mehr, sondern Selbstmord. Noch wichtiger war die Auswirkung auf den männlichen Stolz: Weil es gegen Atomwaffen keine Verteidigung geben kann, gibt es auch keine Heldentaten mehr. Insofern hatten die Atomwaffen einen entscheidenden Einfluß auf jene, deren Aufgabe es war, von ihren Besprechungszimmern und Büros aus Krieg zu führen, und auf all die, die auf den Gefechtsfeldern ihr Leben aufs Spiel setzten. Langsam, aber sicher machte die Verbreitung der Atomwaffen rund um den Globus Krieg zwischen den Staaten, die solche Waffen besaßen, von denen man vermutete, daß sie solche Waffen besitzen könnten, oder denen man nur zutraute, daß sie solche Waffen demnächst produzieren könnten, unmöglich und sinnlos.

Vor diesem Hintergrund ist es nicht verwunderlich, daß die in relativen und in absoluten Zahlen stärksten Streitkräfte der Welt im Niedergang begriffen sind. *Ceteris paribus* kann man sagen, daß sie um so mehr Frauen aufgenommen haben, je unwahrscheinlicher es geworden ist, daß sie Krieg gegen gleichwertige Gegner führen müssen. Und sei es nur aus dem Grund, daß Kämpfen das Letzte ist, was Frauen wollen, sind die Streitkräfte um so weniger in der Lage, ernsthaft Krieg gegen gleichwertige Gegner zu führen, je mehr Frauen sie aufgenommen haben. Der alte Streit um Henne und Ei begann irgendwann Ende der sechziger oder Anfang der siebziger Jahre. Zu dem Zeitpunkt, als diese Zeilen geschrieben wurden, dauerte er noch an. Kaum ein Tag vergeht heute, ohne daß die Medien über neue »Fortschritte« der Frauen im Militär berichten, die stets mit neuen Kürzungen einhergehen. Neben der Verbreitung der Nuklearwaffen hat die Aufnahme der Frauen die einst stärksten Armeen der Welt in reine Polizeitruppen verwandelt. Wenn die Entwicklung so weitergeht, ist abzusehen, daß die meisten Armeen nur noch friedenserhaltende Missionen erfüllen werden. Und selbst wenn in irgendeinem fernen Land der Dritten Welt eine Friedensmission stattfindet (wie im Frühjahr 2000 in Sierra Leone), dann sind an vorderster Front unweigerlich Männer im Einsatz.

Bei all dem war die aktive Rolle der Frauen stets relativ klein. Anders als manche behaupten, hat nicht feministischer Druck bewirkt, daß die Frauen nach 1945 dauerhaft im Militär Fuß fassen konnten, sondern es waren die Vorstellungen von Politikern, Soldaten und Wissenschaftlern, wie der Krieg künftig sein würde. Und ihre Erwartungen, die auf den Erfahrungen aus der Zeit vor der Atombombe gründeten, erwiesen sich als vollkommen falsch. Ebenfalls anders als manche behaupten, hat in den meisten Ländern nicht feministischer Druck dazu geführt, daß dieser Brückenkopf nach 1970 ausgebaut werden konnte, sondern die Situation in den Streitkräften, das heißt der Mangel an männlichen Soldaten. Oft machten die Frauen nicht Männer für Kampfeinsätze frei, sondern sie füllten einfach Positionen aus, die die Männer nicht mehr wollten, in dieser Hinsicht ging es im Militär genauso zu wie in anderen Berufen, die von den Frauen erobert wurden.[8] Feministischer Druck wurde allenfalls durch Propaganda, durch die politische Diskussion und teilweise auch durch die Gerichte ausgeübt, die entschieden, daß zusätzliche Tätigkeitsfelder für Frauen geöffnet werden mußten, die bereits beim Militär waren. Und dank feministischem Druck wurden einige Verbesserungen bei den Bedingungen erreicht, unter denen Frauen dienen.

Welche Rolle der Feminismus im Vergleich zu anderen Faktoren auch immer spielte und welche Folgen dies für die Position der Frauen im Militär und in der Gesellschaft insgesamt haben mochte, unbestreitbar hat der Zustrom von Frauen bewirkt, daß das Militär die gleichen Veränderungen erlebte, die auch andere Berufe durch die »Feminisierung« erfuhren. Selbstverständlich war es keine kontinuierliche Entwicklung, sondern ein Weg mit Höhen und Tiefen. In Anbetracht ihrer sehr unterschiedlichen Strukturen und Aufgaben waren die Folgen nicht in allen Einheiten, Truppengattungen und Einsatzbereichen gleichermaßen zu spüren. In Abhängigkeit von Demographie, Wirtschaftslage, kulturellen Traditionen und vielen anderen Faktoren stellt sich die Situation von Land zu Land unterschiedlich dar. In einem Land – Israel – war es wegen der von Anfang an bestehenden Ausnahmesituation sogar möglich, die Wehrpflicht auf Frauen auszudehnen und die Folgen von Meads Gesetz zu vermeiden. Doch sogar in Israel galt, nachdem die schlimmste Krise einmal überwunden war: Je mehr Frauen zum Militär gingen und je mehr Posten sie besetzten, desto unattraktiver wurde das Soldatendasein für die Männer. Und je unattraktiver es für die Männer war, desto mehr Frauen rückten nach, teils aus eigenem Antrieb, teils weil die Streitkräfte sie gezielt anwarben, um die Lücken zu füllen.

Unterdessen ist die Zeit nicht stehengeblieben. Seit etwa 1980 befindet sich der Staat in allen entwickelten Ländern auf dem Rückzug, Privatisierung ist das Gebot der Stunde. Vor dem Militär machte diese Entwicklung nicht halt. In den meisten Ländern sind die Streitkräfte in rascher Auslösung begriffen und privatisieren die Bereiche, in denen Frauen am häufigsten vertreten sind, vor allem Versorgung aller Art.[9] Wie auch in anderen Berufen, in denen die Frauen auf dem Vormarsch sind,[10] sind sie in der Regel besser ausgebildet als die Männer, deren Plätze sie einnehmen. Vor allem bei den Mannschaftsdienstgraden bedeutet die Entscheidung für das Militär oft den Eintritt in eine rauhe Gemeinschaft und ist häufig mit sozialem Abstieg verbunden. Den Frauen ist das durchaus bewußt. Es erklärt zumindest teilweise, warum so viel über Gleichheit gesprochen wird und die Frauen doch in *allen* Streitkräften, für die Zahlen zur Verfügung stehen, zu den »traditionellen«, sprich sicheren, in der Regel an einen Schreibtisch gebundenen Tätigkeiten zurückstreben.

Und schließlich ist noch anzumerken, daß Frauen im Militär bei den Männern absolut verhaßt sind. Je entschlossener und je erfolgreicher sie Gleichbehandlung einforderten, desto weiter wurden ihre Privilegien reduziert und desto stärker erlebten sie »sexuelle Belästigung«, real und in der Phantasie. Dies ging so weit, daß 1998 einige amerikanische Soldatinnen eine Umkehr des Prozesses verlangten. Sie wollten die Rückkehr zu einer eigenen Kommandokette für Frauen, zu getrennten Quartieren, getrennten Speisesälen (da das gemeinsame Schlangestehen mit Männern angeblich besonders viele Gelegenheiten für »sexistisches« Verhalten bot) und eigene Ausbildungsprogramme für Frauen.[11] Aus dieser Perspektive sind die Versuche der Frauen, durch das Vordringen ins Militär ihre soziale Position zu verbessern, nicht nur gescheitert, sondern ins Gegenteil umgeschlagen: Anstatt zu beweisen, daß Frauen auf gleicher Stufe stehen wie Männer, hat sich erwiesen, daß sie ohne besonderen Schutz nicht bestehen können.

Wo die Untergrenze ist, hängt vom Ausgangspunkt ab. Ein Mann, der dieses Buch liest, könnte sich in seiner Überzeugung bestätigt fühlen, daß Frauen beim Militär in der Tat ein Problem sind. Zum Beispiel kann es ärgerlich sein zu sehen, daß das *Life Magazine* 1985 in einer Ausgabe zum 40. Jahrestag des Kriegsendes auf dem Titelblatt sieben weibliche »Heldinnen«

und zehn männliche Helden präsentierte.[12] Es ist eine Tatsache, daß von 1941–1945 mehr als fünfzehn Millionen Männer eingezogen waren, von denen mehr als die Hälfte in Übersee kämpfte und fast 300 000 fielen. 99 Prozent der amerikanischen Frauen blieben unterdessen zu Hause, selbst die Frauen in den Streitkräften konnten nur freiwillig nach Übersee entsandt werden. Wenn man nun behauptet, daß beide Geschlechter in ungefähr gleichem Umfang ihr Leben riskierten und Blut vergossen, dann wird damit das wahre Heldentum abgewertet, und man darf sich nicht wundern, wenn das Reservoir an Helden – an Männern, die bereit sind, Soldaten zu werden – austrocknet. Allerdings muß man sagen, daß die Frauen weder auf militärischem noch auf einem anderen Gebiet die Vorherrschaft der Männer ernsthaft gefährden, und sei es nur, weil die wenigen Frauen, die tatsächlich erfolgreich *sind* und an die Spitze *gelangen,* sich unweigerlich nicht mit ihren schwächeren Schwestern identifizieren, sondern mit ihren männlichen Kameraden.[13] So könnten viele Männer – in der Tat die Mehrheit – zu dem Schluß kommen, daß das Problem beherrschbar ist, solange sie Schwierigkeiten aus dem Weg gehen und dem Vorwurf des »Sexismus« keine Nahrung geben. Da »Sexismus durch Unterlassen« schwieriger nachzuweisen ist als »Sexismus durch Tun«, ist es die beste Strategie für einen Mann, seine Kameradinnen so weit wie möglich zu ignorieren. Und genau das passiert dann auch sehr oft.

Eine andere Interpretation aus männlicher Sicht könnte lauten, daß das Militär gespalten ist. In den Vereinigten Staaten erfüllten Ende 1998 Soldaten auf 221 000 ausschließlich Männer vorbehaltenen Positionen schwierige und gefährliche Aufgaben oder bereiteten sich auf solche Aufgaben vor, hauptsächlich ging es um Bodenkämpfe und Einsätze in kleinen Trupps hinter den feindlichen Linien. Soldaten auf 1,18 Millionen Positionen, die beiden Geschlechtern offen standen, hatten mit dem Krieg sehr wenig zu tun. Bestenfalls (sofern dies das richtige Wort ist) schossen sie Marschflugkörper auf reglose Irakis in einigen hundert oder tausend Kilometern Entfernung ab. Schlimmstenfalls (sofern dies das richtige Wort ist) arbeiteten sie in einem Umfeld, das genauso sicher und ein Gutteil überschaubarer als das der meisten Zivilisten war.[14] Vermutlich wird ein Mann, der seine »Tüchtigkeit einsetzen« möchte, »um seine Mannhaftigkeit und die Stärke seines Körpers zu seiner Ehre und zur Ehre seiner Familie zu beweisen«,[15] der erstgenannten Kategorie zuzurechnen sein. In dem Fall sollte er zu den Marines gehen, dort findet sich ein Fünftel dieser Positionen, und die Marines kennen als einzige keine gemeinsame Grundausbildung von Männern und Frauen. Es kann kein Zufall sein, daß in den letzten dreißig Jahren die Marines erfolgreich ihre Position gegenüber den anderen Truppengattungen ausgebaut haben (von 9,2 Prozent auf 12,5 Prozent[16]) und ebenso erfolgreich bei der Rekrutierung und Integration von Soldaten waren; Ende 1999 haben sie allein ihre Rekrutierungsziele erreicht.[17] Da nun einerseits kaum noch größere Kriege geführt werden und andererseits das Damoklesschwert der »sexuellen Belästigung« über den Streitkräften schwebt, müßte man es freilich einem Mann auch nachsehen, wenn er den Militärdienst als Zeitverschwendung betrachtet. Wenn er seine Grundausbildung durchlaufen hat, zieht er vielleicht in Erwägung, in die rasch expandierende »Sicherheitsindustrie« zu wechseln. Oder er verdingt sich als Söldner für den Einsatz in irgendeinem Entwicklungsland, wo Kriege noch Kriege sind und Männer noch Männer sein dürfen. An solchen Ländern besteht jedenfalls kein Mangel.

Sowohl der Mann, der seinen Dienst im Militär für einen Job wie jeden anderen hält, als auch der Mann, der die Bewährung sucht, wird wenig Grund sehen, seine Kameradinnen als ernsthafte Bedrohung wahrzunehmen. Umgekehrt wird eine Frau mit radikal feministischen Neigungen, die das vorliegende Buch liest, zu dem Schluß kommen, daß die Männer einfach unverbesserlich sind. Ob aus biologischen oder psychischen Gründen, der Wunsch, sich zu beweisen – notfalls durch Anwendung von Gewalt –, um neben anderen Dingen den Beifall der Frauen zu finden, scheint fest zur männlichen Natur dazuzugehören. Aus dieser Perspektive sind Frauen, die zum Militär gehen, alles andere als Heldinnen oder Pionierinnen oder Revolutionärinnen, sondern Verräterinnen an ihrem Geschlecht, sie schwächen »das Patriarchat« nicht, sondern stärken es im

Gegenteil noch.[18] Die Frauen sollten am besten (wenn sie es denn könnten) gänzlich mit den Männern brechen und eine eigene Gesellschaft gründen. Nur in einer Gesellschaft ohne Männer werden die Frauen vor der größeren Aggressionsbereitschaft und der größeren Körperkraft der Männer sicher sein. Nur in einer rein weiblichen Gesellschaft wird das Bibelwort »er aber wird über dich herrschen«[19] nicht mehr gelten. Es ist sogar möglich, wie manche Feministinnen behaupten und hoffen,[20] daß eine Gesellschaft nur aus Frauen keinen Krieg mehr führen würde. Andererseits haben wir gesehen, daß die meisten Frauen sich genauso von der Kriegsbegeisterung erfassen lassen wie die Männer. Zudem sind manche Politikerinnen genauso aggressiv, konkurrenzbewußt und wollen genauso gerne herrschen wie Männer. Aus diesen Gründen und auch weil der Krieg – neben anderen Dingen – ein Kampf um begrenzte Ressourcen ist, habe ich meine Zweifel, ob eine Welt, die nur aus Frauen bestünde, tatsächlich merklich friedlicher wäre als die Welt, in der wir heute leben.

Schließlich könnte eine Frau, die entweder gar nicht oder nur moderat feministisch eingestellt ist, zu dem Schluß kommen, daß ihre Geschlechtsgenossinnen die Männer auf ihrem Feld nicht schlagen können und es auch gar nicht versuchen sollten – mit anderen Worten: Es gibt einfach bestimmte Felder, eines davon und mit Abstand das wichtigste ist der Krieg, die »frau« am besten den Männern überlassen sollte. Alles in allem ist das eine vernünftige Strategie: Wenn man vor die Entscheidung gestellt wird – einige Feministinnen der früheren Generation sahen das auch sehr klar[21] –, grenzt es an Verrücktheit, sich freiwillig auf das Spiel des Gegners einzulassen. Körperlich haben Frauen, die in Konkurrenz zu Männern treten wollen, nur Verletzungen zu erwarten, die manchmal so schwer sind, daß sie zu lebenslanger Behinderung führen oder verhindern, daß sie einmal Kinder bekommen können. Im direkten Kampf haben Frauen keine Chance. Noch schlimmer ist, daß Frauen, egal ob sie an der Seite von Männern kämpfen oder ihnen als Gegnerinnen gegenüberstehen, den Haß der Männer auf sich ziehen. Bestenfalls haben sie von den Männern alle Formen von Belästigung zu erwarten. Schlimmstenfalls werden sie von den Männern »gezähmt« wie einst die Amazonen von den Skythen.[22]

Da Zahl und Bedeutung der Kriege zwischen Staaten, insbesondere zwischen den Industriestaaten, kontinuierlich weiter zurückgehen, ist anzunehmen, daß immer mehr Frauen in die Streitkräfte dieser Staaten eintreten werden. Je mehr Frauen in die Streitkräfte eintreten, desto weniger werden die Streitkräfte bereit und in der Lage sein zu kämpfen. Der männliche Stolz als die wahre Triebfeder des Krieges ist indes nicht verschwunden. Wie der Teufel, der zur Tür hinausgejagt wird und durch das Fenster wieder hereinkommt, wird es ihn geben, solange Männer Männer sind und die Unterschiede zwischen Männern und Frauen bestehen. Durch die Verbreitung der Atomwaffen ist es unwahrscheinlicher geworden, daß Männer in zwischenstaatlichen Kriegen kämpfen können, und deshalb suchen und finden sie zunehmend andere Organisationen, die ihnen Einsatzmöglichkeiten bieten. In vielen Ländern der Dritten Welt vollzieht sich diese Entwicklung unter unseren Augen. So verschieden die rund dreißig Kriege sein mögen, die derzeit rund um den Globus ausgefochten werden, gemeinsam ist ihnen, daß in *keinem* Frauen eine andere Rolle spielen, als sie seit eh und je spielen. Und gerade wie der Zustrom der Frauen zum Boxen die Männer anspornt, sich immer gewalttätigere Formen des Wettkampfs auszudenken, werden auch die neuen Formen des Krieges durch die Aufhebung der traditionellen Unterscheidung zwischen Soldaten und Zivilisten wahrscheinlich sehr viel blutiger sein als die alten. Hunderttausende, wenn nicht gar Millionen von Frauen (und Männern) werden die Opfer sein.

Die Industrieländer scheinen an der Wende vom zweiten zum dritten Jahrtausend weniger stark durch Krieg bedroht als jemals zuvor in ihrer Geschichte. Da es keinen mächtigeren Gegner mehr gibt als Serbien oder die Milizen in Osttimor, können sie es sich leisten, den männlichen Stolz mit Füßen zu treten. Sie können zusehen, wie in dem, was von ihren Streitkräften noch übrig geblieben ist, soziale Experimente unterschiedlicher Art, teilweise sehr seltsame, durchgeführt werden. Doch sollte jemals wieder eine *echte* Gefahr auftauchen, dann dürfte sich mit ziemlich Sicherheit der gewachsene Einfluß der

Frauen im Militär in Luft auflösen wie die Schimäre, die er ist. Der Trompetenstoß wird ertönen, die Fahnen werden entrollt, und, so ist zu hoffen, die Männer werden dem Ruf folgen. Die Frauen hingegen werden sich an den Rat halten, den der junge Freud einst seiner Braut gab,[23] und bei den Männern Schutz suchen.

# Anmerkungen

## Einführung: Die große Illusion

1 Vgl. Michael D. Feld, »Arms and the Woman«, *Armed Forces and Society* 4 (August 1978), 4, S. 557f., S. 564; Leisa D. Meier, *Creating GI Jane. Sexuality and Power in the Womens's Army Corps during World War II,* New York 1996, S. 1f., S. 5; Cynthia H. Enloe, *Does Khaki Become You? The Militarization of Women's Lives,* London 1983, S. 16f.

2 Vgl. den sehr aktuellen und sehr kämpferischen Beitrag von Brian Mitchell, *Women in the Military: Flirting with Disaster,* Washington 1998; siehe auch Stephanie Gutman, *The Kinder, Gentler Military: Can America's Gender-Neutral Armed Force Still Win Wars?,* New York 2000.

3 Carl von Clausewitz, *Vom Kriege,* hrsg. von Werner Hahlweg, 17. Aufl. Bonn 1966, S. 124; Lew Tolstoj, »Der Überfall«, *Die Kosaken und andere frühe Erzählungen,* München 1978, S. 29.

4 Einige Frauen denken anders darüber. Siehe insbesondere Cynthia H. Enloe, »Women in NATO Militaries – a Conference Report«, *Women's Studies International Forum* 5 (1982), 3/4, S. 329–334.

## Teil I: Frauen im Rachen von Mars

1 Sandra Baxter und Marjorie Lansing, *Women and Politics: the Invisible Majority,* Ann Arbor 1980, S. 59.

2 Tacitus, *Germania,* hrsg. von Josef Lindauer, München 1967, VII und VIII.

3 James Fraser, *The Golden Bough,* New York 1955 [1922], S. 31 f.

4 Harry Turney-High, *Primitive War: its Practice and Concepts,* Columbia 1971 [1949], S. 152ff., sowie die umfangreiche dort zitierte Literatur.

5 Ebenda, S. 156f.

6 Ebenda, S. 157f., S. 162, ferner Lawrence Keeley, *War before Civilization: the Myth of the Peaceful Savage,* New York 1996, S. 102.

7 *The Vinland Sagas,* Ithaca 1944, S. 69.

8 Keeley, *War Before Civilization,* S. 102.

9 Alle diese Beispiele aus Plutarch, *Moralia,* S. 240ff.

10 J. Krige, *The Social System of the Zulus,* London 1936, S. 279.

11 Dazu siehe van der Dennen, *The Origin of War,* Bd. I, S. 423; ferner Napoleon A. Chagnon, »Kin Selection and Conflict: an Analysis of a Yanomano Ax Fight«, in: Ders. und W. G. Irons (Hgg.), *Evolutionary Biology and Human Social Behavior: an Anthropological Perspective,* Duxbury 1979; Robert Lowie, *Primitive Society,* London 1921, S. 295–299; Sion, *Images of Manhood among Combat Soldiers,* S. 66ff.

12 Keeley, *War before Civilization,* S. 145.

13 Siehe dazu *Richter,* 4f.

14 Dies schreibt Alice Buchan, *Joan of Arc and the Recovery of France,* London 1948, S. 59.

15 Zitiert bei J. Calmette, *Jeanne d'Arc,* Paris 1950, S. 54. Siehe auch Valerie R. Hotchkiss, *Clothes Make the Man: Female Cross Dressing in Medieval Europe,* New York 1996, S. 52f., zum Ursprung dieses Zitats.

16 Julien Quicherat (Hg.), *Procès de condamnation et de Réhabilitation de Jeanne d'Arc, ditte la Pucelle,* Paris 1841–1849, Bd. III, S. 101.

17 Margaret Sommerville, *Women in the First Capitalist Society: Experiences in Seventeenth Century England,* Urbana 1988, S. 28.

18 Antonia Fraser, *The Warrior Queens,* New York 1994, S. 248 f.

19 Magnus Hirschfeld, *Sittengeschichte des Ersten Weltkrieges,* Hanau 1929, S. 53.

20 Siehe Sara Friedrichsmeyer, »The Diary of Kaethe Kollwitz«, in: Helene Cooper et al. (Hgg.), *Of Arms and the Women,* Chapel Hill 1989.

21 Roland Stromberg, *Redemption by War: the Intellectuals and 1914,* Lawrence 1982, S. 233.

22 Angella Woollacott, »Khaki Fever and its Control: Gender, Class, Age and Sexual Morality in the British Home Front in the First World War«, *Journal of Contemporary History* 29 (1994), 2, S. 325–347.

23 Charles E. Montague, zitiert bei Noel T. St. Williams, *Judy O'Grady and the Colonel's Lady,* London 1988, S. 50.

24 Zitiert bei Johanna Alberti, *Beyond Suffrage. Feminists in War and Peace, 1914–1928,* New York 1982, S. 50.

25 Zitiert bei Lynne Layton, »Vera Brittain's Testament(s)«, in: Margaret R. Higonnet et al. (Hgg.), *Behind the Lines. Gender and the Two World Wars,* New Haven 1987, S. 72.

26 Avner Offer, »Going to War in 1914: a matter of Honor?« *Politics and Society* 1995, S. 232.

27 James Williamson, zitiert bei Joanna Burke, *Dismembering the Male: Men's Bodies, Britain and the Great War,* Chicago 1996, S. 158.

28 Zum folgenden siehe Jean Bethke Ehlstain, *Women and War,* Chicago 1995 [1987], S. 111 f., ferner Françoise Thébaud, »Der erste Weltkrieg. Triumph der Geschlechter«, in: Dies. (Hg.), *Geschichte der Frauen,* Bd. 5: 20. Jahrhundert, S. 33–91.

29 Thébaud, »Der erste Weltkrieg«, Sandra M. Gilbert, »Soldier's Heart: Literary Men, Literary Women, and the Great War«, in: Higonnet et al. (Hgg.), *Behind the Lines,* S. 204–212.

30 Eleanor Roosevelt, *This is My Story,* New York 1937, S. 260.

31 Ehlstain, *Women and War,* S. 137 f.

32 Der Text findet sich in Robert Graves, *Good-bye to All That,* New York 1929, S. 271–274.

33 Helene Deutsch, *Psychologie der Frau,* 2. Aufl. Frankfurt am Main 1988 [Nachdruck der Ausgabe 1948], Teil I, S. 346f.

34 Helene Swanwick, *I have been young,* London 1935, S. 34.

35 Siehe Barbara Spackman, *Fascist Virilities: Rhetoric, Ideology and Social Fantasies in Italy,* Minneapolis 1996; ferner Victoria de Grazia, »Die italienischen Frauen unter Mussolini«, in: Thébaud (Hg.), *Geschichte der Frauen,* Bd. 5, S. 141–172.
36 Gisela Bock, »Nationalsozialistische Geschlechterpolitik und die Geschichte der Frauen«, in: Thébaud (Hg.), *Geschichte der Frauen,* Bd. 5. S. 173–204, schreibt, die Nazis hätten die Frauen »getäuscht«, um bei der Wahl ihre Stimmen zu bekommen.
37 John Donne.
38 Adolf Hitler, *Mein Kampf,* München 1943, S. 177 ff.
39 Erstmals dargelegt von Robert L. Trivers, »Parental Investment and Sexual Selection«, in: Bernard G. Campbell (Hg.), *Sexual Selection and the Descent of Man,* Chicago 1972, S. 1136–1179.
40 *The Origin of War,* Bd. I, S. 423 ff.; siehe auch Keeley, *War before Civilization,* S. 125, und Turney-High, *Primitive War,* S. 162 f.
41 Napoleon A. Chagnon, *Yanomano: The Last Days of Eden,* San Diego 1992, S. 106 f., S. 150, S. 183, S. 218 f.
42 Margaret Mead, *Brombeerblüten im Winter. Ein befreites Leben,* Reinbek bei Hamburg 1978, S. 169.
43 *Richter,* 19.
44 Zum Beispiel Homer, *Ilias,* übertragen von Wolfgang Schadewaldt, Frankfurt am Main 1975, VI. 410 ff.
45 Jenny Jochens, *Women in Old Norse Society,* Ithaca 1995, S. 40.
46 Snorre Strualson, *Heimskringla, or the Lives of the Norse Kings,* New York 1990, Teil I, Kapitel 33.
47 Gerard A. Zegward, »Headhunting Practices of the Asmat of Netherlands New Guinea«, in: Andrew Vadya (Hg.), *Peoples and Cultures of the Pacific,* Garden City 1968, S. 433.
48 Keeley, *War before Civilization,* S. 86 f.
49 Zum Beispiel war ein Mann im präkolonialen Dahomé 32 Stück Vieh wert, eine Frau 26 Stück; siehe Archibald Dalzel, *The History of Dahomy, an Inland Kingdom of Africa, Compiled from Authentic Memoirs,* London 1793, Nachdruck 1967, S. 213 (deutsche Ausgabe: *Geschichte von Dahomy,* Leipzig 1799).
50 Zu dieser Episode siehe Arlene W. Saxonhouse, *Women in the History of Political Thought, Ancient Greece to Machiavelli,* New York 1985, S. 122 f.
51 Herodot, *Historien,* hrsg. von Josef Feix, 2. Aufl. München 1977, VI. 9.
52 Susan Brownmiller, *Against Our Will,* New York 1975.
53 Siehe die aktuelle Veröffentlichung von Mary Kaldor, *New and Old Wars: Organized Violence in a Global Era,* Oxford 1998, S. 8; Claudia Card, »Martial Rape«, in: Charlotte Annerl et al. (Hgg.), *Krieg/War: Eine philosophische Auseinandersetzung aus feministischer Sicht,* München 1997, S. 32 ff., S. 36.
54 Keeley, *War before Civilization,* Anhang, Tabelle 6.2.
55 Gaius Julius Cäsar, *Der gallische Krieg,* verdeutscht von Viktor Stegemann, Bremen 1956, 7. Buch, 47.

56 Moderne Ausgabe Honoré Bonnet, *The Tree of Battles,* Liverpool 1949.

57 Siehe Peter H. Wilson, »German Women and War, 1500–1800«, *War in History* 3 (1996), S. 129.

58 Zu diesen Veränderungen siehe Martin van Creveld, *Die Zukunft des Krieges,* München 1998, Kap. 2.

59 Emmerich Vattel, *Le droit des gens ou Principes de la loi naturelle,* Frankfurt am Main, Leipzig 1838 [1758].

60 Arrian, *Der Alexanderzug,* München 1985, II. 12.3–8; Livius, *Römische Geschichte,* 11 Bde., Darmstadt 1987 ff.

61 Alberto Pinelli, »Il ›picciol vetro‹ e il maggior vaso«: I due grandi cicli profani di Domenico Beccafumi in Palazzo Venturi«, in: A. A. V. V., *Domenico Beccafumi e il suo tempo,* Mailand 1990, S. 626 f.

62 Luigi Lenzi, »Fanti e cavalieri nelle prime guerre d'Italia, 1494–1527«, in: *Ricerche Storiche* VIII (1978) 2, Florenz 1978, S. 359.

63 Die Zahl der Opfer wurde allein für Berlin auf 100 000 beziffert, das wären 7 Prozent der weiblichen Bevölkerung. Siehe Barbara Johr, »Die Ereignisse in Zahlen«, in: Helke Sander und Barbara Johr (Hgg.), *Befreier und Befreite, Krieg, Vergewaltigungen, Kinder,* München 1992, S. 54 f.

64 Siehe Wayne E. Dillingham, »The Possibility of American Women Becoming POW's: Justification for Combat Exclusion Rules?«, *Federal Bar News and Journal,* Mai 1990, S. 228.

65 *Annale Uladh; Annals of Ulster,* hrsg. von William H. Hennessey und Brian MacCarthy, Dublin 1887 ff., B. 1, S. 482 f., zitiert bei Matthew Strickland, *War and Chivalry: the Conduct and Perception of War in England and Normandy, 1066–1217,* Cambridge 1996, S. 306.

66 Léon Degrelle, *Die verlorene Legion,* Oldendorff 1972, S. 93.

67 Zu ihrem Martyrium siehe Helen Rogan, *Mixed Company, Women in the Modern Army,* Boston 1981, S. 266; siehe auch Linda H. Francke, *Ground Zero. The Gender Wars in the Military,* New York 1997, S. 83 ff.

68 Zitiert bei R. H. Bainton, *Christian Attitudes towards War and Peace: a Historical Survey and critical Re-Evaluation,* New York 1960, S. 207.

69 Aristophanes, »Lysistrate«, *Antike Komödien,* hrsg. von Hans-Joachim Newiger, München 1968, 168 ff.

70 Carl von Clausewitz, *Vom Kriege,* hrsg. von Werner Hahlweg, 17. Aufl. Bonn 1966, S. 118.

71 Homer, *Ilias,* XIX. 282–300.

72 Simone de Beauvoir, *In den besten Jahren,* Hamburg 1969, S. 389 ff.

73 200 000 Kinder, nach: Johr, »Die Ereignisse in Zahlen«, S. 71; zehn Prozent: unter der Voraussetzung, daß 90 Prozent der Frauen in den besetzten Gebieten genauso handelten wie 90 Prozent ihrer deutschen Schwestern, das heißt die Kinder abtrieben, die bei einer Vergewaltigung gezeugt worden waren; ebenda S. 58.

74 »Down by the Bahnhof/American Soldat/da gibt's Zigaretten/und auch Chokolat. Wieviel, Lili Marlen?/Wieviel, Lili Marlen?«

75 Diesen Gedankengang verdanke ich Nany Huston, »Tales of War and Tears

of Women«, in: Judith Stiehm (Hg.), *Women and Men's Wars,* Oxford 1983, S. 271–282.

76 Homer, *Ilias,* VI. 445–460.

77 Josephus Flavius, *Geschichte des Jüdischen Krieges,* hrsg. von Heinrich Clementz, 12. Aufl. Wiesbaden 1997, VII. 8.7.

78 Siehe Glenda Riley, *Women and Indians on the Frontier, 1825–1915,* Albuquerque 1984.

79 Hirschfeld, *Sittengeschichte des Ersten Weltkrieges,* S. 298–305.

80 Edith Hall, »Asia Unnamed: Images of Victory in Classical Athens«, in: John Rich und Graham Shipley (Hgg.), *War and Society in the Greek World,* London 1993, S. 111 f.

81 Ruth Harris, »›The Child of the Barbarians‹. Rape, Race and Nationalism in France during the First World War«, *Past and Present* 141 (1993), S. 170–206.

82 Irene C. Willis, *England's Holy War: a Study of English Liberal Idealism during the Great War,* New York 1972 [1928], S. 131 ff.

83 Susan Gubar, »›This is my Rifle, this is my Gun.‹ World War II and the Blitz on Women«, in: Higgonet et al. (Hgg.), *Behind the Lines,* S. 231–240.

84 Jay W. Baird, *The Mythical World of Nazi War Propaganda, 1939–1945,* Minneapolis 1974, S. 247 ff.

85 Meiron und Susie Harries, *The Last Days of Innocence: America at War, 1917–18,* New York 1997, S. 173; und Marily Yalom, *A History of the Breast,* New York 1998, S. 128 ff.

86 E. F. Ziehlke et al., *Sittengeschichte des Zweiten Weltkrieges,* Hanau o. J., S. 357–340.

87 Quintus Smyrnaeus, *Ta met' homeron,* Leipzig 1891, S. 659–674.

88 Siehe Sarah Fishman, *We Will Wait: Wives of French Prisoners of War, 1940–1945,* New Haven 1991, insb. S. 136 f.

89 Zu Einzelheiten siehe André Kaspi, *La Libération de la France, Juin 1944–Janvier 1946,* Paris 1995, S. 198 ff.,

90 Kari Helgessen, »Die Deutschenliebchen« [in norwegischer Sprache], in: *Historisk Tidskrift* 69 (1994), 3, S. 285–310.

91 *Römische Satiren,* übersetzt von W. Binder et al., 4. Aufl. Berlin und Weimar 1990, Horaz, *Erstes Buch, Dritte Satire,* 107 f.

92 Virginia Woolf, *Ein Zimmer für sich allein,* 19. Aufl. Frankfurt am Main 2000, S. 43.

93 Aristophanes, *Lysistrate,* 554–564.

## Teil II: Von den Amazonen bis zu G. I. Jane

1 Zum Beispiel werden bei Terry Maple und Douglas Matheson, *Aggression, Hostility and Violence,* New York 1973, Frauen nicht einmal erwähnt.

2 Helene Deutsch, *Die Psychologie der Frau,* Frankfurt am Main 1995, S. 5, 198 ff., 255 ff., 348 ff.

3 Christine de Pizan, *Das Buch von der Stadt der Frauen,* München 1990, S. 68.
4 Helene Swanwick, *The War in its Effect Upon Women,* London 1971, S. 3, 28.
5 Mary Wollstonecraft, *Ein Plädoyer für die Rechte der Frau,* Weimar 1999.
6 Siehe »Women's Liberation Movement«, in: *Encyclopaedia Britannica,* Chicago 1989, Bd. 12, S. 735.
7 Cora Kaplan, »Wild Nights: Pleasure/Sexuality/Feminism«, In: Nancy Armstong und Leonard Tennehouse, *The Ideology of Conduct: Essays in Literature and the History of Sexuality,* New York 1987, S. 174.
8 Siehe Moira Ferguson, *First Feminists: British Women Writers, 1578–1799,* Bloomington 1985.
9 John Stuart Mill, *Die Hörigkeit der Frau,* Frankfurt am Main 1991. Erste Veröffentlichung erst acht Jahre nach der Abfassung 1869 in London.
10 Flavius Renatus Vegetius, *Epitoma Rei Militaris. Das gesamte Kriegswesen,* lateinisch-deutsch übersetzt und kommentiert von Fritz Wille, Aarau, Frankfurt am Main, Salzburg 1986, S. 35 (I,7).
11 Englische Ausgabe Oxford 1961, S. 57 f. (Dt.: *Die Kunst des Krieges/Sunzi,* hrsg. von James Clavell, München 1988).
12 Zum Beispiel Gaius Julius Caesar, *Der Gallische Krieg,* I,1.
13 Zum Beispiel JoAnn McNamara, »The Herrenfrage: the Restructuring of the Gender System, 1050–1150«, in: Clare A. Lees (Hg.), *Medieval Masculinities: Regarding Men in the Middle Ages,* Minneapolis 1994, S. 3.
14 Robert Ardrey, *Adam und sein Revier. Der Mensch im Zwang des Territoriums,* München 1972.
15 Siehe Johan M. G. von der Dennen, *The Origin of War: The Evolution of a Male Coalitional Reproductive Strategy,* Groningen 1996, Bd. I, S. 148 f.
16 Siehe vor allem Evelyn Shaw und Joan Darling, *Strategies of Being Female: Animal Patterns, Human Choices,* Brighton, 1984.
17 Bettyann Kevles, *Females of the Species: Sex and Survival in the Animal Kingdom,* Cambridge 1986, S. 97 f., beschreibt eine Spezies mexikanischer Sumpfvögel, deren Weibchen die Männchen behandeln wie »Leibeigene ... im vorrevolutionären Rußland«.
18 Siehe Erich Hoyt, *The Earth Dwellers: Adventures in the Land of Ants,* New York 1996, S. 196–236.
19 Van der Dennen, *The Origin of War,* Bd. I, S. 155 ff.
20 A. M. van Hoof, »Intergroup Competition and Conflict in Animals and Man«, in: Johan M. G. van der Dennen und V. S. E. Falger (Hgg.), *Sociobiology and Conflict: Evolutionary Perspectives on Competition, Cooperation, Violence and Warfare,* London 1990, S. 23–54.
21 Siehe J. Itani, »Intraspecific Killing among non-Human Primates«, *Journal of Social and Biological Structures* 5, 4 (1982), S. 361–368; Richard Wrangham und Dale Peterson, *Demonic Males: Apes and the Origins of Human Violence,* Boston 1996, S. 5 f., 16 ff.
22 Van der Dennen, *The Origins of War,* Bd. 1, S. 164 f., 186; M. P. Ghiglieri, »War among the Chimps«, *Discovery* 8,111 (1987), S. 67–76; Meredith F.

Small, *Female Choices: Sexual Behavior of Female Primates,* Syracuse 1993, S. 49.

23 Lila Leibowitz, »Perspectives on the Evolution of Sex Differences«, in: Caroline B. Brettell und Carolyn F. Sargent (Hgg.), *Gender in Cross-Cultural Perspective,* Englewood Cliffs 1993, S. 9.

24 J. H. Manson und R. W. Wrangham, »Is Human Aggression Nonbiological? Problems with the Statement on Violence«, *Human Ethnology Newsletter,* 5, 2 (1987), S. 3f.

25 Jane Goddall, »Life and Death at Gombe«, *National Geographic Magazine,* 155, 5 (Mai 1979), S. 592–621.

26 Die Belege finden sich bei Barbara B. Smuts und R. W. Smuts, »Male Aggression and Sexual Coercion of Females in Nonhuman Primates and Other Mammals«, in: P. J. B. Slater et al. (Hgg.), *Advances in the Study of Behavior,* New York 1993, S. 1–63.

27 Wrangham und Dale, *Demonic Males,* S. 166f.

28 Siehe Richard W. Wrangham, »The Significance of African Apes for Reconstructing Human Social Evolution«, in: Warren G. Kinzey (Hg.), *The Evolution of Human Behavior: Primate Models,* Albany 1987, S. 51–71.

29 Umberto Casuto, *The Goddess Anath,* Jerusalem 1953, S. 58.

30 *Ilias* XIV,170.

31 Miriam R. Dexter, *Whence the Goddesses: A Source Book,* New York 1990, S.102.

32 Tikva Frymer-Kensky, *In the Wake of the Goddesses: Women, Culture and the Biblical Transformation of the Goddesses,* New York 1992, S. 64f.

33 Frymer-Kensky, *In the Wake of the Goddesses,* S. 67.

34 Judith Ochshorn, *The Female Experience and the Nature of the Divine,* Bloomington 1981, S. 122.

35 Dexter, *Whence the Goddesses,* S. 30.

36 Einzelheiten aus C. M. Brown, »Kali, the Mad Mother«, in: C. Olson (Hg.), *The Book of the Goddess Past and Present,* New York 1983, S. 110–123. Siehe auch *Encyclopaedia Britannica,* Chicago 1993, Bd. 6, S. 692.

37 Cassuto, *The Goddess Anath,* S. 65.

38 Hesiod, *Theogonie* 925f. Zitiert nach der Übersetzung von Karl Albert, Sankt Augustin 1990.

39 Homer, *Ilias* VIII,415ff.

40 Homer, *Ilias* V,793ff., besonders 880. Zitiert nach der Übersetzung von Wolfgang Schadewaldt, Frankfurt am Main 1975.

41 Homer, *Odyssee* XIII,291–299.

42 Homer, *Ilias* XXII,224–305.

43 Siehe Sue Blundell, *Women in Ancient Greece,* Cambridge 1995, S. 7, 28f.; auch Karl Kerényi, *Die Jungfrau und Mutter der griechischen Religion: eine Studie über Pallas Athene,* Zürich 1952, S. 17, 19ff. Eine ältere Fassung des Mythos stellt Athene als Tochter des Zeus und einer seiner vielen Frauen, Metis, dar: Hesiod, *Theogonie* 886ff.

44 Aischylos, *Eumeniden* 737–738. Zitiert nach: Aischylos, *Die Tragödien und*

*Fragmente,* übersetzt von Johann Gustav Droysen, bearbeitet von Franz Stoessl, Zürich 1952.

45 *Ilias* IV,242; XI,384–395; Sophokles, *Aias* 1120–1122; Euripides, *Hercules Furens* 188–203.

46 *Ilias* XXI,481 ff.

47 Ovid, *Ars Amatoria* I,261. Zitiert nach: Publius Ovidius Naso, *Die Liebeskunst,* übersetzt von W. Hertzberg, bearbeitet von Erich Fabian, Leipzig 1982.

48 *Ilias* VI,428

49 Zu Artemis siehe Blundell, *Women in Ancient Greece,* S. 45; außerdem H. King, »Bound to Bleed: Artemis and Greek Women«, in: A. Cameron und A. Kuhrt (Hgg.), *Images of Women in Antiquity,* Detroit 1983, S. 122f.

50 Dexter, *Whence the Goddesses,* S. 90ff.

51 Ebenda, S. 65.

52 Ebenda, S. 103.

53 Peter Berresford Ellis, *Celtic Women: Women in Celtic Society and Literature,* London 1995, S. 32.

54 Barbara Ehrenreich, *Blutrituale. Ursprung und Geschichte der Lust am Krieg,* München 1997, S. 120f.

55 Mary Condren, *The Serpent and the Goddess: Women, Religion and Power in Celtic Ireland,* San Francisco 1989, passim.

56 Ellis, *Celtic Women,* S. 35.

57 Joseph Needham, *Science and Civilization in China,* Cambridge 1994, Bd. 5, Teil vi, S. 92.

58 Abgebildet in Jean Bouret, *Henri Rousseau,* München 1963, Tafel 73.

59 *Punch,* 19. August 1914.

60 Blundell, *Women in Ancient Greece,* S. 175; außerdem Ken Dowden, *The Uses of Greek Mythology,* London 1992, S. 140ff.

61 Phyllis Chesler, *Frauen – das verrückte Geschlecht?,* Reinbek bei Hamburg 1977, S. 276. Eine andere moderne Feministin soll in Tränen ausgebrochen sein, als sie erfuhr, daß sie nie existierten: William B. Breuer, *War and American Women: Heroism, Deeds, and Controversy,* Westport 1997, S. 124.

62 Strabon, *Geographie* XI,5,3; Palaphaitos, »Per Amazonoon«, Fragment 32 in: Richard Wagner (Hg.), *Mythographici Graeci,* Stuttgart 1965.

63 Diodor, *Bibliotheca Historica* III,53,1. Zitiert nach der Übersetzung von Julius Friedrich Wurm, Stuttgart 1827.

64 Siehe M. R. Lefkowitz, *Women in Greek Myth,* New York 1986, S. 20.

65 Die folgende Analyse basiert auf Josine H. Blok, *The Early Amazons: Modern and Ancient Perspectives on a Persistent Myth,* Leiden 1995, S. 155ff., 167, 173, 223ff

66 *Ilias* III,184.

67 Zu diesem Wandel siehe Thomas H. Carpenter, *Art and Myth in Ancient Greece,* London 1991, S. 125f.

68 Siehe die Abbildung in Fraser, *The Warrior Queens.*

69 Siehe die Abbildung in Blundell, *Women in Ancient Greece,* Nr. 10.

70 Siehe die Abbildung in Mîka'el Avî Yôna und Israel Shatzman, *Illustrierte Enzyklopädie des Altertums,* Königstein 1979, S. 344.

71 Siehe William B. Tyrrell, *Amazons, a Study in Athenian Mythmaking,* Baltimore 1984, S. 44f.

72 Xenophon, *Anabasis* IV,4,16.

73 Lysias, *Gefallenenrede,* Kap. 4–6. Engl. Übersetzung: Lysias, *Funeral Oration,* London 1930.

74 Herodot, *Historien* IV,113.

75 Herodot, *Historien* IV,117; (Pseudo-)Hippokrates, *De aere, aquis, locis,* 17. Dt. Übersetzung: *Über die Umwelt,* übers. v. H. Diller, Berlin 1970. Platon, *Die Gesetze* 804–805 a. Arrian, *Der Alexanderzug* VII,13,2, sagt, Berichten zufolge hätten die Amazonen, die Alexander beschenkten, unsymmetrische Brüste gehabt. Die rechte sei kleiner gewesen als die linke.

76 Blok, *The Early Amazons,* S. 23–27, 36.

77 Tyrrell, *Amazons,* S. 44f.

78 Blok, *The Early Amazons,* S. 440f.

79 Diodor, *Bibliotheca Historica* II,45,3.

80 Strabon, *Geographie* XI,5,1–2.

81 Dion von Prokonessos in: *Fragmente der griechischen Historiker,* hg. v. F. Jacoby, Leiden 1923–1957, 14 F 2.

82 Diodor, *Bibliotheca Historica* XVII,77,1.

83 Fraser, *The Warrior Queens,* S. 125.

84 Zum Beispiel Jessica A. Salmonson, *The Encyclopedia of Amazons: Women Warriors from Antiquity to the Modern Era,* New York 1991.

85 Giovanni Boccaccio, *De claris mulieribus* lateinisch-deutsch, übersetzt von Irene Erfen und Peter Schmitt, Stuttgart 1995.

86 Siehe unten.

87 Vergil, *Aeneis* XI,539ff. Zitiert nach der Übersetzung von Johannes Götte, München, Zürich 1983.

88 Siehe Margaret L. King, *Frauen in der Renaissance,* München 1993, S. 225ff.

89 Die folgenden Ausführungen basieren auf H. C. Heaton, *The Discovery of the Amazon, according to the Account of Friar Gaspar de Carvajal and Other Documents,* New York 1970.

90 *Time,* 27.12.1971. Der Anthropologe, von dem hier die Rede ist, war Jesco von Puttkamer.

91 Siehe Dianne Dugaw, *Warrior Women and Popular Balladry, 1650–1850,* London 1989; ebenfalls (für die Niederlande) Rudolf M. Dekker und Lotte von Pol, »Wat Hoort Men Niet al Vreemde Dingen«, *Spiegel Historiae,* 17,10 (1982), S. 486–493.

92 Dugaw, *Warrior Women,* S. 41.

93 Rudolf M. Dekker und Lotte van de Pol, *Frauen in Männerkleidern: weibliche Transvestiten und ihre Geschichte,* Berlin 1990, S. 110.

94 *Táin Bó Cuailnge:* dt.: *Der Rinderraub. Altirisches Epos,* München 1976, S. 165f.

95 Ellis, *Celtic Women,* S. 71–74.

96 Quingyun Wu, *Female Rule in Chinese and English Literary Utopias,* Syracuse 1995, S. 19, 31 f.

97 Royall Tyler, »The Woman Warrior«, in. Chieko I. Mulhern (Hg.), *Heroic with Grace: Legendary Women of Japan,* Armonk 1991, S. 129–150.

98 Salmonson, *The Encyclopedia of Amazons,* S. 234.

99 Zu Kriegerinnen in Comics siehe Sherrie A. Inness, *Tough Girls: Women Warriors and Wonder Women in Popular Culture,* Philadelphia 1999, Kap. 8.

100 Ebenda, S. 37 f.

101 Siehe Ferry D. Luckett, »Military Women in Contemporary Film, Television and Media«, *Minerva: Quarterly Report on Women and the Military,* VII, 2 (Sommer 1989), S. 11.

102 Blundell, Women in Ancient Greece, S. 62.

103 »Sin«, von Ritual.

104 Siehe C. T. Wright, »The Amazon in Elizabethan Literature«, *Studies in Philology* 37, 3 (Juli 1940), S. 433–456; P. DuBois, *Centaurs and Amazons: Women and the Pre-History of the Great Chain of Being,* Ann Arbor 1982, S. vii, 32; Pierre Vidal-Nacquet, »Slavery and the Rule of Women in Tradition, Myth and Utopia«, in: R. C. Gordon (Hg)., *Myth, Religion and Society,* London 1981, S. 190; M. Merck, »The City's Achievements. The Patriotic Amazonomachy in Ancient Athens«, in: Susan Lipshitz (Hg.) *Tearing the Veil: Essays on Femininity,* London 1978, S. 96.

105 Zum Beispiel Ellen in *The Quick and the Dead;* siehe Inness, *Tough Girls,* S. 79, S. 81.

106 W. Shakespeare, *Heinrich VI.*, Teil III, Akt 1, Szene iv.

107 L. McMaster und R. J. Green, *Women at War,* New York 1995.

108 Lefkowitz, *Women in Greek Myth,* S. 22.

109 Tadeusz Sulimirski, »The Scyths«, in: I. Gerschevitsh (Hg.), *The Cambridge History of Iran,* London 1985, Bd. ii, S. 190, 195.

110 Siehe van Creveld, *Command in War,* Kap. 1; außerdem Everett L. Wheeler, »The General as Hoplite«, in: Victor D. Hanson (Hg.), *Hoplites: the Classical Greek Battle Experience,* London 1991, S. 121–172.

111 Ein kurzer Überblick bei van Creveld, *The Training of Officers,* S. 7–18.

112 Plutarch, *Flamininus* I,3

113 Fraser, *The Warrior Queens,* S. 136, 148.

114 Eine hervorragende neuere Diskussion bietet Deborah Levine Gera, *Warrior Women: the Anonymous Tractatus de Mulieribus,* Leiden 1997, die mir freundlicherweise ein Exemplar ihres Buches geschenkt hat.

115 Nach Nikolaos von Damaskus in: *Fragmente der griechischen Historiker,* 90 F 5.

116 Hellanikos in: *Fragmente der griechischen Historiker* 4 F 167 c.

117 Herodot, *Historien* I,214.

118 Herodot, *Historien* VIII,103.

119 Gera, *Warrior Women,* S. 60 f.

120 Ebenda, S. 75.

121 Ein jüngeres Beispiel ist Salomonson, *The Encyclopedia of Amazons.* Siehe

auch David E. Jones, *Women Warriors: a History,* London 1997; und Fraser, *The Warrior Queens.*

122 Siehe zu dieser Episode S. A. Cook et al. (Hg.), *Cambridge Ancient History,* Cambridge 1965, Bd. viii, S. 239.

123 Mary R. Lefkowitz, »Influential Women«, in: Cameron und Kuhrt (Hgg.), *Images of Women in Antiquity,* S. 57.

124 *De Bello Alexandrino,* London, Heinemann, Classical Libary, 1955,2.

125 Zur militärischen Rolle von hellenistischen Königinnen siehe Grace H. Macurdy, *Hellenistic Queens: a Study of Woman-Power in Macedonia, Seleucid Syria, and Ptolemaic Egypt,* Baltimore 1932, S. 232f.

126 Eine etwas phantasievolle Darstellung ihrer Taten findet man bei Ellis, *Celtic Women,* S. 85ff.; siehe auch Fraser, *The Warrior Queens,* Kap. 3–7.

127 Cassius Dio, *Römische Geschichte* 62,7,2, zitiert nach der Übersetzung von Otto Veh, Bd. V, München, Zürich 1987. Eine ähnliche Geschichte erzählt man sich auch von einem weiblichen französischen Befehlshaber aus dem 12. Jahrhundert: *Recueil des historiens des Gaules et de la France,* M. Bouquet et al. (Hgg.), Paris 1869–1904, Bd. xix, S. 98.

128 Tacitus, *Annalen* XIV,35.

129 Ellis, *Celtic Women,* S. 41, 106, 119.

130 Fraser, *The Warrior Queens,* S. 114.

131 Zur Geschichte der Zenobia siehe vor allem Fraser, *The Warrior Queens,* Kap. 3.

132 China: Salmonson, *The Encyclopedia of Amazons,* S. 187; Indien: A. S. Attekar, *The Position of Women in Hindu Civilisation,* Benares 1956, S. 22; die Maya: David Freidel und Linda Schele, »Maya Royal Women: a Lesson in Precolumbian History«, in Brettell und Sargent (Hgg.), *Gender in Cross-Cultural Perspective,* S. 59–63.

133 Erik-Saga in den *Vinland Sagas,* Harmondsworth 1965, S. 75f.

134 Philippe Contamine, *War in the Middle Ages,* Oxford 1984, S. 241f.

135 Aus Marty N. Williams und Anne Echols, *Between Pit and Pedestal: Women in the Middle Ages,* Princeton 1994, S. 173–176.

136 Siehe Fraser, *The Warrior Queens,* S. 197ff.

137 Antonia Fraser, *The Weaker Vessel,* New York 1984, S. 166ff.

138 Niccolo Machiavelli, *Der Fürst,* übersetzt von Ernst Merian-Genast, Stuttgart 1961, Kap. 20.

139 In den Worten von Megan McLaughlin, »The Woman Warrior: Gender Warfare and Society in Medieval Europe«, *Women's Studies* 17 (1990), S. 193–209.

140 Athenaios, *Deipnosophisten* XIII,560ff. Engl. Übersetzung London, 1961.

141 Nach Tacitus, *Annalen* XIV,37.

142 Zu dieser ganzen Episode siehe Douglas D. R. Owen, *Eleanor of Aquitaine, Queen and Legend,* Oxford 1993, S. 148ff.

143 Froissart, *Chroniken,* ii,144–146 und iii,9. Englische Übersetzung London 1931.

144 Ebenda, xvi,290.

145 Niccolo Machiavelli, *Discorsi,* Buch 3, Kap. 6; Fraser, *The Warrior Queens,* S. 198. Eine ähnliche Geschichte bei Jenny Jochens, *Women in Old Norse Society,* Ithaca 1995, S. 76f. Ein Bild einer Polin, die deutsche Soldaten vertreibt, indem sie sich entblößt, ist bei Klaus Theweleit, *Männerphantasien,* Bd. 1, Basel, Frankfurt am Main 1985, S. 248, abgedruckt; allerdings liegt Theweleit falsch, wenn er dieses und andere Phänomene einfach als das Produkt einer überhitzten männlichen Phantasie deutet.

146 Nach Faser, *The Warrior Queens,* S. 176f.

147 Siehe L. S. Marcus, »Shakespeare's Comic Heroines, Elizabeth I, and the Political Uses of Androgyny«, in: M. B. Rose (Hg.), *Women in the Middle Ages and the Renaissance,* Syracuse 1986, S. 113–134.

148 Zitiert bei Simon Shepherd, *Amazons and Warrior Women: Varieties in Feminism in Seventeenth-Century Drama,* New York 1981, S. 22.

149 Eugene d'Auriac, *Thamar Reine de Georgie,* Paris 1892, S. 9, 12; Jean B. de Nervo, *Isabella the Catholic,* London 1897, S. 203.

150 Zu diesen Entwicklungen siehe van Creveld, *Aufstieg und Untergang des Staates,* München 1999, Teil II, Kap. V.

151 Zum Beispiel Evelyne Accad, *Sexuality and War, Literary Masks of the Middle East,* New York 1990, S. 11 ff.

152 Das einzige Land, das bisher eine Verteidigungsministerin hatte, ist Finnland (Maria E. Renn, 1990–1995). Bei einem Gespräch in St. Petersburg am 25.2.1999 erklärte sie mir, wie sehr sie darunter gelitten habe, daß sie der Arbeit wegen ihren Mann und ihre Familie vernachlässigen mußte.

153 F. G. Burwell und Meredith R. Sarkes, »Women and National Security Policy«, in: Ruth H. Howes and Michael R. Stevenson (Hgg.), *Women and the Use of Military Force,* Boulder, Co., 1993, S. 133.

154 Nach Auskunft der *Encyclopaedia Britannica,* Chicago 1993, Bd. 1, S. 427.

155 Etan Haber, *Heute wird der Krieg ausbrechen* [in hebräischer Sprache], Tel Aviv 1987, S. 16, 28.

156 Zu ihrer Rolle siehe Stuart Cohen, »Operational Limitations of Reserve Forces: the Lessons of the 1973 War«, Bar Ilan Universität, BEZA Center, 1998, unveröffentlicht, S. 17.

157 Diese Bezeichnung für Elizabeth I. von England benutzt Fraser, *The Warrior Queens,* S. 225.

158 Macurdy, *Hellenistic Queens,* S. 234; sie zitiert Demosthenes XVIII,67.

159 Herodot, *Historien* VIII,68, zitiert nach der Übersetzung von A. Horneffer, Stuttgart 1971.

160 Nach Fraser, *The Warrior Queens,* S. 209.

161 *Encyclopaedia Britannica,* Bd. 3, S. 282.

162 Peter Petschauer, *The Education of Women in Eighteenth Century Germany,* Lewiston 1989, S. 535, 542, 554; Zoé Oldenburg, *Katharina die Große. Die Deutsche auf dem Zarenthron,* München 1975, S. 207.

163 Wie Jean-Paul Sartre und Simone de Beauvoir feststellten, als sie Israel im Frühjahr 1967 besuchten; Claude Francis und Fernande Gontier, *Simone de Beauvoir. Die Biographie,* Weinheim 1986, S. 318.

164 *Ms.,* April 1973, S. 26–27.

165 Mithan Shoksi, *India's Indira,* Bombay 1975, S. 20. Zur Ausschmückung erklärte sie, daß sie sich schon in ihrer Kindheit mehr für typische Jungenspiele interessiert habe, etwa für Soldatenspiele oder das Herumklettern auf Bäumen.

166 Siehe Fraser, *The Warrior Queens,* S. 318, 319.

167 *Spare Rib,* August 1982, Editorial.

168 Carl von Clausewitz, *Vom Kriege,* hrsg. von Werner Hahlweg, 17. Aufl. Bonn 1966, S. 105 f., 186.

169 Grant, *Gladiatoren,* S. 83.

170 Kevin McAleer, *Dueling: the Cult of Honor in Fin-de Siècle Germany,* Princeton 1994, S. 145 f., 125 ff., 158 ff.

171 Siehe Michael B. Poliakoff, *Combat Sports in Classical Antiquity,* New Haven 1987.

172 Blundell, *Women in Ancient Greece,* S. 134.

173 John K. Evans, *War, Women and Children in Ancient Rome,* London 1991, S. 130–131; Grant, *Gladiatoren,* S. 29 f.

174 Siehe Dominique Briquel, »Les femmes gladiateurs«, *Ktema* 12, 1992, S. 87–93.

175 Tacitus, *Annalen* XV,32.

176 Juvenal, *Satiren* VI,247–269. Zitiert nach der Übersetzung von W. Binder, H. Düntzer, W. Krenkel, J. v. Siebold und Ch. M. Wieland, bearbeitet von W. Krenkel, 3. Aufl. Leipzig 1984.

177 Die *Floralia* wurden vom 28. April bis zum 3. Mai gefeiert. Sie waren eine Zeit der Spiele und Späße, alle Freiheiten waren gestattet, und Prostituierte spielten eine wichtige Rolle bei den Feierlichkeiten.

178 Cassius Dio, *Römische Geschichte* LXVI,25,1.

179 Zur Jagd als Vorbereitung auf den Krieg siehe van Creveld, *The Training of Officers,* S. 8, S. 12.

180 Zur Geschichte und Entwicklung des Turniers siehe Steven Pederson, *The Tournament Tradition and Staging »The castle of perseverance«,* Ann Arbor 1987.

181 Siehe die Beschreibung bei Johan Huizinga, *Der Herbst des Mittelalters. Studien über Lebens- und Geistesformen des 14. und 15. Jahrhunderts in Frankreich und in den Niederlanden,* 11. Aufl. Stuttgart 1975, S. 109.

182 Einen weiteren solchen Fall findet man bei Vern L. Bullough, »On Being a Male in the Middle Ages« beschrieben, in: Clare A. Lees (Hg.), *Medieval Masculinities,* S. 37.

183 Ian Dunlop, *Palaces and Progresses of Elizabeth I,* New York 1962, S. 85.

184 Salmonson, *The Encyclopedia of Amazons,* S. 201.

185 Zitiert bei Dugaw, *Warrior Women and Popular Balladry,* S. 125–126.

186 *A Vindication of the Rights of Women,* London 1811, S. 33 (dt. *Ein Plädoyer für die Rechte der Frau).*

187 ZDF, 10.10.1999.

188 CNN, 21.10.1997.

189 *Yediot Acharonot,* 31.10.1997, S. 7.

190 Australia TV, Kanal 9, 10.10.1998.
191 *Yediot Acharonot,* Wochenendbeilage, 12.2.1999, S. 34–37.
192 Homer, *Ilias* XXIII,261.
193 Arrian, *Der Alexanderzug,* VIII,17,4.
194 Das wenige, das wir wissen, ist gesammelt bei Margaretha Debrunner-Hall, »Eine reine Männerwelt? Frauen und das römische Heer«, in: Maria H. Dettenhofer (Hg.), *Reine Männersache? Frauen in Männerdomänen der antiken Welt,* München 1996, S. 207–228.
195 Herodot, *Historien* IX,81; Maria Brosius, *Women in Ancient Persia,* Oxford 1996, S. 87 ff.
196 Xenophon, *Anabasis* I,10,2.
197 Siehe Charles Hindley, »Eros and Military Command in Xenophon«, *Classical Quarterly* 44 (1994), S. 365–367.
198 Euripides, *Iphigenie auf Aulis,* 821–826. Zitiert nach: Euripides, *Sämtliche Tragödien,* übersetzt von J. J. Donner, bearbeitet von R. Kannicht, Bd. II, Stuttgart 1958.
199 *Ilias* XIX,176–177; XXIV,676; *Odyssee* IX,39–42.
200 Plutarch, *Alexander* 48–49.
201 Arrian, *Der Alexanderzug* VII,4,8.
202 Appian, *Römische Geschichte* VIII,115–117.
203 Appian, *Römische Geschichte* VI,85.
204 George R. Watson, *The Roman Soldier,* Ithaka 1969, S. 133 ff.
205 Tacitus, *Annalen* II,55.
206 Tacitus, *Annalen* III,33–34. Zu dieser Episode siehe auch Saxonhouse, *Women in the History of Political Theory,* S. 114.
207 Herodian, *Historia Augusta* III,8,5.
208 Laktanz, *De mortibus persecutorum* I,88.
209 Siehe Contamine, *War in the Middle Ages,* S. 241.
210 *Die Kreuzzüge aus arabischer Sicht,* ausgewählt und übersetzt von Francesco Gabrieli, München 1975, S. 256 ff.
211 Williams und Echols, *Between Pit and Pedestal: Women in the Middle Ages,* S. 97.
212 P. H. Wilson, »German Women and War«, *War in History* 3 (1996), S. 127–140.
213 Johann J. von Wallhausen, *Kriegskunst zu Fuß,* Oppenheim 1615, S. 16.
214 Jakob Heinrich, *Gesetze für die k. k. Armée. In Auszug,* Wien und Prag 1785, S. 182.
215 St. John Williams, *Judy O'Grady,* S. 11 f.
216 L. I. Cowper, *The King's Own (4th Foot): The Story of a Regiment,* Oxford 1939, Bd. I, S. 57.
217 Siehe die Bescheibung bei B. Farwell, *For Queen and Country,* London 1981, S. 229.
218 Eine anschauliche Beschreibung der Bestrafungen und Abbildungen zum Thema findet man bei Christopher Duffy, *Friedrich der Große und seine Armee,* Stuttgart 1978, S. 88 ff.

219 John R. Elting, *Swords around a Throne. Napoleon's Grande Armee,* New York 1997, S. 608, S. 613; *Reglement für die sämmtliche Kaiserlich-Königliche Infanterie,* Wien 1769, S. 103.

220 St. John Williams, *Judy O'Grady,* S. 49f. Zu den Frauen in Wellingtons Armee siehe auch G. Bell, *Soldier's Glory: Rough Notes of an Old Soldier,* London 1956, S. 61, 74f.

221 Charles Emmanuel de Warnery, *Des Herrn Generalmajor von Warnery sämmtliche Schriften,* Hannover o. J., Bd. II, S. 26f.

222 Linda Grant de Pauw, »Women in Combat: the Revolutionary War Experience«, *Armed Forces and Society* 7,2, Winter 1981, S. 214.

223 William H. Blumenthal, *Women Camp Followers of the Revolution,* Philadelphia 1952, S. 66, 80f.

224 Siehe David Chandler, *The Campaigns of Napoleon,* New York 1980, S. 369.

225 Elting, *Swords around a Throne,* S. 609.

226 St. John Williams, *Judy O'Grady,* S. 15.

227 Einige widersprüchliche Belege im Hinblick auf ihre wahre Identität sind aufgeführt bei L. K. Kerber, »›History Can Do it No Justice‹: Women and the Reinterpretation of the American Revolution«, in: R. Hoffman (Hg.), *Women in the Age of the American Revolution,* Charlottesville 1989, S. 11–19; Grant de Pauw, »Women in Combat«, S. 210; Blumenthal, *Camp Followers of the American Revolution,* S. 69–70; und vor allem bei Carol Klaver, »An Introduction to the Legend of Molly Pitcher«, *Minerva: Quarterly Reports on Women and the Military,* 7,2, Sommer 1994, S. 100–105.

228 F. C. Page, *Following the Drum: Women in Wellington's Wars,* London 1986, S. 32; Elting, *Swords around a Throne,* S. 610, S. 614.

229 Siehe Suzanne J. Stark, »Women at Sea in the Royal Navy in the Age of Sail, *American Neptune* 57, 2 (Frühjahr 1997), S. 101–118.

230 John Charteris, *At GHQ,* London 1931, S. 208ff.

231 Für das britische Heer siehe Myna Trustram, *Women of the Regiment: Marriage and the Victorian Army,* Cambridge 1984, S. 3, 91.

232 Blumenthal, *Camp Followers of the Revolution,* S. 68.

233 Glenda Riley, *The Female Frontier: A Comparative View of Women in the Prairie and the Plains,* Lawrence 1988, S. 160–163.

234 Linus P. Brockett, *Women at War: A Record of their Patriotic Contributions, Heroism, Toils and Sacrifice during the Civil War,* Philadelphia 1867, Neuauflage 1993, S. 19.

235 John Reed, *Mexiko in Aufruhr,* Berlin 1972, S. 187.

236 Zitiert bei R. Th. Ulrich, »Daughters of Liberty: Religious Women in Revolutionary New England«, in: Hoffman (Hg.), *Women in the Age of the American Revolution,* S. 214–217.

237 Dekker und van de Pol, *Frauen in Männerkleidern,* passim.

238 St. John Williams, *Judy O'Grady,* S. 10f.

239 Dekker und van de Pol, *Frauen in Männerkleidern,* S. 117; zu weiteren fran-

zösischen Transvestitinnen siehe Rudolf Dekker und Lotte C. van de Pol, »Republican Heroines: Cross-dressing Women in the French Revolution Armies«, *History of European Ideas* 10, 3 (1989), S. 353–363.

240 Lieselotte Popelka (Hg.), *Die Frau im Krieg* (Katalog einer Ausstellung des Heeresgeschichtlichen Museums), Wien 1986, Bd. 1, S. 45–47.

241 St. John Williams, *Judy O'Grady,* S. 10.

242 Dianne Dugaw (Hg.), *The Female Soldier: Or, the Surprising Life and Adventures of Hannah Snell,* Los Angeles, 1989 [1750]; Blumenthal, *Camp Followers of the Revolution,* S. 70.

243 Dugaw, *The Female Soldier,* S. 34.

244 Ihr eigener Bericht ist auf Deutsch unter dem Titel *Die Offizierin. Das ungewöhnliche Leben einer Kavalleristin,* Frankfurt am Main 1998, erschienen. In der Einleitung der englischen Ausgabe: Nadesha Durova, *The Cavalry Maiden: Journals of a Female Russian Officer in the Napoleonic Wars,* London 1990, findet man die Informationen, die wir sonst noch über sie haben.

245 Durowa, *Die Offizierin,* S. 30, S. 55, S. 86.

246 Jean B. Elshtain, *Women and War,* Chicago 1995, Kapitel 3.

247 Blumenthal, *Camp Followers of the Revolution,* S. 68.

248 Riley, *The Female Frontier,* S. 108.

249 Die Zahlen stammen von John W. Chambers II, *To Raise an Army: The Draft Comes to Modern America,* New York 1987, S. 290, Anm.3.

250 Magnus Hirschfeld, *Sittengeschichte des Ersten Weltkrieges,* Hanau 1929, Bd. 1, S. 249 f.

251 Ulrich, »Daughters of Liberty«, S. 236 f.

252 Ein Bild der Revolutionärin Nancy Hart soll sich in der Kongreßbibliothek befinden und ist abgedruckt bei Carol R. Berkin und Clara M. Lovett, *Women, War and Revolution,* New York 1980. Die Information über die Nancy Hart aus der Zeit des Bürgerkriegs stammt aus der *Encyclopaedia Britannica,* Bd. 11, S. 385, zum Stichwort »Summersville«.

253 Elting, *Swords around a Throne,* S. 611.

254 Mein Bericht über die brasilianischen Amazonen stützt sich auf Heaton, *The Discovery of the Amazon.*

255 Siehe C. T. Wright, »The Amazons in Elizabethan Literature«, *Studies in Philology* 37, 3 (Juli 1940), S. 444.

256 A. L. Herisse, *L'Ancien Royaume de Dahomey,* Paris 1911, S. 90.

257 Siehe Anmerkung 214 in diesem Kapitel.

258 Siehe allgemein R. Cornevin, *Histoire du Dahomey,* Paris 1962; und M. Palau-Marti, *Le Roi-Dieu au Benin,* Paris 1964.

259 Herisse, *L'Ancien Royaume de Dahomey,* S. 33, 46.

260 Dalzel, *The History of Dahomy,* S. 33, S. 126, S. 127.

261 Ebenda, S. 171–172.

262 Ebenda, S. 129.

263 Ebenda, S. 135–137.

264 Ebenda, S. 54.

265 Ebenda, S. 47.

266 Ebenda, S. 176ff.

267 *Report from the Select Committee of the House of Lords appointed to consider the best Means which Great Britain can adopt for the Final Extinction of the Slave Trade,* Sitzungsbericht 1849, S. 50–57.

268 William J. Argyle, *The Fon of Dahomey: A History and Ethnography of the Old Kingdom,* Oxford 1966, S. 63, 87f.; Helene d'Almeida-Topor, *Les Amazones: Une Armée des Femmes dans l'Afrique Précoloniale,* Paris 1984, S. 43.

269 Zitiert bei Stanley B. Alpern, *Amazons of Black Sparta. The Women Warriors of Dahomey,* New York 1998, S. 39.

270 Herisse, *L'Ancien Royaume de Dahomey,* S. 72.

271 d'Almeida-Topor, *Les Amazones,* S. 53.

272 Dalzel, *The History of Dahomey,* S. 224.

273 Robert S. Smith, *Warfare and Diplomacy in Pre-Colonial West Africa,* London 1976, S. 66.

274 L'Abbee Laffitte, *Le Dahomie, souvenirs de voyage et de mission,* Tours 1876, Kapitel 5.

275 d'Almeida-Topor, *Les Amazones,* S. 105.

276 Zu den Zielen der Kriegsführung in Dahomé siehe Dov Ronen, *Dahomey between Tradition and Modernity,* Ithaca, N. Y., 1975, S. 22.

277 Smith, *Warfare and Diplomacy in Pre-Colonial West Africa,* S. 67, S. 151.

278 Zu diesen frühen Feldzügen siehe Alpern, *Amazons of Black Sparta,* Kapitel 16 und 17.

279 L'Abbee Laffitte, *Le Dahomie,* S. 109.

280 Richard F. Burton, *A Mission to Gelele, King of Dahome,* London 1864, Bd. II, S. 82, Nachdruck 1966 in einem Band; Alpern, *Amazons of Black Sparta,* S. 158–162.

281 Alpern, *Amazons of Black Sparta,* S. 146.

282 Dalzel, *The History of Dahomy,* S. xi.

283 Ebenda, S. 48.

284 E. Chaudouin, *Trois mois de captivité au Dahomey,* Paris 1891, S. 91.

285 Alpern, *Amazons of Black Sparta,* Kapitel 19.

286 D'Almeida-Topor, *Les Amazones,* S. 96.

287 Nach Alpern, *Amazons of Black Sparta,* S. 199f.

288 Jean Porier, *Campagne du Dahomey, 1892–1894,* Paris 1895, S. 148, 199, 255.

289 D'Almeida-Topor, *Les Amazones,* S. 13–40.

290 Margery Perham (Hg.), *The Diaries of Lord Lugard,* Bd. 4, London 1963, S. 106.

291 Thomas Pakenham, *The Scramble for Africa, 1876–1912,* New York 1991, S. 461 (Dt.: *Der kauernde Löwe. Die Kolonialisierung Afrikas 1876–1912,* Düsseldorf, Wien, New York, Moskau 1994).

292 Henry Brackenbury, *The Ashanti War: A Narrative,* London 1964 [1874], Bd. 2, S. 331–332.

293 Siehe Robert Carroll, »War in the Hebrew Bible«, in: Rich and Shipley (Hg.), *War and Society in the Greek World,* S. 30f.

294 D'Almeida-Topor, *Les Amazones,* S. 105.

295 Über ihn siehe Keeley, *War before Civilisation,* S. 10ff.

296 Turney-High, *Primitive War,* S. 160.

297 Alle diese Lieder sind zitiert bei d'Almeida-Topor, *Les Amazones,* S. 61–62, 65, 80.

298 Frederick E. Forbes, *Dahomey and the Dahomeans,* London 1966, Bd. 2, S. 108; Alpern, *Amazons of Black Sparta,* S. 188.

299 D'Almeida-Topor, *Les Amazones,* S. 106; Burton, *Mission,* S. 154.

300 Alpern, *Amazons of Black Sparta,* S. 48f.

301 Dalzel, *The History of Dahomy,* S. 205.

302 Alpern, *Amazons of Black Sparta,* S. 208f.

303 Zur Rolle der Frauen bei dieser Art von Kämpfen siehe Mary A. Tétreault, *Women and Revolution in Africa, Asia, and the New World,* Columbia 1994.

304 Laura Polizzi, »Le donne nella guerra di Liberazione«, in: Fabrizio Battistelli (Hg.), *Donne e Forze Armate,* Mailand 1997, S. 130.

305 Diese Information hat mir freundlicherweise Prof. Fabrizio Battistelli vom Archivio Disarmo mitgeteilt, Rom, 22.9.1998.

306 Barbara Jancar, »Yugoslavia: War of Resistance«, in: Nancy Loring Goldman (Hg.), *Female Soldiers, Combatants or Noncombatants?,* Westport 1982, S. 85–105. Anton Bebler, »Women during the National Liberation War of Yogoslavia«, in: Johanna Hurni et al. (Hgg.), *Frauen in den Streitkräften,* Brugg 1992, S. 109, nennt etwas niedrigere Zahlen.

307 Djamila Amrane, »Algeria: Anticolonial War«, in: Loring Goldman (Hg.), *Female Soldiers,* S. 123–135.

308 Amrane, »Algeria«, S. 129.

309 Feldmarschall John Dill, Chef des Generalstabs, im Jahr 1941, zitiert bei: Lawrence James: *Imperial Rearguard. Wars of Empire, 1919–1985,* London 1988, S. 96.

310 Die Haganah war eine mit der Arbeitspartei verbundene Organisation der territorialen Selbstverteidigung; PALMACH (die Abkürzung von Palugot Machats, Stoßtruppen), war der militärische Arm der Haganah; ETSEL (Abkürzung für Irgun Tsvai Leumi, Nationale Militärorganisation) war eine rechtsgerichtete Terrororganisation, und LECHI (Abkürzung von Lochame Cherut Yisrael, Israels Freiheitskämpfer) stand noch weiter rechts. Siehe dazu Martin van Creveld, *The Sword and the Olive: a Critical History of the Israeli Defense Force,* New York 1998, Kap. 5.

311 Genaue Zahlenangaben in PALMACH-Hauptquartier, Memorandum vom 1.2.1948, PALMACH-Archiv, Akte H. 109, Nr. 5; außerdem D. Ben Gurion zu H. Tsadok, 26.4.1948, Galiläa-Archiv, Karton 2, Akte C.

312 Laura Struminger, »The Vesuviennes: Images of Women Warriors in 1848«, *History of European Ideas,* 8, 4–5 (1987), S. 451–488.

313 Barbara E. Clements, *Bolshevik Women,* London 1997, S. 178ff.

314 Griesse und Stites, »Russia: Revolution and War«, in: Loring Goldman, *Female Soldiers,* S. 179 f.

315 James Brown und Constantina Safilios-Rothschild, »Greece: Reluctant Presence«, ebenda, S. 166.

316 Kyung Ae Park, »Women and Revolution in China«, in: Tétreault, *Women and Revolution,* S. 142.

317 Karen Gottschang Turner, *Even the Women Must Fight: Memoires of the War from North Vietnam,* New York 1998, S. 4. Ein weiterer Grund, warum viele Frauen danach keine Kinder mehr bekommen konnten, soll der Einsatz von Agent Orange gewesen sein.

318 US-Admiral Elmo Zumwalt, zitiert bei Jean Zimmerman, *Tailspin: Women at War in the Wake of Tailhook,* New York 1995, S. 118.

319 Vgl. zum Beispiel Andres Resendes-Fuentes, »Battleground Women: Soldaderas and Female Soldiers in the Mexican Revolution«, *Americas,* 51, 4 (1995), S. 525–533; und David T. Mason, »Women's Participation in Central American Revolution: a Theoretical Perspective«, *Comparative Political Studies,* 25, 1 (1992), S. 63–89.

320 Gottschang Turner, *Even the Women Must Fight,* S. 27.

321 Reed, *Mexiko in Aufruhr,* S. 51, S. 64, S. 76 f., S. 115, S. 124, S. 144, S. 151, S. 155, S. 176 f., S. 187, S. 232, S. 243 f.

322 Das Zitat über »unfreiwilligen Sex« stammt aus Carolyn Nordstrom »Women and War: Observations from the Field«, *Minerva: Quarterly Reports on Women and the Military,* IX, 1 (Frühjahr 1991), S. 2, und bezieht sich auf die verschiedenen tamilischen Befreiungsbewegungen.

323 Zu den Frauen in der französischen Résistance siehe Shelly Saywell, *Women in War,* New York 1985, S. 42 ff.

324 Salmonson, *The Encyclopedia of Amazons,* S. 170; Ellis, *Celtic Women,* S. 14.

325 Peggy R. Sanday, *Female Power and Male Dominance. On the Origin of Sexual Inequality,* Cambridge 1981, S. 136 ff.

326 Armeebefehl des Oberbefehlshabers der 6. Armee, 10.10.1941, abgedruckt bei Gerd R. Ueberschär und Wolfram Wette (Hgg.), *Unternehmen Barbarossa,* Paderborn 1985, S. 33.

327 Anthony Mackler, *The New Mercenaries,* London 1985, S. 284 ff., S. 335 f.

328 Siehe auch Martin van Creveld, *Die Zukunft des Krieges,* München 1998, S. 269.

329 Franz Seidler, *Frauen zu den Waffen? – Marketenderinnen, Helferinnen, Soldatinnen,* Bonn 1998, S. 155.

330 Zu Spanien siehe Mary Nash, »Women in War: Milicianas and Armed Combat in Revolutionary Spain, 1936–1939«, *International History Review,* 15, 2 (1993), S. 269–282; zu Israel siehe van Creveld, *The Sword and the Olive,* Kap. 8; zu Vietnam Gottschang Turner, *Even Women Must Fight,* S. 9, und zu Eritrea den Artikel »Eritrea: The Kitchen Calls«, *Economist,* 25.6.1994.

331 Franz Weiss, »Die personelle Zusammensetzung der Führungskräfte der

Wiener Gestapoleitstelle zwischen 1938 und 1945«, *Zeitgeschichte,* 20, 7–8 (1993), S. 247. Der Gerechtigkeit halber sei angemerkt, daß die leitenden Funktionen alle von Männern besetzt waren.

332 George L. Mosse, *Gefallen für das Vaterland. Nationales Heldentum und namenloses Sterben,* Stuttgart 1993, Kap. 4.

333 Zu den Deutschen siehe Regina Schulte, »Die Schwester des kranken Kriegers: Krankenpflege im Ersten Weltkrieg als Forschungsproblem«, *BIOS,* 7, 1 (1994), S. 87–100.

334 Jeffrey M. Tuten, »Germany and the World Wars«, in: Goldman Loring (Hg.), *Female Soldiers,* S. 49.

335 Nancy Loring Goldman und Richard Stites, »Great Britain and the World Wars«, ebenda S. 24ff.

336 Eine solche Frau beschreibt Julie Wheelwright, »Flora Sanders: a Military Maid«, *History Today,* 39 (März 1989), S. 42–48.

337 St. John Williams, *Judy O'Grady,* S. 175f.

338 Jean Ebbert und Marie-Beth Hall, *Crossed Currents: Navy Women from WWI to Tailhook,* London 1993, S. 3ff.

339 Ebenda, S. 10ff.

340 Zahlenangaben nach Jeanne Holm, *Women in the Military, an Unfinished Revolution,* Novato 1992, S. 10f.

341 Griesse und Stites, »Russia: Revolution and War«, in: Loring Goldman, *Female Soldiers,* S. 63f.

342 Nach Magnus Hirschfeld, *Sittengeschichte des Ersten Weltkrieges,* Bd. 1, S. 198.

343 Die Memoiren von Denikin werden zitiert bei Sergei Drokow, »Der Gründer der Todesschwadronen der Frauen« [in russischer Sprache], *Voprosse Historii,* Juli 1993, S. 164–169.

344 Die beiden unterschiedlichen Ortsangaben finden sich bei Salmonson, *The Encyclopedia of Amazons,* S. 27f., offensichtlich ohne daß die Autorin den Widerspruch bemerkt hätte.

345 Zitiert bei Julie Wheelwirght, *Amazons and Military Maids: Women Who Dressed as Men in the Pursuit of Life, Liberty and Happiness,* Cambridge 1989, S. 129.

346 Hirschfeld, *Sittengeschichte des Ersten Weltkriegs,* S. 206.

347 Nach Richard Stites, *The Women's Liberation Movement in Russia: Feminism, Nihilism and Bolshevism, 1860–1920,* Princeton 1978, S. 296f.

348 Nach William H. Chamberlain, *The Russian Revolution 1917–1921,* London 1935, Bd. 1, 318.

349 Siehe Richard Abraham, »Maria L. Bochkareva and the Russian Amazons of 1917«, in: Linda Edmondson (Hg.), *Women and Society in Russia and the Soviet Union,* Cambridge 1992, S. 140f.

350 Chamberlain, *The Russian Rvolution,* Bd. 1, S. 318; Marc Fero, *October 1917, A Social History of the Russian Revolution,* London 1976, S. 254. Beide stützen sich offensichtlich auf John Reed, *Ten Days that Shook the World,* London 1926 [1920], S. 117, S. 144, S. 155.

351 *Yashka: My Life as Peasant, Officer, and Exile,* New York 1919.

352 Die Ironside-Memoiren, zitiert bei Drokow, »Der Gründer der Todesschwadronen der Frauen«.

353 Sergei W. Drokow, »Die Ergebnisse der Befragung des Gründers der St. Petersburger Frauen-Todesschwadron« [in russischer Sprache], *Otechestrennye Arkhivy,* 1 (1994), S. 50–66.

354 Barbara E. Clemens, *Bolshevik Women,* London 1997, S. 177.

355 Elizabeth A. Wood, *The Baba and the Comrade: Gender and Politics in Revolutionary Russia,* Bloomington 1997, S. 56.

356 Abraham, »Maria L. Bochkareva«, S. 134.

357 »Memorandum for the Assistant Chief of Staff, G-1. Subject: ›Participation of Women in War‹«, 21. September 1928, War Department, Women's Auxiliary Corps, 314.7.

358 Vgl. Mario Roatta, *Otto millioni di baionette,* Mailand 1946.

359 Die beste Darstellung der Organisation gibt Seidler, *Frauen zu den Waffen?* S. 257–261; siehe auch Sampo Ahto, »Die finnische Lotta-Bewegung im Zweiten Weltkrieg«, in: Hurni et al. (Hgg.), *Frauen in den Streitkräften,* S. 93–99.

360 Christian Benoît, »Des Femmes dans l'Armée de Terre, 1940–1945«, *Revue Historique des Armées,* 3 (1994), S. 39–47.

361 Saywell, *Women in War,* S. 42ff.

362 Mariano Vigano, »Aspetti organizzativi del Servizio ausiliario nella RSI«, in: Battistelli, *Donne e Forze armate,* S. 85–115.

363 Sandra Wilson, »Mobilizing Women in Interwar Japan: the National Defense Women's Association and the Manchurian Crisis«, *Gender and History* 7, 2 (1995), S. 295–314.

364 Loring Goldman und Stites, »Great Britain and the World Wars«, in: Loring Goldman (Hg.), *Female Soldiers,* S. 30f.

365 St. John Williams, *Judy O'Grady,* S. 191.

366 Leisa D. Meyer, *Creating GI Jane: Sexuality and Power in the Women's Army Corps,* New York 1996, S. 13.

367 Ebenda, S. 73ff. Genaue Zahlen nennt auch Ann Campbell, »Servicewomen in World War II«, *Armed Forces and Society,* 16, 2 (Winter 1990), S. 251–270.

368 Time, 28.9.1942, S. 60; George Quester, »The Problem«, in: Loring Goldman (Hg.), *Female Soldiers,* S. 225.

369 Meyer, *Creating GI Jane,* S. 108; siehe auch Holm, *Women in the Military,* Kap. 8.

370 Samuel A. Stouffer et al., *The American Soldier,* Princeton 1949, Bd. I, S. 44ff.

371 Meyer, *Creating GI Jane,* S. 8, S. 34f., S. 36–39, S. 152f.

372 Brian Mitchell, *Women in the Military: Flirting with Disaster,* Washington 1998, S. 4.

373 George Q. Flynn, *The Mess in Washington: Manpower Mobilization in World War II,* Westport 1979, S. 190–209.

374 Siehe aktuell dazu die Erinnerungen einer dieser Frauen: Ilse Schmidt, *Die Mitläuferin. Erinnerungen einer Wehrmachtsangehörigen,* Berlin 1999, S. 37 f., S. 43 ff., S. 74 f.

375 Hitler-Rede an die NS-Frauenschaft, 1936, zitiert bei George L. Mosse, *Der nationalsozialistische Alltag,* Königstein/Ts. 1978, S. 64.

376 Seidler, *Frauen zu den Waffen?* S. 60, S. 74.

377 Zahlen nach Meyer, *Creating GI Jane,* S. 76 f.

378 Vgl. auch die Angaben bei Ebbert und Hall, *Crossed Currents,* S. 89 f.

379 Meyer, *Creating GI Jane,* S. 80–85.

380 Ebenda, S. 8, S. 180.

381 Holm, *Women in the Military,* Kap. 8; Ebbert und Hall, *Crossed Currents,* S. 78.

382 Meyer, *Creating GI Jane,* S. 133 f., S. 139.

383 Stephen J. Diensterey, »Women Veterans' Exposure to Combat«, *Armed Forces and Society* 14, 4 (Sommer 1988), S. 593, S. 599.

384 Siehe Holm, *Women in the Military,* Kap. 6.

385 Frederick Pile, *Ack-Ack, Britain's Defence Air Attack During the Second World War,* London 1949, S. 186.

386 Ebenda, S. 187.

387 Ebenda, S. 190 ff.

388 Gerard J. DeGroot, »Whose Finger on the Trigger? Mixed Anti-Aircraft Batteries and the Female Combat Taboo«, *War in History* 4, 4 (November 1997), S. 441.

389 Griesse und Stites, »Russia: Revolution and War«, in: Loring Goldman, *Female Soldiers,* S. 68–78.

390 W. W. Patschlopkin, *Der Große Krieg und der Frieden, der nicht kam, 1941–1945* [in russischer Sprache], Moskau 1997, S. 145. Patschlopkins Vorname war nicht zu eruieren, aber nach der Form des Nachnamens handelt es sich eindeutig um einen Mann.

391 Gaby Gorodezki, *Der Mythos vom »Eisbrecher«* [in russischer Sprache], Moskau 1995, S. 21. Für Hilfe beim russischen Material danke ich Alexander Epstein von der Hebrew University, Jerusalem.

392 Viktor Suworow, *Der Tag M* [in russischer Sprache], Moskau 1994, S. 476.

393 Campbell, »Servicewoman in World War II«, S. 318 f.

394 Griesse und Stites, »Russia: Revolution and War«, in: Loring Goldman, *Female Soldiers,* S. 68–78.

395 Presidential Commission on the Assignment of Women in the Military, *Report to the President,* S. C-64.

396 Zur sowjetischen Politik siehe Françoise Navailh, »Das sowjetische Modell«, in: Françoise Thébaud (Hg.), *Geschichte der Frauen,* Bd. 5: 20. Jahrhundert, Kap. 8; über den unterschiedlichen Anteil von Männern und Frauen an der Hausarbeit und den Rückgang der Geburtenrate siehe Lynne Attwood, *The New Soviet Man und Women. Sex-Role Socialization in the USSR,* Bloomington 1990, S. 142 ff., S. 170–174.

397 Patschlopkin, *The Great War,* S. 145.
398 Über die israelischen Frauen siehe weiter unten im vorliegenden Buch.
399 N. A. Antipenko, *In der Hauptrichtung,* Berlin 1973, S. 350 ff.
400 Swetlana Alexijewitsch, *Der Krieg hat kein weibliches Gesicht, Hamburg 1989,* S. 170.
401 Patschlopkin, *The Great War,* S. 146.
402 Während die Deutschen bei den Männern immer zwischen »Rotarmisten« und »Banditen« unterschieden, waren *alle* sowjetischen Frauen »Flintenweiber« oder »entartete Weiber«. Persönliche Mitteilung von Daniel Uziel, 16. November 1998, auf der Grundlage seiner Arbeit in deutschen Archiven.
403 Albert Seaton, *The Russo-German War, 1941–1945,* London 1971, S. 89.
404 Alexijewitsch, *Der Krieg hat kein weibliches Gesicht,* S. 178 f.
405 Ebenda, S. 165.
406 Patschlopkin, *The Great War,* S. 146.
407 Anne Noggle, *A Dance with Death, Soviet Airwomen in World War II,* College Station 1994.
408 Sergeant Soja Malkowa, in: Noggle, *A Dance with Death,* S. 218.
409 Hauptmann Marija Dolina, Pilotin und stellvertretende Schwadronskommandantin, ebenda, S. 119.
410 SBS-Film »The Night Witches«, 1995. Ich danke den Angehörigen des Australian Defence Studies Centre für den Hinweis auf diesen Film.
411 Noggle, *A Dance with Death,* S. 105.
412 Nicht genannte »Höhere Russische Offiziere«, zitiert in: The Presidential Commission on the Assignment of Women in the Military, *Report to the President,* S. C-65.
413 Paul Carell, *Hitler Moves East, 1941–1943,* New York 1965, S. 493.
414 Oberleutnant Anna Timofejewa-Jegorowa, in: Noggle, *A Dance with Death,* S. 225.
415 Leutnant Olga Lisikowa, ebenda, S. 241, S. 244.
416 Ebenda, S. 84.
417 Ebenda, S. 147.
418 Ebenda, S. 184. »Pankration« bedeutet auf Griechisch »alle Arten von Kampf«. Ist es nur ein Zufall oder war Pankratowa eine zweite Molly Pitcher?
419 Leutnant Alexandra Popowa, Steuermann, in: Alexijewitsch, *Der Krieg hat kein weibliches Gesicht,* S. 161.
420 Oberleutnant Alexandra Akimova, Steuermann, in: Noggle, *A Dance with Death,* S. 94.
421 Hauptmann Marija Doma, Pilotin, ebenda, S. 123.
422 Hauptmann Alexandra Makarow, Stabschef des 125. Bomberregiments, ebenda S. 166.
423 Ebenda, S. 202.
424 Leutnant Olga Lisikowa, ebenda, S. 242.
425 Oberleutnant Marija Aklinia, Pilotin, ebenda, S. 98.

426 Feldwebel Antonia Lepilina, Mechaniker, ebenda, S. 130.
427 Ebenda, S. 151, S. 204.
428 Film »The Night Witches«.
429 Noggle, *A Dance with Death,* S. 214.
430 Ebenda, S. 215.
431 Ebenda, S. 193.
432 Zu diesem Thema siehe Alexijewitsch, *Der Krieg hat kein weibliches Gesicht,* S. 183–200.
433 Noggle, *A Dance with Death,* S. 102 f., S. 126.
434 Ebenda, S. 105.
435 Oberfeldwebel Jekaterina Pulonina, Mechaniker, ebenda, S. 163.
436 Klaudia Pankratowa, ebenda, S. 184.
437 Über den rechtlichen Status der Frauen, die für die Wehrmacht arbeiteten, siehe Rudolf Absolon, *Fraueneinsatz im Kriege,* Kornelienmünster 1953 (Landesarchiv Nordrhein-Westfalen), S. 10 ff.
438 Seaton, *The Russo German War,* S. 89.
439 H. Boog, »German Air Intelligence in the Second World War«, in: M. I. Handel (Hg.), *Intelligence and Military Operations in World War II,* London 1990, S. 354.
440 Einige Frauen flogen allerdings auch in männlichen Regimentern mit, die mit modernen Yak-1-Jagflugzeugen ausgerüstet waren, siehe den Film »The Night Witches«.
441 Alexandra Popowa in Alexijewitsch, *Der Krieg hat kein weibliches Gesicht,* S. 160.
442 Noggle, *A Dance with Death,* S. 179, S. 207 f. Die rumänischen Piloten haben die Geschichten vielleicht erfunden, um sich bei ihren neuen sowjetischen Herrn beliebt zu machen.
443 *The Seven Military Classics of Ancient China,* hrsg. von Ralph D. Sawyer, Boulder 1993, S. 33. Dieser Ratschlag wird wiederholt auf S. 56 f., S. 59, S. 64 und S. 302.
444 Siehe Julie Wheelwright, *The Fatal Lover: Mata Hari and the Myth of Women in Espionage,* London 1992.
445 Siehe Michael Dewar, *The British Army in Northern Ireland,* London 1985, S. 133, S. 136, S. 144.
446 Douglas Porch, *The French Secret Services, from the Dreyfus Affair to the Gulf War,* New York 1995, S. 309 f.; Sandra C. Taylor, »Long-Haired Women, Short Haired Spies: Gender Espionage and America's War in Vietnam«, *International and National Security,* 13,2, Sommer 1998, S. 61–70.
447 Ein Beispiel für das Gegenteil wird bei Plutarch, *Moralia* 245 c–f angeführt: Die argivischen Frauen verteidigten ihre Stadt erfolgreich gegen die Spartaner.
448 Arrian, *Der Alexanderzug* VIII,9,1–13. Arrrians Quelle für seine Berichte über Indien war Megasthenes, ein Zeitgenosse Alexanders.
449 Zu Griechenland siehe Xenophon, *Oikonomikos* 7,5. Zu all diesen Gesellschaften außer Gent siehe André Burguière et al. (Hgg.), *Geschichte*

*der Familie,* 4 Bde, Frankfurt am Main 1996–1998. Zu Gent siehe David Nicholas, *The Domestic Life of a Medieval City: Women, Children, and the Family in Fourteenth-Century Ghent,* Lincoln 1985, S. 24.

450 Die Informationen zum europäischen Heiratsmuster stammen aus P. J. P. Goldberg, *Women, Work and Life Cycle in a Medieval Economy,* Oxford 1992, S. 204 ff.; siehe außerdem Peter Laslett, *Family Life and Illicit Love in Earlier Generations,* Cambridge 1977, S. 220.

451 Bonnie G. Smith, *Ladies of the Leisure Class: the Bourgeoises of Northern France in the Nineteenth Century,* Princeton 1981, S. 224.

452 Laslett, *Family Life,* S. 139, Tafel 3.3; Daniel S. Smith, »The Dating of the American Sexual Revolution: Evidence and Interpretation«, in: Michael Gordon (Hg.), *The American Family in Socio-Historical Perspective,* New York 1973, S. 323.

453 Lesley Doyal, *What Makes Women Sick. Gender and the Political Economy of Health,* London 1995, S. 50; Jared Diamond, *Why Sex is Fun,* London 1997, S. 38 (dt.: *Warum macht Sex Spaß? Die Evolution der menschlichen Sexualität,* München 1998). Small, *Female Choices,* S. 78, setzt den zusätzlichen Verbrauch während der Stillzeit auf 2000 Kilokalorien an.

454 Doyal, *What Makes Women Sick,* S. 110. Einige Wissenschaftler verbinden die Tatsache, daß Frauen heute sehr viel mehr Menstruationszyklen durchlaufen, mit der Verbreitung von Brustkrebs.

455 Zum Lebenszyklus von Frauen in Jäger- und Sammlergesellschaften siehe J. B. und C. S. Lancastar, »Parental Investment: the Hominid Adaptation«, in: Donald J. Ortner (Hg.), *How Humans Adapt: a Biocultural Odyssey,* Washington 1983, S. 43–51; außerdem Ernestine Friedl, *Women and Men, an Anthropologist's View,* New York 1975, S. 17.

456 Nach Jared Diamond, *Guns, Germs and Steel: a Short History of Everybody for the Last 13 000 Years,* New York 1998, S. 89. (dt.: Arm und Reich: Die Schicksale menschlicher Gesellschaften, Frankfurt 1998.)

457 Siehe Alice Kessler-Harris, *Women Have Always Worked: a Historical Overview,* Westbury 1981, S. 28 f.

458 Siehe Ansley J. Coale et al., *Human Fertility in Russia since the Nineteenth Century,* Princeton 1979, S. 16, Tafel 2.1.

459 José Miguel Guzman et al. (Hg.), *The Fertility Transition in Latin America,* Oxford 1996, S. 5, Tafel 1.1.

460 G. B. S. Mujahid, »Female Labor Force Participation in Jordan«, in: Juanida Abu Nasr et al. (Hg.), *Women, Employment and Development in the Arab World,* Berlin 1985, S. 123, Tafel 7.

461 Iqbal H. Shah und John G. Cleland, »High Fertility in Blangladesh, Nepal, and Pakistan: Motives Vs. Means«, in: Richard Lefte und Iqbal Alam (Hg.), *The Revolution in Asian Fertility: Dimensions, Causes and Implications,* Oxford 1993, S. 183, Tafel 10.3.

462 Small, *Female Choices,* S. 2, 29, 51–52.

463 Siehe Hilary Standing, *Dependence and Autonomy: Women's Employment and the Family in Calcutta,* London 1991, S. 78–90.

464 In den Kibbuzim waren es die Frauen, die in den siebziger Jahren des 20. Jahrhunderts forderten, daß die Kinder nicht mehr gemeinschaftlich versorgt werden, sondern wieder zurück ins Haus kommen sollten. Die Erinnerungen einer Frau, die das ausprobiert hat, kann man bei Amia Lieblich, *Kibbuts Makom,* New York, S. 33 ff. nachlesen.

465 Small, *Female Choices,* S. 189–199.

466 Wrangham und Peterson, *Demonic Males,* S. 181.

467 Die Daten sind zusammengestellt in Mitchell, *Women in the Military,* S. 141 f.

468 Nach Diamond, *Guns, Germs and Steel,* S. 375.

469 Glenn Zorpette, »The Mystery of Muscle«, *Scientific American* 10,2, Sommer 1999, S. 48.

470 Jeff F. Tuten, »The Argument against Female Combatants«, in: Loring Goldman (Hg.), *Female Soldiers,* S. 247 f.

471 Desmond Morris, *Der Mensch, mit dem wir leben. Ein Handbuch unseres Verhaltens,* München 1977, S. 231.

472 Presidential Commission on the Assignment of Women in the Armed Forces, *Report to the President,* S. C-74.

473 Morris, *Der Mensch, mit dem wir leben,* S. 231 f.

474 Israelischer Rundfunk, 20.3.1999.

475 Doreen Kimura, »Sex Differences in the Brain«, *Scientific American* 10, 2 (Sommer 1999), S. 27.

476 Presidential Commission on the Assignment of Women in the Armed Forces, *Report to the President,* S. C-64.

477 Sallust, *Krieg gegen Jugurtha.*
Das geht sogar so weit, daß selbst in den »fortschrittlichsten« Armeen sehr wenige Frauen Wache stehen, weil man Angst hat, daß sie angegriffen werden.

478 Herodot, *Historien* IX,62,3; Diodor, *Bibliotheca Historica* XII,70,3; XV,39,1; 87,1; Plutarch, *Moralia* 639 f. Siehe außerdem John Lazenby, »The Killing Zone«, in: Hanson (Hg.), *Hoplites,* S. 99 f.

479 *Hellenika* IV,3,19.

480 Siehe die Diskussion bei Xenophon, *Kyropaideia* 2,16–18. Experimente haben gezeigt, daß die römischen Waffen und Rüstungen am besten geeignet sind für »sehr kräftige Männer von etwa 175–185 cm Größe«; Junkelmann, *Die Legionen des Augustus,* S. 106.

481 Anthony M. Snodgrass, *Arms and Armor of the Greeks,* Ithaka, N. Y., 1967, S. 135. (Dt.: *Wehr und Waffen im antiken Griechenland,* Mainz 1984)

482 *Samuel* 17,8.

483 Eine kurze Auflistung findet man bei Victor D. Hanson, *The Western Way of War: Infantry Battle in Classical Greece,* New York 1989, S. 55–88.

484 Victor D. Hanson, »Hoplite Technology in Phalanx Battle«, in: Hanson (Hg.), *Hoplites,* S. 69. Ebenso derselbe, *The Wars of the Ancient Greeks,* London 1999, S. 38, 58 f.

485 Zu Experimenten mit griechischer Ausrüstung siehe Walter Donlan und J. Thompson, »The Charge at Marathon: Herodotus 6.112«, *Classical Quarterly* 71, 1976, S.339–343; mit römischer Ausrüstung Junkelmann, *Die Legionen des Augustus,* S. 196.

486 Xenophon, *Anabasis* VI,1,5–13.

487 Arrian, *Der Alexanderzug* VII,13,2.

488 z. B. *Ilias* XII,445–462; *Odyssee* XXI,405 ff.

489 Siehe Ronald Ewart Oakeshott, *The Sword in the Age of Chivalry,* Woodbridge 1994 [1964], S. 42–47; außerdem den Katalog zur Ausstellung: *Das Wiener Bürgerliche Zeughaus: Rüstungen und Waffen aus fünf Jahrhunderten,* hrsg. von Günter Düriegl, Wien 1977, S. 104 ff.

490 Zur griechischen Armbrust siehe Hermann Diels, *Antike Technik,* Leipzig 1924, S. 23; zu der Kraft, die man brauchte, um einen Bogen zu spannen, David Edge und John M. Paddock, *Arms and Armor of the Medieval Knight,* New York 1990, S. 89 f.

491 Siehe Ralph Payne-Gallwey, *The Crossbow, Medieval and Modern,* New York 1958, S. 309.

492 Siehe Martin van Creveld, *Technology and War, from 2000 B. C. to the Present,* New York 1988, S. 54.

493 Siehe William L. Rodgers, *Greek and Roman Naval Warfare,* Annapolis 1938 [1934], S. 230 f.

494 Wenn die Kräfte nicht ausreichten, konnte allerhand passieren – vgl. Platon, *Laches* 183 d.

495 Siehe H. T. Wallinga, *The Boarding Bridge of the Romans,* Groningen 1956.

496 Zum Entern siehe John Guilmartin, *Gunpowder and Galleys,* Cambridge 1974, S. 92 f.; außerdem Richard Harding, »Naval Warfare, 1453–1815«, in: Jeremy Black (Hg.), *European Warfare 1453–1815,* New York 1999, S. 103–107.

497 Guilmartin, *Gunpowder and Galleys,* S. 207.

498 Elting, *Swords around a Throne,* S. 490 f.

499 Maximilian von Poseck, *Die deutsche Kavallerie 1914 in Belgien und Frankreich,* Berlin 1921, passim.

500 Elting, *Swords around a Throne,* S. 259.

501 Frances Gies, *The Knight in History,* New York 1984, S. 201.

502 Eine detaillierte Übersicht bei Christopher Duffy, *The Military Experience in the Age of Reason,* London 1988, S. 188.

503 Ulrich Bräker, *Der arme Mann im Tockenburg,* Osnabrück 1980 [1852], S. 138.

504 Van Creveld, *Supplying War,* Kapitel 3.

505 All diese Zahlen finden sich bei Junkelmann, *Die Legionen des Augustus,* S. 199.

506 William Greider, *Fortress America,* New York 1998, S. 125.

507 Zu Freuds Ansichten siehe Elisabeth Young-Bruehl, *Freud on Women,* New York 1990, S. 346–362, 272–282.

508 Karen Horney, »The Flight from Womanhood«, *International Journal for*

*Psycho-Analysis* 7, 1926, S. 330; dieselbe, »The Dread of Women«, *International Journal for Psycho-Analysis* 13 (1932), S. 359; H. L. und R. R. Ansbacher (Hgg.), *The Individual Psychology of Alfred Adler,* New York 1956, S. 50, S. 452 (dt.: *Alfred Adlers Individualpsychologie,* 4. Aufl., München, Basel 1995); Peggy R. Sanday, *Female Power and Male Dominance: on the Origins of Sexual Inequality,* Cambridge 1987, S. 78; Jill K. Conway u. a. (Hg.), *Learning about Women,* Ann Arbor 1989, S. xxvi; und J. Rutherford, *Men's Silences,* London 1992, S. 180 f.

509 Chodorow, *Feminism and Psychoanalytic Theory,* S. 32–41; Walter Ong, *Fighting for Life,* Ithaca, N. Y., 1973, S. 71.

510 Andrea Dworkin, *Pornography: Men Possess Women,* New York 1981, S. 49 ff. (dt.: *Pornographie. Männer beherrschen Frauen,* Frankfurt a. M. 1990).

511 Philip L. Newman und David J. Boyd, »The Making of Men: Ritual and Meaning in Awa Male Initiation«, in: Gilbert H. Herdt (Hg.), *Rituals of Manhood: Male Initiation on Papua New Guinea,* London 1998, S. 278.

512 Siehe Elisabeth Badinter, *XY – Die Identität des Mannes,* München 1993, Kapitel 3.

513 Siehe dazu zuletzt David G. Gilmore, *Mythos Mann. Rollen, Rituale, Leitbilder,* München 1991.

514 Fitz John Porter Pole, »The Ritual Forging if Identity«, in: Herdt (Hg.), *Rituals of Manhood,* S. 123.

515 Gilbert H. Herdt, »Fetish and Fantasy in Sambia Initiation«, in: Herdt (Hg.), *Rituals of Manhood,* S. 79.

516 Fitz John Porter Pole, »The Ritual Forging of Identity«, S. 123.

517 Deborah B. Gewertz, »The Father Who Bore Me: the Role of *Tsambunwuro* during Chambri Initiation Ceremonies«, in: Herdt (Hg.), *Rituals of Manhood,* S. 298.

518 Nancy C. Lutkehaus, »Feminist Anthropology and Female Initiation in Melanesia«, in: Nancy C. Lutkehaus und Paul B. Roscoe (Hg.), *Gender Rituals: Female Initiation in Melanesia,* London 1995, S. 29.

519 Margaret Mead, *Brombeerblüten im Winter,* Reinbek bei Hamburg 1978, S. 169.

520 Siehe Arnold M. Cooper, »What Men Fear: the Facade of Castration Anxiety«, in: Gerald I. Fogel u. a. (Hg.), *The Psychology of Men: New Psychoanalystic Perspectives,* New York 1987, S. 113.

521 Platon, *Politeia* 445 d.

522 Zum Verständnis des Kriegs als Sport vgl. vor allem Friedrich Nietzsche, *Also sprach Zarathustra,* Sämtliche Werke Bd. 4, München 1980, S. 58 ff.; van Creveld, *Die Zukunft des Krieges,* Kapitel 6; und Ehrenreich, *Blutrituale,* Kapitel 7; sowie Cora Stephan, *Das Handwerk des Krieges,* Berlin 1998, S. 158–163.

523 *Exodus* 12,36 f.

524 Tacitus, *Germania* 18.

525 Joachim Bumke, *Studien zum Ritterbegriff im 12. und 13. Jahrhundert,* Hei-

delberg 1964, S. 101–111. Er verwendet die Begriffe »ze man werden« und »swert leiten«.

526 Thomas Spear, *Kenya's Past,* London 1981, S. 63–67; Ifi Amadiume, *Male Daughter, Female Husbands: Gender and Sex in an African Society,* London 1987, S. 94ff. (dt.: *Männliche Töchter, weibliche Ehemänner, Soziale Rollen und Geschlecht in einer afrikanischen Gesellschaft,* Zürich 1996); Turney-High, *Primitive War,* S. 162f.

527 M. B. Davie, *The Evolution of War: A Study of Its Role in Early Societies,* New Haven 1929, S. 33; Gilmore, *Mythos Mann,* S. 80.

528 *Ilias* VI,124; VII,114. Für eine tiefergehende Diskussion der Verbindung zwischen Krieg und Männlichkeit bei den Griechen siehe vor allem Blok, *Early Amazons,* S. 251–255; 181.

529 Zu einer Diskussion der griechischen Terminologie siehe E. Vermeule, *Aspects of Death in Early Greek Art and Poetry,* Berkeley 1979, S. 101; zur hebräischen Begrifflichkeit Sion, *Images of Manhood,* S. 90ff. Eine allgemeine Untersuchung der gemeinsamen Terminologie von Krieg und Sex findet sich bei Denis de Rougemont, *Passion and Society,* London o. J., S. 248ff.

530 Siehe D. H. J. Morgan, »Theater of War: Combat, the Military and Masculinities«, in: H. Brod und M. Kaufman (Hg.), *Theorizing Masculinities,* Thousand Oaks 1994.

531 Margaret Mead, *Male and Female,* London 1949, S. 159f. (dt.: *Mann und Weib,* Frankfurt am Main 1992).

532 Siehe Robert Wenke, *Patterns in Prehistory: Humankind's First Three Million Years,* New York 1990, S. 120f.

533 Chawwa Wijnberg, »If Men were to Bleed«, in: Elly de Waard (Hg.), *Die niewe wilden in the poezie* 2, Amsterdam 1988. Übersetzung von P. Niewint.

534 Einige Ansätze zu einer Erklärung finden sich in Freuds Vorlesung des Jahres 1932, »Weiblichkeit«, in: Young-Bruehl (Hg.), *Freud on Women,* S. 346–362; Horney, »The Flight from Womanhood«; ebenso Dworkin, *Pornography,* S. 17f.

535 Segal, *Ist die Zukunft weiblich?,* S. 13; Betty Reardon, *Sexism and the War System,* New York 1985, S. 47; Viola Klein, *The Feminine Character,* London 1946, S. 72.

536 Kate Millett, *Sexual Politics,* New York 1971, S. 119; vgl. die deutsche Ausgabe: *Sexus und Herrschaft,* München 1974, S. 163.

537 Linda H. Francke, *Ground Zero; The Gender Wars in the Military,* New York 1997, S. 41.

538 L. R. Goldberg, »Simple Models of Simple Processes?«, *American Psychologist* 23, 1968, S. 483–495; G. I. Pheterson et al., »An Evaluation of the Performance of Women as a Function of their Sex, Achievement and Personal History«, *Journal of Personality and Social Psychology* 19 (1971), S. 114–118.

539 Die Belege sind zu finden bei Catherine Hakim, *Key Issues in Women's*

*Work: Female Heterogenity and the Polarisation of Women's Employment,* London 1996, S. 108, 115, 117.

540 Christine E. Bose, *Jobs and Gender. A Study of Occupational Prestige,* New York 1985, S. 53; siehe auch Elizabeth Fox-Genovese, *Ich bin keine Feministin, aber...,* Reinbek bei Hamburg 1999, S. 158f.

541 Friedrich Nietzsche, *Beyond Good and Evil,* Harmondsworth 1969, S. 145. (dt.: *Jenseits von Gut und Böse,* in: Sämtliche Werke Bd. 5, München 1974)

542 Bose, *Jobs and Gender,* S. 36, 98; Bernard E. Whitely, Jr., »Sex Roles and Psychotherapy: a Current Appraisal«, *Psychological Bulletin* 86, 6 (1979), S. 1309–1321.

543 Bose, *Jobs and Gender,* S. 68.

544 Zur Situation in den USA siehe Barbara F. Reskin und Patricia A. Roos, *Job Queues, Gender Queues: Explaining Women's Inroads into Male Occupations,* Philadelphia 1997, S. 122–125, 133–141, 157–163, 175–181, 193–202; für Westeuropa Rose-Marie Lagrave in: Françoise Thébaud (Hg.), *Geschichte der Frauen,* Bd. 5.

545 Tavris und Wade, *The Longest War,* S. 24; Lagrave, »A Supervised Emancipation«, S. 486; Betty Friedan, *Beyond Gender,* Washington, D. C., 1997, S. 34.

546 Reskin und Roos, *Job Queues, Gender Queues,* S. 15.

547 *Economist,* 26.9.1998, S. 108.

548 Siehe zuletzt: Martin van Creveld, *Aufstieg und Untergang des Staates,* München 1999.

549 Aristophanes, »Lysistrate«, *Antike Komödien,* hrsg. von Hans-Joachim Neniger, München 1968, 672–683.

550 Königin von Karien. Nach Darstellung des anonymen *Tractatus de Mulieribus,* 13, begleitete sie Xerxes auf seinem Feldzug nach Griechenland im Jahr 480 vor Christus.

551 Mikon war der Maler des Parthenon. Er schuf ein Gemälde mit Amazonen zu Pferde, das sehr berühmt wurde.

## Teil III: 1945 und danach

1 Die beste Untersuchung über die Auflösung des Zusammenhangs zwischen Sieg und Überleben sowie über die nukleare Strategie insgesamt ist nach wie vor das Buch von Thomas Schelling, *Arms and Influence,* New Haven 1966.

2 Bernhard Brodie et al., *The Absolute Weapon,* New York 1946, Kap. 1, und Ders., »The Atom Bomb as Policy Maker«, *Foreign Affairs* 27, 1 (Oktober 1948), S. 1–16.

3 Die nach wie vor beste Geschichte der nuklearen »Strategie« ist Lawrence Freedman, *The Evolution of Nuclear Strategy,* New York 1981.

4 Siehe zum Beispiel John F. C. Fuller, *The Conduct of War,* London 1961, S. 321 ff.

5 P. M. S. Blackett, *The Military and Political Consequences of Atomic Energy,* London 1948, Kap. 10.

6 Den sowjetischen Weg zur Atombombe beschreibt aktuell David Holloway, *Stalin and the Bomb,* New Haven 1994.

7 Zu derartigen Berechnungen siehe Alain Enthoven, *How Much is Enough? Shaping the Defense Budget, 1961–1969,* New York 1971.

8 Siehe aktuell dazu Tariq Rauf, »Disarmament and Non-Proliferation Treaties«, in: G. A. Wood und Lewis S. Leland jr. (Hgg.), *State and Sovereignty. Is the State in Retreat?,* Dunedin 1997, S. 142–188.

9 Siehe beispielsweise *Public Opinion Quarterly* 14 (Frühjahr 1950), S. 182 (die sowjetische Bombe), Roberto Ducci, »The World Order in the Sixties«, *Foreign Affairs* 43, 3 (April 1964), S. 379–390 (die chinesische Bombe), und A. Myrdal »The High Price of Nuclear Arms Monopoly«, *Foreign Policy* 18 (Frühjahr 1975), S. 30–43 (die indische Bombe).

10 Zur detaillierten Erörterung, warum der zwischenstaatliche Krieg seit 1945 an Bedeutung verloren hat, siehe Martin van Creveld, *Nuclear Proliferation and the Future of Conflict,* New York 1993, Kap. 1; siehe auch Evan Luard, *The Blunted Sword. The Erosion of Military Power in Modern World Politics,* London 1988.

11 Das Internationale Institut für Strategische Studien listet für jedes Land die aktuelle Stärke der Streitkräfte auf, *The Military Balance, 1994–95,* London 1995.

12 Richard Overy, *The Air War 1939–1945,* London 1980, S. 308 f.

13 Vortrag von Dr. Daniel Goure (CSIS) in Bonn am 22.9.1999.

14 Die beste Analyse der Kostenentwicklung ist nach wie vor Franklin Spinney, *Defense Facts of Life,* Boulder 1986.

15 BBC-Sendung am 25.2.1998.

16 Berechnungen dazu liefern Neville Brown, *The Future of Air Power,* New York 1986, S. 88; John A. Warden, »Air Theory for the Twenty-First Century«, in: Karl P. Magyar (Hg.), *Challenge and Response: Anticipating US Military Security Concerns,* Maxwell 1994, S. 313 und S. 328; siehe auch Daniel T. Kuehl, »Airpower vs. Electricity: Electric Power as a Target for Strategic Air Operations«, *Journal of Strategic Studies* 18, 1 (März 1995), S. 250–260.

17 Vgl. Martin van Creveld, *Technology and War, from 2000 B. C. to the Present,* New York 1988, Kap. 9 und 11.

18 Zu den Auswirkungen der Nuklearwaffen auf den arabisch-israelischen Konflikt siehe Shlomo Aronson, *The Politics and Strategy of Nuclear Weapons in the Middle East,* Albany 1992.

19 Siehe Mary Kaldor, *New Wars for Old,* London 1998; (dt.: *Neue und alte Kriege: Organisierte Gewalt im Zeitalter der Globalisierung,* Frankfurt am Main 2000).

20 Zitiert bei Linda H. Francke, *Ground Zero. The Gender Wars in the Military,* New York 1997, S. 24.

21 Dwight David Eisenhower, *Kreuzzug in Europa,* Amsterdam 1948, S. 168.

22 Siehe Jeanne Holm, *Women in the Military, an Unfinished Revolution,* Novato

1992, Kap. 10; Jean Ebbert und Marie-Beth Hall, *Crossed Currents: Navy Women from WWI to Tailhook,* London 1993, S. 97 ff.

23 Leisa D. Meyer, *Creating GI Jane: Sexuality and Power in the Women's Army Corps,* New York 1996, S. 177 f.

24 Holm, *Women in the Military,* S. 148.

25 Binkin und Bach, *Women in the Military,* Washington D. C. 1977 (Brookings Institute), S. 12.

26 Holm, *Women in the Military,* S. 163 f.; Judith H. Stiehm, *Arms and the Enlisted Woman,* Philadelphia, Pa. 1989, S. 32 f.

27 Holm, *Women in the Military,* S. 181; Ebbert und Hall, *Crossed Currents,* S. 122; William B. Breuer, *War and American Women: Heroism, Deeds, and Controversy,* Westport 1997, S. 70 f.

28 Holm, *Women in the Military,* S. 184.

29 Ebbert und Hall, *Crossed Currents,* S. 120 f.

30 Einen Überblick gibt Jean E. Klick, »Utilization of Women in the NATO Alliance«, *Armed Forces and Society* 4, 4 (August 1978), S. 673–694; siehe auch Franz W. Seidler, *Frauen zu den Waffen? Marketenderinnen, Helferinnen, Soldatinnen,* Koblenz 1978, Teil 2.

31 Eine Zusammenfassung gibt Melva Crouch, »The Role of Women in the Army«, *United Service* 45,1 (1. Juli 1991), S. 19 ff.

32 Michel L. Martin, »From Periphery to Center: Women in the French Military«, *Armed Forces and Society* 8, 2 (Winter 1982), 2, S. 303–333.

33 Die Zahlenangaben zum Frauenanteil stammen aus Binkin und Bach, *Women in the Military,* S. 123; die absoluten Zahlen zur Stärke der Streitkräfte sind entnommen aus International Institute of Strategic Studies, *The Military Balance, 1976,* London 1977, S. 9.

34 Lynne Attwood, *The New Soviet Man and Woman. Sex Role Socialization in the USSR,* Bloomington 1990, S. 131 ff.

35 Einzelheiten und Zitat aus Griesse und Stites, »Russia Revolution and War«, in: Nancy Loring Goldman (Hg.), *Female Soldiers, Combatants or Noncombatants?,* Westport 1982, S. 78 ff.

36 Einen hilfreichen Überblick über den Anteil von Frauen in den Streitkräften der ehemaligen Ostblockländer gibt Seidler, *Frauen zu den Waffen?,* S. 197–204.

37 Vgl. oben im vorliegenden Buch.

38 Xiaon Li, »Chi Women in the People's Liberation Army«, *Armed Forces and Society,* 20, 1 (Herbst 1993), 1, S. 69–83.

39 Netiva Ben Yehuda, *Als der Staat ausbrach* [in hebräischer Sprache], Jerusalem 1991, S. 1; Alon Kadish, *Zu den Waffen und auf die Felder* [in hebräischer Sprache], Tel Aviv 1995, S. 234.

40 Hedva Avigdori-Avidav, *Die Straße, die wir kamen: Aus dem Tagebuch einer Konvoi-Begleitung* [in hebräischer Sprache], Tel Aviv 1988.

41 Nach der Zusammenstellung der Opfer bei Aryeh Yitschaki, *Latrun: Der Kampf um den Weg nach Jerusalem* [in hebr. Sprache], Jerusalem 1982, S. 564 f.

42 Uri Ben Ari, *Folgt mir* [in hebräischer Sprache], Tel Aviv 1994, S. 169 ff.

43 Zehava Ostfeld, *Eine Armee wird geboren: Der Aufbau der Armee unter Ben Gurion* [in hebräischer Sprache], Tel Aviv 1993, Bd. 2, S. 819.

44 Siehe die Statistiken in Martin van Creveld, *The Sword and the Olive,* S. 99, S. 119.

45 Avigdori-Avidav, *Die Straße, die wir kamen,* S. 154 f.

46 Zu all dem siehe van Creveld, *The Sword and the Olive,* S. 119 ff.

47 Siehe dazu: Presidential Commission on the Assignment of Women in the Armed Forces, *Report to the President,* Washington D. C. 1992 (11.9.1992), S. C-31. Bei den dort genannten Zahlen wird nicht unterschieden zwischen Reserve und aktiver Truppenstärke, sie sind deshalb höchst irreführend.

48 Siehe Reuven Gal, *A Portrait of the Israeli Soldier,* Westport 1986, S. 49.

49 Israel's Women's Lobby, »Soldatinnen in der IDF. Wirklichkeit, Wunsch, Vision« [in hebräischer Sprache], hektographiertes Manuskript, Tel Aviv 1995, S. 13.

50 Aktuelle Zahlen zur Truppenstärke der israelischen Armee enthält International Institute of Strategic Studies (Hg.), *The Military Balance, 1997–98,* London 1998, S. 128 f.

51 *Yediot Acharonot,* 1.12.1998, S. 16.

52 Den Begriff verwendete CHEN-Kommandantin Stella Levy, zitiert bei Jean Lartéguy, *The Walls of Israel,* New York 1969, S. 195.

53 Siehe die Zusammenstellung von Beiträgen zu dem Thema bei Giuseppe Caforio (Hg.), *The Sociology of the Military,* Cheltenham 1988, Teil D.

54 Zu den Vereinigten Staaten siehe Susan Householder van Horn, *Women, Work, and Fertility, 1900–1986,* New York 1988, Kap. 10; zu Kanada Yolande Cohen, »Von der Weiblichkeit zum Feminismus. Das Beispiel Québec«, in: Françoise Thébaud (Hg.), *Geschichte der Frauen,* Bd. 5: 20. Jahrhundert, Kap. 18; zu Westeuropa und Australien Gisela Bock, »Weibliche Armut, Mutterschaft und Rechte von Müttern in der Entstehung des Wohlfahrtsstaates, 1890–1950«, ebenda, Kap. 13.

55 Siehe dazu Betty Friedan, *Der Weiblichkeitswahn oder die Selbstbefreiung der Frau. Ein Emanzipationskonzept,* Reinbek bei Hamburg 1982, passim.

56 Binkin und Bach, *Women in the Military,* S. 12.

57 Siehe Eric V. Larsen, »Ends and Means in Democratic Conversation: Understanding the Role of Casualties in Support for US Military Operations«, RAND Corporation 1995, S. 205, Abbildung 2.3.1.

58 Holm, *Women in the Military,* Kap. 15; Breuer, *War and the American Women,* S.79; Helen Rogan, *Mixed Company, Women in the Modern Army,* Boston 1981, S. 16; Ebbert und Hall, *Crossed Currents,* S. 160 f., S. 222 f.; Jane J. Mansbridge, *Why We Lost the ERA,* Chicago 1986, S. 72; Brian Mitchell, *Women in the Military: Flirting with Disaster,* Washington 1998; S. 24 f.

59 Breuer, *War and the American Woman,* S. 82.

60 Ebenda S. 72 f., S. 76.

61 Ebbert und Hall, *Crossed Currents,* S. 156–168; Holm, *Women in the Military,* Kap. 16 und 17. Berichte aus der Sicht von Frauen enthält Kathryn

Marshall, *In the Combat Zone. An Oral History of American Women in Vietnam, 1966–1975,* Boston 1987.

62 Lawrence J. Korb, *The Fall and Rise of the Pentagon,* Westport 1979.

63 Siehe Colin L. Powell, *Mein Weg,* München, Zürich 1996, S. 184. Seit damals wurden die amerikanischen Streitkräfte übrigens auf 497 000 Mann verkleinert.

64 Siehe die bei Binkin und Bach zitierten Augenzeugenberichte, *Women in the Military,* S. 49 ff.

65 Zitiert bei Stiehm, *Arms and the Enlisted Woman,* S. 55.

66 Binkin und Bach, *Women in the Military,* S. 62 f.; Holm, *Women in the Military,* S. 381.

67 Mansbridge, *Why We Lost Era.*

68 Binkin und Bach, *Women in the Military,* S. 2, S. 12 f.

69 Ebbert und Hall, *Crossed Currents,* S. 163 f.

70 Siehe Holm, *Women in the Military,* Kap. 18.

71 Siehe Breuer, *War and the American Women,* S. 116 ff.

72 Holm, *Women in the Military,* S. 205.

73 Zu Japan: K. M. Wiegand, »Japan: Cautious Utilization«, in: Loring Goldman (Hg.), *Female Soldiers,* S. 184, S. 187. Zu Australien: V. H. Billington, »Broadening the Recruting Base for ARA Soldiers«, *Fort Queenscliff Papers* 1991, S. 56 f. Zu Schweden: Kurt Tornqvist, »Sweden, the Neutral Nation«, ebenda, S. 208. Zu Griechenland: J. Brown und C. Safilios-Rothschild, »Greece: Reluctant Presence«, ebenda, S. 168. Zu Großbritannien: Christopher Dandeker, »New Times for the Military«, *British Journal of Sociology* 45 (Dezember 1994), 4, S. 649. Zu den Niederlanden: Loes van Tuyl, »Vrouwen tegen Vergrijzing«, *ARMEX,* Dezember 1997, S. 16. Zu Belgien: Seidler, *Frauen zu den Waffen?,* S. 243. Zur Bundesrepublik: Ebenda, S. 223.

74 Yael Jerby, *Der doppelte Preis. Der Status von Frauen in der israelischen Gesellschaft und der weibliche Militärdienst* [in hebräischer Sprache], Tel Aviv, S. 149.

75 Rogan, *Mixed Company,* S. 62; siehe auch Stephanie Gutman, *The Kinder, Gentler Military: Can America's Gender-Neutral Armed Force Still Win Wars?,* New York 2000, S. 31–43, S. 72 f.

76 Rogan, *Mixed Company,* S. 65.

77 US Army Research Institute for Environmental Medicine, *Incidence of Risk Factors for Injury and Illness among Male and Female Army Basic Trainees,* 1988.

78 Zahlen aus Lis B. de Fleur, David Gilman und William Marshal, »Sex Integration at the US Air Force Academy: Changing Roles for Women«, *Armed Forces and Society,* August 1978, S. 615.

79 Gutman, *The Kinder, Gentler Military,* S. 266.

80 Siehe Karen J. Colson, Stephanie A. Eisenstadt, Terra Ziporyn, *The Harvard Guide to Women's Health,* Cambridge 1996, S. 238, S. 241, S. 322, S. 379, S. 388.

81 Mary J. Festle, *Playing Nice: Politics and Apologies in Women's Sports,* New York 1996, S. 270 ff.

82 Gutman, *The Kinder, Gentler Military,* S. 248; *Wall Street Journal,* 3.12.1999.

83 Siehe Gregory K. Stanley, *The Rise and Fall of the Sportswoman: Women's Health, Fitness, and Athletics, 1860–1940,* New York 1996, Kap. 6.

84 Zu diesen Problemen siehe auch General Accounting Office (GAO), *Improved Guidance and Oversight are Needed to Ensure Validity and Equity of Fitness Standards,* Washington 1998 (Government Printing Office), S. 3ff., S. 9, S. 12, S. 16, S. 26, S. 28.

85 Rogan, *Mixed Company,* S. 36.

86 Radio Israel berichtete am 21. Juli 1998, daß ein gemeinsamer Flugabwehrlehrgang für Männer und Frauen stattfinden solle, bei dem für die Frauen andere (das heißt niedrigere) Anforderungen an die körperliche Leistungsfähigkeit gelten würden.

87 Eine Fülle solcher Klagen referiert Mitchell, *Women in the Military,* passim; siehe außerdem Linda H. Francke, *Ground Zero,* S. 200; Gutman, *The Kinder, Gentler Military,* S. 260f.

88 Zu diesen Fällen siehe Stiehm, *Arms and the Enlisted Women,* S. 113ff.

89 Ebenda S. 23f.

90 Ebenda S. 55.

91 van Horn, *Women, Work and Fertility,* S. 202ff.

92 Vgl. unten im vorliegenden Buch.

93 Holm, *Women in the Military,* S. 388.

94 Zu Details siehe Klick, »Utilization of Women by the NATO Alliance«.

95 *Die Welt,* 10.4.1997, zitiert bei Seidler, *Frauen zu den Waffen?,* S. 330.

96 Die Zahlen (1980) für die Vereinigten Staaten, Kanada, Großbritannien, Norwegen und Holland stammen aus Enloe, »Women in NATO Militaries«, S. 330f. Die Zahl für Frankreich (1988) habe ich errechnet auf der Grundlage von J. Boulègue, »›Feminization‹ and the French Military: Anthropological Approach«, *Armed Forces and Society* 17 (1991), 3, S. 343–362. Etwas andere Zahlen nennt Britt Dohile, »Women in the Military of Foreign Countried«, *Minerva: Quarterly Reports on Women and the Military* VI, 4 (Winter 1988), S. 76f., aber die Schlußfolgerung ist dieselbe.

97 Zu Einzelheiten dieser verworrenen Episode siehe Holm, *Women in the Military,* S. 397.

98 Zahlen ebenda, S. 429.

99 Ebenda, S. 429.

100 Vgl. die Zahlen bei Stefan Busch, »Frauen in der US-Army – Standpunkt zum Combatverbot und Grenzen der Integration«, *Mars, Jahrbuch für Wehrpolitik und Militärwesen* 3/4 (1997/98), S. 383, Tabelle D.

101 Lillian A. Pfluke, »Every Day is a Fight«, *Newsweek* 48 (1996), S. 22.

102 Allein das Heer verlor 5 von 18 Divisionen; Benjamin F. Schemmer, »Pentagon's Year Defense Plan«, *Armed Forces Journal International,* März 1990, S. 16.

103 Zur damaligen militärischen Stärke des Iraks siehe IISS (Hg.), *The Military Balance, 1990–91,* S. 104ff.

104 General Accounting Office, *Report to Sec/Def,* Washington 1993, S. 2.

105 Mitchell, *Women in the Military,* S. 211.

106 *News Weekly,* 23.8.1997, S. 10. Angaben von Mike Lynch vor der Presidential Commission on the Assignment of Women in the Armed Forces, *Report to the President,* S. 59.

107 Nach P. J. Edwards und J. E. Edward, *Incidence of Pregnancy and Single Parenthood among Enlisted Personnel in the Navy,* San Diego, Navy Personnel Research and Development Center, Report TN-92-8, Februar 1992. Andere Quellen nennen etwas höhere Zahlen.

108 Office of the Assistant Secretary of Defense for Manpower, Reserve Affairs and Logistics, *Background Review: Women in the Military,* Washington, Department of Defense, Oktober 1981, S. 7.

109 A. Clymer, »At Home with No Parents at Home«, *The New York Times,* 16.2.1991, S. 10.

110 Francke, *Ground Zero,* S. 134, S. 136.

111 Mitchell, *Women in the Military,* S. 210.

112 Beratung Presidential Commission, *Report to the President* 13, 15.7.1992.

113 Holm, *Women in the Military,* S. 470.

114 Mitchell, *Women in the Military,* S. 209.

115 Ebenda, S. 211.

116 E. Smith, »Head of Army Sees Chance of Female Fliers in Combat«, *New York Times,* 2. Juni 1991, S. 20.

117 Siehe Breuer, *War and the American Women,* S. 68 ff.

118 Ebenda S. 77 ff.

119 Siehe Breuers Artikel »Why Israel Doesn't Send Women into Combat« *Parameters* 23, 1 (Frühjahr 1993), S. 5–9.

120 Presidential Commission on the Assignment of Women in the Services, *Report to the President,* S. C-86.

121 Mitchell, *Women in the Military,* S. 231.

122 Ebenda, S. 127.

123 Siehe Breuer, *War and the American Women,* S. 198 f.

124 Mitchell, *Women in the Military,* S. 289.

125 John Chapman, »No Bayonets Please, We're Women Soldiers«, *The Express,* 23.10.1997, S. 31.

126 Glenn W. Goodman, »Ruling the Skies«, *Armed Forces International,* Juni 1999, S. 30.

127 Presidential Commission on the Assignment of Women in the Services, *Report to the President,* S. C-91.

128 Diese Zahlen nannte Dr. Sergei Rogow, Leiter des US-Kanada-Instituts in Moskau, bei einer Konferenz in Bonn am 22.–23.9.1999.

129 *Bundeswehr Aktuell,* 6.3.2000, S. 6; ZDF, 21.3.2000.

130 Pierre Montagnon, *Histoire de la Légion,* Paris 1999, S. 400. Aktuell wird diskutiert, sie nur um 8,4 Prozent zu reduzieren.

131 Martin van Creveld, *The Sword and the Olive,* Kap. 17 und Kap. 20.

132 Zum Widerstand gegen das libanesische Abenteuer siehe Ruth Linn, »Ablehnung aus Gewissensgründen« [in hebräischer Sprache], *Iyunim-Bechinuch* 49/50 [1989], S. 51 f.

133 Jerby, *Der doppelte Preis,* S. 149.
134 Orri Schwartz, »Frauen im Kampf – Rechtliche Aspekte des Falles Alice Miller« [in hebräischer Sprache], unveröffentlichtes Diskussionspapier, Hebrew University, Jerusalem 1998.
135 Bericht im israelischen Fernsehen, 29.10.1996.
136 *Yediot Acharonot* [in hebräischer Sprache], 8.5.1997, S. 17; 9.5.1997, S. 6; 21.9.1997, S. 8–12.
137 *Yediot Acharonot* [in hebräischer Sprache], 8.5.1997, S. 7.
138 *Yediot Acharonot* [in hebräischer Sprache], 15.1.1999, S. 20f.
139 *Yediot Acharonot* [in hebräischer Sprache], 16.12.1998, S. 13.
140 Bericht im israelischen Fernsehen, 8.7.1999.
141 *Le Point,* 24.2.1996, S. 50.
142 Paul Vennesson, »De l'esprit de Défense au Sentiment Patriotique«, in: Bernard Boenne und Christopher Dandeker (Hg.), *Les armées en Europe,* Paris 1998, S. 287–304.
143 Siehe Geoffrey Best, *War and Society in Revolutionary Europe,* London 1982.
144 Zum Zusammenhang zwischen beiden Phänomenen siehe auch Karl W. Haltener, »Le Déclin final des armées de masse«, in: Boenne und Dandeker (Hgg.), *Les armées en Europe,* S. 150ff.
145 *Newsweek,* 18.1.1980.
146 Jean J. Mansbridge, *Why We Lost the ERA,* Kap. 8.
147 Presidential Commission, *Report to the President,* S. 40.
148 Zu den relevanten Berechnungen siehe Kommission für die Langzeitplanung der Bundeswehr, *Bericht,* Bonn, Bundesministerium für Verteidigung, 6.5.1982, insb. Beiträge 402 und 403.
149 Liselotte Funcke, »First Lady« der F.D.P., zitiert in *Emma,* Nr. 6, 1978, ferner Astrid Albrecht-Heide und Utemaria Bujewski-Crawford, *Frauen, Krieg, Militär. Images und Phantasien,* Tübingen, Verein für Friedenspädagogik, 1991, S. 90f.
150 Gemeinsame Presseerklärung verschiedener feministischer Gruppen, 6.12.1980, abgedruckt in: Friedrich-Naumann-Stiftung, *Frauen und Bundeswehr,* Bonn 1983, S. 228; siehe auch Renate Janssen, *Frauen ans Gewehr?,* Köln 1983.
151 Harald Wust, »Frauen zu den Waffen?«, *Mars* 3/4 (1997/98), S. 59.
152 Meyer, *Creating GI Jane,* S. 76f.
153 Frederick Pile, *Ack-Ack, Britain's Defence Air Attack During the Second World War,* London 1949, S. 187f.
154 Vgl. oben im vorliegenden Buch.
155 Interview mit Brigadegeneral Chedva Almog, Kommandantin bei CHEN, zitiert bei A. R. Bloom, »Women in the Defense Forces«, in: Barbara Swirski und Marylin P. Safir (Hgg.), *Calling the Equality Bluff: Women in Israel,* New York 1991, S. 15; Interview mit Brigadegeneral Yisraela Oren, Kommandantin bei CHEN, *Yediot Acharonot,* Wochenendbeilage, 15.8.1997.

156 Siehe zu den USA Stiehm, *Arms and the Enlisted Woman,* S. 1; Rogan, *Mixed Company,* S. 125 f.; Sarah Wood et al., »Migration of Women to and from Nontraditional Military Occupations«, General Research Corp., Abschlußbericht für den Kommandanten, Büro des Staatssekretärs im Verteidigungsministerium, 15.7.1979, S. 33 ff. Zur Situation in Kanada vgl. Cheryl D. Lamerson, »Integration of Women in the Canadian Forces«, in: Johanna Hurni et al. (Hgg.), *Frauen in den Streitkräften,* Brugg 1992, S. 219, S. 225; ferner Gutman, *The Kinder, Gentler Military,* S. 268–271. Zu Australien vgl. Pam Wood, »The Airwoman of the 1990s«, *United Service* 45,1 (Juli 1991); zu Norwegen Seidler, *Frauen zu den Waffen?,* S. 334; zu Schweden ebenda S. 369 f.

157 Lionel Tiger, *Women in the Kibbutz,* New York 1975, S. 254 f.; Henry Near, *The Kibbutz Movement. A History,* London 1997, Bd. II, S. 300, S. 324.

158 Siehe Lance Morrow, »Men: Are They Really that Bad?«, *Time,* 14.1.1994, S. 56 f.

159 Stiehm, *Arms and Enlisted Woman,* S. 100.

160 *Newsweek,* 5.8.1991.

161 Laura Miller, *Feminism and the Exclusion of Army Women from Combat,* Harvard University, John M. Olin Institute for Strategic Studies, o. J., S. 19. Ich danke Prof. Charles C. Moskos, daß er mir diese Untersuchung zur Verfügung gestellt hat.

162 David Anderson, »The Challenge of Military Service: Defence Personnel Conditions in a Changing Social Context«, Canberra, ACT, Parliamentary Information and Research Service 1997, S. 145.

163 Miller, *Feminism,* S. 1 f.

164 Kathleen Jones, »Dividing the Ranks: Women and the Draft«, in: Jean B. Ehlstain und Sheila Tobias (Hgg.), *Women, Militarism and War,* Savage 1990, S. 133.

165 Miller, *Feminism,* S. 2, S. 35.

166 Ebbert und Hall, *Crossed Currents,* S. 14.

167 Ebenda, S. 78.

168 Swetlana Alexijewitsch, *Der Krieg hat kein weibliches Gesicht,* Hamburg 1989, S. 138.

169 Vgl. DeGroot, »Whose Finger on the Trigger?«, S. 437; Pile, *Ack Ack,* S. 190 f.

170 Loring Goldman und Stites, »Great Britain and the World Wars«, in: Loring Goldman (Hg.), *Female Soldiers,* S. 32.

171 Stiehm, *Arms and the Enlisted Woman,* S. 145.

172 Francke, *Ground Zero,* S. 149.

173 Griesse und Stites, »Russia: Revolution and War«, in: Loring Goldman (Hg.), *Female Soldiers,* S. 80; s. auch Seidler, *Frauen zu den Waffen?,* S. 361.

174 Brown und Safilios-Rothschild, »Greece: Reluctant Presence«, S. 173.

175 Klick, »Utilization of Women in the NATO Military«, S. 675; *Moniteur belge,* 7.5.1977, S. 6236.

176 Seidler, *Frauen zu den Waffen?*, S. 381.

177 Ebenda S. 324.

178 *Yediot Acharonot,* 16.12.1998, S. 13.

179 Cynthia H. Enloe, »Women in NATO Militaries – a Conference Report«, *Women's Studies International Forum* 5, 3/4 (1982), S. 330.

180 Vgl. die Zahlen zum französischen Militär, Stand 1985, bei J. Boulègue, »›Feminization‹ and the French Military«, S. 343. Die Situation in der UdSSR war ähnlich.

181 Für die Vereinigten Staaten siehe die Erklärung von Lt. John Calgett, USN, vor der präsidentiellen Kommission am 6.8.1992; siehe auch David Hackworth, »War and the Second Sex«, *Newsweek,* 5.8.1991, S. 26. Zu Israel siehe *Yediot Acharonot,* 8.5.1996, S. 17, und ebenda, 9.5.1996, S. 6.

182 DeGroot, »Whose Finger on the Trigger?«, S. 437 f.

183 M. C. Devilbis, »Gender Integration and Unit Deployment: a Study of GI Jo«, *Armed Forces and Society,* 11, 4 (Sommer 1985), S. 538. Ich konnte den Vornamen von Devilbis nicht herausbekommen, aber es handelt sich eindeutig um eine Frau.

184 Mitchell, *Women in the Military,* S. 107 ff.

185 Vgl. GAO-Bericht an Verteidigungsminister, Washington 1993, S. 2–5.

186 Gutman, *The Kinder, Gentler Military,* S. 15, S. 258.

187 Persönliche Mitteilung von Lt. Colonel Ian Wing von der australischen Armee.

188 Die Passage wird zitiert bei Nancy G. Wilds, »Sexual Harassment in the Military«, *Minerva: Quarterly Report on Women and the Military* VIII, 4 (Winter 1990), S. 3.

189 Vgl. die Definition bei Lois M. Beck, »Sexual Harassment in the Army: Roots Examined«, *Minerva: Quarterly Reports on Women and the Military* IX, 1 (Frühjahr 1991), S. 29. Zur Diskussion über die Ausweitung des Begriffs »sexuelle Belästigung« siehe Larry May, *Masculinity and Morality,* Ithaca 1998, Kap. 6.

190 *Washington Times,* 25.11.1998.

191 Alle Zitate aus Timothy Beneke, *Proving Manhood: Reflections on Men and Sexism,* Berkeley 1997, S. 180–188.

192 Wilds, »Sexual Harassment«, S. 12.

193 Zu den US-Streitkräften siehe Juanita A. Firestone und Richard J. Harris, »Sexual Harassment in the US Military«, *Armed Forces and Society* 21, 1 (Herbst 1994), S. 24–43; zu den australischen Streitkräften Kathryn Quinn, *Sexual Harassment in the Australian Defence Force,* Canberra 1996, S. 15.

194 *Los Angeles Times,* 11.10.1998.

195 Vgl. zum Beispiel die Kontroverse nach der Veröffentlichung des Briefes von Stabsfeldwebel M. Thorp von der *Australian Infantry School* in *Army,* 23.7.1998, S. 15.

196 »Follow Military Lead«, *USA Today,* 5.2.1998.

197 Das jüngste Meisterstück in dem Bemühen, aus dieser Situation herauszukommen, ist: The Australian Defence Force Academy, *Report of the Review into Policies and Practices to Deal with Sexual Harassment and Sexual Offences,* Canberra, Juni 1998.

198 Siehe Rogan, *Mixed Company,* S. 248, über die Reaktionen der Männer.

199 *USA Today,* 21.10.1998, S. 35.

200 Zwischen 1980 und 1991 ist der Anteil der Westeuropäer, die sagen, sie seien stolz auf ihre Streitkräfte, im Durchschnitt um 8 Prozentpunkte zurückgegangen. Joseph L. Seoters, »Valeurs militaires, valeurs civiles. Vers le ›soldat communicateur‹«, in: Boenne und Dandeker (Hgg.), *Les armées en Europe,* S. 271.

201 Siehe *Washington Times,* 19.11.1999, über die Versuche, die gesetzten Rekrutierungsziele zu erreichen, indem bei den Anforderungen geschummelt wird.

202 *USA Today,* 23.10.1999.

203 *Financial Times,* 12.8.1998.

204 Siehe van Creveld, *The Sword and the Olive,* passim.

205 *Yediot Acharonot,* 15.1.1999, S. 20f.; ebenda, *Wochenendbeilage,* 2.7.1999, S. 80–85.

206 Till Schröder, »Der Soldaten-Job hat an Attraktivität eingebüßt«, *Berliner Zeitung,* 27./28.5.2000, S. 97.

207 Presidential Commission to the Assignment of Women in the Armed Forces, *Report to the President,* S. C-22.

208 van Tuyl, »Vrouwen tegen Vergrijzing«; ebenso Seidler, *Frauen zu den Waffen?,* S. 329f.

209 Nigel South, *Policing for Profit: The Private Security Sector,* London 1988.

210 *Der Spiegel,* 1996, Nr. 46, S. 37; ferner Bernard Jean d'Heur, »Von der Gefahrenabwehr als staatlicher Angelegenheit zum Einsatz privater Sicherheitskräfte«, *Archiv des Öffentlichen Rechts,* 119, 1 (März 1994), S. 107–136.

211 *Der Spiegel,* 2000, Nr. 27, S. 75.

212 Die Zahlen für Amerika basieren auf Brian Jenkins, »Thoroughly Modern Sabotage«, *World Link,* März-April 1995, S. 16.

213 In Israel waren im Sommer 1998 private Sicherheitskräfte sogar zum Schutz von Polizeioffizieren im Einsatz.

214 Zum Beispiel gab es in Neuseeland 1997 eine ernsthafte Diskussion, ob es ihnen erlaubt werden sollte, sich an Straßensperren neben Polizisten aufzubauen, um Schulden einzutreiben; *Auckland Herald,* 27.6.1997, S. 1.

215 Aufschlußreiche Zahlen (für die USA) finden sich bei Barbara R. Reskin und Patricia A. Roos, *Job Queues, Gender Queus: Explaining Women's Inroads into Male Occupations,* Philadelphia 1990, S. 61. Interessanterweise sind die Zahlen für eine traditionelle Gesellschaft wie Indien genau die gleichen: Hilary Standing, *Dependence and Autonomy: Women's Employment and the Familiy in Calcutta,* London 1991, S. 53.

216 Einen allgemeinen Überblick über die Funktionsweise der Branche gibt Dennis Phipps, *The Management of Aviation Industry,* London 1991.

217 Zum Beispiel war in einer Gruppe von rund vierzig Spezialisten für Flughafensicherheit der mittleren Ebene, vor der der Autor einmal einen Vortrag hielt, genau eine Frau.

218 Das Bild der indonesischen Polizistinnen mit Spezialschilden erschien in der israelischen Zeitung *Yediot Acharonot,* 3.9.1998, S. 7.

219 In den Vereinigten Staaten, dem Land, das die größten »Fortschritte« bei der Integration von Frauen in die Polizei gemacht hat, waren nur bei 9 Prozent aller Polizeiabteilungen Frauen in gehobenen Positionen, nur ein Prozent (123 von 17 000) wurden von Frauen geleitet. *USA Today,* 24.11.1998.

220 Siehe auch die kurze Diskussion bei Adam Roberts, »The United Nations: A System for Collective International Security?«, in: G. A. S. C. Wilson (Hg.), *British Security 2010,* Camberley Staff College: Strategic and Combat Studies Institute 1996, S. 59 f.

221 Eine Liste mit den Namen der Firmen und ihrem jeweiligen Dienstleistungsangebot enthält David Shearer, »Private Armies and Military Intervention«, *Adelphi Paper* 316, London, IISS, 1998, S. 25.

222 Ebenda, S. 53 ff.

223 Kaldor, *New and Old Wars,* S. 49.

224 A. J. Venter, »Today's Dogs of War«, *Soldier of Fortune,* August 1998, S. 55 f.

225 Nordstrom, »Woman and War«, S. 2.

226 Der Anteil der zivilen Opfer – vorwiegend Frauen – ist seit 1945 dramatisch gestiegen. Siehe Amnesty International, *Donne in prima linea. Contro i violazioni dei diritti ummani,* hrsg. von V. Piatelli, Fiesole 1995 (Cultura della Pace), S. 58, siehe auch Kaldor, *New and Old Wars,* S. 8.

227 Zitiert bei Laura Miller, *Feminism and the Exclusion of Army Women from Combat Harvard University,* John M. Olin Institute for Strategic Studies, o. J., S. 1 f.

## Schlußfolgerungen: Wandel und Kontinuität

1 Siehe zum Beispiel Dorothy Goodman (Hg.), *Women and World War I: the Written Response,* New York 1993.

2 Presidential Commission, *Report to the President,* S. C-65 f.

3 Barbara Ehrenreich, *Blutrituale. Ursprung und Geschichte der Lust am Krieg,* München 1997, S. 280.

4 Aileen S. Kraditor, *The Ideas of the Woman Suffrage Movement, 1890–1920,* Garden City 1965, S. 54, S. 56, S. 157.

5 Dies ist das zentrale Argument bei Yael Jerby, *Der doppelte Preis. Der Status von Frauen in der israelischen Gesellschaft und der weibliche Militärdienst* [in hebräischer Sprache], Tel Aviv.

6 Nach Sigmund Freud, »Das Unbehagen in der Kultur«, in: *Sigmund Freud Studienausgabe* Bd. IX, Frankfurt am Main 1974, S. 233 f., S. 242 f.

7 Sandra Witleson, »Exchange on Gender«, *The New York Review,* 24.10.1985, S. 53.

8 Barbara R. Reskin und Patricia A. Roos, *Job Queues, Gender Queus: Explaining Women's Inroads into Male Occupations,* Philadelphia 1990, S. 302.

9 Mady Wechsler Segal, »Women in the Armed Forces«, in: Howes und Stevenson (Hgg.), *Women and the Use of Armed Force,* S. 92. Ein gutes Beispiel für diese Entwicklung bietet die US-Navy. Nach 1948 erlaubte sie Frauen den Dienst auf Fracht- und Hospitalschiffen, im selben Zeitraum stieß sie beide Bereiche ab. Siehe Binkin und Bach, *Women in the Military,* S. 24.

10 Bose, *Jobs and Gender,* S. 68.

11 *Herald International Tribune,* 12.3.1998, S. 3.

12 *Life Special Issue,* Frühling-Sommer 1985.

13 Zur anhaltenden Dominanz der Männer auf anderen Gebieten siehe Lagrave, »A Supervised Emancipation«, S. 453–489.

14 Zahlen und Tätigkeitsprofile nach US General Accounting Office, Report to the Ranking Minority Member, Subcommittee on Readiness, Committee on Armed Services, US Senate, *Gender Issues: Information on DOD's Assignment Policy and Direct Ground Combat Definition,* Washington D. C. 1998.

15 Gedicht eines anonymen französischen Verfassers aus dem 12. Jahrhundert, zitiert bei Maurice de Freville (Hg.), *Les Quatre Ages de l'Homme,* Paris 1888, S. 38f.

16 Zahlen errechnet nach IISS, *The Military Balance, 1970–71,* S. 22, und IISS, *The Military Balance, 1999–2000,* S. 20, S. 24.

17 Siehe ganz aktuell *USA Today,* 23.10.1999; ferner David A. Aderson, »Should the [Marine] Corps be Concerned about Retention?«, *US Naval Institute Proceedings* 125/7 (Juli 1999), S. 40.

18 Zu dieser Argumentationslinie siehe Brit As, »A Materialistic View of Men's and Women's Attitudes Towards War«, *Women's Studies Forum* 5, 3/4 (1982), S. 355–364; Ruth Greber, »Unser Kampf gegen Frauenwehrdienst ist gleichzeitig ein Kampf für Abrüstung in Ost und West«, in: Friedrich-Naumann-Stiftung, *Frauen und Bundeswehr,* Bonn 1983, S. 201f.

19 *Genesis* 3,16.

20 Mary J. Salter, »Annie, Don't Get Your Gun«, *The Atlantic Monthly,* Juni 1980, S. 83.

21 Gina Lombroso, *La femme dans la société actuelle,* Paris 1929, S. 12.

22 Vgl. oben im vorliegenden Buch.

23 Ernest Jones, *Das Leben und Werk von Sigmund Freud,* Bd. 1, Bern, Stuttgart 1960, S. 200.

# Namenregister


Achilles 40, 43, 57, 58, 62, 98, 100
Adahoonzou, König von Dahome 121, 122, 123
»Adelita« 137
Aeneas 34, 77
Aethelflaed 82
Aethelred 82
Agamemnon 58, 100
Agnes von Saarbrücken 83
Ago-li-Agbo, König von Dahome 128
Aischylos 62
Ajax 175
Akrotatos 21
Albert, Herzog d. Niederlande 95
Alexander, Clifford 218
Alexander der Große 37, 65, 84. 90, 99, 100, 176
Alexander I., von Rußland 116
Alexander II., Papst 83
Alfred der Große 82
Anat 55, 56
Angel, Norman 260
Anna von Österreich 87
Anna von Rußland 87
Anne von England 87, 89, 95
d'Annunzio, Gabriele 30
Anderson, Pamela 74
Andraste 59
Andromache 40
Antiochos III., König von Syrien 100
Antonius, Marcus 80
Antwerpen, Maria van 112
Aphrodite 43
Ares 43, 57, 62
Ariaspes 78
Ariosto 66
Aristophanes 39, 190
Arktinos 62
Aronson, Sarah 170
Arrian 99, 170
Artaxerxes I. von Persien 99
Artemis (Diana) 43, 58
Artemisia 77, 79, 91
Ascherah 54
Aspasia 99
Aspin, Les 233
Athene 56, 57, 58, 59, 63, 72
Atossa 78, 79
Aud, die Tiefdenkende 82
Augustus, römischer Kaiser 101
Aurelian, römischer Kaiser 65, 81

Baal 55
Barbarella 72
Baudihille 59
Bayard, Pierre de 37
Beauvoir, Simone de 40
Bebhionn 59
Beccafumi, Domenico 37
Bede 59
Behanzin, König von Dahome 127, 128
Bellerophon 57
Ben Yair, Eleazar 41
Ben Yehuda, Netiva 209
Beylin, Yossi 31
Bickerdyke, Mary 110
Boccaccio, Giovanni 65
Bodb 59
Bonnet, Honoré 37
Borgia, Cesare 83
Bosch, Jewgenia 136
Bossa Ahadees, König von Dahome 122
Botschkareva, Maria L. 145–149
Boudicca 80–82, 84
Bräker, Ulrich 181
Bray, Captain Linda 225, 226
Brewer, Lucy 117

Briseis 40
Britannia 42
Brittain, Vera 26
Brownmiller, Susan 35
Bry, Theodor 120
Burdina, Galina 169
Burton, Richard 123
Bush, George W. 225, 228
Bussa, König von Bassa 128
Byron, Beverly 231
Byron, Lord George 18

Caesar, Gaius Julius 36, 80
Cailleach 59
Camilla 66
Camilla, Königin des Dschungels 72
Caracalla, römischer Kaiser 101
Carter, James E. 218
Carvajal, Gaspar de 67
Cheney, Richard 230
Chirac, Jacques 237
Christina von Schweden 87, 91
Christine de Pizan 48, 65, 66, 79, 260
Churchill, Margaret 157
Churchill, Winston S. 157
Claudius, römischer Kaiser 101
Clausewitz, Carl von 18, 39, 92, 182, 195
Clinton, William J. 248, 250
Clotilde 66
Cohen, Geula 135
Colmcille 81
Cucchulainn 70
Cumberland Herzog von, 107

Damatria 21
Daniels, Josephus 242
Darios I., persischer Kaiser 34
Darios III., persischer Kaiser 99
Daun, Feldmarschall, Leopold J. 89
Debora 22
Dees, Feldwebel Tatiana K. 229
Degrelle, Leon 38
Delacroix, Eugène 131
Denikin, General Anton I. 146, 147
Dennen, Jan van 32
Deutsch, Helene 29, 47, 260
Dio, Cassius 8, 94
Diomedes 57, 186
Domitian, römischer Kaiser 94
Dschingis-Khan 39
Duroc, General Geraud C. 107
Durowa, Nadescha 115, 116, 119, 145

Edward III., von England 76
Edward, König von Merica 82
Eisenhower, General Dwight D. 203
El 54
Eleonore von Aquitanien 84
Elisabeth von Rußland 87, 88
Elizabeth I. von England 85–87, 91, 96
Endeduanna 55
Eugénie von Frankreich 88
Euripides 35, 100

Fallaci, Oriana 91
Fonda, Jane 72
Franz I., österreichischer Kaiser 113
Franz I. von Frankreich 87
Freud, Sigmund 47, 182, 271
Freya 54, 59
Freydis 21
Friedrich II. von Preußen 87, 88, 180
Friedrich II. von Schwaben, 83
Friedrich Wilhelm I. von Preußen 88
Friedrich Wilhelm III. von Preußen 25
Froissart, Jean 84

Gandhi, Indira 89, 90, 92

de Gaulle, General Charles 151
Ghezo, König von Dahome 123, 125, 126, 147
Gibson, Charles D. 43
Glele, König von Dahome 125
Godolphin, Sidney 89
Goliath 175
Gorbatschow, Michail S. 196, 227
Gorgo 21
Guidinild von Katakonien 82
Gustav Adolf von Schweden 86
Gyrtias 21

Hackworth, Colonel David 241
Hang Fenxian 70
Hari, Mata 169
Hart, Nancy 118
Haslett, Caroline 157
Hays, General Anna M. 215
Heinrich der Stolze 83
Heinrich II. von Frankreich 95
Heinrich III. von England 8
Heinrich VIII. von England 85
Hektor 15, 40, 57
Helena 44
Helgi von Norwegen 33
Hera 54
Herakles 57, 61, 75
Herodot 75, 79, 250
Hesiod 56
Himmler, Heinrich 40, 151
Hirschfeld, Magnus 118
Hitler, Adolf 31, 140, 151, 155, 159
Hobby, Colonel Oveta 156, 157
Hodgers, Jennie 117
Hoisington, General Elisabeth 215
Homer 15, 61, 186
Horaz 44
Howard, R. E. 71
Huan Jinding 70
Hughes, Major Everett S. 149, 231
Hussein, König von Jordanien 237
Hussein, Saddam 228, 230

Imad a Din 102
Inanna 55, 56
Inca Garcilaso de la Vega 68
Ingle, Sue 139
Iphigenie 58
Ironside, General Edmund 148
Isabella Klara Eugenia 95
Isabella von Kastilien 86

Jason 57
Jeanne d'Arc 22–25, 119, 148
Jebu 95
Johnson, Lyndon B. 215
Josephine, Kaiserin von Frankreich 107
Judy aus dem Dschungel 72
Jünger, Ernst 186
Juvenal 94

Kali 56
Karl I. von England 29
Karl V. deutscher Kaiser 68
Karl V. von Frankreich 85
Karl VII. von Frankreich 22–24
Karl XII. von Schweden 87
Kassandra 21
Katharina I., russische Kaiserin 87
Katharina II., russische Kaiserin 87–89, 91
Kerenski, Alexander F. 145
»keusche Suzanne« 119
Khaled, Leila 137
Kipling, Rudyard 21
Kiso Yoshinaka 70, 71
Kleopatra VII. 80
Klytämnestra 20, 62, 100
Kollontaj, Alexandra M. 149
Kollwitz, Käthe 26
Koltschak, General Alexander W 149
Korb, Lawrence 216, 223
Kornilov, General Lavr G. 146
Kutusow, General Michail I. 116
Kynane 84
Kyros I., persischer Kaiser 22, 79
Kyros II., persischer Kaiser 99

Laktanz 102
Lavinia 34
Lawrence, Herbert 112
Lehár, Franz 113
Lenin, Wladimir I. 151
Leonidas 21
Levy, Colonel Stella 213
Lewin, Don 148
Lewinsky, Monica 251
Longinus, Cassius 81
Ludwig VII. von Frankreich 84
Lugard, Frederick 128
Luise von Preußen 25
Luo Maodeng 70
Luukonen, Fanni 151
Lysias 64
Lysistrate 45, 46

Macaulay, Rose 28, 31
Machiavelli, Niccolò 83, 85
Mao Tse-tung 136
Marfisa 66
»Marianne« 43
Maria Theresia, österreichische Kaiserin 87–89
Marie Louise 107
Marinetti, Filippo T. 30
Marius, Gaius 175, 180
Markievicz, Constance 139
Markow, Major Walentin 163, 166, 167
Marlborough, Herzog von 105
Marshal, General George C. 157, 231
Marx, Karl 19, 207
Mary, Königin von England 86, 143
Mathilde von Belleme 82
Mathilde von England 83
Mathilde von Tuzien 77, 83
McCullough, Iris 71
Mead, Margaret 187, 261
Medb 70
Medusa 56
Meir, Golda 89, 91
Mermeros 78,
Metabus 66
Mill, John S. 49
Miller, Laura 241
Mobutu, Sese Seko 256
Moltke, Feldmarschall Helmut von 237
Monfort, Jeanne de 95
Moore, Demi 73
»Mother Ross« 113
Mussolini, Benito 30, 151

»Nancy Harts« 119
Napoleon Bonaparte 25, 88, 107, 113, 119, 237
Napoleon III. 88
Nehmen 59
Nelson, Horatio 187
Nero, römischer Kaiser 93
Net 59
Nichola de la Hay 83
Nietzsche, Friedrich 183, 184, 188
Nightingale, Florence 110
Niketas 84
Nikotris von Ägypten 77
Nikotris von Babylon 77
Nimrod 95
Niobe 58
Nixon, Richard M. 216

Odin 54
Odysseus 57
Olaf der Kriegerkönig 82
Onomaris 79
Orellana, Francesco de 67, 68
Orestes 58
Orviedo 67
Osiris 54

Pamphila von Epidaurus 79
Pankhurst, Christabel 28
Pankhurst, Emmeline 27, 28, 148
Pankhurst, Sylvia 27, 146, 148
Pantha 71

Pankratowa, Klaudia 165
Patroklos 40, 99
Peleus 43, 93
Penthesileia 43, 62
Perseus 56, 57
Peter I., russischer Kaiser 147
Petron 93
Philipp II. von Makedonien 84, 90
Philipp II. von Spanien 86, 87
Pile, General Frederick 157
Pindar 62, 184
Piso, G. C. 101
Pitcher, Molly 108, 137
Pizarro, Francesco 67
Plancina, Municia 101
Plutarch 21, 22, 76, 184
Pople, Jessie 28
Popova, Oberleutnant Nadescha 164
Ptolemäus I. 100

Quintus von Smyrna 43

Raskowa, Marina 162, 163, 166
Re 54, 59
Reagan, Ronald W. 196, 227
Reed, John 137
Reichenau, General Walter von 139
Rhodogyne 78
Rima 72
Roger II. von Mont Gomeri 82
Roosevelt, Eleanor 28
Rousseau, Henri 60
Rousseau, Jean Jacque 48
Rowlandson, Mary 118
Rula 72

Sachmet 59
Sallust, Gaius C. 175
Sampson, Debora 114
Sanbao 70
Sancherib, assyrischer König 36
Scanagatto, Francesca 113
Schelink, Maria 113
Scipio Africanus 37, 101
Semiramis 77–79
Semljatschka, Rosalia 136
Septimus Severus, römischer Kaiser 101
Sforza, Francesco 83
Sforza, Katharina 83, 85
Shakespeare, William 75
Shaw, Anna H. 27
Sheena Queen 71
Sinclair, May 28
Slowochtowa, Nina 169
Smith, Elizabeth C. 117
Snell, Hanna 114, 118
Sophia von Bayern 83
Spencer, Herbert 260
Stalin, Joseph W. 149, 151, 159, 162
Statius, Publius P. 94
Strabon 65
Stryangaios 78
Summersby, Kay 204
Sun Tzu 50
Suworow, Alexander W. 89
Swanwick, Helene 30, 48
Swift, Jonathan 95

Tacitus, Publius C. 19, 93, 186
Talbot, Mary A. 114
Tamara von Georgien 86, 95
Tankred 66
Tarzan 7, 72
Tasso, Torquato 66
Teiresias 57
Teuta 80
Thais 100
Thalestris 65
Thatcher, Margaret 89, 90, 92, 188
Theioso (Dido) 77
Theristes 62
Theseus 57, 6
Thorstein 82
Tiberius, römischer Kaiser 101
Tiger Girl 72
Tito 132
Titus, römischer Kaiser 94

Tomoe 70, 71, 74
Tomyris 79
Trieu 137
Truman, Harry S. 231
Turney-High, Harry H. 129
Turnus 34

Vegetius, Flavius R. 49
Vergil 3, 66
Voltaire 261

Walker, Mary 110
Washington, George 106
Washington, Martha 105
Wassilissa Wassili 59
Weinberg, Chawwa 187
Weinberger, Caspar 224
Welch, Christian 112, 113
Wellington, Herzog von 106, 107
Wilhelm von Preußen 88
Wilson, Woodrow 148
Winniet, Captain William 123
Winnington, Alfred E. 38
Wolkowa-Tiknonowa, Hauptmann Walentina 165
Wollstonecraft, Mary 48, 49, 96
Wolsley, General Gartnet 128
Wonderwoman 72
Woolf, Virginia 45

Xena 72
Xenophon 175, 176
Xerxes 79

Yrsa von Schweden 33

Zabdas 81
Zarinaia 78
Zarya 59
Zegern 72
Zenobia, Königin von Palmyra 66, 81
Zeus 43, 54, 56, 57
Zumwalt, Admiral Elmo 217

# Sachregister


*Aeneis* 66
Algerien, Aufstand in (1954–1962) 133-135
Amazonen, antike 61–65, 75, 176, 254, 270
Amazonen, mittelalterliche u. neuzeitliche 65–67, 75
Amazonen, von Dahome 125–130
Ameisen 51
Amenorrohoe 220
American Defense Society 27
Amerikanischer Bürgerkrieg 41, 110, 117
Arabisch-Israelischer Konflikt 41
Arikara Stamm 20
Asmat Stamm 33
Atomwaffen 15, 192–197, 202, 263
Ausbildung 220-222
Ausrüstung, Gewicht von 175, 176
Auxiliary Territorial Service (ATS) 151, 158

*Barbed Wire* 74
BDM International 255
Belagerungen, von Frauen befohlen 83, 84
*blanchiseuses* 106, 111
Bodybuilder 130
Borodino, Schlacht von 116
Bosnien-Herzegowina, Krieg in 35, 256
Boxen 97, 98, 270
Bretonischer Erbfolgekrieg 85
Brookings Institute 217
Brown & Root 255
Bund Deutscher Frauenvereine (BDF) 27
Bundeswehr 225, 234, 239, 252
Burenkrieg 237

Cable News Network (CNN) 257
*cantinières* 106, 111
CHEN 211, 213
Cherokee Stamm 20
Control Risks Group 255
Council of National Defense 27
Crecy, Schlacht von 76
Culloden, Schlacht von 107
*Cushman v. Brown* 223

Dahome, französische Besatzung von 127, 128
Dakota Stamm 20
Defense Advisory Committee on Women in the Services (DACOWITS) 231, 232
Defense Systems Limited 255
Desertion 113
*Drei Engel für Charlie* 72
Drittes Reich 30
Duelle 92
*Dungeons and Dragons* 72
Dyncorp 255

Egba, Belagerung von 125
Eisernes Kreuz 25
»Eine Kleine Mutter« 29
*Emile* 48
Equal Rights Amendment (ERA) 238, 239, 260
*Erik-Saga* 81
ETSEL 135
Executive Outcomes 255
Eyeo Stamm 122

Falkland-Krise 92, 201
Feldherrinnen 76–86
feudale Gesellschaften 82
Feuerwaffen 178, 179
»Flintenweiber« 161

Flugabwehr, Frauen in der 157, 158, 161, 245
»Force XXI« 181
Französische Revolution 48
Fraternisierung 156
Frauenbataillon, russisches 146, 147
Frauenkorps, modernes 206–208
Fremdenlegion 235
Friedland, Schlacht von 116
*Frontiero vs. Richardson* 222
Furien 60

Gaelen 59
Galater 79
Gefangene, weibliche 20, 32–34, 36, 37, 157, 164, 231, 246
Geheimdiensten, Frauen in 169, 170
Germanen 19, 102
*Gerusalemme liberata* 66
Geschlechterkampf 14
Gestapo 141
*G.I. Jane* 73
G.I. Joe 74
Gibson Girls 43
Gladiatoren 58, 92, 93
Gladiatoren, weibliche 93, 94
Globale Konflikte 89
Golfkrieg 19, 198, 201, 227–232, 245
Gottesurteil 97
Griechenland, Aufstand in (1941–45) 136
*Groenlendinga Saga* 21

Haganah 135, 140, 209
Heldentum 45, 266, 267
Heerestroß, Frauen im 99–111
*herfang* 33
Hopliten 62, 63, 175
Hundertjähriger Krieg 85
Huren 101-104, 110

*Ilias* 33, 41
Initiationsriten 183, 184
Internationaler Währungsfonds 256
Issos, Schlacht von 100
Israeliten 32
Italien, Aufstand in (1843–45) 131, 132

Jagd, als Vorbereitung auf den Krieg 95
Jugoslawien, Aufstand in (1941–45) 132, 133, 140

Kalter Krieg 197, 225, 234
Kampfkraft 14
Kampfsport 93, 96, 98
Kelten 38, 59, 102
»Khaki Fieber« 26
Kibbuz 173, 240
Kiowa Stamm 20
Kluge und mutige Frauen im Krieg 77–79, 92
Kollaborateurinnen 44
Kollateralschaden 35
Komsomol 159, 168
Koreakrieg 205, 232
Körperkraft, männliche u. weibliche 175, 176
Kosovo, Krieg in 257
Krankenschwestern 141, 143, 145, 159, 202, 207, 215, 244
Kreuzzug 84, 102
Krieg gegen Mexiko 117
»Kriegsnymphomanie« 26
Kriegsspiele 92–99
Kriegsrecht, biblisches 36
Kriegsrecht, modernes 37, 38, 105
Krieg von 1812 117
Kubanische Raketenkrise 195
Kunaxa, Schlacht von 99

Lachisch, Belagerung von 36
*La Française* 27
*La Fronde* 27
Lahav 256

Langer Marsch 136
Lapithen 40
Lasik Stamm 33
Latrun, Schlacht von 210
Lebensborn 40
LECHI 135
Leningrad, Belagerung von 170
*Levée en Masse* 106
Levran 255
Libanon, Krieg im 31, 221, 235
Little Bighorn, Schlacht von 2
Lottas 150, 151
Luftwaffenakademie (USA) 219

Magdeburg, Belagerung von 38
Männlichkeit 92, 185, 186
Manhattan Projekt 200
Maori Stamm 32
Marketenderinnen 141
Masada 41
Massageten 79
Masurischen Seen, Schlacht an den 181
Mattole Stamm 33
Maupertius, Schlacht von 180
*Mein Kampf* 31
Menstruation 58, 172
Mexikanische Revolution 137
Milet, Belagerung von 34
Military Professional Resources Inc. 255
Mojave Stamm 33
Mundugumor Stamm 32, 185

»Nachtflughexen« 168
Nacktheit, weibliche 72, 74
National American Woman Suffrage Association (NAWSA) 27
National Women's Patriotic Relief Society 27
National Security Society 27
Nemea, Schlacht von 175
Nisenan Stamm 33
Nongatl Stamm 33

Ödipus-Konflikt 183
Österreichischer Erbfolgekrieg 89
Ojibway Stamm 20
Oktoberkrieg 1973 31, 41, 201, 211, 219
Omaha Stamm 20
Operation »Just Cause« 225
*Orlando Furioso* 66
Osteoporose 220
Osteraufstand (Irland) 139
Osttimor, Krieg in 35, 257, 270
*Owen vs. Brown* 223

Pacific Architects and Engineers 235
Palästina, Aufstand in (1945–47) 139
Palestine Liberation Organization (PLO) 139
PALMACH 89, 134, 135, 209, 210
Panzer, Bedienung von 180
Patriarchat 268
Pavia, Schlacht von 87
Pearl Harbor, Angriff auf 151, 153
Perser 63, 78, 91
Piloten, weibliche 155, 162-169, 208, 211, 234, 236, 260
Plataiai, Schlacht von 99
Pomo Stamm 33
Primaten 52, 53
Professionalisierung der Armeen 69
Psychoanalyse 47
*Punch* 60

Queen Mary's Army Auxiliary Corps (QMAAC) 144
Quenchan Stamm 33

Rapport Research and Analysis 255
Ravensbrück, KZ 141
Reserve Officer Training Corps (ROTC) 174, 217
Rodeo 97, 98

Rote Armee, Frauen in 136, 149, 158–162, 243, 259
Russischer Bürgerkrieg 136, 149
Russische Revolution 145, 159

»Sacco di Roma« 39
Sahsta Stamm 20
Saladin Security 255
Sandhurst 221
Sandline 255
Saracen 255
*Satyricon* 93
Sauromaten 64, 75, 76
Schimpansen 52, 53
Schotten 59
Schutzstaffel (SS) 151
SEALs (Sea Air Land) 73
Sedan, Schlacht von 88
Seekampf 177, 178
Sensibilitätstraining 250
SERE (Search, Evasion, Rescue and Evacuation) Training 73
Sexismus 248, 266
sexuelle Belästigung 166, 247–250
Shizhiyu 70
Sicherheitsfirmen 252, 253, 268
Siebenjähriger Krieg 89
Sierra Leone, Krieg in 258, 264
Sinkyone Stamm 33
Sinn Fein 139
Sioux Stamm 20
Smorgon, Schlacht von 146
Söldner 255, 256, 268
Solferino, Schlacht von 88
Somme, Schlacht an der 181
Sowjetunion, Aufstand in der (1941–45) 136
Spanischer Bürgerkrieg 140
Spanischer Erbfolgekrieg 89
Sparta 184
stehende Heere 90, 91
Strategic Arms Limitation Talks (SALT) 196
Stratetic Appplications International 255
Suez Krieg 211

Tannenberg, Schlacht von 181
*Tet Offensive* 215
Thermopylen, Schlacht bei den 100
*The Suffragette* 27, 28
Thompson Indianer 20
Tinglit Stamm 20
Transvestismus 69, 111–119, 263
Trojanischer Krieg 57, 58
Turniere, mittelalterliche 92, 95, 96

Vergewaltigung 31, 38–42, 83, 262
Versklavung 34, 36, 42, 120
»Vésuviennes« 136
»Vier Mütter« 31
Vietnam, Krieg in 136, 137, 214-216, 224
Vinnel 255
*viviandière* 106, 111
*Vom Kriege* 92

Wackenhut Ltd. 253
Waffen-SS 155
Wailaki Stamm 33
Wehrdienst für Frauen 210–213, 238, 239, 243, 260, 265
Weltkrieg, Erster 28–30, 41, 43, 48, 89, 109, 111, 117, 141, 151, 152, 161, 198, 242
Weltkrieg, Zweiter 38, 43, 47, 111, 136, 140, 150, 167, 181, 193, 194, 200, 203, 231, 242, 245, 250, 259
*West Indian Company* 120
West Point 174, 219
Wikinger 33, 82
Women's Auxiliary Army Corps (WAAC) 143
Women's Emergency Corps (WEC) 142

Women of the Royal Air Force (WRAF) 143
Women of the Royal Navy (WRN) 143
Women's Social and Political Union 27

*Xena, die Krieger-Königin* 72
Yanomani Stamm 32
Yuki Stamm 20

Zeloten 40
Zulu Stamm 22

Martin van Creveld

Die Zukunft des Krieges

Mit einem Vorwort von
Peter Waldmann

352 Seiten. Leinen, Fadenheftung
ISBN 3-932425-04-9

»Martin van Creveld ist einer der führenden Militärhistoriker der Gegenwart. Seine Gedanken zur Zukunft von Krieg und strategischer Kriegführung sind brillant, umstritten, zuweilen voreilig und immer provokativ. Sie werden eine breite Diskussion auslösen.«

*Walter Laqueur*

Martin van Creveld

Aufstieg und Untergang
des Staates

520 Seiten. Gebunden
ISBN 3-932425-13-8

»Mutig und unbeirrbar zieht der israelische Militärhistoriker Martin van Creveld die großen Linien durch Zeiten und Räume. In schnörkelloser Sprache und Gedankenführung, anschaulich und ganz auf der Höhe der internationalen Forschung, bringt er die Entwicklung des Staates auf den Begriff – ein Standardwerk, an dem künftig niemand vorbeigehen kann.«
*Süddeutsche Zeitung*